문학과 미술

시와 진실

차례

서 론

문학 텍스트와 이미지 사이의 대화를 통해 문학 창작과 회화 창작은 갈수록 풍요로워지고 있다. "근대적 삶의 화가"를 칭송한 보들레르로부터 조르주 드 라 투르[1]를 연구한 르네 샤르에 이르기까지, 프랑스 현대시는 종종 회화에서 영감을 받곤 한다. 하지만 이와 같은 유혹은 오히려 소설가들에게서 두드러진다. 발자크, 공쿠르 형제, 플로베르, 위스망스, 프루스트 등과 같은 소설가들은 각자 나름의 방식으로 화가들의 그림에 대해 사색했고 또 물음을 던지기도 했다. 이와 같은 현상의 역사는 길다. 고전주의의 세련된 시와 소설에서는 종종 '에크프라시스(exphrasis)[2]를 찾아볼 수 있다. 중세 이후에도 삽화와 채색 삽화를 통해 글쓰기와 미술 사이에 밀접한 대화가 이루어졌다.

하지만 이와 같은 주장은 그림 역시 오래전부터 여러 문학 텍스트 속에서 영감을 찾고 또 그 정당성을 확보하려고 했다는 사실이 지적되지 않는다면, 그저 일방적인 것에 불과할 것이다. 실제로 19세기 초까지 회화 창작은 많은 경우 문학 텍스트에 그 원천을 두고 이루어졌다. 예컨대 수많은 화가들이 성서, 신화, 역사 등에서 의미 있는 주제를 가져왔던 것이다. 또한 르네상스 이후 '자유로운 예술'[3]의 지위를 획득하고자 했던 화가들이 참조했던 것이 바로 문학이고, 그 가운데서도 특히 '우트 픽투라 포에시스(Ut pictura poesis)'("시는 그림과 같이")

1) Georges de La Tour(1593-1652): 프랑스 화가로 촛불과 명상의 화가로 알려졌다.(역주)
2) 그림을 묘사한 글을 말한다. 문학적인 이야기 속에 예술 작품에 대한 상세한 묘사가 삽입되는 경우를 지칭한다.(역주)
3) 르네상스 시대는 예술가들이 중세적 틀에서 벗어나는 시기였다. 딱딱하고 고착화된 예술양식에 반발을 느낀 예술가들이 다시금 고대 그리스와 로마시대의 예술양식에 매료되기 시작했으며, 이를 통해 인류는 문화의 예술의 혁명기를 맞이하게 된 것이다.(역주)

라는 호라티우스[4]의 주장[5]이 자주 인용되기도 했다. 이와 같은 그림과 문학 텍스트 사이의 관계를 통해 이미지의 '의미'에 대한 물음이 제기되었고, 이 물음은 특히 서양에서 다양한 종교적이고 철학적인 논의로 이어졌다. 게다가 오늘날에도 이런 논의들은 추상예술의 발달과 더불어 오히려 더 강화되고 있는 실정이다.

따라서 서구의 오랜 전통에서 보면 미술과 문학 사이의 '진정한 대화'라는 표현을 사용하는 것은 결코 언어의 남용이라고 할 수는 없을 것이다. 게다가 이 두 영역을 공유했던 예술가들이 있다는 사실을 어떻게 생각하지 않을 수가 있겠는가? 빅토르 위고(Victor Hugo)의 데생은 완벽한 작품이다. 장 콕토[6]의 데생 역시 글쓰기와 불가분의 관계에 있다. 그의 데생은 그의 문학 작품들이 지닌 몽상적인 경향을 잘 설명해준다. 『도미니크*Dominique*』의 저자인 프로망텡[7]은 재주가 많은 동양지향적 화가였다. 반대로 르네상스 이후 글쓰기에 매력을 느낀 화가들은 레오나르도 다 빈치, 미켈란젤로를 위시해 푸생, 고갱, 반 고흐, 마티스와 다른 화가들을 거쳐 피에르 알렉친스키[8]에 이르기까지 부지기수다. 이들은 수많은 시, 일기, 이론서, 예술에 대한 내용을 담고 있는 서간문 등을 남기고 있다.

실제로 문학과 그림의 관계는 매우 다양한 양상을 띤다. 또한 이 두 분야는 서로에게 많은 자양분을 제공하고 있기 때문에, 예술 장르상의 구분에도 불구하고 이 두 영역 가운데 하나를 고려하지 않고 다른 하나를 고찰한다는 것은 불가능해 보인다. 고전주의 이론가들조차 그림은 '말 없는 시'이고, 시는 '말을 하는 그림'이라는 생각을 받아들일 정

---

4) Quintus Horatius Flaccus(BC 65-BC 8): 고대 로마 공화정 후기를 대표하는 시인으로, 『서정시집』 4권과 『서간시』 2권을 남겼다. 특히 『서간시』 2권은 인생철학이나 문학문제를 풍자시 형식으로 다룬 수상시(隨想詩)이며, 근세까지 작시법의 교본처럼 여겨졌던 되었던 『시학』은 그 중 1편이다.(역주)

5) 호라티우스의 『시학』에서 인용된 표현이자 미학 강령으로, 이에 따르면 시는 회화처럼 재현대상을 눈앞에서 보듯이 생생하게 묘사해야 한다. 이와 관련한 자세한 내용은 본문의 제2장을 참고하기 바란다.(역주)

6) Jean Cocteau(1889-1963): 프랑스의 시인이자 극작가, 소설가이다.(역주)

7) Fromentin(1820-1876): 프랑스의 화가 겸 소설가이다.(역주)

8) Pierre Alechinsky(1927-): 벨기에 화가, 판화가로 초현실주의와 표현주의 스타일의 그림을 주로 그렸다.(역주)

도였다. 하지만 이런 직접적인 비교는 자칫 잘못하면 지나친 단순화로 흐르기 쉽다. '우트 픽투라 포에시스' 이론이 풍미하던 시기에 우화작가 라 퐁텐[9]은 이미 이렇게 회고하고 있다. "어휘와 색채는 같은 것이 아니다. 눈은 귀가 아니다."(〈그림*Le Tableau*〉, 『콩트*Contes*』) 그로부터 2세기가 더 흐른 다음 미술은 문학의 오랜 보호로부터 벗어난 것처럼 보였다. 하지만 이 시기에 마티스는 다음과 같이 미술에 대한 우려를 표명하고 있다. "미술에 모든 것을 바치고자 하는 자는 언어와 인연을 끊어야 한다."(『예술에 대한 글과 제안*Écrits et propos sur l'art*』) 요컨대 문학 텍스트와 그림은 한데 섞일 수가 없었던 것이다. 이 두 예술 영역 사이에 평행선이 그어지기는 하지만, 그래도 이 두 영역이 서로 유혹하거나 경쟁하는 관계에 있는 것은 사실이다. 레지 드브레가 주장하듯이, "훌륭한 그림은 일단 우리로 하여금 언어를 잊게끔 하고, 보는 것을 다시 가르쳐준다."(『이미지의 삶과 죽음*Vie et mort de l'image*』) 요컨대 각각의 예술 분야가 다른 예술 분야에 대해 심오하면서도 자극적인 창조적 동인으로 작용하는 것은 정확히 이와 같은 말과 침묵, 가시적인 것과 비가시적인 것 사이의 변증법을 통해서이다.

이 책의 주된 목적은 단순화의 위험성을 피하면서 예술들 사이에서 이루어지는 이와 같은 다양한 대화 방식을 밝히는 데 있다. 이런 이유로 이 책에서는 그림과 문학 텍스트 사이의 교류가 발생하는 차원을 뚜렷이 구분하였다. 역사의 흐름을 따라 이 두 예술 분야는 때로는 공동 관심사를 통해, 또 때로는 현대에 제기된 여러 문제에 대한 유사한 미학적 반응을 통해 꾸준한 친밀성을 보여 왔다(제1장). 이와 같은 대화가 이루어지는 토대는 다음과 같은 두 가지 요소에서 유래한다. 하나는 서양 철학과 종교에서 볼 수 있는 이미지의 모호한 위상이고, 다른 하나는 고대에 '우트 픽투라 포에시스' 주위를 맴돌았던 회화적 사유의 기원이다.(제2장) 이와 같은 이론적 보증이 오늘날에 와서는 더 이상 인정받지 못하고 있는 것이 사실이다. 그럼에도 이런 보증은 작품이 가진 조형적 '통사'를 분석하면서 그 작품으로 하여금 '말을 하게

9) Jean de La Fontaine(1621-1695): 17세기 프랑스를 대표하는 시인이자 우화작가로, 대표작은 12권으로 이루어진 『우화*Fables*』이다.(역주)

끔 하는' 것을 겨냥하는 모든 예술 비평 행위를 통해 연장되고 있다.

그렇다면 문학과 미술의 관계는 정확히 어떻게 정립되는가? 이 관계는 우선 '공통된 장소'에서 이루어질 것이다.(제3장) 예컨대 역사적 장면들, 초상화, 풍경화, 그리고 이 두 예술 영역이 공유하고 있는 수많은 영역들에서 말이다. 그리고 이 공통된 장소에서 문학과 미술은 더 풍부해지거나 고유성을 획득할 수 있게 된다. 이 두 예술이 같은 공간에서 이웃하는 경우 그 대화는 더욱 분명하게 드러난다. 가령 삽화가 문학 텍스트에 포함되는 경우나 혹은 언어 기호가 조형 예술작품에 포함되는 경우에 그렇다(제4장). 그로부터 이 둘 사이의 긴장, 나아가서는 융합이 나타날 수도 있다. 물론 그렇다고 해서 이런 융합을 통해 가시적인 것과 읽을 수 있는 것 사이의 환원불가능한 차이가 완전히 사라지는 것은 아니다. 그리고 문학과 미술 사이에 늘 간극이 자리 잡고 있기 때문에, 이 두 영역은 서로가 서로에 대해 아주 풍부한 영감의 원천이 될 수 있는 것이다(제5장). 화가는 항상 문학 텍스트의 세계에 빠질 수 있는 가능성을 가지고 있다. 하지만 역으로 조형예술이 작가들에게 —특히 19세기 이후로— 여러 가지 형태의 영감을 제공해주고 있는 것도 사실이다. 가령 '예술가를 주제로 한 소설', 미학적 성찰을 소설화하기, 예술의 치환, 자유로운 창작, 문체적 대여 등이 그 예이다. 하지만 그 와중에서도 문학과 미술 사이에서 이루어진 가장 균형 잡힌 대화를 볼 수 있는 것은 아마 작가들의 손에 의해 행해진 예술비평 속에서일 것이다(제6장). 디드로, 보들레르, 클로델 등은 각자의 방식대로 문학과 미술에 이타성을 부여해주었다. 하지만 그들은 자신들의 예술비평을 통해 글쓰기와 보기 사이의 만남에서 나타날 수 있는 창조적 힘을 이중으로 찬양하고 있다.

이 책에서 언급되는 문제들 하나하나를 완벽하게 다루기 위해서는 여러 권의 책이 필요할 것이라는 점을 쉽게 짐작할 수 있을 것이다…. 이는 이 책의 논의 과정에서 종종 많은 내용이 생략되고 있다는 것을 의미한다. 하지만 주마간산 격으로 행해지는 논의를 피하기 위해서 매번 모범이 되는 예를 집중적으로 설명하는 전략을 택했다. 그도 그럴 것이 이 책에서 다루어지는 자료의 방대함을 고려할 때 취사선택이 불가피했기 때문이다. 이 책에서는 특히 프랑스 문학이 강조되고 있다. 이 책에서 극작품이 예상 외로 적게 인용되고 있다는 사실을 의아하게 생각할 수도 있을 것이다. 하지만 극작품은 이미 그 자체로 재현을 본질로 하는 예술에 속한다고 할 수 있다. 또한 이 책에서 다루어지는 주제로 인해 프랑스나 이탈리아 화가들이 커다란 비중을 차지하고 있다는 사실, 그 중에서도 레오나르도 다 빈치, 푸생, 쿠르베 등과 같은 화가들이 유별나게 많이 등장하는 까닭을 쉽게 이해할 수 있을 것이다. 이 책에서 다루는 역사적 범위는 중세로부터 현재까지로 한정시켰다. 고대를 포함시키기 위해서는 또 한 권의 저서가 필요할 것이다. 하지만 역으로 문학 텍스트와 이미지 사이의 일반적인 관계를 고찰할 목적으로 문학과 미술에 각각 고유한 미학적 장치의 한계 아래까지 내려갈 필요가 있었다는 점도 밝혀둔다.

* 이 책의 본문에서 인용된 주요 저서들은 이 책 말미에 붙어 있는 참고문헌에 수록하였다.
* 이 책에서 참고한 그림들은 이 책의 중앙부인 160-161쪽 사이에 수록하였다.

1

문학과 미술: 그 역사적 동행

서구에서 문학과 미술 사이의 다양한 관계가 포착되는 것은 우선 역사를 통해서이다. 중세에서 현재까지 약 15세기를 거치는 과정에서 문학과 미술의 여러 흐름들은 —미술 사조를 형성했던 그렇지 않던 간에— 종종 같은 문제에 부딪쳤고, 같은 대답을 내놓았으며, 같은 자료를 이용했고, 유사한 답을 가져다주기도 했다. 그 결과 예술사와 사상사는 보다 더 광범위한 하나의 역사 속에서 한데 합해지는 경향이 있다. 당연한 일이지만 이 더 광범위한 역사의 내부에서 문학과 미술은 헤아릴 수 없을 정도로 많이 상호 교차한다.

중세

중세에는 기독교가 문학 텍스트와 그림 사이의 상호교환에 가장 중요한 이데올로기적 요소로 작용했다. 글을 읽을 수 있는 사람들의 수가 많지 않았고, 아주 강력한 신앙이 지배했던 여러 세기 동안 —"계시" 종교인 기독교는 『성서』라고 하는 뛰어난 "책"의 지지를 받았다— 성스러운 텍스트를 통속화시키는 작업이 필요했다. 다시 말해 문자 그대로 성스러운 텍스트를 민중에게 전파하는 일이 필요했던 것이다. 하지만 이미지를 통해서가 아니라면 어떤 방법으로 그 성스러운 텍스트의 내용을 민중에게 전파할 수가 있었을까? 따라서 이미지는 그 고유의 유혹하는 힘과 직접성을 무기로 구약과 신약의 가장 중요한 이야기들을 전달하는 중요한 수단이 되어 주었다. 서구 역사를 통틀어 정확히 이와 같은 바탕 위에서 문학과 미술 사이의 대화가 가장 지속적으로 이루어졌다고 할 수 있다.

이미지는 종교 의식에서 지배적인 위치를 차지하게 되었다. 미사는 그 자체로 '성인전'의 여러 이야기에 대한 하나의 상징적 재현이 아니었던가? 보다 더 구체적으로 교회 앞 광장에서 공연되었던 종교적 신비극이 그러했던 것처럼 말이다. 교회는 교회대로 『성서』의 여러 이야기에서 직접 영감을 받은 감화적인 내용의 이미지를 가지고 있지 않았던가? 초기 기독교 교회의 교부들과 같은 종교의 권력자들은 신도들의 신앙을 진작시키면서 포교를 하기 위해 이미지로부터 끌어낼 수 있는 이익이 어떤 것인지를 잘 알고 있었다. 이렇게 해서 성스러운 종교 텍스트들에 실린 훌륭한 이야기들과 인물들을 시각적으로 볼 수 있게 새겨놓은 교회의 스테인드글라스는 '글을 읽을 줄 모르는 사람들의 『성서』'(그레고리우스 황제의 표현에 따르면)가 되었던 것이다. 종종 조각, 제단 배후의 그림, 다폭 제단화, 교회의 벽을 뒤덮고 있는 그림과 더불어 채색 유리창 등은 성인들의 삶이나 종교사의 여러 사건들을 눈으로 볼 수 있는 이미지로 제공해주었던 것이다.

『성서』에서 차용되어 그림으로 재현된 일화들의 목록은 길다. 하지만 그 가운데 몇몇 일화는 모범적인 가치는 물론이거니와 회화적 가치로 인해 그 빈도수가 아주 높다. 성모 마리아의 성 엘리사벳 방문, 수태고지, 탄생, 십자가 수난, 부활 (그림 II 참조), 엠마오의 순례자들과의 만남, 성모 마리아의 승천, 최후의 심판 등이 그 좋은 예이다. 성자들의 삶은 다면서판(多面書板)에 이야기 식으로 펼쳐지거나, 혹은 상징적 일화 속에 집중되고 있기도 하다. 화살에 맞았음에도 황홀한 얼굴을 보이고 있는 성 세바스티안을 그린 그림이 그 좋은 예이다. 이 그림은 르네상스 시대부터 많은 사람들의 관심을 끌고 있다. 이 그림을 그린 화가가 성인의 얼굴에 담은 아주 모호하고도 육체적인 특징 때문이다. 이와 같은 경건한 이미지들에 대한 자료들을 통해 문학 텍스트와 그림 사이의 관계와 관련하여 다음과 같은 두 가지 특징이 나타난다. 성스러운 이야기로부터 아주 중요한 한 계기가 그림을 통해 재현된다는 것이다. 물론 이 한 순간에 다른 모든 순간들이 집중되어 있는 것은 말할 나위가 없다. 또한 그런 이유로 이 한 순간은 도덕적인 교훈을 포함하게 되는 것이다. 당연한 일이지만 이 그림은 그것을 통해 옮겨지는 이데올로기에 봉사하게 된다. 하지만 다른 의미에서 보면 성스러운 텍스트가 미학화된 것이라고도 할 수 있다. 왜냐하면 이 텍스트가 회화화되었기 때문이다. 따라서 이 텍스트가 가진 교육적 기능과 이 텍스트를 토대로 이루어진 작품의 조형미의 향유 사이에는 일종의 모호함이 자리 잡게 된다.

그렇게 되면 이미지는 그 바탕이 되었던 텍스트와 마찬가지로 메시지를 갖게 된다. 그리고 이 메시지는 글을 읽을 수 있는 소수 사람들에게만 접근이 가능하게 된다. 그러니까 이미지를 통해 '읽힐 수 있는 것'이 '가시적'인 질서로 이동되는 것이다. 종종 '티툴루스(titulus)', 즉 그림의 액자에 새겨져 있거나 볼 수 있는 이른바 명패는 삽화와 성인의 이야기 사이의 관계를 보증해준다. 그리고 정확히 이런 이유로 조각가, 화가, 채색유리 제작자 등도 '창조자'라는 단어가 갖는 근대적 의미에서 '예술가'의 신분을 갖지 못했다. 그러니까 그들은 단지 '기계적인 직업'에 종사했을 뿐이지 '자유로운 직업'에 종사한 것이 아니었던 것이다. 다시 말해 그들은 그저 한 명의 매개자에 불과했던 것이다. 일차적으로는 교회와 신자들 사이의 매개자, 그리고 이차적으로는 신과 인간들 사이의 매개자였던 것이다. 이처럼 예술가들의 작품은 『성서』와 관련된 텍스트에 철저하게 한정되었던 것이다. 그리고 만약 그들의 예술적 감수성이 어쩔 수 없이 개입되는 경우에도(『성서』에 대한 삽화의 문제에 대해서는 제4장을 참조할 것) 그 개입은 그림을 통해 재현된 역사의 의미를 침해해서는 안 되었다. 즉, 의미는 이미 구축되어 있었고, 이렇게 이미 구축된 의미가 곧 작품의 '선험적인' 존재 조건이기도 했다. 게다가 많은 예술가들, 특히 화가들은 글을 읽을 줄 몰랐던 것으로 보인다. 따라서 중세 시대의 예술가들은 자신들의 작업을 위해 '기획자'를 필요로 했으며, 이 기획자가 기대하는 의미를 담은 작품을 제작해주어야만 했다.

한편, 중세 문학 텍스트는 위에서 살펴본 종교적 도상을 대량으로 받아들였다. 물론 중세 문학은 아주 다양하다. 중세 문학에서 볼 수 있는 무훈시[10], 로망스[11], 8음절 단시, 세속적인 시, 소티[12] 등과 같은 다양한 형태들은 그 기원과 기능 면에서 종교적 색채에서 벗어나 있기는 하다. 하지만 중세 시대의 글쓰기 문화에 자양분을 제공한 것이 역시 종교라는 것은 분명하다. 예컨대 초기 기독교 교회의 교부들이 쓴 텍스트, 수많은 성인들의 이야기('성인전'), 동정녀 시리즈를 포함하여 자크 드 보라진느가 편집한 『성인 전기집』 등이 그것이다. 중세의 세속 문학이 점차 종교로부터 해방되기는 했지만, 결국 글로 된 작품 생산의 주요 소재가 된 것이 바로 이와 같은 텍스트들이었다. 같은 원천으로부터 자양분을 길어 오면서 문학과 미술은 보다 더 긴밀한 대화를 이어나가게 된다. 교회의 채색 유리와 종교화에서 수많은 글로 된 구절을 볼 수 있고, 역으로 『성서』라든가 '일과서'(기도서) 등과 같은 경건한 텍스트에 이미지(삽화)가 포함되기도 했다.

중세의 예술과 종교적 기능과의 관계를 예술을 빈곤하게 만드는 종속 관계 혹은 예속 관계로 여기면서 개탄의 목소리를 높이는 자들도 없지 않다. 예컨대 알베르토 사비니오(작가이자 화가였으며, 지오르지오 드 시리코의 동생인)는 '자신을 표현하기 위해 『성서』를 참고해야만 하는 시대'를 개탄한 바 있다(〈베네치아 여행〉). 하지만 이와 같은 개탄은 교회의 관리 덕택으로 수많은 예술가들이 명멸할 수 있었고, 또한 그러면서 그들이 예술사를 형성해나갈 수 있었다는 사실을 망각하는 일이다. 게다가 이와 같은 주장은 르네상스 시대 이후 여러 세기 동안에도 똑같이 적용된다고 할 수 있다. 예술품에 대한 개인적 구매가 드물었던 시기에 예술가들은 오직 제후들의 후원과 교회의 관리를 통해서만 존재할 수 있었던 것이다.

하지만 중세에 볼 수 있는 이와 같은 예술의 지위와 의미가 우리에게 익숙한 현대의 미학적 기준에서 벗어난다는 것은 사실이다. 가령 그 시대의 작품들에 독창성이라는 요소는 예술가에게 요청되는 작업의 최

10) 국왕이나 봉건제후의 무훈을 찬미한 프랑스 11~15세기의 장편 서사시를 말한다.(역주)
11) 중세 유럽, 특히 프랑스와 영국을 중심으로 성행했던 모험적이고 환상적인 장편 소설을 가리킨다. 중세 이후에는 낭만적이고 서정적인 시를 일컫는 용어로도 사용되었다.(역주)
12) 프랑스 중세의 세속극을 말한다.(역주)

종 목적으로 여겨지지 않았다. 이와는 달리 예술가는 먼저 한 명의 성상 화가나 조각가 –현대의 모든 미학적 사유는 이 개념을 부인하는 경향이 있다– 로 여겨졌다. 또한 이미지 역시 단순한 삽화로 여겨지지 않았다. 중세에 이미지는 성스러운 텍스트에 포함된 예언적 가치를 드러낼 수 있는 것으로서의 계시와 현현을 설명하는 기독교 신학의 일부로 완전히 편입되었다. 이 점에 대한 아우에르바흐(Eric Auerbach)의 분석은 아주 뛰어나다. 『피구라*Figura*』에서 그는 중세 예술이 어느 정도까지 '형상'이라는 모호한 개념에 기반을 두고 있는지를 보여주고 있다. 그에 따르면 신앙의 빛 아래서 행해질 수 있는 예언적 독서가 이 개념을 통해 역사적 사건의 재현 속으로 구체적으로 편입되기에 이른다. 알레고리와 상징과는 근본적으로 다른 이 "형상"이라는 개념은 이렇게 해서 현현한 영성을 가시적인 것으로 바꿔놓는 것이다. 그리고 정확히 이와 같은 점에서 중세의 예술작품은 계시적 가치를 갖게 된다. 예술 작품은 현실에서 여전히 도달 불가능한 영성의 완수를 보여주는 피구라(형상)로 여겨졌다.(『피구라』) 따라서 중세 예술과 그것에 선행하는 성스러운 텍스트와의 관계를 단순한 삽화적 관계로 보는 것은 이 예술의 가치를 축소시킬 우려가 있다고 할 수 있다. 이와는 달리 중세 예술은 성스러운 텍스트를 조형적 형태라는 실제 현실 속에 각인시키면서 그 의미를 어느 정도 완성시키는 데 일조하고 있는 것으로 보인다.

르네상스

르네상스를 통해 이루어진 중세와의 단절은, 비록 점차적인 방식으로 진행되고, 나라별로 약간의 시차를 두고 진행되었음에도 불구하고, 매우 극적인 것이었다고 할 수 있다. 이 단절로 인해 예술작품은 거의 재현의 영역에만 위치하게 되었다. 이와 같은 변화는 문학과 미술 분야에서 공히 나타났다. 예술가들과 작가들은 그 당시 지각 가능한 미를 통한 진리 탐구로서의 예술적 창작 행위에 대해 어느 정도 동일한 신플라톤적 개념을 공유하고 있었다. 플라톤 철학의 번역가이자 주석가인 마르실리오 피치노[13]에 따르면, 플라톤이 이미지가 갖는 이중의 타락 가능성에 맞섰던 것은 사실이지만, 그럼에도 불구하고 진리와 지혜에 대한 플라톤적 목표와 예술이 미메시스[14]적 특징을 가졌다는 주장은 서로 잘 어울리는 것으로 이해된다. 그렇게 되면 예술가는 철학자와 현자의 영역에도 공히 속하게 된다. 즉 그의 임무는 세계의 아름다움을 포착하는 데 있고, 또한 보다 상위의 아름다움에 견주어 그 아름다움을 찬양하는 데 있는 것이다. 물론 이 아름다움은 상위의 아름다움의 반영에 해당하며, 그런 의미에서 이 상위의 아름다움은 아름다움의 본질에 해당한다. 따라서 예술은 중세의 성상화와는 달리 가상(假象)을 거부하는 대신 오히려 그것을 승화시켰다. 기독교의 성상화도 이와 같은 미학적 목표 속에 편입되었으며, 종교적 사실들을 소재로 한 여러 재현 형태들에 일반적인 감각을 부여하는 결과를 낳게 되었다.

중세와 마찬가지로 르네상스 시대의 문학은 미술에 비해 이데올로기적 임무에 오히려 덜 종속되어 있었다. 물론 르네상스 시대의 문학 역시 그 당시에 볼 수 있었던 회화의 진화 과정을 따랐다는 것은 사실이다. '사실주의'라는 개념은 아직까지 하나의 미학적 개념이 아니었다. 하지만 16세기의 문학, 특히 프랑스 문학은 스스로 현실에 대한 관찰과 분석을 표방하고자 했다. 이것은 조형예술과 마찬가지로 재현의 질서에 가담하고자 하는 목적에서 이루어진 것이었다. 라블레가 이와 같은 경향의 가장 두드러진 예이다. 그 까닭은 이렇다. 대중적인 익살, 거인주의, 카니발적 전복이라는 가면의 배후에서 라블레는 -기사도적 서사시의 도식과 교육을 주제로 한 미래 소설이라는 형식에 공히 발을

---

13) Marsilio Ficino(1433-1499): 이탈라이의 철학자이자 인문주의자로, 신플라톤주의 사상의 중심 인물이기도 하다. 특별한 예술론을 남기지는 않았지만, 그의 이상주의적 사상은 15세기 말부터 16세기 초에 걸쳐 이탈리아 뿐 아니라 전 유럽에 지대한 영향을 끼쳤다. 주저로는 플라톤의 전 저작의 번역 외에 『플라톤 신학』(1482)이 있다.(역주)

14) mimesis: 그리스어로 '모방(재현)'을 나타내며, 플라톤에게서는 이데아와 개물(個物)의 관계를 나타내는 개념으로 사용된다. 플라톤에 의하면 모든 예술적 창조는 미메시스의 형태이다. 즉 '이데아의 세계'에서 실제로 존재하는 것은 신이 창조한 형태이며, 인간이 자신의 생활 안에서 지각하는 구체적인 사물들은 이 이상적인 형태가 그림자와 같이 어렴풋이 재현된 것이다. 따라서 이른바 예술가들은 모방된 것을 다시 모방하는, 진리로부터 2차례나 떨어진 사람이다.(역주)

걸치고 있는 이야기를 통해- 동시대의 사회생활과 문화를 교묘하게 보여주고 있기 때문이다. 예컨대 라블레는 교육, 권력의 행사, 종교 텍스트와의 관계, 신체에 대한 관심 등과 같은 동시대의 중요한 문제들에서 여러 이야기들의 자양분을 길어 올리고 있다. 16세기 후반에 또 한 명의 유명한 작가인 몽테뉴는 이 구체적 세계에서 직면하는 인간조건에 대한 여러 문제들을 글쓰기를 통해 보다 선명하게 부각시키고 있다. 그도 그럴 것이 몽테뉴 자신이 자신의 저서의 대상이 되고 있기 때문이다. 『수상록』은 자기 자신의 삶의 조건을 생생하게 포착하려고 하는 한 명의 작가를 그리고 있는 한 편의 그림이다. 그것도 계속해서 초벌 그림을 다시 그리고 또 손을 보는 그림말이다. 이처럼 책도 재현 - 같은 시대에, 그리고 수세기 동안에 걸쳐 그림의 목표는 아니라고 해도 주요 표현 방식이 될- 과 동일한 곤경에 처하게 된 것이다.

이처럼 제기된 재현의 문제는 회화 예술은 물론이거니와 문학에서도 중요한 기법 상의 변화나 선회로 이어지게 된다. 우리는 원근법이 르네상스 시대부터(그리고 약 19세기 말까지이다. 왜냐하면 인상주의는 분명 재현에 대한 이데올로기적 변화에서 최후의 단계에 해당되기 때문이다) 회화에서 차지하게 된 중요성이 어떤 것인지를 잘 알고 있다. 『예술사회학 연구*Études de sociologie de l'art*』에서 피에르 프랑카스텔이 보여주고 있듯이, 화가들이 원근법에 의지한 것은 그들에게 가시적 세계를 사실적으로 재생산하기를 요구했던 동시대의 이데올로기적 조건에 의해 설명된다. 왜냐하면 세계가 아름답고, 또한 이 세계는 신적 기원을 반영하고 있는 상위의 아름다움에 의해 빛나는 이상, 시선이 지각할 수 있는 소여(所與)들에 가능한 한 충실하면서 이 세계를 재생산해야 하기 때문이다. 이렇게 해서 그림은 관찰자에게 하나의 고정된 위치, 그것도 소실점과 지평선 안에서 그 위치를 부여하는 경향을 보이게 된다. 예컨대 우리는 레오나르도 다 빈치의 작품에서 원근법의 효과를 낳기 위해, 그러니까 한 명의 관찰자가 상대적으로 지각하는 공간이라는 느낌을 주기 위해 이용되는 두 개의 방법을 볼 수 있다. 하나는 '축소' 원근법(투시원근법)으로, 이는 대상들을 근원에 비례해서 대상들의 크기를 감소시키는 방식이다. 다른 하나는 '공기(空

氣)' 원근법으로, 이는 색채나 음영을 통해 이루어지는 방식이다. 원근법의 체계적 도입에는 외부 세계에 대한 "열린 창문"(이 표현은 1435년에 간행된 『회화론*De pictura*』이라는 저서를 쓴 알베르티가 처음으로 사용한 것이다)으로서의 그림이라는 새로운 정의가 동반된다. 여기에서는 그림의 배치 효과가 결정적인 중요성을 갖는다. 이것은 중세의 그림과는 정반대되는 것이다. 중세의 그림에서는 공간 구성이 더 자유로웠으며, 게다가 다차원적이기까지 했다. 르네상스 시대의 화가들은 점차 가시적 현실을 재현하기 위해 더 다양한 테크닉을 동원하게 된다. 예컨대 '카메라 옵스쿠라'('어두운 방', 빛을 받은 재현될 장면의 이미지를 투사하는 것을 가능케 해주는 광학 장치),[15] 격자틀의 이용 등이 그것이다. 화가의 시선과 그가 재현하고자 하는 장면 사이에 놓인 이 격자틀은 그로 하여금 그가 그리고 있는 화폭에 여러 다른 지각 대상들을 그대로 옮기는 것을 가능케 해준다. 이 방식은 오랜 동안 화가들에게 조그마한 크기의 초벌 스케치를 더 큰 화폭으로 옮기는 작업을 가능케 해주었던 '격자무늬 기법(mise au carreau)'과 동일하다.

문학 역시 르네상스를 거치면서 사실주의적 의미에서 뚜렷한 굴곡을 보여주는 변화를 겪었다. 장차 '모랄리스트'들이 보여주게 될 고전주의적 글쓰기 경향은 이미 세계에 대한 비판적 관찰를 시도했던 르네상스 시대의 문학 발전 속에서 그 싹을 틔우고 있었다. 물론 그렇다고 해서 신학적이거나 형이상학적 지평이 완전히 무너진 것은 아니었다(무신론적 세계관을 입에 올리기 위해서는 18세기의 도래를 기다려야 했다). 하지만 르네상스 시대 작가들의 글쓰기 소재를 제공하고 또한 그들의 목표를 결정한 것은 인간적 세계였다. 이른바 '인문학'('휴마니오레스 리테라에(humaniores litterae)')은 종교적 시각을 뒤로 한 채 인간에게 중요성을 부여하고 또한 인간을 성찰의 중심 대상으로 삼는 텍스트들을 한데 모아놓게 되었다. 예컨대 라블레가 시도한 기획의 핵심은 인간이었다. 이 작가에게서 볼 수 있는 거대한 은유는 분명 그가

15) 어두운 방의 벽면에 작은 구멍을 뚫고 거기서 들어온 빛에 의해 바깥풍경이 반대편 벽면에 거꾸로 비치는 원리를 응용한 것으로 이때의 화가들은 맺힌 상을 그대로 따라 그려 간편하고 사실적인 그림을 완성해 낼 수 있다.(역주)

떠맡은 무한 완성이라는 이상을 보여주는 것이었다. 16세기 후반에 활동했던 몽테뉴의 『수상록*Essais*』에서도 인간은 여전히 중심을 차지하고 있다. 그에게서 인간은 문제제기의 장소임과 동시에 궁극적 목표로 제시되고 있다. 몽테뉴에게 있어서 '글을 쓴다'는 것은 자기 자신을 더 잘 아는 것과 같은 것이었고, 모든 인간이 자기 내부에 지니고 있는 비이성적 부분을 통제하는 것을 배우는 것과 동의어였을 뿐만 아니라 자기를 향유하는 방식, 자신의 능력을 '행사하는' 방식을 배우는 것(이것이 바로 '에세(essai: 시도-수상록의 원제목이다)'의 주된 의미이다)과도 같은 것이었다. 몽테뉴 자신이 직접 지적하고 있는 것처럼 "인간 각자는 인간 조건의 전적인 양식을 가지고 있다."는 점에서 이와 같은 시도는 보편적 가치를 갖게 되는 것이다. 이와 같은 수정을 통해 르네상스 시대의 작가들은 형이상학적 토대에 인간적 지평을 대치시키면서 예술, 특히 미술에 영향을 준 변화에 동참했던 것이다.

문학과 미술 두 영역에 공통된 이와 같은 변화는 인간의 육체에 대한 매혹에 의해서도 설명 가능하다. 그러니까 이제 육체는 원죄 이후 인간의 유한성과 부패할 수밖에 없는 본성의 상징이 아니라, 세속화되고, 성화(性化)되고, 쾌락의 대상이 된 것이다. 앙드레 샤스텔은 "그 당시 서양 문화를 사로잡은 신체에 대한 가장 완벽한 이해와 가장 자유로운 쾌락의 향유를 향한 강력한 도약"이라는 표현을 사용하고 있다 (『르네상스 시대의 육체*Le Corps à la Renaissance*』). 소우주와 대우주라는 사유에 의해 중층적으로 결정된 인간의 육체는 유비를 통해 우주의 구조를 보여주는 소우주와 같은 것으로 여겨졌다. 이와 같은 유비의 방식은 음악, 수학 등의 분야에서 차용되었으며, 레오나르도 다 빈치가 그린 그 유명한 데생 〈인체도〉에 의해 제시되기도 했다. 이 인체도에는 원의 정중앙을 차지하고 있는 한 명의 벌거벗은 남자가 있는데, 이 남자의 모습은 완벽한 형상, 시작과 끝이 없는 형상, 세계 전체의 통일성을 가리키는 것으로 여겨진다. 이처럼 르네상스 시대에 이루어진 육체에 대한 관심의 고조는 문학과 그림에 쾌락주의적 목표를 재도입시킨 고대 이교도 문명 -그리스와 로마의 유산- 의 재발견(새로운 신앙이라고 하는 편이 더 좋을 것이다)에 힘입은 바 크다. 예컨대 롱사르는 자신의 시에서 여성의 육체에 대한 찬양을 그치지 않고 있다. 이와 마찬가지로 그 당시의 회화 작업 역시 나체에 대해 깊은 관심을 보였는데, 이는 이 나체를 아주 에로티즘적 성향이 강한 모습으로 재현하기 위함이었으며, 심지어는 종교화에서조차 이와 같은 성향이 존재했다. 이렇게 해서 이루어진 성모 마리아와 신화적이고 이교도적 모습을 한 비너스의 재현 사이의 유사함은 매우 놀랄 정도이다. 성모 마리아는 이제 '마테르 돌로로사(mater dolorosa)', 즉 자기 아들인 예수의 죽음으로 인해 슬퍼하는 어머니의 모습에서 점차 사랑을 상징하는 보편적인 상징으로 변해갔다. 이데올로기적으로 보아 아주 놀랄만한, 하지만 르네상스 시대에 완성되어가는 변화를 잘 보여주는 '비너스-성모 마리아' 커플은 같은 시기에 성모 마리아와 어린아이의 재현과 종종 겹치기도 한다.

문학과 마찬가지로 미술에서도 성화(性化)를 통해 드러난 것과 감추어진 것 사이의 미묘한 변증법, 옷이나 면사포 등과 같은 요소를 통해 나타나는 미묘한 변증법이 종종 동원되기도 한다. 옷과 면사포 등은 이것들에 의해 가려지는 것으로 시선을 끌기도 한다. 그리고 페티쉬화를 통해 육체에 대한 상상이 외관상의 화려함 위로 자리를 옮기게 된다. 이와 같은 성화(性化)의 경향은 르네상스 시대를 대표하는 아주 유명한 몇몇 그림들에서도 아주 두드러지게 나타난다. 퐁텐블로파[16)]의 〈사냥하는 다이아나〉, 보티첼리의 〈비너스의 탄생〉이나 〈봄〉 등이 그 좋은 예이다. 물론 이 그림들의 소재는 고대 신화에서 빌려온 것이다. 그리고 로마에 있는 식스틴 성당의 벽화인 미켈란젤로의 〈최후의 심판〉에서도 같은 성향을 볼 수 있다. 이 그림에서 성인전의 주요 인물들은 옷을 입지 않은 상태로 있다. 그 당시 이와 같은 대담함은 대단히 충격적인 것이었고, 따라서 그 이후 이 벽화 속의 육체들에게 옷이 입혀졌다. 우리가 이 벽화의 초기 상태를 볼 수 있었던 것은 최근에 끝난 보수 작업이 끝나고 나서였다. 르네상스 시대에 볼 수 있었던 이와 같은 나체화에는 원죄를 나타내는 그 어떤 기호도 포함되어 있지 않았

16) 16세기 중반과 후반 퐁텐블로에서 프랑수아 1세의 궁정과 관계있는 작품들을 만든 프랑스와 외국의 미술가 집단.(역주)

다. 이 나체화들에서는 바로크 시대의 원근화법을 예고해 주는 도드라짐이 특히 눈에 띄었다. 피부의 색깔과 육체의 양감의 조화를 통해 육체를 더욱 더 성화(性化)시켰으며, 이렇게 해서 육체를 통해 신체적 쾌락과 회화적 쾌락이 조화를 이루게 되었다.

르네상스 시대에 비너스를 재현했던 그림들은 다음과 같은 두 가지 사실에 의해 설명될 수 있다. 하나는 이 그림들이 인간 실존의 감각적 경험으로의 초대인 사랑 예찬이라는 사실이고, 다른 하나는 이 그림들이 그림 자체를 그리는 행위에서 맛볼 수 있는 행복감에 대한 찬양이라는 사실이다. 이와 같은 이중의 기능을 통해 르네상스가 한참 지난 후에도 비너스를 그린 그림들이 존재한다는 사실을 이해할 수 있다. 예컨대 샤세리오(Chassériau)는 〈물에서 태어난 비너스〉를 그리게 되고, 카바넬(Cabanel)은 〈비너스의 탄생〉을 그리게 된다…. 티치아노의 〈우르비노 비너스〉는 분명 육체 －여성적 육체, 다시 말해 그림의 '육체'－의 회화적 선취를 가장 잘 구현하고 있으며, 그 결과 이 그림은 그 뒤로도 계속 이어지는 하나의 전통을 세우게 된다. 바로 이 그림이 고야의 〈벌거벗은 마하〉의 원형이 되고, 또한 고야의 이 그림을 '거쳐' 마네의 〈올랭피아〉까지 이어진다. 이 그림에 대한 주석을 통해 발레리는 전형적으로 르네상스 시대에 볼 수 있는 그림의 주제와 예술 활동에 관계된 이중의 성화(性化)의 기능을 드러내 보이고 있다. "그림을 그리는 것은 애무하는 것이었다. 그림을 그린다는 것은 하나의 숭고한 행위 속에 두 개의 관능이 만나게 하는 것이었다. 그리고 이 하나의 숭고한 행위 속에서는 자기 자신과 그것을 드러내는 여러 수단들에 대한 향유, 그리고 모든 감각을 통한 아름다운 여성의 소유가 결합된다."(『드가, 춤, 데생*Degas Danse Dessin*』) 이와 같은 주장은 플레이야드파가 사랑을 주제로 쓴 시에도 그대로 적용될 것이다. 성 세바스티안을 주제로 한 그림 역시 같은 방향으로 변화해 나갔다. 초창기에 그려진 그의 모습은 나이 들고 수염이 많은 모습이었던 반면, 르네상스 시대에 와서는 나무에 묶인 채 화살에 관통된 젊은 남자의 모습으로 형상화되고 있다(루브르 박물관에서 볼 수 있는 만테냐(Andrea Mantegna)의 그림에서처럼 말이다). 르네상스 시대에 활동했던 화가들에게 있어서 이와 같은 종교적 주제는 아주 성화(性化)된 남자들의 나체화를 그릴 수 있는 좋은 계기였던 것이다.

이와 같은 쾌락주의적 목적을 넘어 르네상스 시대의 문학과 미술(특히 플레이아드파에서 시작하여)은 인물과 상황 면에서 아주 다양한 목록을 제공해주었던 고대 신화로부터 동일한 주제들을 가져오고 있었다. 비너스, 프시케, 다이아나, 탄탈로스, 시시포스, 프로메테우스… 고대인들의 상상력을 통해 등장한 위대한 인물들의 모습들은 다양한 질료를 제공하고, 즉각 확인 가능한 세계를 제공해주면서 르네상스 시대의 작가들과 화가들의 영감을 자극했던 것이다. 물론 이들 예술가들은 자신들의 창조적 꿈을 통해 그들의 모습을 자유롭게 변화시킬 수 있었다. 이렇게 해서 모방과 고대적 주제와 법칙의 채택이라는 특징을 내세우는 '고전주의' 시대가 열리게 되었다. 예컨대 롱사르는 사랑하는 사람을 회상하면서 이렇게 노래할 수 있었다.

> (…) 그의 고통은 더 잔인하네,
> 저기에서 그가 계속해서 돌리는 바퀴보다도 더,
> 혹은 먹이를 주기 위해 독수리에게 내미는
> 자기 가슴보다도 더.
>
> (『사랑 제2서*Second Livre des Amours*』)

암시적으로 지적되고 있지만 익시온[17]과 프로메테우스의 모습이 이 시의 시적 영감 속에서 중요한 시각적 알레고리의 방식으로 나타나고 있다. 신화적 인물에 대한 정확한 기술의 부재를 반드시 형상적 논리, 다시 말해 암묵적으로 회화적 논리와 비교해서 후퇴로 해석할 필요는 없을 것이다. 이와 같은 부재는 오히려 '지시적' 특징, 그러니까 문화적으로 보아 참고 대상에 대해 아주 강하게 코드화된 특징을 보여주는 기호라고 할 수 있다. 또한 그 잠재적 본성은 오히려 읽기 행위에 대한 잠정적 상상력의 우위를 보여주는 것이기도 하며, 이와 같은 상상력의

---

17) Ixion: 그리스 신화에 나오는 인물. 켄타우로스의 아버지로, 불경죄를 지어 불타는 수레바퀴에 묶인 채 끝없는 회전을 계속했다.(역주)

활동은 대단히 활발한 것이어서 작가는 그것을 그저 암시적인 방식으로만 보여주고 있을 따름이다. 이처럼 텍스트와 간(間)텍스트(intertexte) 사이에서 문장(紋章)을 보여주는 그림들은 이 텍스트를 읽는 독자들의 이해의 방향을 결정하게 된다.

고대 이교도 문명에서 가져온 인물들 중에서 그라케스[18]와 뮤즈들[19]에 관계된 주제들이 특히 많은 관심을 끌었다. 예컨대 심연두기[20] 기법을 통해 그라케스와 뮤즈들에 대한 재현과 찬양을 위한 예술적 활동이 활발하게 이루어졌다. 보티첼리의 〈봄〉에 등장하는 그라케스 역시 롱사르의 소네트에 나타나고 있다. 잠자는 동안 응시되고 있는 사랑하는 여인의 머리카락 속에서 "그라케스가 보금자리를 틀고자 하는 욕망으로 왔네."(『사랑 제2서』) 이 장면은 머리카락에 관계된 에로티즘에 대한 귀여운 변이의 한 양태를 보여주고 있다. 뮤즈들에 대해서 말하자면, 르네상스 시대부터 이 뮤즈들이 예술의 여러 분야에서 수많은 회화적 알레고리의 재현 대상이 되었다고 할 수 있다. 가령 시인 뒤 벨레(Du Bellay)는 이 주제의 조소적 특징에 특히 민감했다. 그도 그럴 것이 그는 뮤즈들에 대해 다음과 같은 시적 그림을 한편 그리고 있기 때문이다.

대체 어디에 있는가,
그 부드러운 쾌감은,
저녁에 갈색의 어둠 속에서
뮤즈들이 내게 주었던 그 쾌감은.
그 동안 나는
자유로이
멀리 떨어진 강둑의 초록색 양탄자 위에서

---

18) Graces: 그리스 신화의 3대 아름다운 신인 아그라이아, 에우프로슈네, 타레이어를 칭하는 말이다. 이 3 여신은 삼미신, 그라케스라고 하는데 인간에게 모든 아름다움을 가져다주는 여신들로 제우스와 에우리노메의 딸들이다. 로마식으로는 채리티스라고 한다.(역주)

19) Muses: 그리스 신화에서 보이오티아의 피에리아와 헬리콘 산에 관련된 자매 여신들.(역주)

20) mise en abîme: 문학을 위시한 여러 예술 장르에서 사용되는 기법으로, 한 작품 안에 그 작품 전체를 담고 있는 부분이 있는 기법을 지칭하며, 주로 강조의 효과를 내기 위해 사용된다.(역주)

뮤즈들을 달빛으로 인도하면서
춤을 추지 않았던가?

(『후회*Les Regrets*』)

여기에서 잃어버린 영감에 대한 애가(哀歌)조의 탄식 -『후회』에서 계속 반복되는 주제이자 심지어는 구조적으로 핵심적인 자리를 차지하고 있는 주제이다- 과 뮤즈들에 대한 충만한 환기 사이의 대조가 아주 매혹적이다. 그 까닭은 이 시에서는 뮤즈들에 대한 추억이 그림에서처럼 반복되기 때문이다. 와토의 그림에서 '우아한 축제'의 장면을 예고하는 것과 아주 유사한 고대의 목가(牧歌)를 환기시키는 분위기에서 연애시를 환기시키는 이미지가 은밀하고 제한적인 공간 -특히 '양탄자'라는 공간에서- 에서 형성되고 있다. 이 공간에서 조화로운 대조효과('갈색 어두움'과 '달빛'이 같은 발음으로 된 운(韻)과 공명하기도 하며, 다른 한편 의미상으로 대조되기도 한다.[21])를 낳는 조명을 통해 이 시의 중심부에 아주 강렬한 색깔 기호, 즉 일종의 순수를 상징하는 '초록색'이 자리 잡고 있다. 이처럼 이 시에서 회상은 르네상스 시대에 아주 두드러졌던 회화적인 주제를 중심으로 마치 하나의 그림처럼 작용하고 있음을 알 수 있다.

시로에게 영감을 주는 자원을 넘어서서 문학과 미술 사이의 관계는 이중의 의미 실천으로 널리 알려진 알레고리에 대한 공통된 취향 속에서도 맺어진다. 문헌학과 『성서』 및 고대의 여러 텍스트들에 대한 박식한 연구가 발전했던 르네상스 시대의 인간들은 수수께끼, 그림 수수께끼, 글자 수수께끼(아나그램) 등과 같은 것에 매혹되었다. 그러니까 그들은 문자 그대로의 의미 배후에 있는 또 다른 의미를 이해할 수 있게 해주는 모든 것에 흥미를 가진 것이다. 이렇게 해서 프랑수아 라블레는 『팡타그뤼엘*Pantagruel*』의 앞부분에서 글자 수수께끼로 된 가명인

21) 실제로 위에서 인용된 소네트에서 1연과 4연은 각각 "la nuit brune"과 "rayons de la lune"으로 되어 있어 "brune"과 "lune"이 발음상으로도 일치하고 있기도 하고, 또한 의미적으로도 "갈색(brube)"과 "달빛(lune)"(그러니까 환한 빛)이라는 대조를 이루고 있기도 하다. (역주)

'Alcofrybas Nasier'라는 이름으로 스스로를 부르고 있다.[22] 물론 이것은 하나의 유희에 불과하다. 아르침볼도(Arcimboldo)가 동물, 식물, 물건 등으로 된 잡다한 아상블라쥬(assemblage)를 바탕으로 그린 초상화가 한갓 유희에 불과한 것처럼 말이다. 하지만 이와 같은 기호들의 해체와 재조립이라는 유희적 실천은 르네상스 시대에 이루어진 해석 작업에 대한 열정과 관계되는 것이다(실제로 몽테뉴는 이렇게 쓰고 있다. "우리는 우리들끼리 서로 해석을 주고받는 것에 지나지 않는다.") 그러니까 텍스트를 해석하고 우주의 의미를 밝혀내는 것이 관건이었던 것이다. 레오나르도 다 빈치가 종종 지적한 것처럼, 예술 창작은 그것 자체가 하나의 해석, 즉 분석과 해석의 시도와 같은 것이다. 문학 역시 유희적 차원에서이기는 하지만 이와 같은 노선에 관여할 수 있다. 가령 롱사르가 "당신 이름이 되돌아오는 것을 바라는 마리/그는 사랑을 발견하게 될 것이오."(『사랑의 제2서』)라고 썼을 때, '마리(Marie)'와 '사랑(aimer)' 사이에서 드러난 글자 수수께끼[23]는 이 작품과 관계되는 알레고리적 의미와 관계가 있는 이중의 독서와 무관하지 않은 것이다. 이와 같은 상징적인 유희는 종종 조소예술에서 그 수단과 방법을 차용한다. 문학 텍스트의 시각적 형태에 의지하면서 말이다. 가령 이렇게 해서 모리스 세브(Maurice Scève)는 『델리*Délie*』라는 작품에서 십 여개의 십음절 시를 이용하고 있다. 이 작가에게 있어서 이것은 자신의 시모음집(4장을 참고할 것)을 장식하는 '문장'과 시각적 반향을 만들어내는 것을 가능케 해주는 텍스트적 장치인 것이다. 그리고 라블레는 '술'(『제5서*Cinquième livre*』, 제44장을 참고할 것)이라는 제목이 붙은 장의 메시지를 이 '술'의 외형적 모습을 보여주는 칼리그람[24] 속에서 마치고 있다. 이처럼 르네상스 시대에는 읽을 수 있는 것과 가시적인 것 사이의 관계가 아주 강하게 뒤얽혔던 것이다.

---

22) 1532년 라블레는 알코프리바스 나지에(Alcofrybas Nasier)라는 이름으로 최초의 소설 『팡타그뤼엘』을 출판한다. 이 이름은 그의 본명의 낱말 순서를 바꾸어 만든 일종의 아나그램이다.(역주)

23) 실제로 '마리(Marie)'와 '사랑(aimer)'이라는 두 단어 사이에 철자상의 감추어진 비슷함이 있다는 의미이다.(역주)

24) calligramme : 시구의 배열이 어떤 도형을 이루고 있는 시.(역주)

바로크와 고전주의

문학과 미술 사이의 이러한 관계는 17세기에 더욱 강화되었다. 이러한 현상의 기저에는 그림을 시의 '무언의' 등가물로 바라보는 미학적 이론화가 자리 잡고 있었다. 2장에서 살펴보게 될 '우트 픽투라 포에시스' 이론이 강력하게 작용하기 이전에, 문학과 미술 사이의 대화는 바로크적 감수성의 토대를 제공했다. '바로크' 개념은 사실상 한 마디로 정의내리기가 쉽지 않다. 사실상 그 개념은 19세기 독일 예술사학자들(부르크하르트와 뵐플린)에 의해 그 미학적 의미 -'못난이 진주'를 의미하는 포루투갈어에서 비롯된- 를 획득하게 될 것이기 때문이다. 따라서 바로크라는 개념은 회상적인 차원에서 생겨났다고 할 수 있다. 즉 한참 후에 만들어진 예술적 카테고리에 속하는 것이다. 그리고 이 개념은 오랜 기간 동안 경멸적이면서도 논쟁적인 가치를 포함하고 있었다. 하지만 이 개념을 통해 역사적인 측면에서 넓게 보아 16세기 후반에 시작되어 18세기 중엽까지 유행했던 -로코코 양식의 무미건조함과 대비되어- 감성과 창작 활동의 한 유파를 지칭할 수 있는 것만큼은 사실이다. 고전주의 역시 이처럼 폭넓게 적용될 수 있는 미학적 경향 -사상과 감성의 역사의 측면에서 볼 때 결코 부정할 수 없는- 속의 한 계기로 인식할 수 있는데, 특히 바로크의 다형적이고 해체적인 경향에 맞선 규범적이고 집중화된 반작용으로서 그러하다.

사실상 바로크와 그 경향이 각종 예술 분야와 문학에 끼친 지대한 영향을 이해하기 위해서는 르네상스 시대의 유산을 반드시 고려해야만 한다. 즉 초창기 인문주의자들이 공통적으로 가지고 있었던 믿음에 대한 뿌리 깊은 회의(그 끔찍한 종교 전쟁 이후에도 여전히 인간의 무한한 완성 가능성을 믿을 수 있단 말인가?)와 정치적 불확실성, 그리고 세계에 대한 전통적 이해 방식의 동요와 관련된 전반적인 불안이 그것이다. 천문학자들은 지구중심설에 문제를 제기했으며, 이는 잠재적으로 무한한 세계에 대한 가능성을 열어 주었다. 즉 레오나르도 다 빈치의 그림과는 달리 인간이 더 이상 원 안이 아니라 어디에 있는지 알 수 없는 세계가 되버린 것이다. 이와 관련하여 파스칼은 '두 가지 무한'에 할애된 그 유명한 텍스트에서 인간 의식이 마주하고 있는, 이처럼 새로운 현기증 나는 상황을 절묘하게 표현하고 있다. "무한 속에서 한 명의 인간은 무엇이란 말인가? (…) 무한과 관련해서는 하나의 무(無)일 뿐이고, 무와 관련해서는 하나의 전체이며, 무와 전체 사이의 중용적 존재가 인간이지 않은가?"(『팡세*Pensées*』) 또한 바로크적 감수성은 트렌트 공의회(1545년부터 1563년까지 3차례의 회기로 이루어진)의 중요성을 인식하지 않고는 제대로 이해될 수 없다. 당시 수많은 신자들의 마음을 사로잡았던 프로테스탄트 종교 개혁에 맞서 신도들의 이탈을 막기 위해 가톨릭 교회 -예수회의 출현과 함께- 는 '매력적인' 종교로서의 모습을 갖추기 위해 노력하기 시작했다. 그때부터 교회 내에는 화려하고도 자신감에 넘치는 종교의 이미지를 보여주기 위해 각종 꾸밈과 장식이 이루어지게 되었다. 이는 곧 생의 감각적인 고양과 연결되는 것이기도 했다. 어쨌든 이 시기는 화가와 조각가, 스테인드글라스 제작자들에게는 교회로부터 주문이 밀려든 축복받은 시기였다. 또한 이러한 상황이 미술의 발전에 매우 중요한 요인이 되었다는 것 역시 부정할 수 없는 사실이다.

바로크적 감수성은 유동성과 모든 형태의 변형들, 나아가 과시와 화려한 것에 대한 취향으로 이해될 수 있다. 이와 관련해 장 루세(Jean Rousset)는 자신의 저서인 『바로크 시대 프랑스 문학*La Littérature de l'âge baroque en France*』의 부제목으로 '키르케와 공작'[25]이라는 표현을 사용하기도 했다. 이러한 경향 속에서 화가들은 눈속임 미술의 각종 방식을 적극적으로 활용했다. 예를 들어 티에폴로의 유명한 천정화들은 하늘이 열려 있다는 인상 -몇몇 신화적 인물들이 자리 잡고 있는- 을 주면서 양쪽 가장자리에는 인물들이 나뉘어 배치되어 있으며, 그들 중 몇몇은 팔꿈치를 괴고 있는 모습으로 그려져 눈속임 효과를 강화시키고 있다. 이러한 미학적 경향은 또한 모든 것이 볼거리가 되고, 외관의 중요성이 무한대로 강조되는 '세계 극장(theatrum mundi)' 개념과도 직결되어 있다. 예술가들은 움직이는 장면, 즉 대상들이 복

---

25) 키르케는 그리스 신화에 나오는 여신으로 '변신'을 상징하며, 공작은 '과시'를 상징한다.(역주)

잡한 역학적 관계에 종속되어 있는 장면의 재현을 몹시 좋아했다. 특히 이탈리아 미술은 미켈란젤로와 함께 이런 경향을 두드러지게 보여주었다. 뿐만 아니라 우리는 루벤스와 그레코와 같은 예술가들에게서도 화려한 외관을 중시하는 동일한 에너지를 볼 수 있다. 이처럼 화려한 장식은 그림 구성의 중요한 원칙으로 자리 잡았으며, 이와 동시에 중심이 없는 혹은 다중심적으로 분열된 구조가 그림에 도입되기도 했다. 이러한 그림을 보면 형상들의 분산적 배치를 통해 배경 효과가 어긋나고, 피라미드형 관점 -고전주의적 반작용과 함께 다시 도입될- 이 무시되고 있는 듯한 느낌을 받게 된다.

16세기 말부터 루이 14세가 권좌에 오르기까지 프랑스 문학은 동일한 가치들, 즉 유연하면서도 실존적인 가치들을 표현했다. 16세기 말과 17세기 초의 시에서는 각종 은유들 -훗날 프레시오지테(Préciosité)[26] 에 의해 자주 사용되고 '고착'될- 이 지속적으로 등장하여 시의 구조 자체 속에 의미의 이동과 가시적 '변환'과 같은 수사법을 도입했다. '바니타스'(어원적으로 공허를 의미하는)라는 테마에 유동성이라는 테마가 덧붙여졌으며, 이를 통해 소네트의 고전적 구조가 급격히 해체되는 것처럼 보인다.

> 열징 없는 고통 크기를 잴 수 없는 일정,
> 고통 없는 크기 감정 없는 고통,
> 활기 없는 감정 움직임 없는 활기,
> 공간 없는 움직임 넓이 없는 공간,
> […]
> 이것이 바로 사랑이 영혼 속에 남긴 흔적이다.
>
> (작자미상의 시, A.-M. 슈미트에 의해 『어두운 사랑*L'Amour noir*』에 수록됨)

여기에서 시적 글쓰기는 사람들 사이에 공유되고 있는 언어와 사유의 모든 조합을 하나씩 해체시키는 움직임에 종속되어 있는 것처럼 보

26) 17세기의 재치있고 세련된 취향의 문학적 경향을 말한다.(역주)

인다. 소네트는 더 이상 엄격한 구조물이 아니다. 그 형식들의 의미는 테마의 지속적인 절단에 의해 깨어진다. 바로 이와 같은 글쓰기의 움직임 속에서 바로크적 유동성을 찾아볼 수 있는 것이다.

바로크적 문체는 장식적 요소의 가득함을 특징으로 한다. 이 특징은 미술에서나 문학에서 공히 과잉의 수사학에 속한다.(삽화 V 참조) 심지어 그리스도의 수난을 그린 그림에서도 과장을 볼 수 있다. 예를 들어 루벤스가 앙베르 대성당을 위해 그린 〈십자가에서 내려지는 예수〉는 중세적 간소함이라는 전통과 급격한 단절을 이루고 있다. 이 그림에서 죽음의 장면은 찬미 -과장된 표현력으로 나타나는- 의 대상이 되고 있으며, 이 사건을 화려하고 빛나는 절정의 순간으로 묘사하고 있다. 문학에서 이러한 과장법은 무엇보다도 도비녜(D'Aubigné)의 문체에서 찾아볼 수 있다. 『비가*Les Tragiques*』 -그 우의적이고 과장법적인 특징이 널리 알려져 있는- 뿐만 아니라 연애시에서도 페트라르카적 전통에 유산을 다시 찾아볼 수 있다. 그 좋은 예로 사랑하는 여인에게서 냉대를 받은 연인의 복수심을 표현한 다음과 같은 시를 볼 수 있다.

밤중에 나는 그녀의 침대의 휘장을 찢어버리리라.
지옥의 세 여신들로 하여금 그녀의 침대를 둘러싸게 하리라.
내 손에는 불을 들고 내 입에는 탄식과 피를 가득 채우리라.
여느 때처럼 깨어난 그녀는 밤의 공포를 느끼리라.
하늘을 향한 나의 부르짖음은 복수의 문을 두드리리라.
그녀의 변심이 야기한 피로 가득한 살인을.

(〈스탕스Stances〉[27], 『봄*Le Printemps*』)

이미지의 과장법적인 힘과 응축된 표현 -'두드리다(frapper)' 동사의 타동적 사용과 '피로 가득한 살인(meurtre ensanglanté)'이라는 표현의 대환법- 은 장면의 감정적 깊이를 심화시킨다. 이 장면은 내적인 환상과 연극적인 외재화 사이를 오가는 상상력 속에 위치해있다. 바로

27) 동형의 시절로 이루어진 종교적, 윤리적, 비극적 서정시를 가리킨다.(역주)

크 시대 최고의 문학 장르가 희곡이라는 점은 놀라운 것이 아니다. 실제로 연극적 재현이야말로 가시적인 것의 배가와 액자 구조 효과를 가능하게 해주기 때문이다. 예를 들어 코르네이유의 『연극적 환상*L'Illusion comique*』은 처음부터 끝까지 극 속의 극이 무엇인지를 보여주고 있다.

문학과 미술 간의 대화는 17세기 후반부에도 이어지게 된다. 이와 관련해서는 특히 화가들과 직접적으로 관련된 변화에 주목할 필요가 있다. 즉 미술이 '리버럴 아트(art libéral)'로서의 위상을 획득하게 된 것이다. 이러한 변화는 르네상스 시대 이후로 시작된 '예술가'라는 개념의 인정 -개인적 창작가라는 근대적 의미에서의- 의 연장선상에서 이루어진 일이다. 작품의 개인화를 가정하는 작가 개념의 탄생은 '천재' -레오나르도 다 빈치뿐만 아니라 플레이야드 학파에 의해서도 언급되었던- 라는 근대적 개념을 불러일으키게 된다. 비록 르네상스와 함께 고대로부터 물려받은 모델들을 다시 받아들이는 모방 예술 -넓은 의미에서- 로서의 '고전주의'가 자리를 잡기 시작한 것은 사실이지만, 다른 한편으로는 독창적인 작품을 만들어내는 예술가가 기다려졌던 것도 사실이다. 이러한 점에서 볼 때, 정확히 16세기부터 화가의 삶에 관심이 부여되기 시작한 것은 결코 우연이 아니다. 서구 예술사의 진정한 창시자라고 할 수 있는 바사리(Vasari)가 『훌륭한 화가들, 조각가들, 건축가들의 삶*Vies des meilleurs peintres, sculpteurs et architectes*』(1550-1568)에서 보여준 것도 바로 그것이다. 이와 같은 개성의 존중은 자기 작품에 서명을 남기는 화가들이 점점 늘어났다는 사실과 시인들 역시 빛나는 위상을 차지해야한다는 요구(이것이 바로 플레이야드 학파의 주요 요구들 중 하나이다), 작가 자신에게 초점이 맞추어진 미학적 실천의 탄생 등의 현상으로 나타났다. 이러한 점에서 뒤러의 자화상들은 몽테뉴의 『수상록』과 닮아있다. 무엇보다도 이 작품들이 예술가 자신의 개성을 합법적인 영감의 원천으로 삼고 있다는 점에서 그러하다.

고전주의는 여기에서 한걸음 더 나아간다. 이 시기에 미술은 진정한 '리버럴 아트'의 위상을 획득하게 된다. 리버럴 아트란 '자유로운' 사람에 의해 행해진 예술 작품을 말한다. 이러한 예술가들의 성찰과 비전

그리고 기술까지도 사람들의 관심을 불러일으키곤 했다. 1648년 왕립 미술 조각 아카데미의 창설과 함께 화가들은 여러 차례의 강연회를 통해 이론가이자 비평가의 지위를 겸하게 되었다. 펠리비앙, 샤를르 르 브룅, 필리프 드 샹페뉴, 로제 드 필은 이러한 미학적 성찰 작업에 적극적으로 가담했던 주요 인물들이다. 이들은 주로 고전주의 철학자들과 작가들의 미학적 성찰로부터 그 개념과 원리들을 차용하곤 했다. 즉 즐거움과 교훈을 동시에 제공해야한다는 원칙, 고대 작품들에 대한 의무적인 참조, '아름다운 자연'에 대한 모방, 사실임직함(vraisemblance)에 대한 관심, 예절(bienséances)의 존중 등과 더불어 '취향(goût)', 숭고한 것의 추구, '형용할 수 없는 어떤 것(je-ne-sais-quoi)'에 대한 연구 등이 그것이다. 이러한 원리들은 작가들의 펜 끝에서 뿐만 아니라, 화가들의 성찰 속에서도 모습을 드러내게 된다. 이 두 예술 분야 사이의 이론적 연결은 자연스레 상대방에 대한 유비적 차용 속에서 확대된다. 예를 들어 푸생의 그림은 거의 대부분 그가 읽었던 책의 내용에서 비롯된 것이었으며, 문학은 반대로 활사법(活寫法)을 통해 그림의 효과를 전달하고자 했다. 이 시대에는 무엇보다도 수사학, 즉 설득의 기술이 두각을 나타냈다. 다양한 정념의 재현과 관련해 수사학이 제시하는 원칙들은 문학과 미술을 모두 포함할 수 있는 것들이었다. 이러한 맥락 속에서 미술은 표현적 행위의 진정한 통사론을 만들어 나가게 된다. 예를 들어 르 브룅은 데카르트의 『정념론*Traité des passions de l'âme*』으로부터 영감을 받아 많은 글을 남겼으며, 뿐만 아니라 미술에서 행위가 가질 수 있는 의미, 특히 웅변술과의 관계 속에서 찾을 수 있는 의미에 대한 다 빈치의 연구를 이어받고 있다. 갈릴레이는 다음과 같은 주장을 통해 미술적 방법에 대한 문법이라는 개념을 확고히 했다. "미술에 있어서 데생과 배색효과는 시에 있어서 문법과 표현술에 대응한다."(『문학적 글쓰기*Scritti Litterari*』) 결국 푸생의 그림과 라신의 비극은 동일한 수사학적 경향에 동참하고 있는 것 아니겠는가? 서로 다른 차원에서 다루어지는 주제를 서열화하고, 가지적(可知的)이고 즉각적으로 분별할 수 있는 하나의 구조에 따라 작품 전체의 구성을 세워나가는 경향이 그것이다. 라신은 자신의 희곡 작품이 가진 '최소한의 소재로 이루어지는 단순한 행동'을 높이 평가했다.)『브리타니쿠스*Britannicus*』 서문) 이를 통해 작품의 감정적이고 미학적인 효과를 최대한 집중시킬 수 있다는 것이다. 마찬가지로 밀도 높은 효과를 위한 구조를 고전주의 시대의 위대한 화가들에게서도 찾아볼 수 있다. 필리프 드 샹페뉴가 그린 포르 루와이알(Port-Royal) 수도원의 은자들의 초상화들이 그 좋은 예이다.

고전주의 시대에 수사학은 단순한 하나의 웅변술로 국한되지 않는다. 그 이면에는 윤리적이고 정치적인 가치들 -철학적이고 종교적인 토대에 기초하고 있는- 이 자리 잡고 있다. 작가들에게서 이러한 모습을 찾아볼 수 있는 것은 어찌 보면 당연한 일이다. 오히려 화가들에게서도 같은 모습이 드러난다는 점에 우리는 주목할 필요가 있다. 실제로 그 당시 화가들 중 대다수는 기독교 사상과 스토아주의 사상에 흠뻑 젖어있었다. 이미 앞선 시기의 반종교개혁(Contre-Réforme) 운동을 통해 화가들은 각종 종교적 텍스트들을 접할 수 있었다. 그리고 17세기에 전개된 '바니타스' 정물화의 유행은 바로 이러한 텍스트들에서 비롯된 영감의 열매라고 할 수 있다. 훗날 정물화 장르(영어 표현인 still life)가 보다 더 정확한 의미를 전달해준다)의 기원이 된 바니타스 속에는 미술적 향유, 인간의 유한성에 대한 명민한 자각에 기초한 스토아주의 그리고 이러한 자각을 통해 진정한 '메멘토 모리(memento mori)'[28)]로 나아가는 종교적 영감 등이 모두 결합되어 있다.

18세기

예술에 있어서 18세기는 이전 세기 말까지 지식인들의 마음을 사로잡았던 '신구논쟁'의 틀 속에서 살펴보아야 할 것이다. 이 논쟁은 르네상스 이후로 미술과 문학의 방향을 결정지었다고 해도 과언이 아닌 고전주의 이론의 유효성과 관련된 것이었다. 예술에 임함에 있어서 항상 고대로부터 물려받은 모델들을 따라야만 하는가? 라 브뤼에르(La Bruyère)

28) '죽음을 기억하라'는 뜻의 라틴어 문구이다.(역주)

가 자신의 『성격론*Caractères*』 도입부에서 밝힌 바와 같은 주장, "모든 것이 말해졌으며, 사람들이 존재하고 생각하기 시작한 7,000년 전부터 벌써 모든 것이 너무 늦어버린 것"이라는 주장은 과연 사실인가? 모방의 개념, 아울러 그 모방이라는 개념을 통해 걸작, 미학적 완전성, 숭고함의 이상적 조건으로 제시되는 것은 결코 초월할 수 없는 것인가? 이러한 문제들의 쟁점은 단지 사변적인 측면에만 국한된 것이 아니다. 그것은 독자들과 관람자들의 기대에 부합하는 주제의 선택, 작품의 형식적 양태 등과도 직결되는 문제이다. 이에 대한 결정적인 해답 -'고대인들'에 대한 '근대인들'의 우월성을 주장하는- 은 낭만주의 세대에 이르러서야 주어질 것이다. 스탈 부인(Mme de Staël)[29]과 샤토브리앙(Chateaubriand)의 성찰[30]과 함께 새로운 예술의 필연성이라는 개념은 고대 이교 문화와의 단절과 기독교를 통해 형성된 근대적 감성과 접목되어 강력한 존재감을 드러내기 시작한다. 그 유명한 『크롬웰*Cromwell*』(1827) 서문에서 빅토르 위고는 그 결과를 자세히 보여주고 있다. 그는 다른 무엇보다도 '규칙들'로부터 작가들이 해방될 것을 주장하고 있으며, '숭고한 것'과 '그로테스크한 것' 사이의 혼합 -어조의 통일성을 목표로 했던 고전주의 미학에서는 상상도 할 수 없었던- 을 격찬하고 있다.

즉 미학에 있어서 기존의 모델들에 대한 이의 -다소간 함축적으로 드러난- 와 미래의 낭만주의 혁명 사이에 자리 잡은 18세기는 미술에 있어서나 문학에 있어서나 이와 같은 긴장 상태로 점철되었다고 할 수 있다. 이로 인해 18세기에는 명백한 정체성을 가진 학파나 경향이 생겨나기 어려웠다. 오히려 18세기를 드러내주는 진정한 분할선은 이데올로기적이고 철학적인 측면에서 찾아볼 수 있다. 이는 계몽주의 철학의 전개와도 연관된 결과이다. 미학적 측면에서 이 시기는 매우 잡다한 시기였다고 할 수 있다. 미술 분야에서는 티에폴로(Tiepolo)와 함께 바로크 양식이 세기 중반까지 지속되었던 한편 고전주의 시대부터

29) 『사회 제도와의 관계 속에서 바라본 문학에 대하여*De la littérature considérée dans ses rapports avec les institutions sociales*』, 1800, 『독일에 대하여*De l'Allemagne*』, 1813.
30) 『기독교의 정수*Le Génie du christianisme*』, 1802.

이어져 내려온 장르들 사이의 위계 역시 공식적으로 인정되고 있었다. 역사화가 가장 높은 자리에 위치하고, 그 뒤를 초상화와 풍경화가 따르는 식이었다. 하지만 그럼에도 불구하고 덜 중요한 것으로 여겨지던 몇몇 장르들이 이 시기에 개화했을 뿐만 아니라 대단한 성공을 거두기도 했다. 예를 들면 홀란드 전통의 풍속화나 샤르뎅(Chardin)과 함께 큰 성공을 거둔 정물화 등이 여기에 해당한다. 이러한 모호성은 특히 디드로(Diderot)의 예술 비평에서 드러나는데, 그는 자발성과 지극히 주관적인 감성의 표현을 요구함과 동시에 예술가가 자기 자신의 고유한 기질을 억누르고 반드시 따라야만 하는 '이상적 모델'이라는 개념도 제시하고 있기 때문이다. 미학적 다양성과 불확실성은 어쩌면 문학 분야에서 더 민감하게 작용했을 수도 있다. 볼테르(Voltaire)는 분명 모델들에 대한 복종과 반항 사이에 끼여 있었다. 그는 문학 장르들 간의 고전주의적 위계를 충실히 따르고 있는데, 이는 그가 서사시 작가(『앙리아드*La Henriade*』)이자 라신(Racine)의 뒤를 잇는 비극 작가 (그는 몇 편의 비극 작품을 집필했지만 기대만큼 성공을 거두지 못해 자존심이 상하기도 했다)로서 자신을 드러내고자 했기 때문이다. 이와 동시에 볼테르는 철학 담론에 있어서 누구보다 뛰어난 재능을 보인 혁신가들 중 한 명이었으며(예를 들어 『철학 편지*Lettres philosophiques*』와 『철학 사전*Dictionnaire philosophique*』에서 드러난 대담한 사유와 글쓰기 방식을 살펴보기 바란다), '철학적 콩트'(『자디그*Zadig*』, 『미크로메가*Micromégas*』, 『캉디드*Candide*』)를 통해 이야기에 혁신을 가져온 사람이기도 했다.

18세기 작가, 화가들과 관련해서는 혼합된 미학이라는 표현이 가능하다. 이 시기에는 고전주의의 유산이 어조와 형태의 자유와 함께 수용되었으며, 이를 통해 혼합된 양식들이 모습을 드러낼 수 있었다. 예를 들어 『캉디드』의 첫 부분에서 볼 수 있는 전투 장면의 패러디는 단지 뷔를레스크 문학의 논리(고전주의 시대에 이미 널리 알려졌던 논리)에만 속하는 것이 아니다. 이 담대한 묘사는 그 자체로 전통적으로 고귀하거나 영웅적인 것으로 알려진 주제와 관련된 '장르'와 '어조' 개념 자체에 이의를 제기하는 것이었다. 모델들의 수용과 저항 사이에서

'로카이유 양식'[31]이 나타나 세기 전반의 미학(적어도 미술 분야에 있어서는 혁명과 더불어 신고전주의가 모습을 드러내기 전까지)을 규정짓는 것처럼 보였다. 이 양식의 대표자로는 부셰(Boucher)와 와토(Watteau)를 들 수 있다. 부셰는 신화적이고 갈랑트리적인 전통에 속한 듯한 그림에 가벼우면서도 약간의 장난기가 섞인 에로티즘을 혼합시켰으며, 와토는 고전적 전원의 풍경을 전낭만주의적인 신비스러움과 불분명함이 가미된 방식으로 그려냈다. 문학에서 이러한 혼합의 미학은 『페르시아인의 편지*Lettres persanes*』가 출간된 1721년부터 두각을 나타내기 시작했다. 서간체 소설 형식 -루소(『신(新) 엘로이즈*La Nouvelle Héloïse*』, 1761)와 라클로(『위험한 관계*Les Liaisons dangereuses*』, 1782)를 통해 이어진- 을 통해 몽테스키외는 관점과 화법뿐만 아니라 문체적이고 총칭적인 어조까지도 병치시키는 시도를 하고 있다. 전체성의 효과 -이 경우에는 작품의 개념과 성찰의 종결- 를 거부하는 분산적 형식 속에서 철학적 담론, 소설적 담론, 정념의 수사학 -매우 '고전적인'-, '보여진 것' -이 시대에 새로 등장한- 에 집중하는 문체, 여행 소설의 문체, 수련 소설의 도식, 오리엔탈리즘의 효과 등이 한데 뒤섞여 있는 것이다.

이처럼 다양한 경향들이 수용되는 상황 속에서 미완성, 나아가 단면에 대한 근대적 취향이 나타나기 시작했다. 화가들뿐만 아니라 작가들도 미완성의 구실로 간결함이라는 특징을 내세웠다. 예를 들어 나폴레옹에 의해 박물관장으로 임명되기도 했던 비방 드농(Vivant Denon)의 저서 『내일은 없다*Point de lendemain*』(1777)는 자유사상으로 가득한 짧은 이야기로써 단 하룻밤 사이에 일어나는 일을 기술하고 있다. 이는 성격과 확장의 법칙에 어긋나는 것이었다. 마찬가지로 프라고나르(Fragonard)는 화가의 열정적이고 영감 가득한 몸짓의 흔적인 터치를 가시적으로 드러나게 하는 간결한 기법을 선보이기도 했다.(삽화 IX

31) '자갈'을 의미하는 프랑스어로, '조개껍질'을 의미하는 '코키유(coquille)'라는 단어와 합하여 '로코코'라는 말의 어원이 되었다. 본래는 당시 귀족 사회의 생활을 미화하기 위해 고안된 장식 양식 내지는 공예품에 쓰인 말이었으나, 나중에는 18세기 프랑스 미술, 나아가 유럽 미술 전반에 걸친 양식 개념이 되었다.(역주)

참조) 창조적 진정성을 보장하는 요소로서 간결함이 중시된 이유로 우리는 르네상스 시대 이후 예술가에 대한 개념을 구성하는 요소로 자리잡았던 주관성의 원칙을 들 수 있을 것이다. 어쨌든 이러한 기법들을 통해 전체로서의 작품의 개념이 무너지기 시작한 것은 사실이다.

이와 같은 시도와 함께 회화 예술의 우의적인 성격 -신구 논쟁 당시 페로에 의해 거부되었던- 이 사라지기 시작했다. 디드로는 부셰의 작품에 나타난 알레고리들을 비판했다. 자기 시대의 감성, 그리고 극작가에게 요구되는 요소들에 민감했던 디드로는 화가들에게도 고대로부터 물려받은 영웅적인 장면의 재현에 집착하지 말고 일상적이고 사적인 삶, 가정에서의 삶의 장면을 그릴 것을 요구했다. 또한 그는 자신의 '부르주아 희곡'들에서 당시의 사회에서 찾아볼 수 있는 상황과 인물들을 전면에 내세우기도 했다. 또한 『라모의 조카*Le Neveu de Rameau*』에서는 '그(Lui)'와 '나(Moi)' 사이의 철학적 대화를 구체적이고, 동시대적이며, 나아가 공적인 공간에 위치시키기도 하는데, 레장스 카페(Café de la Régence)가 그곳이다. 일반적으로 보아 문학은 '눈에 보이는 것chose vue'의 방향으로 변화하게 되는데, 이는 실존의 구체적 조건들 속에서 성찰을 끌어내는 계몽주의 철학의 영향이라고 할 수 있다.

이렇게 해서 미술과 문학은 공히 '피토레스크'(이탈리아어 화가 피토레(pittore)에서 유래된 이탈리아어 pittoresco에서 나온 말이다)적인 것에 관심을 갖게 되었다. 이러한 경향은 루소에게서도 찾아볼 수 있는데, 특히 몇몇 과장된 묘사 부분(예를 들면 알프스의 풍경을 묘사하는 부분)에서 그렇다. 보다 직접적으로는 루이 세바스티앙 메르시에(Louis- Sébastien Mercier)의 작품 〈파리 풍경*Tableau de Paris*〉에서 이 경향의 특징을 볼 수 있는데, 이 작품은 제목에서부터 회화적인 기도를 드러내고 있다. 미술 분야에서 피토레스크는 풍속화와 정물화 같은 이른바 '하급' 장르들의 부상을 이끌었다. 특히 샤르댕의 정물화는 이전 세기에 유행했던 '바니타스 정물화'로부터 우의적 담론을 해방시켰다는 점에서 의미를 갖는다. 샤르댕은 재현된 사물의 특수성, 그 대상들의 불규칙한 외양, 정확한 위치 결정 등을 강조함으로써 시선을 특별한 상황으로 이끌며, 이를 통해 관념적인 일반화로부터 벗어나고 있다. 흔히 대상을 앞에 두고 느끼기 마련인 의미부여 보다는 대상 자체가 자신의 존재를 드러내도록 한 것이다. 이러한 방식을 통해 그의 작품은 일종의 미학적 향유의 감정을 불러일으키는데, 그 안에서는 작품의 교육적 기능과 관련한 모든 담론이 배제되고 오직 강렬한 감각만이 우세할 뿐이다. 이처럼 '피토레스크' 경향을 통해 '그림 그 자체'가 회화의 목적으로 자리잡기 시작했다.

이러한 변화 과정 속에서 낭만주의 미학이 모습을 드러내기 시작했다. 규준과 모델이라는 고전적 개념들 대신에 주관성이 작품을 조직하는 원칙으로 자리잡게 된 것이다. 작가와 화가들의 위상에도 영향을 끼친 이러한 변화를 통해 창조적 개인주의가 부각되었다. 사실 작가의 권리라는 개념이 부상한 것은 18세기라고 할 수 있다.(일례로 보마르셰는 1777년 '희곡 작가 협회'를 설립하기도 했다.) 작가는 이제 독자들과의 직접적이고 상업적인 -제도적이지 않은- 관계를 형성함으로써 자기의 펜을 통해 먹고 살 수 있게 되었다. 이는 곧 작가들이 보호와 후원이라는 오래된 시스템으로부터 벗어나게 됨을 의미한다. 사적인 주문의 증가는 화가들에게도 동일한 영향을 끼쳤다. 일례로 와토의 〈제르생의 간판*L'Enseigne de Gersaint*〉은 매장에 가득한 작품들을 고객들에게 선보이는 파리의 유명한 그림 판매상의 모습을 보여주고 있다. 이러한 묘사는 18세기에 있었던 민간 시장의 발전과 이를 통해 예전 공식적인 주문에만 매달리던 때와 비교해 예술가가 누릴 수 있게 된 자유의 폭을 잘 보여주고 있다. '천재'를 향한 디드로의 애착 역시 미술과 문학의 사유에 혁명적인 변화를 가져온 상황을 보여주는 좋은 예이다. 뿐만 아니라 우리는 디드로에게서 이 단어의 의미적 변화를 가장 잘 살펴볼 수 있다. 원래는 수호신 역할을 하는 정령을 의미했던 이 단어(génie)는 이제 극단의 주관성, 예술적 창조의 동인이 되는 개인적 기질을 나타내는 단어가 되었다. 여기에서 주관성이란 무엇보다 감정적인 영역에 속한다. 희곡이나 소설을 막론하고 주관성은 감정의 모든 스펙트럼을 작품 속에 끌어모으는 원동력으로 작용한다. 이러한 특징은 베르나르뎅 드 생 피에르(Bernardin de Saint-Pierre)나 마리보(Marivaux)에게서 공히 찾아볼 수 있다. 미술 역시 다르지 않다. 그뢰즈(Greuze)의 작품들은 이 시기의 '감각적' 경향을 거의 완벽하게 보여주는데, 특히 도덕주의와의 관련 속에서 디드로에게 큰 영향을 준 것으로 알려져 있다. 그뢰즈의 그림 속에서 디드로는 사실주의와 감정주의, 도덕주의의 행복한 연합을 보았으며, 이는 곧 그가 희곡을 통해 도달하고자 했던 이상에 완벽히 부합하는 것이었다.

훗날 낭만주의가 그러했듯 이 감각적 주관주의와 더불어 주체의 직관과 내밀한 관계를 맺고 있는 '자연에 대한 감정'이 부각되었다. 자서전을 만들어낸 (혹은 처음으로 자서전에 규준적 형태를 부여한) 이 세기는 또한 풍경화가 시작된 세기이기도 하다. 자연의 묘사 -그림에서처럼 통일성을 보장해주는 개관적 시선을 통해 배치된- 는 『고백록』과 『신 엘로이즈』에서 무수히 등장하는 장면이기도 하다. 당시에 이러한 묘사는 매우 새로운 것이었지만, 어쨌든 대중의 기대에 부합하는 것이었다. 마찬가지로 미술 분야에서 자연의 묘사는 우의적이고 신화적인 수단으로부터의 해방을 이끌었다. 영국에서 컨스터블(Constable)과 게인즈보로(Gainsborough)와 같은 화가들은 미학적 관심과 함께 풍경을 그려냈는데, 풍경은 그림의 완전한 주제로 자리매김 하게 되었다. 프랑스의 경우 부셰의 작품에 나타난 자연적 배경들이 기교적 측면에서의 관례에 속한다면, 와토의 작품에서 볼 수 있는 그것은 심지어 재현된 장면보나 우세할 정도로 결정적인 중요성을 갖는다. '페트 갈랑트(fêtes galantes)'[32]에 속하는 작품들에서 모든 관심은 자연적 배경 처리와 불가분의 관계에 있는 모호성과 신비스러운 분위기에 집중되어 있다.

역사 전반에 걸쳐 이루어진 사상과 감성의 접근을 통해서뿐만 아니라 18세기에 문학과 미술은 디드로를 필두로 이루어진(6장 참조) 작가들의 예술 비평을 통해 한결 더 밀접한 관련을 맺게 된다. 디드로는 파리에서 정기적으로 열린 전시회들의 해설을 통해 진정한 예술 비평의 근간을 제시하고자 했다. 그림(Grimm)의 『문예통신*Correspondance littéraire*』 속에 정리되어 있는 디드로의 텍스트들 -유럽의 다양한 강

32) 와토에 의해 만들어진 새로운 범주이다. '우아한 축제, 사랑의 연회'라는 뜻을 가진 이 장르는 당시 귀족 남녀들이 전원에서 희희낙락하는 모습을 주로 담고 있다.(역주)

의에서 사용된- 은 우선 그림의 주제를 확인하고 논평하는 것을 목적으로 한다. 하지만 그 설명적 방법 -작가였던 디드로는 그것에 대해 이야기를 하는 순간부터 장면을 재창조하다 시피 했으며, 이를 통해 그의 방법은 그 자체로 매우 풍부해질 수 있었다- 은 곧 그림에 대한 진정한 '시적인' 몽상으로 충만해졌으며, 바로 그 몽상 속에서 예술 작품의 본질과 해석에 관련된 대부분의 문제들, 주제, 장르, 스타일, 예술가의 기질, '천재성', 독창성, 그림의 소재, 감상자의 상황, 글쓰기와 회화의 관계, 보는 것과 말하는 것 사이의 풍요로운 긴장 등의 문제들이 제기되었다. 디드로의 예술 비평 텍스트들은 19세기와 20세기에도 수많은 작가들이 그 뒤를 따를 만큼 이 분야에 있어서 토대를 마련해 준 것이었다.

19세기 : 낭만주의와 근대 예술의 탄생

19세기와 함께 문학과 미술은 훨씬 폭넓은 일치점을 갖게 되었다. 두 분야 모두 예술사를 이끌어나가게 될 경향들과 학파들에 많은 의존을 했기 때문이다. 낭만주의, 사실주의, 상징주의로 대변되는 세 개의 커다란 경향들을 통해 이론적 성찰이 다시 활기를 띠게 되었으며, 미학적 사유가 풍성해지기 시작했다. 하지만 문학과 미술 사이의 대화가 중단될 뻔한 위기도 있었다. 바로 레싱(Lessing)이 이 두 분야 사이의 소통의 근거에 대해 강력한 문제제기를 시도하면서이다. 저서 『라오콘 *Laocoon*』(1766)에서 레싱은 문학과 미술 사이에서 이루어지는 고전적 결합의 기만적 성격을 드러내고자 했으며, 동시에 이 두 예술을 대립시키는 차이들에 대해 강력한 분석을 시도했다. 그에 따르면 문학이 지속적인 행동을 환기시키는 특권을 가지고 있는 반면, 미술은 이미지의 정지 상태에 머무를 수밖에 없는 한계를 가지고 있으며, 이로 인해 항상 특정한 순간이나 행위 없는 장면만을 재현할 수 있을 뿐이다.(2장 참조) 레싱은 이러한 분석을 토대로 문학에서 끊임없이 이루어지고 있는 미술의 인용을 개탄했다.

레싱의 주장은 일정 부분 받아들여지기도 했는데, 무엇보다 19세기에 이르러 서로 다른 예술 분야들이 각자의 고유성을 요구하기 시작했던 것이다. 20세기 초반 브레몽(Brémond) 사제와 폴 발레리(Paul Valéry)에 의해 주창된 '순수 시' 개념은 분명 보들레르, 랭보, 말라르메의 작품에서부터 그 씨앗을 찾아볼 수 있는 것이었다. 마찬가지로 주제로부터 해방되어 고유한 방법의 표현력에 중점을 두고자 한 미술 경향도 인상주의의 찬란한 개화 이전에 이미 들라크루아(색채를 그림의 주요 목적으로 삼았던)에서부터 그 싹을 틔우기 시작했다고 할 수 있다. 이와 같은 미학적 독립은 분명 예술가에 대한 사회적, 제도적 인정과 맥을 같이 한다. 이제 더 이상 예술가의 지위에 대한 문제는 제기되지 않게 되었다. '기술적인 직업'으로부터 '자유로운 예술'로의 오랜 이동이 완료된 것이다. 사적 시장이자 갤러리 역할을 담당한 살롱들(20세기에 이르기까지 근대 예술의 고양에 있어서 지대한 역할을 담당한)을 통해 예술가들은 문화생활에 있어서 그 누구도 부정할 수 없는 위치를 차지하게 되었다. 예술가는 또한 '보헤미안'이라는 이미지가 제공하는 특별한 후광을 누릴 수 있었다. 이른바 보헤미안의 신화는 뮈르제(Murger)의 『보헤미안 삶의 장면들*Scènes de la vie de Bohème*』(1851)을 통해 구체화되었다고 할 수 있다. 음악 분야에서도 파가니니와 리스트와 같이 자신의 곡을 연주했던 솔리스트들의 순회 콘서트들을 통해 예술가의 지위가 공공연하게 자리 잡을 수 있었다. 다른 모든 예술가들과 마찬가지로 화가들도 이러한 독립과 개인적 인정의 덕을 보게 되었다. 즉 16세기나 17세기처럼 자신의 예술 활동을 인정받기 위해 문학의 보증을 받아야 할 필요가 없게 된 것이다.

다른 한편 이 시기에는 문학과 미술 사이의 교류가 매우 빈번했을 뿐만 아니라 그 교류가 어느 때보다도 풍요로웠던 시기이기도 하다. 약간의 거리를 둔 근접성에 근거한 이 두 분야 사이의 대화는 서로를 향한 매력과 경쟁 관계를 더욱 활성화시켰다. 예술 분야들 사이의 소통이라는 개념(보들레르에게서 큰 성공을 거둔)은 세기 전체에 걸쳐 화두가 되었는데, 특히 바그너의 오페라는 동시대인들에게 이 개념에 대한 확실한 모델 역할을 했다. 사실상 오페라 장르는 음악과 문학, 미술(무대 장식과 의상과 관련해)의 요소들을 한데 끌어 모으기 때문이다. 뿐만 아니라 오페라는 시각과 청각, 텍스트에 대한 이해력을 모두 요구하는 장르이기도 하다. '고전주의자들'에 대한 반작용의 일환으로 낭만주의자들은 오래된 규준과 미학 이론들로부터 이어져 내려온 전통적인 범주들과 구분을 말소시킬 수 있는 예술을 희망했다. 언어, 분야, 장르를 막론하고 같은 욕망이 표출되었다. 예를 들어 위고는 희곡 분야에서 인간 조건의 전체적 특징을 재현할 수 있는 총체적 '극'을 꿈꾸었다. 그에 따르면 희곡이란 '모든 것을 동시에 바라볼 수 있는'(『마리 튜더*Marie Tudor*』 서문) '관점'(『크롬웰』 서문)이 되어야 한다. 같은 맥락에서 위고는 〈기소장에 대한 답변*Réponse à un acte d'accusation*〉(『명상시집*Les Contemplations*』)을 통해 "오래된 사전에 붉은 모자를 씌운 것", 즉 문학 언어의 확장을 억압해오던 미학적 제약으로부터 그 언어를 해방시켰다는 것을 영예롭게 평가하기도 했다. 장르와 양식의 구분을 넘어 예술의 세분화가 목표로 자리 잡게 된 것이다.

이러한 상황을 이해한다면 글쓰는 화가들(들라크루아의 정열적인 글쓰기를 볼 수 있는 『일기』처럼)이나 그림을 그리는 혹은 데생을 하는 작가들의 등장도 그리 놀랄 일이 아니다. 예를 들어 위고의 데생과 수채화들은 매우 뛰어난 미학적 자질을 인정받았으며, 보들레르 역시 그림을 그렸다. 프로망텡(Fromentin)은 글쓰기 작업과 병행하여 정식으로 오리엔탈리즘 취향의 화가로도 활동했다. 한 마디로 이 시기는 '예술의 전환(transposition d'art)' 시기였다고 할 수 있다. 테오필 고티에(Théophile Gautier)에 의해 대중화된 이 개념은 한 예술 분야가 자신만의 고유한 특징을 살려나가면서 동시에 다른 예술 분야에 의해 자유롭게 영감을 얻는(5장 참조) 창조활동의 이상을 어렴풋이나마 느낄 수 있게 해준다. 세기 전반에 걸쳐 많은 작가들이 -그것도 꾸준하게- 미술비평과(혹은) 예술사와 관련된 활동을 했다. 스탕달, 고티에, 보들레르, 졸라, 모파상, 위스망스, 라포르그 등 그 이름을 열거하기도 어려울 정도이다.(6장 참조) 17세기와 비교했을 때 문학과 미술의 소통 방식에 있어서도 근본적인 차이가 생겨났다. 고전주의 시대에 문학은 이론과 미학적 측면에서 미술을 어느 정도 자기의 것으로 차지했다고 볼 수 있다. 하지만 19세기에 이 둘 사이의 관계는 대립과 상호적 유혹을 특징으로 삼고 있다. 미술은 문학의 '타자'이다. 문학은 미술이 제시해 준 거울 속에서 스스로를 관찰하게 되었다. 보들레르가 스스로를 알리게 된 것은 -스스로를 이해하게 된 것도- 콩스탕텡 기(Constantin Guys)에 대한 평문을 통해서이며, 들라크루아가 자기 예술의 실천적 방법과 원칙들을 훌륭하게 조명해 보인 것도 『일기』를 통해서이다.

이처럼 새로워진 대화는 세기 전체에 걸쳐 낭만주의에 스며든 문화적 기반 위에서 활발해졌다. 이 대화를 통해 문학과 미술은 공통의 자료와 주제 목록을 갖게 되었으며, 이 목록은 두 예술을 모두 살찌우기에 충분했다. 이와 관련해 먼저 낭만주의적 '자세', 즉 작가들과 화가들에게 주변적인 위치를 자발적으로 선택할 것을 요구하는 우수에 젖은 듯한 태도를 볼 수 있다. 사회의 한계에서 벗어나 있으며, 사회적 생산이 지니는 단일성과는 반대로 창조적 비전의 담지자로 여겨진 낭만주의 예술가와 작가들은 모두 주관성의 찬양, 꿈의 숭배라는 특징을 공유했고, 감성의 고조와 관련해서도 비슷한 입장을 보여주었으며, 상상력이라는 고갈되지 않는 샘에 대한 공통된 믿음을 가지고 있었다. 주관성의 승리야 말로 다양한 낭만주의 작품들이 공유하는 가장 명백한 공통점이라고 할 수 있다. 자서전 장르의 성공과 함께 시 분야(이때부터 문학의 주요 장르가 된다)에서는 서정시가 우세를 점하게 되었다. 마찬가지로 회화 창작의 방향성과 관련해서도 개인적 개성이 중요한 요소로 부각되었다. 수많은 자화상이 그려졌으며, 그림 자체가 창조적 감성의 반영인 것으로 여겨졌다. 특히 제리코(Géricault)의 작품은 모델로부터 벗어나 개인적 표현을 중시하는 성향을 잘 보여준다. 예를 들어 동물(많은 작품에서 말이 등장한다)의 본능적 힘, 병적인 성질과 음산함에 대한 취향(〈메두사 호의 뗏목*Le Radeau de la Méduse*〉뿐만 아니라 사형당한 사람의 머리와 잘려진 신체에 대한 연구에서도 드러난다)은 예술가의 개인적 비전을 구성 원칙으로 하는 예술을 보여주기에 충분하다.

18세기에 예고되었던 것처럼 이러한 자아의 승리(세기 말에 표현주의에 이르게 될)에는 인간 양심의 거울로 여겨진 '자연의 감정'이 함께했다. 낭만주의의 자연은 욕망이 투사되고, 무한의 감정이 표출되는 공간이다. 샤토브리앙의 주인공은 이렇게 외친다. "어서 일어나라. 르네를 또 다른 생의 공간으로 데려갈 대망의 우레들이여!"(『르네*René*』) 마찬가지로 보들레르의 '이방인'은 "저 멀리… 저 멀리… 지나가는 구름, 저 신비한 구름"을 좋아한다.(『소산문시*Petits poèmes en prose*』) 회화 분야에서 자연의 재현은 가장 깊은 곳에 있는 인간 욕망을 결집시키는 무한에 대한 성찰 역할을 하게 되었다. 카스파르 다비드 프리드리히(Caspard-David Friedrich)의 작품들은 이러한 성향의 표현적인 예를 잘 보여준다. 빛을 이용한 공간의 입체감, 관점의 구조화된 조직, 현기증을 일으킬 만큼 높은 산 정상의 풍경, 광대한 우주 속에 병합되어 절반 정도만 식별 가능한 인간의 모습, 이 모든 것들이 낭만주의적 숭고미, 즉 유한 속에 포함되어 있는 무한의 감정을 잘 드러내주고 있다. 자연은 스탈 부인이 이야기한 바 있는 "고양되어 있으면서 동시에 우수에 젖은, 측정되는 모든 것, 일시적인 모든 것에 지친" 영혼들을 상징한다. 자연의 재현은 이렇게 해서 문학에서나 미술에서나 하나의 완전한 장르로 자리 잡게 되었다. 살롱에서 작품을 전시하는 화가들은 '풍경화'를 내걸었으며(마치 '역사화'를 내걸 때와 같은 마음으로), 작가들도 이 회화의 명칭을 종종 사용했다. 심지어 작가들은 도시의 모습을 묘사할 때도 이 명칭을 사용하곤 했다. 예를 들어 발자크는 『화류계 여성들의 화려함과 비참함*Splendeur et misères des courtisanes*』의 한 장에 '파리의 풍경'이라는 이름을 붙였으며, 보들레르도 '파리 사람들의 모습'의 첫 번째 시에 '풍경'이라는 제목을 부여했다. 이 시는 1861년 『악의 꽃*Fleurs du mal*』에 포함되어 있다.

자연의 풍경에 대한 매혹은 다른 곳을 향한 욕망을 보여주는데, 이 욕망은 낭만주의 정신의 주요 구성 요소 중 하나라고 할 수 있다. 여행의 테마(예를 들면 슈베르트의 음악에 지속적으로 등장)는 이때부터 새로운 기능, 거의 형이상학적인 기능을 갖게 되었다. 멀리 떨어져 있는 미지의 장소, 하지만 감정적으로는 가까이 있는 장소에 이르고자 하는 욕망은 감성의 근원처럼 여겨졌다. 여행은 사유 속에서 (낭만주의는 역사 철학의 발전에도 기여했으며, 종교적 사유에 새로운 힘을 불어넣었다) 혹은 자아의 내면속에서도 이루어질 수 있다. 꿈과 광기의 세계는 완전한 영감의 원천이 되었으며, 독일 낭만주의자들은 이를 분류하여 이용하는 데 능했다. 네르발(Nerval) 역시 마찬가지여서 『실비*Sylvie*』는 공간의 이동(파리 사람인 화자가 고향인 발루아로 귀환하는 것)을 매개로 이루어지는 자기 내면으로의 여행이다. 특히 『오렐리아*Aurélia*』는 마치 의식의 매우 불안한 경험들을 기록한 일기처럼 광기의 세계를 탐색하고 있다. 이와 같이 악몽 같은 자기 성찰은 미술 분야에서 고야(Goya)를 통해 예견되었던 것이다. 그의 '검은 회화(peintures noires)' -건강이 매우 위태로운 상태에서 그려진- 는 광기의 경계에서 던지는 고통스러운 질문을 표현하고 있다. 〈변덕*Les Caprices*〉의 판화 중 하나는 이런 제목을 가지고 있다. "이성의 잠은 괴물을 낳는다." 지정학적인 측면에서 볼 때 여행은 주로 동양을 향한 것이 주를 이루었다. 위고는 1829년 출간된 두 번째 시집의 제목에서부터 (『동양의 여인들 *Les Orientales*』) 이러한 모습을 보여주고 있다. 잘 알려진 사실이듯이 19세기의 위대한 작가들(샤토브리앙, 네르발, 플로베르, 모파상…)은 직접 '동양으로의 여행'을 하기도 했다. 샤토브리앙과 네르발의 경우 동양에서 서구 문명의 신화적 근원을 찾고자 했으며, 다른 이들은 다른 곳, 다른 빛, 다양성 속에서 파악된 세계의 모습을 보고자 했다. 화가들 역시 이 비옥한 낯설음을 경험하기 위해 동양으로 눈을 돌렸다. 그 결과 19세기에는 미술의 오리엔탈리즘도 꽃피우게 되었다. 들라크루아는 수많은 데생과 수채화법으로 그려진 소묘를 가지고 모로코와 알제리 여행에서 돌아왔다. 이 그림들은 그곳에서 발견한 새로운 조형적 조화에 대한 그 자신의 감수성을 잘 보여주고 있다. 사실상 이 경험은 그에게 있어서 수많은 작품의 영감이 되었다. 가정의 장면(그 유명한 〈알제의 부인들*Femmes d'Alger*〉), 다양한 '판타지'들, 맹수의 그림 등이 그 예를 보여준다. 프로망텡(Fromentin)이 이름을 알린 것도 오리엔탈리즘 장르 속에서이다.

낭만주의자들에게 있어서 다른 곳은 시간적 이동의 형태를 띠기도 한다. 19세기는 시간에 대한 편재적 인식과 함께 근대적 의미에서의 역사가 탄생한 시기이기도 하다. 그 시기에 역사적 질문은 형이상학적 차원뿐만 아니라 개인적 지각에도 속한 것이었다. 역사적 질문은 기원들에 대한 탐구 속에 편입되었으며, 문학 분야에서 이러한 경향은 자서전을 통해 절정에 이르게 된다. 집단적인 차원에서는 민족적 기원을 찾아 나서는 일이 활발하게 이루어졌다. 18세기 영국에서 유행한 오시안(Ossian)[33] 신화는 프랑스에서 혁명 이후에 유행할 '트루바두르(troubadour)' 양식의 발전을 예고하고 있다. 즉 중세에 대한 열광적 심취가 그것인데, 많은 이들이 중세로부터 줄거리, 미학적 도식, 심지어는 의복 양식까지 차용했다. 말레르브(Malherbe) 이후로 중세는 16세기와 함께 버려졌으나, 19세기 들어 사람들은 중세의 문학적 풍요로움을 다시 발견하기 시작했다. 이는 특히 여러 역사가들의 작업과 생트 뵈브(Sainte-Beuve)의 저작(『16세기 프랑스 시와 프랑스 연극에 대한 역사적이고 비판적 개관*Tableau historique et critique de la poésie française et du théâtre français au XVIe siècle*』, 1828)의 덕이라고 할 수 있다. 이러한 재발견은 역사 소설에 자극을 주었으며 (1831년에 출간된 빅토르 위고의 『파리의 노트르담*Notre-Dame-de-Paris*』의 줄거리는 15세기를 배경으로 하고 있다), 하나의 미술 경향, 정확히 말해 훗날 '트루바두르' 미술이라고 명명될 경향의 시작을 알렸다. 이 경향과 함께 역사화는 내밀성의 방향으로 나아가게 되는데, 특히 홀란드에서 발전한 유한성의 미학의 수용 그리고 보다 축소된 크기의 선택과 더불어 이러한 변화가 이루어졌다. 문학뿐만 아니라 미술에서도 역사적 고증에 대한 관심이 고조되었고, 이를 통해 이른바 '지방색'이 발전하게 되었으며, 이는 사실임직함(vraisemblance)이라는 새로운 사실주의적 관점으로 이어졌다.

낭만주의 작가들과 예술가들은 민족적 역사의 차원을 넘어 인류의 운명에 대해 질문을 던지기 시작했다. 이 시기에는 신통계보학[34]뿐만 아니라 실존에 의미를 부여할 수 있는 철학적, 종교적 체계들이 많이 등장하였다. 인류의 운명은 개인적 혹은 우주적 역사를 '통해' 탐구되었다. 예를 들어 뮈세(Musset)의 작품에 등장하는 로렌차치오(Lorenzaccio)는 타락한 왕자 알렉상드르의 살인을 통해 인류의 운명을 총체적으로

---

33) 스코틀랜드의 전설적 영웅.(역주)
34) 다신교의 모든 신의 계보를 연구하는 학문.(역주)

다루고자 한다. "나는 알렉상드르의 무덤에서 동전을 던져 인류의 본질을 결정하겠다."(『로렌차치오』, 3막 3장) 같은 맥락에서 작가들은 성서와 신화의 이미지들을 많이 차용했다. 바이런(Byron)의 『카인*Caïn*』, 위고의 『세기의 전설*La Légende des siècles*』, 르콩트 드 릴(Leconte de Lisle)의 『고대 시집*Poèmes antiques*』("오 바람이여! 우리를 알지 못하는 신들에게로 데려가 다오"), 『야만 시집*Poèmes barbares*』, 호세 마리아 데 에레디아(José Maria de Heredia)의 『전리품*Les Trophées*』 등이 그 예를 보여준다. 화가들도 자신들의 방식대로 이 탐구를 이어 나갔는데, 앵그르(Ingres)의 〈오이디푸스와 스핑크스*Œdipe et le sphinx*〉, 들라크루아의 〈천사와 싸우는 야곱*La Lutte de Jacob avec l'ange*〉, 귀스타브 도레(Gustave Doré)의 〈제9지옥을 방문한 단테와 비르길리우스*Dante et Virgile dans le neuvième cercle des Enfers*〉, 귀스타브 모로(Gustave Moreau)의 〈미노타우로스에게 넘겨진 아테네인들*Les Athéniens livrés au Minotaure*〉 등이 그 예이다.

이러한 공동의 관심사와 주제들 외에 낭만주의적 방식도 미술과 문학의 소통에 큰 기여를 하게 되었다. 낭만주의의 중요한 성격이라면 본질적으로 극적인 묘사의 효과를 위해 사용되는 미학적 조화라고 할 수 있다. 낭만주의적 문체는 심지어 내면 묘사에 있어서도 강력한 표현력을 목표로 한다. 창조적 에너지라는 개념 자체가 작품 생산의 기반이 되었기 때문이다. 하지만 이 에너지의 분출이 개인적이고 진정하게 이루어지길 바랐다는 점에서 낭만주의자들은 지나치게 완성된 구성을 거부했다. 이러한 점에서 그들은 소묘를 다다를 수 없는 깊이를 향한 창조자의 노력의 흔적으로 받아들이기도 했다. 들라크루아의 작품은 그 좋은 예를 보여주고 있다. 심지어 전통적인 역사적 장면을 다루는 역사화 속에서도 흔히 고전적(들라크루아는 갈수록 이 칭호를 원했다)이라고 할 수 있는 총괄적인 구성력과 이러한 구성 속에 그림을 그리는 작업 속에서 자연적으로 일어난 것이라고 여겨지는 에너지의 분출을 도입하는 매우 자유로운 기법(삽화 X 참조)이 뒤섞여 있는 것을 볼 수 있다.

19세기 후반에도 낭만주의적인 감수성은 계속 이어져 나갔으나 문학과 미술 사이의 이 새로운 대화를 보다 확고히 해 줄 상징주의의 도래와 함께 방향을 틀게 되었다. 상징주의는 불분명한 모호함을 드러내는데, 그 불명확한 윤곽은 상징주의가 불러온 이데올로기적이고 역사적인 영향과 분명 대조를 이루는 것이었다. 장 모레아스(Jean Moréas)가 서명한 〈성명*Manifeste*〉(1886)과 함께 이 이름을 단 학파가 창시되었다. 하지만 우리에게 상징주의의 대표자로 알려진 위대한 작가들은 대부분 이 공식적인 '학파'의 주변에 머물러 있었다. 폴 베를렌느(Paul Verlaine)와 스테판 말라르메(Stéphane Mallarmé)가 그 대표적인 예이다. 상징주의 작가들은 내적인 삶과 자연과의 신비스러운 '조응(correspondance)'(보들레르의 용어를 빌리면)의 소리에 귀기울였다. 상징 -단어의 매우 넓은 의미에서- 에의 의존을 통해 작가들은 무엇을 묘사하는 대신 암시하고, 떨리는 현존을 위해 물질적인 실재를 어느 정도 지워버릴 수 있게 되었다. 예를 들어 스테판 말라르메는 "말의 유희를 통해 자연의 사실을 거의 전율을 일으키는 사라짐으로 전환시키고자" 했다.

귀스타브 모로(삽화 XII 참조)와 오딜롱 르동(Odilon Redon)은 프랑스 미술의 상징주의를 대표하는 인물들이다. 라파엘로 전파[35]에 의해 예고되었으며, 나비파(Nabis)[36], 고갱(Gauguin)과 퐁타방(Pont-Aven)파[37]에 의해 그 맥락이 이어진 상징주의 미술가들은 공통적으로 예술의 영적인 기능을 중요시했다. 이러한 성향은 꿈의 세계의 중요성, 일루져니즘[38](르네상스 이후로 발전을 거듭했으나 미학적으로는 별다른 중요성을 인정받지 못했다)의 거부, 본원적인 단순성을 구현하는 것으로

35) 19세기 중엽 영국에서 일어난 예술 운동. 헌트, 로세티 등이 1848년에 그룹을 결성하여 라파엘로 이전의 르네상스 예술에서 겸허하게 배우는 사실적이고 소박한 화풍을 지향하였으나 십 년이 못 되어 활동을 중지하였다.(역주)

36) 19세기 말 파리에서 생겨난 젊은 반인상주의 화가들의 모임. 세뤼지에(Sérusier, P.)를 중심으로 일어났으며 고갱의 작품 경향을 새로운 계시로 받아들여 평면적·장식적 구성을 중시하였다.(역주)

37) 프랑스의 화가 그룹으로 1888년 브르타뉴 지방 퐁타방에서 폴 고갱의 지도 아래 몇몇의 젊은 화가들이 함께 모여 종합주의라고 일컫는 화풍을 펼쳤다. 이 파에는 에밀 베르나르, 샤를 라발, 막심 모프라, 폴 세뤼지에, 샤를 필리제, 메이에 드 앙, 아르망 세갱, 앙리 드 샤마이야르 등이 속한다.(역주)

38) 원근법 등을 사용, 그려진 것을 실제라고 생각하도록 눈을 속이는 회화기법.(역주)

여겨지는 형식으로의 귀환, 한 차원 높은 의미의 추구 등을 특징으로 했다. 물질세계의 구상적인 재현과의 단절, 전통으로부터 해방된 형식을 통한 의미 추구와 양식화의 중시와 같은 특징들은 말라르메나 초기 클로델과 같은 상징주의 시인들의 기도이기도 했다. 미술에서 색의 정신적 떨림이 중시되었던 것과 마찬가지로 시에서는 단어의 상징적 울림이 중시되었다. 상징주의의 경계에 위치해 있던 베를렌느(그는 실제로 이 운동보다 앞서 활동을 했으며, 이후에 상징주의자의 한 명으로 편입되는 것을 거부했다)는 1870년대에 미술과 시의 만남과 관련해 주목할 만한 모범을 보여주었다. 이 시인과 관련해 '인상주의적' 문체를 이야기할 수 있다면, 그것은 단지 역사적인 우연의 일치(의문의 여지없이 그의 대표 작품이라고 할 수 있는 『말 없는 로망스*Romances sans paroles*』는 인상주의 화가들의 첫 번째 전시회가 열린 1874년에 발간되었다)때문만은 아니다. 그것은 오히려 그의 글쓰기가 이 화가들의 관점 그리고 테크닉과 깊은 관련이 있기 때문이다. 감각으로 포착할 수 없는 모든 것, 떨림 상태에 있는 모든 것에 대한 매혹, 결정되어 있지 않고 유동적인 분위기에 대한 매혹, 감각과 그 반향에 대한 애착, 분해의 취향(인상주의 화가들이 선보인 터치의 구분은 베를렌느의 시에서 묘사의 병치와 상응한다), 과도하게 구조화된 구성의 거부 등이 그 예이다. 또한 인상주의 화가들에게 있어서와 마찬가지로 베를렌느에게 있어서도 물질적 세계의 실재 자체가 감각의 흐릿하고 유동적인 세계 속에서 해체되는 모습을 볼 수 있다.

문학에서 베를렌느의 작품은 상징주의라는 결정적 계기를 제공했다고 할 수 있다. 당시의 작가들은 서로 다른 예술 분야들 사이의 총체적인 소통을 꿈꾸었다. 미술에 앞서 작가들의 관심을 끌었던 분야는 음악이었다. 테오도르 드 방빌(Théodore de Banville)은 〈이상한 오드 *Odes funambulesques*〉에 대한 논평에서 이렇게 주장하고 있다. "운문의 음악성은 그 고유한 특성으로 말미암아 우리 정신 속에서 바라는 바를 일깨울 수 있는 능력이 있다." 휘슬러(Whistler)와 같은 화가에게 있어서 음악과의 소통은 보다 체계적으로 나타난다. 실제로 휘슬러는 몇몇 작품의 제목을 음악 용어에서 빌려오기도 했는데(〈하모니〉, 〈야상곡〉, 〈편곡〉), 이와 같은 미술에서 음악으로의 이동을 통해 그는 주체의 사라짐이라는 상징주의적 강박에 점차 빠져들게 된다. 재현으로서의 지시적 장면이 점차 사라져감과 동시에 떨리는 현존, 잠재적으로 부재를 삽입해 넣는 현존이 자리 잡게 된다. 〈백인 소녀(백색 심포니 1번*The White Girl(Symphonie en blanc n° 1)*〉와 같은 작품은 쿠르베(Courbet)로부터 격찬을 받기도 했다. 하지만 제목과 단색화를 지향하는 듯한 방법을 통해 이루어진 이중의 탈중심은 부재의 미학을 작품 속에 불어넣게 되었다. 입체감의 거부, 거의 2차원적이고 단면적인 그림의 특징, 빛깔의 의도적인 '빈약함' 등이 그 예이다. 이러한 휘슬러의 미학적 선택들은 상징주의 문학의 목표와도 그 맥을 같이 한다. 그의 그림을 보고 있자면, 시적 행위를 공백과 순수한 사건 사이에(〈바다의 묘지*Le Cimetière marin*〉) 위치시켰던 발레리 -말라르메의 훌륭한 계승자였던- 의 목소리가 들리는 듯하다.

이와 같은 실재의 삭제 효과는 -은밀하긴 하지만 매우 놀라운 방식으로- 소설가들에게서도 드러나고 있다. 흔히 공쿠르(Goncourt)나 플로베르(Flaubert) 등과 관련해 언급되는 '예술적 문체'는 산문 속에서 감각의 흐릿하면서도 강렬한 풍요로움을 표현해 내려는 시도의 일환이라고 할 수 있다. 플로베르에게 있어서 이러한 문체는 장 피에르 리샤르(Jean-Pierre Richard)가 『문학과 감각*Littérature et sensation*』에서 언급했던 '분말 상태(pulvérulence)'와 같은 형태로 나타난다. 별개의 작은 묘사들이 등장해 장면을 해체하고 재현된 실제의 일관성을 깨뜨리는 것이 그 예이다. 이러한 사실은 근대 예술의 탄생이 사실주의에도 일정 부분 빚을 지고 있음을 알려준다. 연대기상으로 상징주의보다 앞서 있는 사실주의는 얼핏 그것과 완전히 대립되는 것처럼 보인다. 하지만 우리는 사실주의 미술과 문학에서 공히 근대성이 모습을 드러냈음을 알 수 있다. 동시대인들에게 있어서 사실주의는 우선 추문을 그 특징으로 하게 된다. 쿠르베는 〈오르낭의 매장*Un enterrement à Ornans*〉(1849-1850)이나 〈화가의 아틀리에 *L'Atelier du peintre*〉(1855)와 같은 작품으로 인해 사람들의 야유를 받아야 했다. 마네는 〈올랭피아*Olympia*〉(1863)와 〈풀밭 위에서의 식사*Déjeuner sur l'herbe*〉(1863)로 인해 비평가들의 포화를 맞아야 했다. 플로베르는 『마담 보바리』로 인해 법원에 고소를 당하기도 했다. (보들레르 역시 『악의 꽃』이 출간된 1857년에 같은 경험을 했다.) 당시에는 화가와 작가를 막론하고 사실주의 예술가의 부도덕함을 문제 삼는 비슷한 소송이 이어졌다. 그들의 작품은 전통적 이상화를 거부함으로써 예술을 변질시켰고, 비천한 현실을 상기시키는 데 만족하며, 야망이나 미학적 수단들이 결핍되어 있다는 점에서 비판의 대상이 되었다. 공식 비평계의 눈으로 볼 때 마네는 그림을 그릴 줄 모르는 사람이었다. 심지어 마네는 "붓질을 너무 성의 없이 한다."는 비판도 들어야 했다. 졸라의 경우도 마찬가지였다. 변두리 노동자들의 언어를 그대로 재현하겠다는 그의 계획은 문학적 코드 상에서 받아들여질 수 없는 위반으로 여겨졌다.

사실주의가 불러일으킨 추문은 사실상 그 쟁점들에 상응하는 것이었다. 사실주의 작품에서 사람들은 그대로 이야기하고자 하는 의지, 즉 가장 비천한 것들을 포함해 삶의 모든 양상을 단번에 보여주길 바라는 의지를 볼 수 있을 뿐이라고 생각했다. 하지만 사실주의는 무엇보다 반이상주의적 전쟁의 기계였다. 쿠르베는 이를 제대로 인식하고 있었다. 그는 〈앙베르의 선구자*Précurseur d'Anvers*〉에 대한 글에서 이렇게 주장한 바 있다. "사실주의의 토대, 그것은 곧 이상의 부정이다."(1861, 8월 2일) 이러한 방식으로 사실주의는 부르주아 세계의 수많은 기만적 모습들을 밝혀내고자 했다. 사실주의 예술은 제2제정 시대 사회의 안정된 모습들에 맞서 극심한 빈곤, 정념의 진실, 세습의 비극 등을 부각시켰다. 정숙함이라는 위선적 가면 뒤에 있는 육체의 관능적인 현존을 보여준 것도 사실주의였다. 또한 사실주의 예술은 종교적 담론들의 견딜 수 없는 위선적 면모를 완전히 드러내기도 했다. 〈오르낭의 매장〉(삽화 XI 참조)은 당시 지배적이던 이데올로기에 맞선 격렬한 저항의 모습을 잘 보여주는 작품이다. 이 그림은 마치 하늘을 향한 모든 출구를 막으려는 듯 수평으로 펼쳐져 있다. 동시에 아래쪽 가운데에 있는 파여진 구멍의 존재를 통해 보는 사람들의 시선을 밑으로 향하게 만든다. 전면에 그려져 있는 길 잃은 개 한 마리를 통해 나타나는 효과처럼, 거의 무관심이나 몽롱한 상태에 비견될 만한 인물들의 태도는 흔히 장례식 장면에서 예상되는 집중과는 거리가 먼 것이다. 거의 원근법을 찾아볼 수 없게 만드는 단면적 배치와 함께 그림의 모든 것은 그 어떤 내세도 부정하면서 종교적 예식으로부터 의미 작용을 빼앗으려는 것처럼 보인다. 예식은 그 자체의 모습으로만 그려져 있으며, 죽음으로도 풀기 힘든 수수께끼라기보다는 매우 평범한 하나의 사건처럼, 화가에 의해 그 사실성 속에서 포착된 사건처럼 제시되고 있다.

하지만 그 자신에게로 되돌려진 것은 차라리 미술 자체였다고 할 수 있다. 물질적이고 의미가 결여된 세계를 재현함으로써 예술은 승화라는 전통적 기능을 상실하게 되었다. 예술은 실재를 초월하지 못하며, 사건에 대한 그 어떤 형이상학적 해석도 이끌지 못하게 되었다. 고전주의 미술에서 흔히 볼 수 있었던 우의적 방법과는 반대로 이제 예술은 어떤 메시지도 전달하지 않는 것이 되었다. 오히려 예술은 가장 감각적인 물질성 속에서 드러날 수 있게 되었다. 작가에게 있어서는 단어의 물질성, 화가에게 있어서는 캔버스와 색의 물질성이 그것이다. 이렇게 예술이 외부 세계에 맞서 독립성을 요구하고 스스로를 미학적 창조 과정으로 지칭하게 되면서 근대성이 탄생했다. 물론 사실주의 예술이 특정 테마나 주제들을 통해 쇄신되었던 것은 사실이다. 별다른 이유가 없는 서술적 혹은 신화적 장면들, 보들레르로부터 시작하여 여러 시인들과 화가들에게서 찾아볼 수 있게 되었던 도시 세계의 장면들 등이 그 예이다. 또한 현대적 도시들은 아폴리네르(Apollinaire)[39], 미래파 예술가들, 초현실주의자들을 막론하고 19세기와 20세기의 전환기를 살았던 많은 예술가들에게 특별한 영감을 주었던 모티프들 중 하나였다. 한편 동일한 흐름 속에서 19세기 후반 문학과 미술을 연결시켜 준 미학적 근대성은 무엇보다 관점의 전복으로부터 비롯되었다고 할 수 있다. 예를 들어 그림은 더 이상 세상을 향한 열린 창 -르네상스 이후로 많이 이용되었던 이미지이다- 이 아니라, 자기 자신을 가리키는 공간이 되었다. 플로베르의 작품에서도 우리는 동일한 전환이 교

---

39) Guillaume Apollinaire(1880-1918): 프랑스의 시인이자 소설가로, 모더니즘 예술의 발족에 큰 영향을 끼쳤다.(역주)

묘하게 이루어지는 것을 볼 수 있다. 그의 '사실주의'는 작품 속에서 실제의 재현을 보고자 하는 순진한 독자들에게는 차라리 하나의 함정과도 같았다. 그의 텍스트들은 이중의 의미를 가지고 있기 때문이다. 플로베르는 겉으로는 현실을 묘사하는 척 하면서 실제로는 텍스트 자체의 형식적 구조 -심지어는 그 자체가 중요한 문제가 될 정도로- 에 신경을 썼다. 플로베르가 "그 어떤 것에 대한 것도 아닌 책, 외적인 관계를 전혀 갖고 있지 않으며, 문체의 내적인 힘을 통해 그 자체로 지탱되는 책"(1852년 1월 16일자 편지)을 쓰고자 함을 표명했을 때, 그는 분명 이러한 모호성을 온전히 인식하고 있었던 것처럼 보인다. 『감정교육*L'Éducation sentimentale*』은 분명 이와 같이 결코 만날 수 없을 것 같은 이상에 가장 근접한 소설이라고 할 수 있다. 이 소설은 플로베르가 대중들에게 전해주기 원했던 '자기 세대의 소설'이었을 뿐만 아니라, 문학적 해체의 실험이기도 했던 것이다.

20세기

현대 예술의 위대한 도전은 이렇게 시작되었다. 그 도전의 근간에는 예술의 구상적이고 표상적인 가치에 대한 문제제기 -예술가들과 작가들에 따라 드러나는 방식은 조금 다르지만- 와 미학적 재료의 명증화가 자리 잡고 있었다. 문학과 예술의 이러한 모험은 서로 닮아 있으면서도 또 너무나 다양한 것이어서 그것을 한 번에 철저히 파악하려는 시도 자체가 어쩌면 건방진 것이 될 수도 있다. 따라서 우리는 수세기 전부터 문학과 미술을 하나로 이어준 공동의 운명이 20세기 이후에도 어느 정도까지 이어지고 있는지를 보여줄 수 있는 명백한 특징들을 집중적으로 살펴보고자 한다. 두 분야 사이의 합일점은 여러 경향들과 학파들뿐만 아니라 이 두 예술이 나아가는 특정한 방향성과도 연관지어 살펴볼 수 있다.

문학에서나 미술에서나 현대성이 무엇보다 가시적으로 드러나게 된 것은 동시대 세계의 모습 속에서 새로운 영감의 근원으로 자리 잡은 테마들을 통해서이다. 일반적으로 속도, 운동과 관련된 이 테마들을 통해 전통적으로 부동성을 특징으로 하던 예술 분야인 미술도 시간성의 도전을 받아들이게 되었다. 이는 어쩌면 레싱이 『라오콘』에서 유보상태로 남겨두었던 문제에 대한 대답일 수도 있다. 보들레르는 이미 '근대적 삶을 그리는 화가'의 천재성은 삶의 유동성에 대한 특별한 관심에 의해 좌우된다고 밝힌 바 있다. 실제로 그는 끊임없이 변화하는 도시의 모습 -불로뉴 숲의 4륜 마차, 의복의 유행 등- 속에서 영감을 찾았다. 같은 시기에 드가는 경마 경기를 그리기도 했으며, 인상주의 화가들은 번쩍거리는 물 위에서 이리 저리 변하는 무지갯빛 광채를 포착하려고 했다. 모네는 생 라자르 역에 도착하고 있는 기차의 모습을 화폭에 담았는데, 이 그림의 중심에는 소용돌이치는 증기가 그려져 있다. 즉 그림의 초점을 연기라는 만질 수 없는 물질로 장식함으로써 분산의 운동 속에서 현실이 해체되는 모습을 보여준 것이다. 19세기 후반의 화가들은 문학과 미술 사이의 관계에 있어서 끊임없는 논쟁의 대상이 된 문제와 관련해 중요한 변화를 가져왔다. 미술이 이전까지는 문학의 고유한 특성으로 여겨지던 운동을 표현하고자 했던 것이다. 작품의 주제뿐만 아니라 그림의 재료를 통해서도 시간이 미술 공간 속으로 들어오기 시작했다. 이와 관련해 소묘의 스타일, 초벌과 미완성의 취향 등이 20세기에 이르기까지 미술 분야의 주요 화두가 되었다. 이러한 방식을 통해 화폭 속에 시간성이 도입되었으며, 그림은 이제 예술가의 모든 행동이 남긴 흔적의 총체가 되었다. 현대의 화가들은 보다 체계적이고 자발적인 방식으로 리듬의 개념에 다다갈 수 있게 되었다. 이를 위해 그들은 캔버스의 연속적 구성, 선영의 효과 등을 사용했으며, 특히 시각적으로 움직임을 드러내기 위해 형태나 색의 상응 효과에도 많은 신경을 썼다.

화가들에게 있어서 만큼이나 작가들에게 있어서도 삶의 운동성에 대한 새로운 관심은 민중적이고 집단적인 장면들에 대한 취향으로 이어졌다. 특히 이러한 영감의 모티프들 중 대부분은 19세기 후반에 모습을 드러낸 것들이었다. 경마(콩스탕텡 기, 드가, 졸라의 『나나*Nana*』), 보트놀이(인상주의 화가들에게서 자주 찾아볼 수 있는 모티프이자 모파상의 『물 위에서*Sur l'eau*』에서도 볼 수 있는), 백화점(졸라의 『부인들의 행복*Au bonheur des dames*』, 여성 화장품에 영감을 받은 드가의 작품들), 무도회(19세기 문학의 빈번한 소재였으며, 르누아르(Renoir)의 작품들을 통해 볼 수 있듯이 19세기 후반 들어서는 화가들도 대중적 형식의 그림에서 자주 소재로 사용한), 서커스 혹은 카바레, 매음굴 등과 같은 음지의 모습들(드가, 쇠라(Seurat), 툴루즈 로트렉(Toulouse-Lautrec) 등의 화가들의 작품과 졸라의 『나나』, 모파상의 『비계 덩어리*Boule-de-suif*』, 『텔리에 집*La Maison Tellier*』등과 같은 문학 작품에서도 묘사된)이 그 예다. 이러한 테마들은 20세기에도 빈번하게 작품 속에 모습을 나타내었다. 예를 들어 프랑시스 퐁주(Francis Ponge)의 『사물의 편*La Parti pris des choses*』에는 '체조선수'에게 헌정된 텍스트가 포함되어 있으며, 이 텍스트가 체조선수에 대한 대중적인 묘사들로부터 영감을 받은 것임이 명백히 표명되어 있다. 또한 서커스의 모티프는 피카소(P. Picasso), 샤갈(M. Chagall), 루오(G. Rouault) -여러 '광대의 모습'을 그린- 등의 작품에서도 찾아볼 수 있으며, 문학에서는 주네(J. Genet)와 미쇼(H. Michaux)[40]의 작품 -작품집 『그림들*Peintures*』에 자신의 미술 작품들 중 하나와 함께 〈광대*Clown*〉라는 시가 실려 있다- 에서도 등장한다. 당연한 일이지만 이전 세기부터 이어진 테마들에 20세기만의 고유한 테마들이 덧붙여졌다. 그 중에서도 특히 에펠탑은 여러 작품을 통해 미학적 경력을 쌓아가기 시작했다. 로베르 들로네(Robert Delaunay)[41]에 의해 여러 번에 걸쳐 소재로 사용된 에펠탑은 장 콕토(Jean Cocteau)의 『에펠탑의 신랑 신부*Les Mariés de la tour Eiffel*』와 함께 문학에서도 모습을 드러내게 된다. 사실 그 이전에 기욤 아폴리네르의 시 〈지대*Zone*〉의 두 번째 행에서부터 에펠탑의 모습을 찾아볼 수 있다. "양치기 처녀여 오 에펠탑이여 오늘 아침 다리들의 떼가 메에 메에 운다."(시집 『알코올*Alcools*』에 포함되어 있음).

40) 20세기 중반에 활동한 프랑스의 시인이자 화가. 신비주의와 광기의 교차점에 서는 독자적 시경을 개척함으로써 현대 프랑스 시의 대표적 시인의 하나로 인정받고 있다.(역주)

41) 프랑스의 화가. 색채 연구에 열중했고 입체파 운동에 참가했다. 그러나 만족하지 못하고 미래파의 동향 등에 촉발되어, 순수한 프리즘 색에 의한 율동적인 추상구성을 발전시켜서 오르피즘의 창시자가 되었다. 대표작으로 〈에펠탑〉 연작이 있다.(역주)

아폴리네르의 예를 통해 우리는 20세기에 이루어진 문학과 미술 사이의 대화에 있어서 시가 중추적인 역할을 담당했음을 알 수 있다. 20세기 초반부터 시인들은 미술의 경향들에 관심을 기울이기 시작했다. (이 사실은 중요한 변화를 암시하고 있는데, 곧 문학이 미술의 매력에 경도되기 시작했다는 것이다.) 아폴리네르와 르베르디(P. Reverdy)[42]의 글쓰기는 동시대 입체파(cubisme) 경향과 놀라울 정도의 유비 관계를 보여주고 있는데, 단절, 다양한 면의 혼합, 다양한 요소들을 덧붙인 '콜라주(collage)' 등에 대한 취향이 그 예다. 르베르디는 말라르메의 뒤를 따라 시의 도상적 배열 효과를 체계화했으며, 이를 통해 텍스트의 각 요소가 마치 현실의 단면들이 분출되는 듯한 느낌을 갖게 했다. 이는 입체파 화가들의 그림에서 찾아볼 수 있는 특징이기도 하다. 아폴리네르는 시집 『칼리그람*Calligrammes*』에 수록된 〈월요일 크리스틴 거리*Lundi rue Christine*〉에서 이른바 '대화-시(poème-conversation)'라는 기법을 선보였는데, 이는 거리에서 들려오는 이야기들 혹은 이야기의 단편들을 병치시켜 놓는 것을 말한다. 이러한 시도들은 단순히 형식적인 측면에서뿐만 아니라 심층적인 의미의 차원에서도 입체파 화가들의 생각과 맥을 같이 한다. 이제부터 작품은 이질성 (재료의 일부분이 탈 미학적인 현실의 공간에서 직접적으로 채취되었기 때문에)을 그대로 수용하게 된 것이다. 또한 작품은 관습적인 미학적 재현 방식과는 아무 관련이 없는 재구성의 논리를 따르게 되었다. 즉 전통적인 규준, 규범, 모델들에 대해 독립을 선언하게 된 것이다.

20세기 문학과 미술 분야에서 공히 두드러진 이러한 특징들은 실로 지대한 영향력을 가진 것으로써, 얼핏 보아 '신구논쟁'에서 멀리 떨어져 있는 쟁점을 향해 나가는 것으로 보인다. 이번에는 정말이지 모델의 영향력의 종식 -사실에 있어서는 아니라 할지라도 표명된 목표 속에서는 분명히 드러나는- 이 문제가 된 것이다. 물론 그렇다고 해서 전통에 의해 전해진 작품들이 완전히 잊혀진 것은 아니다. 하지만 일반적인 해체의 방식을 통해 그 작품들의 권위가 종종 문제시된 것은

42) 프랑스의 시인. 아폴리네르, 자코브, 피카소 등과 사귀었고 1916년 입체파(큐비즘)를 주창하기 위해 《노르 쉬드》라는 평론지를 발행하였다.(역주)

사실이다. 칸딘스키(Kandinsky)와 함께 나타난 미술에서의 추상기법(르네상스 이후로 미술 분야에서 있었던 첫 번째 전면적인 혁명인) 은 이러한 단계를 이끈 결정적인 동력이었다. 그 어떤 것도 재현하지 않게 된 순간 이후로 그림은 '역사'의 도움이나 흔히 그림이 우의적 혹은 다른 방식으로 전달하는 것으로 여겨지던 가치나 의미 작용의 도움 없이 그 벌거벗은 물질성 속에서 감상자에게 스스로의 모습을 드러내게 되었다. 사실 이러한 혁명은 세잔(Cézanne)의 작품에서부터 그 씨를 찾아볼 수 있는 것이었다. 화가이자 평론가인 모리스 드니(Maurice Denis)는 지시적인 기능을 배제한 그림의 정의를 선보이면서 세잔의 작품이 갖는 영향력을 높이 평가한 바 있다. "하나의 그림은 전쟁터의 말, 벌거벗은 여인 혹은 어떤 일화가 되기에 앞서 본질적으로 일정한 질서에 따라 모아진 색들로 뒤덮인 평평한 면일 뿐이다."(『이론들 *Théories*』) 마찬가지로 메칭거(J. Metzinger)와 글레즈(A. Gleizes)는 『큐비즘에 대하여*Du cubisme*』(1912)에서 이렇게 주장하고 있다. "그림은 아무것도 모방하지 않는다. 그림은 자기의 존재 이유를 있는 그대로 드러낼 뿐이다." 그림에 대한 이러한 정의의 지평 위에서 말레비치(K. Malevitch)의 〈하얀 캔버스 위의 하얀 사각형〉과 같은 유명한 작품을 비롯해 지시적 기능의 제거를 통해 단색화의 경향을 지향하는 많은 작품들이 등장했다. 피에르 술라주(Pierre Soulages)나 쥬느비에브 아스(Geneviève Asse)의 작품들이 그 예다. 이와 관련해 안토니 타피에스(Antoni Tàpies)는 다음과 같은 주장을 하기도 했다. "나는 항상 그림이 어떤 사물을 재현하는 것이 아니라 그림 자체가 하나의 사물이라고 믿어 왔다."(『미학에 반대하는 예술*L'Art contre l'esthétique*』)

주제와 모든 규범적 제약으로부터 벗어나기 위한 노력은 문학에서도 엄청난 반향을 불러일으켰다. 자연주의와 그 아류들의 고갈 이후 문학은 프루스트의 등장과 더불어 그 구상적인 가치에 대해 문제를 제기하기 시작했다. 프루스트는 스스로 '묘사의 문학'이라 불리던 것과의 완전한 단절을 시도했던 작가이다. 『생트 뵈브에 반대하여*Contre Sainte- Beuve*』에서 19세기에 이 비평가에 의해 시도된 역사적이고 전기적인 방법을 텍스트를 훼손시킨다는 이유로 비판했던 프루스트는 『

잃어버린 시간을 찾아서*À la recherche du temps perdu*』와 함께 현실을 재생하려는 것이 아니라 창조적 방법이 전해줄 수 있는 의미로 우리를 안내했다. 프루스트는 소설 글쓰기에 있어서 재현이라는 전통적 논리와 본질적인 단절을 이루어낸 -어쩌면 실천에 있어서보다는 이론에서 조금 더- 프랑스 최초의 위대한 작가였음에 분명하다. 폴 발레리와 초현실주의자들도 소설을 비난했는데, 그것은 소설이 너무도 쉽게 재현의 유혹에 넘어간다고 여겼기 때문이었다. 이러한 비판은 누보 로망(nouveau roman)의 탄생에 결정적인 역할을 담당했다. 누보 로망은 반 연극(anti-théâtre), 신 비평 등과 마찬가지로 1950년대에 모습을 나타냈다. 누보 로망 계열의 작가들은 세계의 장면을 텍스트의 장면으로 대치하고자 했다. 이러한 목표에 도달하기 위해 그들은 일부러 별 의미 없어 보이는 줄거리와 반영웅적인 인물들을 선택했으며, 격자구조를 비롯해 텍스트란 무엇보다 작가의 작업, 즉 기법의 결과라는 것을 나타내 보여주는 여러 방법들을 시도했다. 이렇게 해서 문학은 외부에 있는 현실로부터 '스스로를 떼어놓게' 되었으며, 그 결과 관습적인 구상 기능으로부터도 멀어지게 되었다. 이러한 야망은 이지도르 이주(Isidore Isou)에 의해 시작된 문자주의(lettrisme)[43]와 함께 보다 명백히 표명되었다. 문자주의에 따르면 작가는 그 어떤 언어학적 코드나 사회적 관습과도 무관하게 언어를 구성하는 문자들을 아무렇게나 사용하면 된다. 그러면 의미작용을 이루는 기능으로부터 벗어난 언어 기호가 그 자신만의 미학적 능력 -가시적이고 음성적인- 을 통해 빛을 발하게 된다는 것이다. 이러한 언어 기호의 해방은 들라크루아 이후 미술 분야에서 전개되었으며 20세기에 그 절정을 이룬 색의 독립성의 문학적 버전이라고 할 수 있을 것이다. 20세기 예술사에 있어서 이러한 운동은 일반적인 것이었다. 심지어는 음악에서도 비슷한 모습을 찾아볼 수 있기 때문이다. 예를 들면 쇤베르크(A. Schönberg)와 베르그(A. Berg)의 12음열 기법[44]과 더불어 코드화된 조성 규칙으로부터 자

---

43) 상형적인 글자, 의성어 따위를 시에 쓰기를 주장하는 전위 문학을 말한다.(역주)

44) 열두 개의 반음으로 하나의 음열을 만들고 이를 근거로 작곡하는 기법이다. 이 기법은 조성과 무관할 수 있으며, 악곡을 통일시키는 선율적 근거도 얻을 수 있다.(역주)

유로워진 음악 작곡이 그 절정에 이르게 되었다. 클로드 드뷔시(Claude Debussy)의 다조성(polytonalité)[45] 시도 이후 음악의 소재는 그 어떤 선행적인 의미화와 별개로 그 자체의 모습 속에서 간주되기 시작했다.

주제에서 벗어난 작품은 자기 지시적인 성격을 갖게 되었다. 즉 작품 자체가 궁극적인 목적이 된 것이다. 하지만 문학과 미술 분야에서 공히 이러한 자립성 뒤로 예술가 혹은 작가의 주체성이 모습을 드러내기 시작했다. 20세기는 이렇게 해서 근대의 초창기부터 시작된 변화 - 우리는 그 변화의 여러 단계들을 살펴보았다- 가 절정에 이른 시기가 되었으며, 동시에 예술가의 개인적 감성이 미학적 자질의 보증으로 인식되기 시작한 것도 이 시기였다. 한편 현대 예술은 개인의 감성을 단지 하나의 양태로만 여기지 않았으며, 종종 창조적 작업의 궁극 목적성으로도 받아들였다. 미술 분야에서 이러한 흐름을 가장 잘 보여준 것은 19세기와 20세기의 전환점에 위치한 표현주의의 발전이다. 20세기 초 독일과 프랑스의 많은 예술가들이 이 경향에 동참했으며, 프랑스에서 이들은 1905년 '살롱도톤(Salon d'Automne)'[46] 이후로 '야수파(les Fauves)' -약간의 조롱기가 섞인 표현이다- 로 불리기도 했다. 인상주의자들에 의해 지속되었던 구상적 전통과의 단절을 선언한 이 예술가들은 그림 자체를 표현의 공간, 감동과 감정, 감각이 강화되는 공간으로 삼고자 했다. 에드바르트 뭉크(Edward Munch)의 〈절규*Le Cri*〉는 이러한 경향을 대표하는 작품이라고 할 수 있다. 프랑스에서 야수파의 선구자를 꼽으라면 고갱과 반 고흐(Van Gogh)를 들 수 있다. 하지만 우리는 이미 보들레르에게서 이러한 미학적 경향이 싹 트기 시

45) 동시에 둘이나 그 이상의 조로 쓰여진 음악을 말한다.(역주)

46) 문자 그대로 '가을의 살롱'이란 뜻으로 1903년부터 매년 가을 파리에서 열린 젊은 미술가들의 전시회를 말한다. 보수적인 성격의 공식기구였던 '프랑스 국립미술협회(Société Nationale des Beaux-Arts)' 가입을 거부당한 근대 미술가들에 의해 생겨났다. 가입을 원하는 미술가는 누구든지 받아들여졌으며, 회원들이 제비를 뽑아 전시회의 심사위원을 결정하고, 장식미술도 순수미술과 똑같이 대우했다. 제1회 살롱도톤은 1903년 10월 31일 프티팔레에서 열렸다. 초기에는 앙리 마티스, 뒤누아예 드 세공자크, 조르주 루오, 자크 비용, 그리고 여러 인상파 화가들의 작품을 전시했다. 살롱 도톤은 1970년대까지 계속되었다.(역주)

작했음을 알 수 있다. 훗날 앞서 예로 든 화가들에게서 볼 수 있게 될 빛깔에 관한 열정은 사실상 이 시인에 의해 예고되었던 것이기 때문이다. 스스로를 '초자연주의자'라고 불렀던 보들레르는 '자연은 상상력을 가지고 있지 않다'는 것을 확증하기 위해 다음과 같이 말하기도 했다. "나는 붉은 색으로 물든 평원, 금빛 강, 파란색으로 칠해진 나무들을 보고 싶다." 20세기 미술사에서 주체성의 이러한 확대가 가져올 영향은 실로 지대할 것이다. 예를 들면 한스 하르퉁(Hans Hartung)이나 잭슨 폴록(Jackson Pollock)과 같은 화가들에게서 볼 수 있는 '서정적 추상'과 '액션 추상' 등도 그 영향 하에 있는 것으로 볼 수 있다.

문학 분야에서도 주체성의 헤게모니는 창작의 원동력이자 미학적 표준으로 인식되었다. 문학에서 이러한 흐름을 가장 잘 보여준 경향은 초현실주의라고 할 수 있는데, 사실상 이 경향은 문학뿐만 아니라 미술, 사진 -만 레이(Man Ray)[47]와 함께-, 영화 -브뉴엘(L. Bunuel)[48]과 함께- 에서도 찾아볼 수 있다. 문학에서 브르통(A. Breton), 엘뤼아르(P. Éluard), 아라공(L. Aragon) 등이 초현실주의를 끌어갔다면, 미술에서는 막스 에른스트(Max Ernst), 살바도르 달리(Salvador Dali), 폴 델보(Paul Delvaux), 르네 마그리트(René Magritte), 마르셀 뒤샹(Marcel Duchamp) 등을 초현실주의의 대표자들로 볼 수 있다. 어느 분야에서나 무의식의 심층에서 길어 올린 몽환적인 영감이 모든 창작 활동의 강력한 동인으로 여겨졌다. 브르통의 시 〈자유연합*L'Union libre*〉도 이러한 무의식적 충동을 구성 원칙으로 삼은 작품이다. 브르통은 르네상스 시기 시 형식의 일종이었던 '블라종(blason)'과 중세 시대 신도송을 연상시키는 형식 속에 언어의 자유로운 의미론적 결합에 근거한 엉뚱한 이미지들을 삽입하고 병치시킨다. 물론 여기에는 개인적 욕망 외의 다른 원칙은 없는 것으로 보인다. "산불과도 같은 주홍 머리를 가진 내 아내 / 열의 섬광에 대한 생각을 가진 / (…) 호랑이

47) 미국의 사진작가·화가. 다다이즘 운동을 추진했으나 1924년경부터는 초현실주의 운동에 참가하였다. 이때부터 사진에 의한 빛의 조형에 흥미를 가지게 되어 레이요그래프(rayograph)를 창시했다.(역주)

48) 에스파냐의 영화감독. 엄격한 상징적 사실문체를 써서 철저하게 객관화하는 것이 그의 특징이다.(역주)

이빨 사이의 수달의 몸을 가진 / (…) 금광상과 오리너구리의 성을 가진 (…)" 단어들 사이의 '자유 연합'이 반복적으로 사용되는 가운데 지시적 논리는 계속해서 주체성의 원칙에 의해 전복되어 간다. 주체성은 집단적 규범을 해체하고 작가에 의해 고안된 개인적 언어를 내세운다. 물론 마지막 행에서 이 모든 것은 우주적 여성의 원형과 합치되지만 말이다. "물의 층위, 공기의 층위, 땅과 불의 층위의 눈을 가진." 브르통이 '정당하고' '멀리 떨어진' 것이길 원했던 관계에 근거한 초현실주의적 이미지는 같은 시기 화가들이 시도한 형상화 속에서 명백한 응답을 찾아볼 수 있다.

초현실주의 미술의 지배적인 요소를 들자면, 일루져니즘의 기술과 르네상스 시대 예술가들이 중시했던 끝손질과 연결된 구상적 성격 -살바도르 달리에게서 종종 볼 수 있는- 이라고 할 수 있다. 하지만 초현실주의 화가들이 자발적으로 환영을 선택했다면, 그것은 현실에 -마치 불법 침입처럼- 자신의 개인적 비전을 삽입시킴으로써 현실과 더 잘 조우할 수 있기 위해서였다. 살바도르 달리는 자신의 작품에 대해 편집광적 방법이라는 표현을 -매우 적절해 보이는- 사용한 바 있다. 그의 작품에서 실제는 무절제하게 분출되는 개인적 충동들에 의해 생겨난 왜곡의 총체에 지속적으로 종속된다. 예를 들어 〈늘어진 시계 *Montres molles*〉에서는 (〈기억의 지속*Persistance de la mémoire*〉과 마찬가지로) 공간화되어 있으며 용해된 시간에 대한 미술적 몽상이 두드러진다. 또한 우리는 달리의 많은 작품들에서 거세와 쇠퇴한 남성성과 관련된 에로틱한 환상들이 여성적 이미지의 승화에 의해 배가되어 명백한 영감의 요소로 작용하는 것을 볼 수 있다. 개인적 요소는 더 이상 단지 하나의 양태에 그치는 것이 아니라 작품을 구성하는 원칙이 되었다. 사실상 무의식, 꿈, 환상과 상상력의 모든 양태들에 대한 의존이야 말로 초현실주의자들의 공통된 목적이었다고 할 수 있다. 따라서 초현실주의 그룹 내에서는 화가들과 작가들의 공동 작업이 활발하게 진행되었다. 우정의 관계로 연결된 (엘뤼아르와 피카소의 우정이 대표적이다) 그들은 자신들의 작품을 진정한 예술적 대화의 일환으로 구상하였다. 예를 들어 수많은 시집에 초현실주의 화가들의 삽화가 삽입되었으며, 작가들은 화가들의 작품에서 영감을 얻곤 했다. 엘뤼아르의 문집 〈고통의 수도*Capitale de la douleur*〉(1926)에는 동시대 화가들에게 바쳐진 일련의 시들 -〈파블로 피카소〉, 〈폴 클레〉, 〈막스 에른스트〉…- 이 포함되어 있다. 또한 '카다브르 엑스키(cadavre exquis)'- 각 작가들이 글이나 그림을 아무렇게나 수집하는 방식으로 작품을 공동제작 하는 방식- 역시 데생뿐만 아니라 텍스트의 형식으로도 이루어졌다.

이와 같은 주체성의 절정을 넘어 예술의 위기, 즉 예술의 정당성에 대한 문제가 제기되었다. 마르셀 뒤샹이 자신의 '레디메이드(ready made)'[49] -흔히 통용되는 소비 대상들- 를 진정한 작품으로 제시했을 때, 그는 예술의 상대적인 성격, 나아가 상황적인 성격을 명백히 드러냄으로써 예술에 대한 일상적 담론의 틀 안으로 감상자들을 끌어들인다. 그러니까 모든 것이 예술 작품으로 여겨질 수 있다는 것이다. 하지만 모든 것이 예술이라면, 예술 자체가 그 특이성을 잃게 될 것이다. 예술의 이러한 폐기 통고는 앤디 워홀(Andy Warhol)에 의해 연장될 -동시에 상업적 목적으로 다시 제기될- 것이다. 산업 사회의 대상들(마릴린 먼로의 사진 혹은 코카콜라 병)을 영감의 주제로 삼고, 대중의 소통 기술, 특히 광고를 차용하여 워홀은 예술 작품만의 특별함 -그 작품에서 볼 수 있을 거라 여겨지는 깊이 있는 주제와 연관된- 에 대한 통상적 담론을 완전히 전복시키는 전형들을 만들어내었다. 그는 미학적 사유가 시장의 법칙과 혼합된 것처럼 보이는 방식 속에서 작품의 재생산이라는 새로운 기술을 선보였다. 철학자 발터 벤야민(Walter Benjamin)은 1935년부터 이러한 기술의 중요성을 강조한 바 있다. (〈기술적 재생산의 시대의 예술 작품〉)

예술의 개념이 약화됨과 동시에, 작품의 개념 역시 규정하기 어려워졌다. 이 고전주의적 이상은 그 자체로 구성되어 있으며, 자체로 가치를 갖는 대상의 자립성을 전제로 한다. 그런데 현대 예술에서는 창조 활동과 창조자 사이가 너무 밀접하게 연결된 나머지, 예술가와 작품의

---

49) 예술작품화 된 일상용품에 붙여진 용어로, 프랑스의 미술가 마르셀 뒤샹이 처음 만들어낸 미적 개념이다.(역주)

구분이 사라질 정도가 되었다. 드리핑(dripping) -구멍이 뚫린 상자에 물감을 넣어 캔버스 위에서 가는 줄기로 흘러내리게 하는 방식- 이라는 예측 불가능한 기술을 사용했던 잭슨 폴록에게 있어서 작품은 몸짓, 그리고 그 몸짓이 드러내는 신체적 충동과 불가분의 관계에 있다. (삽화 XIV 참조) 이와 관련해 모니크 프뤼보(Monique Pruvot)는 이렇게 설명한다. "프로메테우스 같은 폴록은 캔버스가 제시하는 시-공간과의 절정에 달한 싸움에 맹렬히 참여하고 있다. (…) 화가의 분열된 몸, 오시리스(Osiris)[50]의 몸. 캔버스 위의 그물 모양, 피부를 파고드는 동맥, 정맥, 주름의 모양."(『르네상스부터 오늘날까지 영, 미 문학과 미술에 나타난 몸의 형상*Les Figures du corps dans la littérature et la peinture anglaises et américaines de la Renaissance à nos jours*』) 감상자의 입장에서 캔버스와 피부, 그림과 그것을 낳은 몸의 행위가 구분되지 않을 정도로 작품의 개념은 결정할 수 없는 것이 되어 버렸고, 나아가 사라지게 되었다. 물론 문학에서는 이와 관련된 논쟁이 그다지 격렬하게 일어나지 않았으나 -어쩌면 예술로서의 문학 자체의 정의가 확실치 않았기 때문에- 문학 역시 그 근간이 흔들리는 것을 경험하지 않을 수 없었다. 예를 들어 자동기술법은 작가의 개념을 문제시하는 계기가 되었다. 왜냐하면 텍스트가 의식적 의지의 도움 없이 만들어지기 때문이다. 이때 의미는 작가의 '권위'에 종속되지 않는다. 이와 관련해 앙드레 지드(André Gide)와 폴 발레리는 같은 맥락의 해체적 효과를 가지고 있는 주장을 펼친 바 있다. "다른 사람들에게 내 책을 설명하기 전에 다른 사람들이 내게 내 책을 설명해주면 좋겠다." (『팔뤼드*Paludes*』) 『바리에테*Variété*』의 저자(폴 발레리를 말한다 -역자)는 이렇게 말한다. "한 텍스트의 진정한 의미라는 것은 없다. 작가의 권위도 마찬가지다." 전통적으로 저자의 개념과 연결되어 있던 영감이라는 개념도 울리포(OULIPO) -잠재문학작업실(Ouvroir de littérature potentielle)- 에 의해 정면으로 반박되었다. 조르주 페렉(Georges Perec)을 필두로 '울리포'는 미리 정해진 기술적 제약들, 개

50) 고대 이집트 주신의 하나.(역주)

인적 표현의 의지가 아무런 몫도 가질 수 없는 제약들의 총체로만 이루어진 텍스트들을 선보였다. 이러한 '사물들'의 문학으로 말미암아 글쓰기의 인류애적 사명도 파산에 처해졌다. 1942년 『사물의 편』을 통해 프랑시스 퐁주는 문학적 휴머니즘의 자기만족적인 편리함과 단절하고, "세계의 여성성에 발언권을 제공"하고자 했다.(『말레르브를 위하여*Pour un Malherbe*』) 19세기 말에 이미 말라르메는 '운문의 위기'를 언급한 바 있다. 말라르메에게 있어서 문학이란 본질적으로 '시'였다는 점을 감안할 때, 이는 곧 문학의 위기를 의미하는 것으로 받아들일 수 있다. 동일한 위기감이 20세기 내내 증대되었다. 사르트르(J. P. Sartre)는 책의 제목으로 매우 의미심장한 질문을 던진다. (『문학이란 무엇인가?*Qu'est-ce que la littérature?*』) 모리스 블랑쇼(Maurice Blanchot)는 문학 텍스트를 '미래의 책(Livre à venir)'으로 인식하고 있는데, 즉 텍스트는 언제나 실패할 수밖에 없는 시도, 결코 도달할 수 없는 약속과도 같다는 것이다.

이러한 불확실성 속에서 화가와 작가들은 단면과 미완성에 대한 취향을 공유하게 되었다. 18세기나 낭만주의 시대와는 달리 단면과 미완성은 더 이상 작품이 가진 생명력 넘치는 에너지, 작품 자체가 분출하는 에너지로 여겨지지 않게 되었다. 완성하지 않는 것, 그것은 만들어져야 할 작품 앞에서 무력함을 고백하는 것이며, 작품의 개념 자체에 대한 불신을 표현하는 것이다. 이런 맥락에서 '여백'을 활용할 수 있었다. 그림이 그려지지 않은 공간, 캔버스의 표면을 있는 그대로 노출시킴으로써 그림의 통일성을 약화시키는 것이다. 화가들은 또한 그림이 통일성을 획득하게 되는 바로 그 순간에 그림을 그리는 행위를 멈추고 스케치의 흔적과 선들이 보이도록 내버려둘 수도 있다. 자코메티(A. Giacometti)의 초상화들이 보여주는 음산한 미는 이렇게 중단된 작품의 특징에서 비롯되는 것이다. 형상화의 이 같은 유보 속에서 모델의 '현존' –이브 본느푸아(Yves Bonnefoy)가 즐겨 사용한 용어를 빌리면– 이 더욱 두드러진다. 마찬가지로 완성된 작품의 개념에 대해 불신을 가졌던 작가들 역시 작품의 초안 흔적을 독자들에게 제시한다거나, 완결되지 않은 단장의 형태로 에세이를 작성하기도 했다. 『해체의 개요

Précis de décomposition』 -다분히 계획적인 제목 아닌가- 의 저자인 시오랑(E. M. Cioran)은 격언과 짧은 텍스트들로 사유를 이어간다. 이는 곧 과도하게 정리된 텍스트의 유혹을 피하고, 사유에 그 도발적 책무를 남겨두며, 사실상 '작품'의 이데올로기에 이의를 제기하기 위한 방식이다. 20세기 작가들 -특히 『소론집*Petits traités*』의 저자인 파스칼 키냐르(Pascal Quignard)- 에게 있어서 단편적 글쓰기의 매력은 글쓰기 작업 자체에 삽입된 강력한 부정성에서 비롯되는 것으로 보인다.

단편적 글쓰기 말고도 흔적, 즉 현실의 일시적인 기호에 불과한 단순한 글 혹은 낙서가 삽입되는 경우도 있다. 이는 문학이 언어적, 문화적 코드에 너무나 종속된 나머지 현실을 이야기하는 데 이를 수 없다는 생각에서 비롯된 것이다. 르네 샤르(René Char)는 '시의 분해하는 에너지'에 대해 이야기했다.(『말의 군도*La Parole en Archipel*』) 그의 원고를 보면 지시적 배경을 알아볼 수 있게 해줄 만한 너무 정확한 암시들이 삭제되어 있는 것을 알 수 있다. 비록 사실적 사건에서 영감을 얻는다 할지라도, 시는 반 수수께끼 같은 상태로 독자들에게 전해져야 한다는 것이다. 보다 직접적으로 자기 고소(auto-accusation)와 자기 조롱의 방식에 지속적으로 경도되어 있었던 미셸 레리스(Michel Leiris)는 자서전적 작품 중 하나의 제목을 『지우기*Biffures*』로 정하기도 했다. 글쓰기란 말하기의 실패와 자기를 포착할 수 없다는 현기증 나는 현실 속에서 끊임없이 줄을 그어 삭제하고 다시 쓰는 과정의 흔적이라는 것이다. "기껏해야 (…) 나는 '조금 후에' 다른 이미지들로 무장하고 이 모든 것에 대해 다시 이야기해야 하는 고민을 떠안을 것이라고 생각할 권리 밖에는 없다. 나는 그 이미지들을 여러 가지 색이 칠해져 있으며, 이리 저리 늘어나는 유리와도 같이 다룰 것이다." 영국화가 베이컨(Bacon)이 친구였던 미셸 레리스를 그린 초상화들은 이와 같이 불확실한 흔적, 삭제하기 위해 그은 줄을 노출시키는 문학적 방법에 완벽히 호응하고 있다. 이 초상화에서 얼굴은 다음과 같은 이중의 운동에 의해 절반이 지워진 채로, 마치 날아간 듯이 표현되어 있다. 하나는 형상의 운동으로 화가의 시선을 벗어나는 것처럼 보이며, 다른 하나는 그림을 그리는 행위의 흔적을 남기는 것이다.

> 나를 움직이게 하는 것은 캔버스 위에 몸짓을 가져오는 것, 이 몸짓의 물질적인 흔적이다. (…) 그리고 이 구체적인 흔적 앞에서 내가 느끼는 감정의 반응으로부터 그것을 채우고, 자세히 하고, 심화시키고 싶은 욕망이 생겨난다. 또한 내 안에서 느껴지는 필요, 즉 앞서 말한 것을 더욱 멀리 밀고 나가고자 하는 필요는 나로 하여금 새로운 흔적을 남기게 한다.

위의 텍스트는 현대 예술의 본질적이고 일반적인 경향을 잘 요약해 보여주고 있다. 주제의 부재(그림은 관찰자의 시선 외에 그 어떤 외부도 갖고 있지 않다), 제어된 계획과 종결(반대로 우리는 '재공품(在工品 : work in progress)'[51], 즉 그 과정 중에서만 이해할 수 있는 작업의 틀 속에 있다고 할 수 있다.)을 가정하는 작품에 대한 모든 개념과의 거리두기, 주체성에 부여된 중심적 역할, 몸과의 관계를 확고히 하고 그림 그리는 작업을 예측 가능한 완료의 관점에서 사유하는 것을 금지하는 '흔적'의 선택 등이 그것이다.

51) 생산 공정 중에 있는 미완성 제품을 말한다.(역주)

2

형상화하기/ 의미하기 이미지의 '의미'에 관한 문제

문학과 미술 사이의 역사적 합일점은 다양한 문화적 상황을 배경으로 하고 있으며, 이 두 예술 분야의 한계를 넘어서는 사상사와 감성사에 속한다고 할 수 있다. 예를 들면 낭만주의만 해도 사유, 철학, 음악 분야에서 그 경향에 대해 이야기할 수 있다. 한편 문학과 미술 사이의 대화가 결정적인 중요성을 가진 것처럼 보이는 것은, 여러 가지 상황적 영향을 넘어 이 대화가 두 예술의 본질과 관련되기 때문이다. 문학과 미술은 모두 현실을 다시 보여준다는 측면에서 재현의 양태를 기본으로 하고 있다. 재현과 관련해 조각보다 더 좋은 예는 없겠지만, 그것은 매우 한정된 종류의 주제들만 다룰 수 있을 뿐이다. 음악과 건축은 이러한 정의로부터 거의 벗어나 있다. 반대로 텍스트나 캔버스에서는 세계의 현존이 재현되어 나타날 수 있다. 상징화의 양식에 있어서 큰 차이를 보이는 문학과 미술이 가장 큰 공통점을 보이는 것은 작품의 거울을 통해 실재를 현재화시키는 능력에 의해서이다.

미술적 재현과 문학적 재현

'이미지'라는 단어는 미술 작품을 총체적으로 지칭하기도 하며, 은유와 비유처럼 작가가 사용하는 방식을 나타내기도 한다. 방식은 서로 다르고, 의미도 다양하지만 (눈앞에 보여주는 이미지와 수사학에서

'전의(trope)'라고 불리는 이미지가 같다고 할 수 있는가?), 적어도 이 단어의 사용에 있어서는 마치 모든 것이 같은 질서를 따르고 있는 것처럼 보인다. 마찬가지로 한 텍스트가 어떤 대상 혹은 장면을 '그려내고 있다'는 표현도 간과할 수 없다. '묘사하다(décrire)'는 '글을 쓰다(écrire)' 동사의 의미 첨사이지 않은가? 이처럼 문학과 미술에서 같은 용어가 사용된다는 것은 이 두 분야가 본질적으로 동일한 기능을 가지고 있음을 보여준다.

물론 서양에서 미술이 명백히 구상적인 성격을 갖게 된 것은 근대와 그 이데올로기가 새로 부상하기 시작하면서이다. 추상기법은 중세 시대 도상 미술의 경향들 중 하나 (양식화가 이루어진) 라고 할 수 있다. 재현 자체가 종교적으로 금지되어 있는 이슬람 예술은 매우 오래전부터 추상 예술이 존재했음을 알려준다. 장 바젠(Jean Bazaine)은 "예술이란 모든 시대에 있어서 항상 비구상적이었다."고 주장하기도 한다.(『현대 미술에 대한 소론*Notes sur la peinture d'aujourd'hui*』) 칸딘스키를 중심으로 20세기 초반부터 자리를 잡게 된 추상 예술은 사실상 상징주의 시절 장식 미술의 발전으로부터 준비되었다고 할 수 있다. 마티스(Matisse)가 이 수식어를 거부한 것은 아니지만, 그의 작품에는 구상화의 흔적이 그대로 남아 있다. 피카소 역시 구상화를 단 한 번도 포기한 적이 없다. 사실 피카소의 작품 중 온전히 추상적인 것을 찾기가 더 힘들 것이다. 니콜라 드 스탈(Nicolas de Staël)도 추상 예술에 흠뻑 빠져들었다가 1950년대부터 구상 쪽으로 다시 돌아온다.

플리누스(Pline)는 『자연사*Histoire naturelle*』에서 화가 제욱시스(Zeuxis)가 포도를 너무나 자연스럽게 그린 나머지 새들이 와서 쪼아 먹었다는 사실을 전하고 있다. 서양 미술의 초석을 놓은 신화들 중 하나라는 점에서 이 에피소드는 지금도 매우 잘 알려져 있다. 즉 일루져니즘은 단지 기술적 성과로서가 아니라 실제 세계와의 매혹적인 경쟁 관계 속에서 이해될 수 있는 것이다. 이브 본느푸아는 『떠도는 삶*La Vie errante*』에서 이 에피소드에 짤막한 텍스트를 할애하고 있다. '현존'을 추구하고, 세계의 이면이라는 구실을 받아들이지 않는 이 시인에게 있어서 실재의 모방적 재현은 예술의 꿈, 즉 플라톤식 전통에서처럼 평가 절하된 외관들의 횡단이 아니라 인간 조건의 여기-지금을 정복하려는 꿈에 생기를 불어넣는 것이었다. 서양에서 실물로 착각할 만큼 사실적인 눈속임 그림의 성공은 모방적이고 환상적인 재현에 대한 매혹을 잘 보여주고 있다. 넓은 의미에서 '눈속임'이라는 표현은 그림이 재현하는 장면을 위해 그림의 실재를 망각하게 만드는 모든 기술을 지칭한다. 협의의 차원에서 그것은 재현의 배경으로 사용되는 실제 대상 (예를 들어 필기대, 상자 등) 과 거의 똑같은 크기의 캔버스 속에 대상과 인물들이 실제 크기로 재현되는 구상적 작품을 지칭한다. 이 두 경우에 있어서 모두 '속임을 당한' '눈'은 자신의 환상과 그 사실에 대한 인식을, 예술가의 강력한 표현력에 대한 찬탄을, 예술과 실재 사이의 경쟁 관계에 대한 매력을 동시에 즐길 수 있다. 미술의 일루져니즘은 이처럼 우리가 흔히 생각하는 것보다 더욱 복잡하다. 클로드 레비스트로스(Claude Lévi-Strauss)는 이와 관련해 이렇게 주장했다. "눈속임은 재현하지 않는다. 그것은 재구성한다. 그것은 지식(심지어 그것이 보여주지 않는 것에 대한)과 성찰을 동시에 가정한다."(『보기 듣기 읽기*Regarder Écouter Lire*』)

문학에 있어서 재현의 기능은 명증성과 관련된 것처럼 보인다. 『미메시스, 서양 문학에서 실재의 재현*Mimésis, la représentation de la réalité dans la littérature occidentale*』이라는 의미심장한 제목을 지닌 연구에서 에리히 아우에르바흐는 '문학적 재현(혹은 '모방')을 통한 실재의 해석'을 분석하고자 했다. 그는 재현이라는 개념을 서양에서의 문학적, 예술적 성찰과 창작 활동의 중요한 기준으로 보았다. 고대의 몇몇 문학 작품들은 이러한 목적성을 명백히 보여주고 있는데, 이 목적은 대부분 다른 요소들과 연결되어 있다. 예를 들어 서사시는 이야기임과 동시에 어떤 일에 대한 기념이자 묘사이기도 하다. 전원시는 자연을 그림처럼 보여줌과 동시에 본원적 행복에 대한 몽상과 연결되어 있다. 에크프라시스는 예술 작품을 묘사한 글 (시각적 재현물의 언어적 재현)이다. 문학의 '근대'는 이러한 재현적 기능의 고양과 연결되어 있는데, 이는 도구적 목적을 가지고 있으며, 고대 수사학에 의해 구분되었던 다양한 담화 장르들 -사법적, 토론적, 제시적(비난 혹은 칭송을 위한)- 과의 분리와 함께 이루어졌다. 이처럼 다양한 목적들의 부담을 덜어낸 문학은 특별히 사회적으로 부여된 기능 없이도 말과 사물 사이의 관계 속에서 이루어질 수 있게 되었다. 물론 텍스트는 작가의 '내적 비전'을 보여줄 수 있으며, 이런 점에서 자기지시적 기능을 가질 수 있다. 텍스트는 무엇보다 먼저 의미를 부여하고 재현하는 기능을 가지고 있다. 사실상 말은 특별한 논증적 목적에 의해 도구화되는 것이 아니라, 우선적으로 세계를 지칭하는 수단이기 때문이다.

당연한 이야기지만 재현에 대한 문학의 이러한 사명은 르네상스 시대에 대폭 강화되었다. 그 문화적 배경은 미술이 구상적이고 일루져니즘적인 성격을 갖게 된 것과 동일하다. 중세의 전통이 호교론적이고 논증적인 담론을 선호했던 것에 반해 르네상스는 '미메시스'와 밀접한 관련을 갖는다. '희곡' -'부르주아' 희곡에서 '낭만주의' 희곡에 이르기까지- 의 창작 역시 같은 맥락에서 이루어진다. 사실주의와 자연주의 경향들은 이러한 목적의 승리를 보여준다. 같은 맥락에서 '보여주기'라는 엘뤼아르의 표현(1939년 출간된 예술과 시에 대한 성찰록의 제목이기도 하다)은 오늘날까지도 그 영향력이 지속되고 있다. 말라르메는 다음과 같이 주장할 것이다. "자연이 모습을 드러내면, 거기에 어떤 것도 덧붙일 필요가 없다."(『음악과 문학*La musique et les lettres*』) 하지만 상징주의적 방식 역시 단면적으로가 아니라, 문학적 재현의 내부에서 -상징적 우회의 방식으로- 이루어질 것이다. 말라르메의 시 역시 언어의 지시적 논리와 완전한 단절을 이루고 있지는 않다. "l'absente de tout bouquet"[52]라는 표현은 단 하나의 개념으로 환원되지 않는다. 마찬가지로 프루스트가 '묘사의 문학'을 비판했다 해도, 그가 자기 작품에 부여한 의미는 서사적이고 묘사적인 틀 속에서 구성된 것이다.

---

52) 말라르메의 시 평론집인 『운문의 위기*Crise de vers*』에 나오는 구절이다. 이 표현이 속한 전체 문장은 다음과 같다. 말라르메 시의 특성상 위의 한 구절만 우리말로 옮기는 것은 의미 전달에 오히려 해가 될 것으로 판단하여 원문을 그대로 제시한다. "Je dis : une fleur ! et, hors de l'oubli où ma voix relègue aucun contour, en tant que quelque chose d'autre que les calices sus, musicalement se lève, idée même et suave, l'absente de tout bouquet."(역주)

문학과 미술이 실재의 복사라는 기능 속에서 서로 연결된다고 해도, 그 양태는 매우 다르며, 둘 사이에는 꽤 큰 간극이 자리 잡고 있다. 하지만 이러한 차이와 간극이야 말로 서로에게 매력을 느끼게 만드는 이유이기도 하다. 일반적으로 볼 때 작가와 화가들은 지칭되는 대상과 분명히 구분되는 재현의 요소들에 의지한다. 당연한 이야기지만 "개라는 단어는 물지 않는다." 마그리트(Magritte)는 가장 유명한 작품 중 하나인 〈이미지의 배반*La Trahison des images*〉 -거의 일루져니즘적인 방식으로 파이프를 재현하고 있는- 의 아래 쪽에 "이것은 파이프가 아니다(Ceci n'est pas une pipe)."라고 적어 놓았다. 단어뿐만 아니라 조형적 구상도 실재와 혼동될 수 없다. 하지만 언어가 지시하는 대상에 대한 추상적 기호로 구성되어 있으며, 그 상징적 가치는 언어 체계에 의해 화자에게 주어지는 반면, 시각적 재현은 그 대상과 유비적인 관계(극단적으로 보면 한 폭의 그림은 사진의 등가물이 될 수도 있다)를 유지한다. 한 편의 구상적인 그림이 즉각적인 가지성을 가진다면 -재현된 장면과 관련된 동일시의 문제를 제외하면-, 하나의 텍스트는 그것을 구성하고 있는 언어를 아는 사람만 이해할 수 있다. 언어적 코드가 조형적 구상의 직접적인 모방과 뚜렷이 구분되는 모호함을 만들어내는 것이다. 소쉬르(Saussure)가 언어 기호의 '자의성'을 이야기한 것은 이런 점에서 적절해 보인다. 그에 따르면 의성어나 의태어들을 제외하면 언어의 지시적 가치는 추상적이고 우연적인 코드를 잘 알고 있어야 한다는 점을 가정하고 있다. 왜냐하면 언어 코드는 서로 다르기 때문이다.

위와 같은 주장은 언어의 역사를 살펴볼 때 훨씬 설득력 있게 다가온다. 실제로 모든 언어는 시간이 지남에 따라 추상화의 길로 나아갔기 때문이다. 프랑수아 다고녜(François Dagognet)는 그 단계에 대해 다음과 같이 요약하고 있다. "사회와 문명의 초창기에 사람들은 분명 직접적이고 대상과 곧바로 연결되는 말을 사용했음이 분명하다. (…) 점차적으로 글쓰기는 이처럼 명확한 소통을 해체시키게 되었다. 문자와 책은 그렇게 해서 인간들 사이로 미끌어져 들어가게 되었다."(『글쓰기와 도상*Écriture et iconographie*』) 최초의 글은 대상들에 대한 모방이었다. "그것은 간단한 그림문자표기였다." 시간이 지나 상형문자가 모습을 드러냈는데, 이때부터 총괄적인 상징적 조합을 통해 기호의 의미가 복잡해지기 시작했다. 이러한 언어 체계가 보다 질서 있게 정리되면서 나타난 것이 표의문자이다. 표의문자에서 기호는 더 이상 특정한 실재를 지칭하는 것이 아니라 일반적인 것을 가리키게 되었다. 마지막으로 알파벳이 발명됨으로써 결정적 단절이 이루어졌다. 언어기호는 더 이상 실재와 모방적 혹은 개념적인 관계를 갖지 않게 되었다. 기호는 언어의 음성적 단위 중 하나를 옮기는 것에 만족하게 되었으며, 개념들의 상징체계는 음의 표기로 대체되었다. 이때부터 언어는 그것이 지칭하는 것과의 관계에서 추상적인 성격을 갖게 되었다. 나아가 인쇄술이 발명되었고, 기계화의 효과를 통해 이러한 현상은 더욱 심화되었다. 프랑수아 다고녜에 따르면 이로부터 "표기법의 드라마, 원래는 말의 직접적인 그림이자 현존의 도구였다가 점차 목소리로부터 멀어져 그것의 탁월함을 박탈해 버린 표기법의 드라마가 생겨난 것이다."(같은 책)

언어가 추상화의 길로 접어듦에 따라 그만큼 언어의 재현적 기능도 약화되었다. 이러한 점에서 문학의 '사실주의'는 구상 미술보다 훨씬 더 환상적이라고 할 수 있는데, 문학은 그 대상과 유비적이지 않은 매개체를 통해 이루어지기 때문이다. 문학 분석에서 흔히 통용되는 '지시적 환상' 혹은 '실제적 효과'와 같은 개념들이 지칭하는 것도 바로 이것이다. 하나의 텍스트가 갖는 현재화의 가치는 말로 이루어진 픽션의 '현실'이라는 유희에 동참하기를 받아들인 독자들의 신뢰성에만 근거할 수 있게 된 것이다. 하지만 문학은 재현의 즉각적인 능력과 관련하여 상실한 것을 의미 작용의 능력을 통해 되찾게 되었다. 적어도 의미 작용의 능력이 실재에 대한 하나의 의도, 판단을 포함한다는 점에서 그러하다. 문학 텍스트는 재현이라는 구실 하에서 실재가 의문시되고, 재구성되며, 궁극적으로 전복되는 탁월한 장소를 이룬다. 왜냐하면 기호들의 추상화가 그 텍스트에 남겨 놓은 틈에 작가의 관점과 참여가 자리 잡기 때문이다. 바로 이러한 점에서 사르트르는 모든 문학 텍스트란 독자의 자유에 대한 호소라고 주장할 수 있었던 것이다.

반대로 구상 미술은 유비적이고 즉각적인 재현의 능력을 가지고 있지만, 그런 만큼 그 의미 작용의 범위는 제한되어 있다. 흔히 사람들이 미술의 '언어'라고 이야기하는 것은 편의에 의한 표현의 남용이라고 할 수 있다. 언어 변화의 역사에 비추어 볼 때 그림의 요소들은 사실상 그림 문자 구성의 이전 단계에 머물고 있다. 그림의 요소들은 기호를 통한 추상적 -다시 말해 분리된- 작업이기 보다는 대상과의 유비적인 관계의 흔적으로 나타나는데, 이는 소쉬르가 말했던 '이중 분절'과는 너무나 멀리 떨어져 있는 것이다. 미술 작품의 '베껴쓰기'가 매우 어렵고 거의 불가능한 것도 이 때문이다. 다니엘 아라스(Daniel Arasse)는 이와 관련해 "기호의 질서, 실재의 언어적 분절에 대한 미술 자체의 이질성"이라는 표현을 사용하기도 했다.(『디테일*Le Détail*』) 고야(Goya)의 〈개*Un chien*〉를 예로 들면서 그는 다음과 같이 주장한다. "이 작품에서 의미의 미결정, 나아가 의미의 부재는 분명 작품의 의미 작용을 이루고 있다. (…) '한 마리 개'(혹은 그것의 메시지)가 시선을 사로잡는 것은 그것이 언어의 카테고리에 따라 그 동기를 설명하고자 하는 모든 기록을 금지하고 있기 때문이다."(위의 책) 조형 작품의 번역이 불가능하다면, 이것은 곧 그 작품이 언어에 속하지 않는다는 것을 가르쳐준다. 왜냐하면 언어는 그 본질상 항상 다른 언어로 옮겨질 수 있기 때문이다. 따라서 예술의 '담론'은 오직 그 자신만을 가리킬 수 있는 것처럼 보인다. 이와 관련해 앙드레 말로(André Malraux)는 다음과 같이 주장한다. "〈야간순찰*La Ronde de nuit*〉[53], 티치아노(V. Tiziano)[54]의 후기 작품들, 〈생트 빅투아르 산*La Montange Sainte-Victoire*〉[55], 〈생각하는 사람*La Penseur*〉 등은 오직 형태로만 말해질 수 있으며, 팔레스트리나(Palestrina)의 〈자비송*Kyrie*〉이나 〈오르페오 *Orfeo*〉[56], 〈돈 주앙〉, 〈제9교향곡〉 등은 오직 음계로만 이야기될 수 있다.

---

53) 17세기 네덜란드 화가 렘브란트 반 레인(1606~1669)의 작품으로, 그의 양식적인 발전 과정에서 전환점이 된 가장 유명한 작품이다.(역주)

54) 이탈리아의 화가로 피렌체파의 조각적인 형태주의에 대해 베네치아파의 회화적인 색채주의를 확립했다. 고전적 양식에서 완전히 탈피하여 격정적인 바로크 양식의 선구자 역할을 하였다.(역주)

55) 프랑스의 후기인상주의 화가 폴 세잔(1839~1906)의 작품.(역주)

여기에서 번역이란 불가능하다."(『상상의 박물관*Le Musée imaginaire*』)

이러한 비환원성은 문학과 미술 사이의 복잡한 관계를 연구하는 데 있어서 매우 중요한 요소이다. 왜냐하면 이 두 예술은 너무나도 다른 상징화의 양식을 근간으로 하고 있기 때문이다. 레오나르도 다 빈치도 이러한 사실을 언급한 적이 있다. "시가 상상력에 의해 만들어진 문자라는 수단을 통해 대상을 기록한다면, 그림은 눈에 보이는 대상의 유사성을 그대로 끌어내 마치 그것이 자연적인 것인 양 실제 모습 그대로 보여준다."(『미술 개론』) 마찬가지로 18세기에 아베 뒤보(Du Bos)는 시의 '인위적 기호들'과 그림의 '자연적 기호들'을 대립시킨 바 있다.(『시와 미술에 대한 비판적 성찰*Réflexion critiques sur la poésie et sur la peinture*』) 레싱은 이와 같은 비가역적 차이를 문학적 미술에 대한 반론의 주된 논거로 사용했다. "호메로스는 두 가지 종류의 존재와 행동들을 작품화했다. 바로 가시적인 것들과 비가시적인 것들이다. 하지만 미술은 이러한 차이를 보여줄 수 없다. 미술에서 모든 것은 가시적이다. 그것도 오직, 동일한 방식으로 가시적일 수밖에 없다." 시인이 비가시성을 보여주기 위해 사용한 '암영들' 중 하나를 화가가 보여주고자 한다면, 이 때 화가는 텍스트를 배반하게 된다.

"시인에게 있어서 구름과 밤의 어둠으로 가리는 것이 '비가시적인 것'을 의미하기 위한 시적 방식이라는 것을 모르는 사람이 누가 있는가? 마찬가지로 이와 같은 시적인 표현, 예를 들면 마치 병풍 뒤에 있는 것처럼 주인공을 적들의 시선에서 감추어주는 진정한 구름이 그림 속에 그려진 것은 언제나 기이한 일이 아닐 수 없다."

(『라오콘』)

실제로 그림은 현존의 효과를 만들어내는 재현의 구상적인 직접성에 종속되어 있다. 반면 동일한 구름이 시인의 펜 아래에서는 하나의 시니피앙, 즉 추상적이고 다의적인 하나의 기호로 남을 뿐이다. 그리

56) 르네상스와 바로크의 과도기적 역할을 했던 이탈리아 작곡가 클라우디오 몬테베르디(Claudio Monteverdi)의 오페라.(역주)

고 이 때 작가의 의도는 단어의 재현적 가치보다 더 중요하다. 엘뤼아르 역시 같은 생각을 보다 직관적인 방식으로 이렇게 표현한 바 있다. "가장 단순한 혼합, 가장 평범한 변신을 보여주기 위해 화가에게는 얼마나 많은 이미지들이 필요하겠는가? (…) 의심의 조그마한 여지도 없이 내가 당신을 사랑한다는 것을 말할 수 있는 표현법이 어디 있는가? 단어가 승리했다."(〈시의 물리학〉, 『보여주기*Donner à voir*』)

언어의 상징적 두께는 조형 예술의 직접성과 공통점을 찾을 수 없다. 미술은 언어적 발화 행위와 연관된 양태들, 실재에 대한 화자의 관점을 전해주는 양태들을 가지고 있지 않다. 그림이 어떻게 의문, 감탄, 부정, 가정, 의혹을 표현할 수 있단 말인가? 텍스트 안에서 짜여질 수 있는 논증적 양태들 없이 말이다... 우리는 또한 언어학적 기능을 결집하고 있을 뿐만 아니라 소통의 상황과 관련된 상호주체성을 보여주는 내포(connotation)와 아이러니의 분석이 얼마나 어려운 일인지 잘 알고 있다. 문제는 이러한 복잡성이 문학적 글쓰기의 경우에 증가한다는 데 있다. 문학은 언어가 가진 의미 작용의 모든 요소들을 이용해 일상적 소통의 단의성과 대립되는 의미의 층을 만들어내기 때문이다.

문학은 재현과 의미 작용이라는 이중의 극단 내부에서 유지된다고 할 수 있다. 반면 미술과 관련해서는 이러한 양가성이 사라지는 것처럼 보인다. 미술의 재료 자체가 처음부터 기호로 구성되어 있지 않기 때문이다. 하지만 '우트 픽투라 포에시스'라는 원칙이 보여주듯이, 그리고 이미지에 대한 종교적, 철학적 논쟁들이 보여주듯이 서양 미술사는 넓은 의미에서 '의미'에 대한 미술의 접근 요구를 통해 이루어져 왔다고 할 수 있다.

논쟁의 대상이 된 미술의 '의미': 종교적이고 철학적 관점들

원시 시대에는 그림을 통한 재현이 항상 어떤 능력을 가지고 있는 것처럼 여겨졌다. 원칙적으로 구상적인 동굴벽화에는 마술적인 기능, 공동체를 보호하는 기능, 속죄의 기능, 혹은 주술의 기능이 포함되어 있었다. 동물을 재현하는 것은 그 동물의 힘을 가질 수 있게 해주는 것처럼 여겨졌다. 후에는 신을 재현하는 행위에 경배, 숭배, 감사 등등의 의미가 부여되었다. 고대 사회에서는 미술의 기원을 투영된 그림자의 윤곽에서 찾았는데, 이는 이집트나 그리스의 전통을 상기시키는 일이다. 플리누스는 미술의 원칙이 원시 시대에는 '선의 도움을 받아 인간 그림자의 윤곽을 그리는 것'에 있었던 것으로 보인다고 주장했다.(『자연사』) 이러한 생각은 고전주의 시대에까지 이어졌으며, 레오나르도 다 빈치도 이렇게 주장한 바 있다. "최초의 그림은 태양에 의해 벽에 비추어진 사람 그림자를 따라 선을 그은 것에 불과했다."(『수첩*Carnets*』) 그러니까 형상화는 그림자와 연관이 있었던 것이다. 한편 인류학적으로 볼 때 그림자는 분신(double)과 사자들의 세계를 상징하는 것이었다. 레지 드브레(Régis Debray)에 따르면 라틴어 '이마고(imago)' -이 단어로부터 '이미지'라는 말이 파생되었다- 는 '행정관이 장례식에 들고 왔던 사자들의 얼굴 모양 밀랍 주형'을 가리키는 것이었다.(『이미지의 삶과 죽음』) 이처럼 재현은 신비스런 힘과의 대화, 상징적인 것을 향한 통로로 여겨졌다. 앙시엥 레짐[57] 때만 해도 신화적 그림들은 -비록 상투적인 모습을 그대로 반복한다 해도- 여전히 재현에 부여된 이와 같은 마술적 힘을 가지고 있는 것처럼 여겨졌다. 재현은 또한 군주제 아래에서 권력과 주권자를 그리는 일에서도 중요한 힘을 발휘했다. 에른스트 칸토로비츠(Ernst Kantorowicz)에 의해 전개된 '왕의 두 몸' 이론은 이것을 잘 설명해준다. 그는 다음과 같은 사실을 상기시킨다. 프랑수아 1세가 죽었을 때 실제 그의 시신이 담긴 관은 작은 방에 놓여 있었던 데 반해 '큰 홀에는 프랑수아 클루에(François Clouet)가 그린 왕의 초상화가 왕의 자리를 차지하고 장엄하게 모습을 드러내고 있었다. (…) 그 아래 양쪽의 쿠션 위에는 왕홀과 법의 지팡이가 놓여 있었다.'(『왕의 두 몸. 중세 정치 신학에 대한 시론*Les Deux Corps du roi. Essai sur la théologie politique au Moyen Âge*』)

그러니까 형상화에는 일정한 효과가 있는 셈이다. 그것은 재현임과 동시에 행동이며 혹은 힘이기도 하다. 이미지의 정당성에 대한 종교적

57) Ancien Régime: 프랑스 혁명 이전의 구제도를 말하며, 혁명 이전의 전체적인 위기 상황을 통칭하는 용도로 많이 사용된다.(역주)

논쟁들은 이러한 이중성 속에서 이해될 수 있다. 중세 서양의 수많은 신학적 논쟁들이 바로 이 문제를 중심으로 일어났다. 성경을 보면 모세가 시내산에서 받은 율법에는 다음과 같은 명령이 기록되어 있다. “위로 하늘에 있는 것이나, 아래로 땅에 있는 것이나, 땅 아래 물속에 있는 것의 아무 형상이든지 만들지 말며”(〈신명기〉) 재현의 금지는 하나님에 대해서는 물론 하나님이 만든 세상에 대해서도 이루어지고 있다. 세상을 재현하는 것은 스스로를 창조자와 동등하고 경쟁하는 입장에 위치시키는 일이 될 것이다. 초기 기독교인들은 이러한 이유로 이미지를 경계했다. 그들이 보기에 이미지는 고대 이교도를 상기시키는 우상숭배에 속하는 것이었다. 하지만 이 문제는 이후로도 끊임없는 논쟁의 대상이 되었는데, 우선 동방 기독교에서 그러했다. 비잔틴에서 성상 예술의 발전은 당시 사람들이 재현에 부여한 종교적 가치를 알 수 있게 해준다. 그리스도의 강생 신비와 마찬가지로 성상은 거룩한 것의 현존의 기호이자 현현으로 여겨졌다. 오늘날까지 동방 정교회 신학에서 “도상은 가시적인 것에서 비가시적인 것으로의 이행을 열어주는 현현의 장소이며, 현존의 성소이다. 도상은 공간 속에 경배의 행위를 구축한다.”(장 밥티스트 파라(Jean-Baptiste Para), 『눈의 단식과 시선의 또 다른 훈련들*Le Jeûne des yeux et autres exercices du regard*』). 비잔틴에서 성상파괴운동이 격렬하게 일어난 시기였던 787년에 열린 니케아 공의회에서는 “성상을 숭배하는 자는 누구나 그 성상이 재현하고 있는 존재도 숭배하게 마련이다.”는 사실을 인정한 바 있다. 즉 재현을 통해 존재 자체가 손상되는 일은 없다는 것이다. 심지어 이미지는 그것이 형상화하고 있는 것의 의미와 가치를 강화시킬 수도 있다. 반대로 1215년에 열린 라트란 공의회에서는 이미지가 가진 모든 신성함이 부인된다. 이 공의회는 성체의 빵 속에 구현된 그리스도의 육체적 현존, 그리고 이미지들로 구성된 단순한 시뮬라크르를 구분 지었다. 하지만 이 시기는 이미지들이 폭발적으로 늘어났던 시기이기도 하다. 특히 글을 알지 못하는 신자들을 대상으로 말이다. 이들에게 있어서 이미지는 성서라는 거룩한 책에 다가갈 수 있는 수단이 되어 주었다. 이 논쟁은 르네상스 시기에 다시 시작된다. 에라스무스는 루터와 마찬가지로 이미지를 숭배하는 일에 반대했다. 또한 검소한 삶을 주창하였던 신교도들은 각종 도상들, 조각들과 기타 재현물들을 없애버릴 것을 주장하였다. 이들이 보기에 이것들은 믿음의 타락한 표현이었던 것이다. 다른 한편으로 반종교개혁운동이 일어나 이미지를 종교적 포교활동의 중요한 도구로 삼기도 하였다.

이슬람도 역시 이 문제와 관련해 모호한 태도를 보여주고 있다. 비록 이미지를 절대적으로 금지하는 내용은 기록되어 있지 않다 하더라도, 코란은 이미지를 통한 우상숭배에 대해서는 단호한 반대의 입장을 보여주고 있다. 예를 들어 코란의 한 구절은 "혐오스러운 우상들을 피하라."고 가르치고 있다. 이로 인해 이슬람권에서는 과도하게 구상적인 재현이 금지되었으며, 이를 대신해 장식용의 추상기법이 자리 잡게 되었다. 특히 이 추상기법은 칼리그라프[58]에서 더욱 두드러지게 나타난다. 살아 있는 존재들을 재현하는 일에 대한 종교적 금지는 이슬람의 성스러운 텍스트들 속에서 각종 장식들이 꽃피우게 되는 원인이 되었다. 코란 텍스트는 종종 화려하게 장식된 양탄자-종이 위에 기록되기도 한다. 다양한 당초무늬 장식들과 원형장식들이 기하학적인 형태로 조합되어 있다. 하지만 모호성은 여전히 남아 있다. 왜냐하면 칼리그라프 자체가 종종 거의 구상적인 형태를 띠며, 사람이나 동물의 얼굴을 보여줄 수도 있기 때문이다.

나름의 미학적 의미를 지닌 이 모든 신학적 논쟁들은 이미지가 결코 결백하지 않으며, 상당한 영향력을 가지고 있음을 보여준다. 이미지가 그것이 지시하는 초월성과 혼동될 수 없다는 주장이 주기적으로 제기되는 것은 이미지를 부인하는 것임과 동시에, 그 이미지에 단순한 재현 이상의 거대한 힘이 있음을 인정하는 것이기도 하다. 혹은 그 이미지가 가진 현재화와 구현의 능력을 인정하는 것이기도 하다. 이 모든 논쟁의 기반에는 이미지의 '의미'에 대한 여전히 해결되지 않은 문제가 자리 잡고 있다.

서양에서는 같은 문제가 철학적 성찰의 기반이 되기도 했다. 프랑수

---

58) 그리스어의 '칼리그라피아'에서 유래한 말로, 개성있는 서체나 아름답게 씌어진 문자 혹은 필법을 의미한다.(역주)

아 다고녜는 다음과 같이 주장한다. "'시각적인 것'으로 인해 서양철학은 극복할 수 없는 논리적 난점에 봉착하게 되었다. 시각적인 것은 약화시키고 해체시키는 것일 뿐만 아니라, 드러내고, 조장하는 것이기도 하기 때문이다."(『글쓰기와 도상』). 파노프스키(Panofsky)는 고대철학에서 사용된 '이데아' (프랑스어로 관념(idée)이라는 단어가 여기에서 비롯되었다.) 라는 용어에서도 이러한 양가성이 발견된다고 주장한다. 이데아라는 단어는 그리스어로 시각적 형태와 개념을 동시에 지칭하기 때문이다. 전통적으로 철학자들은 이 두 가지를 구분하는 경향을 보여왔다. (특히 이미지는 사람의 눈을 속이는 외관에 국한된 것으로 여겨져 왔다.) 하지만 이 관계는 서양미학사의 근간을 이루고 있다. 특히 신플라톤주의 이후 서양에서의 예술은 의미에 접근하고 본질에 다가서게 하는 도구로 여겨졌다. 고대에 플라톤과 아리스토텔레스가 대립한 것도 바로 이와 관련해서이다. 파스칼이 『팡세』에서 "사람들이 원본은 찬미하지 않으면서, 그것과 닮은 그림을 보고 경탄해 마지않는 것은 얼마나 허황된 일인가!"라고 말했을 때, 이는 예술에 대한 의심의 눈초리를 보냈던 플라톤적 사유의 연장에 다름 아니다. 파노프스키는 이렇게 주장한다. 플라톤에게 있어서 "예술가는 감각적 세계를 쓸모없이 재생하는 사람일 뿐이다. 그 감각적 세계 또한 이데아의 모방일 뿐인데 말이다." 즉 미술은 감각적 경험보다 훨씬 더 진리의 포착으로부터 우리를 멀어지게 하는 이차적인 모방에 불과하다는 것이다. 반대로 아리스토텔레스는 '미메시스'라는 개념과 함께 예술행위를 진리와 쾌락의 관점에서 동시에 살펴보았다. 이는 '개념의 보편성과 개별적 재현의 고유성' 사이의 관계를 필연적인 것으로 간주하는 그의 인식이론에서 비롯된 생각이었다. 관념세계와 감각세계 사이의 이와 같은 뒤얽힘은 신플라톤주의자들의 성찰에 토대를 마련해 주었다. 그들에 따르면, "가시적인 미는 비가시적인 미의 반영일 뿐이다. 또한 비가시적인 미는 절대미의 반영에 불과하다." 감각적 경험과 형이상학적 주제 사이의 대립으로부터 이렇게 벗어남으로써 근대 이후 서양에서 예술, 특히 미술에 대한 이해가 자리 잡게 되었던 것이다. 한편 이것은 헤겔이 시도한 초월과 맥을 같이 하는 것으로 볼 수 있다. 헤겔에게 있어서 예술은 형식과 관념의 결합을 실현시켜주는 도구였기 때문이다. 실제로 헤겔은 다음과 같은 명제로부터 출발하고 있다. “미는 물질 속에 정신의 각인을 그 목표로 한다. 따라서 예술의 대상은 사유를 외재화 한다. 그것은 자신이 미화하는 감각적인 것 속에 초감각적인 것을 정초시킨다.” (프랑수아 다고녜, 『오늘날의 예술을 위하여*Pour l'art d'aujourd'hui*』). 『미학』의 저자에게 있어서 예술은 종교나 철학과 비등한 것이었다. 그의 표현을 빌리자면, 예술은 “신성한 것을 표현하는 하나의 양태”이다.

‘우트 픽투라 포에시스(Ut pictura poesis)’ 원칙

철학적 담론의 개입으로 인해, 예술에 의미화 기능이 부여될 수 있었다. ‘미학’이 탄생한 것도 18세기이다. 당시 이 단어는 독일어에서 차용된 신조어였다. 어원적으로 감각의 학문(la science de la sensation)을 의미하는 이 단어는 -예술이 ‘감각적인 것’이기를 바라던 시기에- 예술적 미에 대한 학문을 지칭하는 용어로 사용되기 시작하였다. 이때부터 미학은 철학적 사유에 있어서 온전한 하나의 분야로 자리매김하게 되었다. 칸트, 헤겔, 프루동, 베르그손, 알랭, 하이데거, 나아가 현대 ‘개념예술’에 이르기까지 이러한 철학적 접근이 맥을 이어오고 있다. 사실 이러한 접근방식은 르네상스 시대의 레오나르도 다 빈치에서부터 싹을 틔우기 시작했던 것이다. 그의 『미술개론』 중 남아 있는 부분에서 우리는 이와 관련된 암시를 수없이 발견할 수 있다. 하지만 다 빈치의 시대에는 미술이 ‘의미’를 요구함에 있어서 ‘우트 픽투라 포에시스’ 원칙이 주된 논거로 사용되었다. 호라티우스의 표현 (“시는 그림과 같다”) 에 근거한 이 원칙은 서양미술사에서 ‘고전주의 시기’라고 불리는 단계의 토대가 되었다. 이 시기는 여러 다른 단계들 중 하나일수도 있지만, 어쨌든 이후에 이어질 모든 변화 단계들의 표준이 되었다는 점에서 중요성을 띤다. 세잔이 한 서신에서 다음과 같이 주장한 것도 이 원칙을 근거로 한 것이었다. “자연에 근거하여 온전히 재구성된 푸생을 상상해보시오. 바로 그것이 내가 이해하는 고전주의랍니다.”

리(R.W.Lee)는 저서 『우트 픽투라 포에시스*Ut pictura poesis*』에서

이 원칙의 성공과 영향력에 대해 뛰어난 분석을 보여준 바 있는데, 여기에서 우리는 그 분석의 큰 줄기를 되짚어 보고자 한다. 그러기 위해 우리는 르네상스 시대로 눈을 돌려볼 필요가 있다. 이 시기는 중세 시대를 통해 이어져온 텍스트와 그림 사이의 견고한 관계 -성서와 종교 문학으로부터 비롯되었으며 그 어떤 특별한 개념적 성찰도 불필요했던- 가 느슨해지기 시작한 시기였다. 그리고 이 시기에는 예술 분야들 사이의 '비교'가 활발하게 이루어졌다. 레오나르도 다 빈치는 시를 포함한 다른 모든 예술보다 미술이 우월함을 주장했는데, 미술이란 자신이 재현하는 것을 분할하지 않고 '전체 그대로' (고전주의 화가들과 이론가들이 많이 사용했던 표현이다) 보여주기 때문이다. 다 빈치의 입장은 그 시기에 비추어 보면 조금은 모순적인 것이었다. 왜냐하면 그 시기에는 대부분의 화가들이 문학에서 자기 그림의 예술적 정당성을 확보하고자 했기 때문이다. 시인들과 스스로를 동화시키면서 화가들은 '자유로운' 예술 -개인적인 비전과 성찰을 보여줄 수 있는 자유로운 사람에 의해 이루어지는- 의 존엄성에 다가서고자 했으며, 그렇게 함으로써 그 당시만 해도 미술에 대해 사람들이 가지고 있던 편견, 즉 '기계적인 작업'이라는 편견에서 벗어나고자 했던 것이다.

르네상스 시기부터 이루어진 화가들의 위상 변화는 이러한 발전 과정을 이끈 중요한 원동력으로 작용했는데, 그 변화의 핵심적인 요소들은 다음과 같다. 우선 자화상을 그리는 관행이 새롭게 유행함으로써 화가들은 자신들의 후원자였던 왕자와 왕들처럼, 그리고 그림에 자주 모습을 드러내던 신화적이고 종교적인 인물들처럼 그 자신을 영감의 주체라는 존엄한 자리로 끌어올릴 수 있었다. 자기 자신을 재현의 대상으로 삼는 것은 곧 스스로를 장인이 아니라 예술가로 확증하는 일이었으며, 사회에서 차지하고자 했던 자리, 새롭고도 빛나는 지위를 보장하는 일이었고, 전통적으로 화가와 모델 사이를 지배하던 종속 관계를 전복시키는 것이었다. 그림에 화가의 사인을 기재하는 일도 점차 빈번해졌으며, 이러한 관행은 화가의 지위 향상을 상징적으로 잘 보여주는 것이었다. 또한 이러한 변화와 함께 문학과 철학에 대한 참조도 지속적으로 이루어졌다. 레오나르도 다 빈치가 "미술은 정신적인 것이다(la pittura e cosa mentale).”라고 주장할 수 있었던 것도 이러한 맥락에서이다. 다 빈치의 작업은 사실상 인지적인 것이었다. 현자와 예술가의 영감의 근원들을 결합시킴으로써 실재에 대한 이해에 더 다가가고자 했던 것이다. 미술가임과 동시에 현자이기도 했으며, 나아가 기하학자, 건축가, 군사적 무기 제작물 기획자, 예언자적인 발명가이가도 했던 다 빈치는 실재의 탐구를 통해 그 심층적인 의미를 밝혀내려는 목적을 가지고 있었다. 그가 근육 연구용 인체도와 인간 신체 내부와 관련된 그림들을 좋아했던 것도 이러한 목적 하에서였다고 볼 수 있다.

‘문학을 통해’ 미술에 정당성을 부여하려 했던 시도는 매우 성공적이었다. 그도 그럴 것이 적어도 지난 2세기 동안 이론가, 후원자, 화가들의 생각 속에서 미술과 문학은 밀접하게 연관되어 있었기 때문이다. 당시에 이 두 예술은 ‘두 자매’로 지칭되기도 했으며, 이는 호라티우스의 ‘우트 픽투라 포에시스’ 원칙의 영향 하에서였다. 하지만 이 라틴 작가의 인용구는 점차 다른 의미를 띠게 되었다. 『편지』(이후에 『시학』이라는 제목이 붙게 되었다)의 저자(호라티우스)에게 있어서는 미술이 시의 모델이 되는 것이었다. 그런데 고전주의 미술 이론가들은 이 도식을 뒤바꾸어서, 문학을 모든 미술의 모델로 삼았다. 이때부터 문학적 테마를 다룬 그림들이 급증하기 시작했다. 이 그림들은 대부분 종교적 내용 -이미 중세 시대에 많이 사용되었던- 과 고대 신화와 관련된 내용을 담고 있었다. 이렇게 해서 그림을 ‘무언의 시’로, 시를 ‘말하는 그림’으로 정의내린 관습이 통용된 오랜 기간이 시작되었던 것이다. 고대 그리스의 서정시인이었던 시모니데스에게서 비롯된 것으로 알려진 이 정의는 플루타르코스에 의해 유명해졌다. 레오나르도 다 빈치도 다음과 같은 주장을 통해 이 정의를 지지한 바 있다. “미술은 무언의 시이며, 시는 보지 못하는 그림이다. 미술과 시는 나름의 방식에 따라 자연을 모방하고자 한다. 아펠레스[59]가 〈비방〉에서 보여준 것처럼 이 두 예술은 수많은 도덕적 태도들을 드러내 보여준다.”

59) BC 4세기 후반에 활약한 그리스의 화가.(역주)

17, 18세기에는 수많은 이론가들과 작가들에 의해 이와 관련된 논쟁이 벌어졌다. 『보의 몽상*Le Songe de Vaux*』(1659)에서 라 퐁텐은 시의 우월성을 옹호했던 반면, 왕립 아카데미의 미술이론가였던 펠리비앙(Félibien)은 『필로마트의 몽상*Le Songe de Philomathe*』(1683)에서 미술의 우월성을 논증하고자 했다. 한편 이 시기에 미술과 시는 권력자를 칭송하는 기능을 공유하고 있었다. 페로(Perrault)는 〈미술*La Peinture*〉(시 작품, 1668)에서 이 예술이야 말로 그 특유의 표현력을 통해 왕의 영광을 드높이는 데 사용될 수 있다고 주장했다. 몰리에르(Molière)는 〈발 드 그라스의 영광*La Gloire du Val-de-Grâce*〉(시 작품, 1669)에서 문학의 설득적인 힘을 그림에 부여한 미냐르(P. Mignard)[60]를 칭송한 바 있다. 1708년 로제 드 필(Roger de Piles)은 『원리를 통한 미술 강의*Cours de peinture par principes*』라는 저서에 '시가 그림보다 바람직한가에 대한 논고'를 포함하기도 했다. 이 소모적인 논쟁은 레싱이 『라오콘』을 통해 두 예술 사이의 평행 비교의 적합성에 이의를 제기할 때까지 지속되었다. 이후 아베 뒤보는 『시와 미술에 대한 비판적 성찰』(1719)에서 두 예술 사이의 경쟁적 개념에서 벗어나 각자에게 고유한 자질들을 정의하고자 했다.

당시만 해도 두 예술은 너무나 가까운 것처럼 여겨졌으며, 몇몇 사상가들과 작가들은 미술 용어를 직접적으로 차용하기도 했다. 원근법과 관점의 개념들은 사유의 작업을 드러내는 데 있어서, 혹은 인간이 인식하는 진리의 상대성과 인간에게 한계로 정해진 반맹목적 상태를 드러내는 데 있어서 중요한 도구로 사용되었다. 라 로슈푸코(La Rochefoucauld)는 다음과 같이 주장했다. "인간과 사건들은 고유의 원근법을 가지고 있다. 제대로 판단하기 위해 가까이에서 들여다보아야 하는 것이 있는가 하면, 멀리 떨어져서 살펴볼 때만 올바른 판단을 내릴 수 있는 것들도 있다."(교훈 104) 파스칼 역시 이렇게 주장한다. "너무 멀리서 혹은 너무 가까이에서 관찰되는 그림들(…) 단 하나의 분할 불가능한 지점, 진정한 장소라고 할 수 있는 지점이 존재한다. 다

60) 프랑스의 화가. 궁정의 초상화가로 활약했고 1663년 발드 그라스성당의 천장화로 유명해졌다.(역주)

른 지점들은 너무 가깝거나 너무 멀고, 혹은 너무 높거나 너무 낮다. 원근법은 이 진정한 지점을 미술에 부여해주었다. 하지만 진리와 도덕에 있어서는 무엇이 이 지점을 지정해 줄 수 있단 말인가?"(『팡세』) 언제나 그러했듯이 파스칼은 여기에서도 형상화 -독자들이 그려볼 수 있는 이미지- 의 도움을 받아 형이상학적 질서에 있어서 그 형상화가 무력하다는 사실을 드러내고자 한다. 즉 미술은 대립된 추론에 의해 자기에게서 벗어나 있는 진리의 층위에 가치를 부여하기 위한 목적으로 소환된 것이다. 미셸 르 게른(Michel Le Guern)은 심지어 『팡세』의 저자가 사랑의 층위에 속하는 진리에 다다르기 위해 왜상화법[61]의 방식을 사용하고 있다고 주장하기도 한다. "『팡세』의 몇몇 단장들은 파스칼이 미술에 대해 심사숙고했음을 보여준다. 그의 해석학이 왜상화법에 대한 성찰에 뿌리내리고 있었을 가능성은 매우 높다. 육체적인 것들 속에서 영적인 것의 이미지를 보기 위해서는 평범한 지각이 받아들이는 것과는 다른 해석을 가능케 하는 관점이 필요했을 것이다. 그에게 있어서 이 관점은 바로 사랑의 관점이었다."(파스칼 『전집』 서문, Gallimard, Bibliothèque de la Pléiade, t. 1.)

작가들에게 있어서 왜상화법은 진실의 여러 면들을 비추는 데 사용되었다. 17세기 초반 자유기고가였던 베로알드 드 베르빌(Béroalde de Verville)은 『성공의 방법*Moyen de parvenir*』에서 독자들에게 이렇게 고하고 있다. "이 책을 참된 각도에서 읽어 주시오. 이 책은 마치 그림들처럼 하나의 관점, 그리고 또 다른 관점을 조명하도록 구성되었습니다." 시선의 이동에 기초한 다의성이 큰 성공을 거둔 것은 분명 라 브뤼에르를 통해서이다. 그와 관련하여 우리는 '모랄리스트적 관점'을 이야기할 수 있는데, 이것은 '시뮬라크르로 가득한 세계'에서 기호들의 뷔를레스크[62]적 풍자와 전복의 유희를 가능하게 해 주는 왜상화법의 미학을 결정짓는 요소이다.(베르나르 루코모프스키(Bernard Roukhomovsky),

61) anamorphose: 채택된 관점에 따라 이미지가 왜곡되어 보이도록 그리는 화법으로, 한스 홀바인(Hans Holbein)의 유명한 그림 <대사들*Ambassadeur*>이 대표적인 예를 보여준다.

62) burlesque: 흔히 고귀한 것에 비속(卑俗)한 양식을 가미하여 양자를 대조시킴으로써 웃음을 유발하는 수법을 의미한다. 풍자 예술의 한 장르로, 패러디와 곧잘 혼동되기도 하나 그 보다 폭이 넓다.(역주)

『라 브뤼에르의 미학*L'Esthétique de La Bruyère*』). 문학적 작업을 수식하기 위해 사용된 미술적 이미지들의 성공은 그야말로 지대한 것이었다. 1827년 『크롬웰』 서문에서 위고는 연극을 하나의 '광점(point d'optique)'으로 정의하고 있으며, 생트 뵈브는 작품들의 다의성의 개념을 논증하기 위해 '원근법'의 개념을 빌리기도 한다. "나는 관점들이 변화하고 이동한다는 것을 알고 있다. (…) 또한 일련의 예술적 기념물들에는 비율과 크기를 보다 잘 보여주기 위해 (…) 적당한 원경이 사용되었음을 알고 있다. 따라서 우리는 하나의 작품 속에서 작가가 보았던 것 이상의 것을 볼 수도 있는 것이다."(『월요일의 객설*Causeries du lundi*』)

이처럼 문학적 사유가 지속적으로 구상 예술로부터 실천의 조건을 정의내리기 위한 수단들을 차용했다면, 우리는 그 이유를 17세기부터 '우트 픽투라 포에시스'라는 원칙을 통해 점차적으로 자리 잡게 된 생각에서 찾을 수 있을 것이다. 즉 미술이란 표현력을 목표로 하고, 수사학의 근원들의 보고가 되는 지적 작업이라는 생각이 그것이다. 17세기 중반 미술과 조각 왕립 아카데미가 설립된 것은 이러한 변화에 있어서 결정적인 단계를 이루었다. 콜베르(Colbert)의 주창으로 설립되어 르 브룅의 주재 하에 활동을 시작한 이 단체는 예술 분야들 사이의 '대화'의 가능성을 열어주게 될 규칙을 가지고 있었다. 1667년부터 정기적인 강연회가 시작되었는데, 이 모임을 통해 당대의 가장 명망 있는 화가들이 자신의 생각을 표현할 수 있었다. 예를 들면 르 브룅, 필리프 드 샹페뉴, 세바스티앙 부르동(Sébastien Bourdon), 푸생, 앙투안 코이펠(Antoine Coypel) 등이 그들이다. 미술은 이렇게 해서 담론의 예술에 속하게 되었는데, 특히 언어와 이미지 사이의 간극으로부터 비롯되는 복잡다단한 관계 속에서 그러했다. "미술의 담론을 이야기하는 것은 미술에 대한 담론의 몫이다. 이를 통해 미술 속에 있는 담론의 존재가 명확히 드러날 수 있게 되었다."(자클린 리히텐슈타인(Jacqueline Lichtenstein), 『표현력 있는 색채*La Couleur éloquente*』). 미술 담론의 본질상 화가들은 지적인 활동에 힘을 쏟게 되었다. 데카르트와 말브랑슈의 동시대인이었던 프레아르 드 샹브레(Fréart de

Chambray)는 “지적인 능력이야 말로 미술 작품의 평가에 있어서 우선적인 원칙이다”라고 주장하기도 했다.(『완벽한 미술에 대한 생각 *L'Idée de la perfection de peinture*』). 소브리(J.-F. Sobry)가 푸생에 대해 “철학자들의 화가였던 것과 마찬가지로 화가들의 철학자였다”고 설명한 것도 같은 맥락에서이다.(『예술의 시학*Poétique des arts*』, 1810)

서신을 통해 알 수 있듯이 푸생은 작품의 구상과 지적인 훈련을 동일시했다. 구상중인 그림과 관련해 그는 자신의 후견인이었던 샹트루에게 이렇게 이야기한 바 있다. “저는 그 그림에서 사유를 찾아냈습니다. 관념의 구상이라고나 할까요. 정신의 작업이 완료되었습니다. 주제는 출애굽한 이스라엘 사람들이 ‘홍해를 건너는 일’입니다.”(1647년 12월 22일 편지) 여기에서 ‘주제’에 대한 언급이 뒤에 나온 것은 매우 의미심장하다. 즉 주제는 ‘사유’의 작업 속에서 ‘정신’을 통해 이루어진 ‘구상’의 결과물이라는 것이다. 이러한 점에서 푸생이 다 빈치처럼 『미술에 대한 개론*Observations sur la peinture*』을 총체적으로 편찬할 생각을 가졌던 것도 충분히 이해할 수 있다. 그는 이 작업을 통해 무엇보다 ‘미의 관념’과 ‘물질, 개념, 구조, 양식의 가장 훌륭한 형식들’을 이야기하고자 했다. 특히 중요한 것은 푸생이 독서를 통해 직접적으로 영감을 얻었던 단장들이다. 그 단장들은 무엇보다 자기 예술에 대한 이론적 구성에 대한 관심으로 가득하다.

미술이 지적인 작업을 수행하고자 한다면, 수사학의 전통적인 수단들을 통해 설득력 있는 표현에 이르기를 목표로 해야 했으며, 이는 고전주의적인 견해와 일치하는 것이었다. 자클린 리히텐슈타인은 『표현력 있는 색채』에서 바로 이 ‘미술적 수사학’을 훌륭하게 보여준 바 있다. 리히텐슈타인의 원칙은 랜슬레어 리의 『우트 픽투라 포에시스』에 잘 요약되어 있다. 작가들에게 생동감 있는 ‘묘사’가 요구되고, 연설가들에게 담화 주제의 구체적 가시성이 요구되던 시기에 화가들과 이론가들은 웅변술에 대한 키케로의 모델을 미술에 대입시켰다. 이와 관련해서도 그 시대의 가장 대표적인 예를 보여주고 있는 푸생은 이렇게 주장했다. “배치에서부터 시작해서, 장식, 장식된 대상, 미, 영감, 생동력, 의상, 사실임직함, 공평한 분별력으로 나아가야 할 것이다."(〈추론 능력이 있는 모든 사람들이 알 수 있는 원칙들〉, 1665년 5월 1일 샹브레에게 보낸 편지 중에서). 실제로 문학 작품에 대한 고전주의적 모든 이해가 미술에 투영되었다고 할 수 있다. 이렇게 해서 작가나 화가 할 것 없이 '아름다운 자연'을 모방하는 일을 주요 관심사로 삼게 되었다. 특히 '창의력'이 중시되었는데, 이 때 창의력이란 곧 주제의 선택 능력을 말한다. 그리고 주제는 반드시 고귀한 목록에서 채택되어야 했으며, 성스러운 텍스트들이나 세속 텍스트라도 권위를 가진 것들에서 길어 올려져야 했다. (문학적 미술은 자연히 역사화 장르를 신성화하는 결과를 가져왔다.) 주제의 '배치'도 마찬가지로 중요하다. 웅변에서와 마찬가지로 미술에서도 '관념'을 조직하고 그것을 관객들에게 설득력 있게 제시할 수 있는 방법이 '배치'이기 때문이다. 후견인이었던 샹트루에게 푸생은 "창의력과 배치를 중심으로 연구하고 있다."고 말하기도 했다.(1655년 11월 15일 편지) 한편 푸생은 갈수록 자신의 그림을 단면적으로 구성하게 되는데, 이를 통해 보는 이들에게 매우 유리화된(rationalisé) 시각적 배치를 제공하고자 했다. 조화에 대한 관심 역시 문학과 미술을 연결시켜 준 고리가 되었다. 연극에서 '외적'이고 '내적'인 어울림을 이야기하듯이 예술가들 또한 자신이 다루는 주제의 고유한 특징들과 감상자들이 그 주제에 대해 갖게 될 관념을 모두 신경 써야 했다. 일례로 미켈란젤로는 〈최후의 심판〉에 이러한 조화의 존중이 결핍되어 있다는 이유로 혹독한 비판을 받기도 했다.

감정의 표현에 대한 특별한 관심이 고조되었는데, 감정의 표현은 웅변술에서와 마찬가지로 직접적인 호소의 수단으로 인식되었다. 다 빈치는 미술에 대한 예찬에서 이와 관련된 논증을 펼친 바 있으며, 샤를르 르 브룅도 1668년 왕립 아카데미에서 열린 강연회에서 "정념의 표현"에 대해 이야기했다. 이 강연회에서 르 브룅은 '숭배', '황홀', '공포', '욕망', '슬픔' 등을 표현하는 기법을 정의하고자 했다. 그림을 그리는 법에 대한 이 모든 성찰들은 모두 단 하나의 목적으로 수렴되는데, 곧 가르치고, 즐겁게 하는 것(라틴어로는 docere et placere이다)이 그것이며, 이는 미술과 문학이 공유했던 목표이기도 하다. 달리 말하자면 보는 이들을 즐겁게 해 줄 수 있는 방식을 통해 도덕적인 성찰과 교훈을 전달하는 것이다. 펠리비앙은 미술이 "아름다운 허구의 외관 아래에서 풍부한 도덕성을 펼쳐 보인다."고 주장했다. 이러한 사명을 부여 받은 화가들은 반드시 역사적 저작물과 성스러운 텍스트들을 자주 접해야 했으며, 작가들뿐만 아니라 철학자들의 작품에 익숙해져야 했다. 이렇게 해서 고전주의의 특징인 '박학한 화가'의 형상이 생겨나게 되었다. 우리는 이와 관련한 예를 다시 한 번 푸생에게서 찾아볼 수 있다. "저는 매일 밤 몇 시간 동안 성 이그나시우스와 성 자비에르의 생애를 탐독합니다. 그로부터 주제를 발견하기 위해서이지요."(1641년 7월 2일 편지)

'우트 픽투라 포에시스' 이론을 통해 생겨난 문학적 미술은 이탈리아 르네상스와 함께 시작되었던 고전주의 시대 이후에도 한 동안 지속되었다. 아카데미 강연회는 18세기에도 계속되었다. 앙투안 코이펠이 옷의 주름을 그리는 데 있어서 자연스러움을 주장했던 것도 문학의 모델을 따른 것이었다. "나체화뿐만 아니라 주름의 형태에서도 과도하게 평행적인 선이나 기하학적인 형상은 피해야한다. (…) 이는 언어를 통한 예술에서 시기와 관련된 지표에 너무 과도하게 신경 쓰다보면 글 자체가 냉랭하고 따분해지는 것과 마찬가지이다."(『미술에 대한 담론 *Discours sur la peinture*』, 1721). 이와 같은 문학적 보증은 미술의 아카데미즘을 구성하는 중요한 요소로 자리 잡았다. 실제로 미술의 아카데미즘은 들라크루아나 쿠르베, 인상주의 화가들을 제외하면 19세기 전반에 걸쳐 이른바 '공식주의' 화가들과 함께 영향력을 행사했다.

한편, 그 사이에 매우 중요한 이론적 이의 제기가 이루어졌다. 레싱의 『라오콘』이 그것인데, 레싱은 여기에서 '우트 픽투라 포에시스'의 이론적 헤게모니에 종지부를 찍고자 했다. 베를린에서 1766년 출간된 이 책은 중세시대 후반부 이후로 미술 창작에 보증 역할을 했던 문학과 시의 소통에 대한 공식적인 비판을 담고 있다. 레싱의 성찰은 1506년 발견된 이후로 고대 이상의 모델로 간주되어 온 헬라 시대 조각 『라오콘』에 근거하고 있다. 라오콘 조각 군상은 제사장 라오콘이 두 명의 아들을 곁에 두고 그리스인들에 의해 도시 안에 들여진 목마를 조심할 것을 트로이인들에게 권하는 장면을 재현하고 있다. 세 명의 인물들은 겁에 질린 표정으로 바다에서 솟아 나와 그들의 목을 조르고 있는 두 마리 뱀에 맞서 사투를 벌이고 있다. 레싱의 분석은 특히 이 작품에서 나타나는 고통의 표현에 집중되어 있다. 레싱은 이 표현을 트로이 전쟁이라는 동일한 에피소드를 이야기하는 문학 텍스트들과 비교한다. 이를 통해 그는 조각가가 고통의 표현을 완화시켜야 했음을 보여주었다. 즉 조각가는 '비명을 신음 소리로 완화시켜야 했다. 그것은 비명이 저속한 영혼의 표시이기 때문이 아니라, 인물의 얼굴에 혐오감을 일으키는 외양을 부여하기 때문이다.' 한 마디로 조각가는 '미를 위해 표현을 희생시킨 것이다.' 따라서 복수의 장면을 연속적으로 보여줄 수 있는 시인과는 달리, 단 한 순간만을 재현할 수 있는 예술가는 선택을 해야만 한다. 결국 각 예술에 고유한 방법은 서로 다르다고 할 수 있으며, 그 고유한 방법에 따라 주제의 선택이 달라지는 중요한 결과가 야기된다. 언어가 연속적인 특성을 가지고 있다는 점에서 '여러 행위들이 시의 고유한 대상이 될 수 있는' 반면, 미술은 정적인 공간과 장면 속에서 육체를 재현할 수밖에는 없다. 따라서 미술의 "목적은 (…) 신체적인 아름다움을 재현하는 것이다."

레싱의 분석은 그 원칙에 있어서 그다지 독창적인 것은 아니다. 예를 들어 화가가 하나의 행동이 보여주는 복수의 순간들 -텍스트가 연속적으로 보여줄 수 있는- 을 집약해야 한다는 필연성은 시간적 시퀀스들을 병치시켰던 중세 시대 다폭 제단화 등을 통해 이미 고려되었던 사실이다. 레오나르도 다 빈치 역시 이 문제를 깊이 고심했으며, 다음과 같은 반대의 결론을 끌어낸 바 있다. 즉 이러한 응축의 능력으로부터 미술의 우월성이 기인한다는 것이다. 한편 레싱이 자신의 분석에서 미술의 교육적 기능 -그의 시대까지 꾸준히 영향력을 발휘했던 유산이다- 을 고려하지 않았으며, 동시대 예술의 변화 과정을 알아보지 못한 것처럼 보이는 것은 놀라운 일이다. 예를 들면 정물화나 풍경화와 같이 '부차적인' 것으로 여겨졌던 장르의 고양, 특히 낭만주의를 예고했던 예술가의 개인적 감성의 중요성 등과 같은 특징이 그것이다. 하지만 레싱의 저작은 엄청난 영향력을 행사하여 고전주의 사유로부터의 해방 -적어도 이론적인 측면에서- 을 가능하게 해주었다. 괴테는 이렇게 이야기했다. "레싱의 『라오콘』이 우리에게 가져온 영향을 이해하기 위해서는 젊을 필요가 있다. 레싱은 사유의 자유로운 장을 열어줌으로써 우리를 응시의 수동성으로부터 떼어내 주었다. 오랫동안 잘못 이해되어 왔던 '우트 픽투라 포에시스' 원칙은 단번에 뒤로 물러나게 되었으며, 조형 예술과 언어 예술 사이의 차이가 명백히 드러나게 되었다. 이 두 예술은 비록 그 근간에 있어서는 인접해 있는 것처럼 보일지 모르나 그 정점에 있어서는 명확히 구분되는 것처럼 보인다."

그림과 의미 작용

비록 문학과 미술 사이의 공통된 근간에 문제를 제기한 것은 사실이지만, 레싱의 성찰이 미술의 '의미'에 대한 문제를 완전히 해결한 것은 아니었다. 레싱의 저작은 단지 그림 속에서 재현과 의미 작용의 관계를 구성하는 특별한 이론에 종지부를 찍었을 뿐이다. 이렇게 문학적 보증이 사라진 이후에도 미술 작품은 예술가나 감상자에게 있어서 공히 의미 작용의 가치를 가진 것으로 인정되었다. 몇 가지 역사적 고증만으로도 이 사실을 충분히 이해할 수 있을 것이다.

중세의 성상은 그 기능에 있어서나 본질에 있어서 재현과 의미 작용 사이를 매개하는 지위를 가지고 있었다. 사실주의적 형상화의 모호성과 옆으로 누이는 방법 -입체감을 억제하고 얼굴을 식별할 수 없는 공간 속에 위치시키는- 에 집중함으로써 중세의 성상은 이미지를 통한 현재화와 동시에 그 이미지 너머의 것을 지칭하는 역할을 할 수 있었다. 이를 통해 성상에 의미가 부여되었음은 물론이다. 보다 구상적인 작품의 예를 들자면 17세기에 유행했던 '바니타스 정물화'63)를 볼 수 있다. 이 정물화는 죽음에 대한 동시대 사람들의 강박, 삶의 덧없음 등과 관련된 의미를 생산했으며, 이는 인간의 비참한 조건에 대한 종교

63) '덧없음'을 의미하는 라틴어 이름을 붙인 정물화 양식 중 하나로 17세기 초 네덜란드에서 꽃을 피웠으며, 죽음의 불가피성, 속세의 업적이나 쾌락의 덧없음과 무의미함을 상징하는 소재들을 주로 다루었다.(역주)

적 사유와도 연관된 것이었다. 이 그림들은 정확히 말해 이중의 의미를 지니고 있었다. 즉 감미로운 형상화 –그림이 줄 수 있는 강한 즐거움이기도 한– 를 통해 '메멘토 모리(memento mori)'라는 주제를 전달하는 것, 다시 말해 눈을 기쁘게 해 주는 이미지를 통해 정신이 깨어나게 하는 효과를 주는 것이다. 이는 마치 죽음에 대한 사유가 감각의 매혹과 양립할 수 없는 것이 아님을 보여주는 것과도 같았다. 이 그림들 앞에 서 있는 감상자의 시선은 이러한 모호성의 덕을 볼 수 있었는데, 그림에서 이미지가 전달하는 도덕적 교훈 –그림에 대한 당대의 이데올로기적인 지지를 누리지 못했던– 보다는 아름다운 정물화만 감상하는 경우가 종종 있었기 때문이다.

'바니타스 정물화'는 르네상스 이후로 미술 창작에 있어서 중요한 양태 중 하나로 자리 잡았던 알레고리의 일반적 범주를 보여주는 하나의 예에 불과하다. 목적 자체가 담화적인 것이었다는 점에서 이 정물화와 문학 사이의 인접성은 명백해 보인다. 이 정물화는 하나의 관념을 시각적으로 전달하고, 웅대하거나 감동적인 이미지들을 통해 도덕적 가르침에 신체를 부여하고자 했던 것이다. 미술적 알레고리에 있어서 감성의 힘은 개념적인 구성을 대신한다. 또한 그 총체적 기능 속에서 미술적 알레고리는 문학적 알레고리와 정확히 일치한다. 문학의 경우와 마찬가지로 미술적 알레고리도 이중의 차원에서 인식될 수 있기 때문이다. 즉 감상자들의 정신 속에서 우선 사실적 형상화의 요소들이 포착된 뒤 총체적인 의미 작용의 망 속으로 통합되기 때문이다. 사실상 이는 문장의 요소들을 대할 때 독자들의 정신 속에서 이루어지는 과정과 동일하다.

알레고리와 함께 미술은 서구의 예술사, 사상사, 문학사를 지탱해 온 중요한 형식들 중 하나를 전유할 수 있게 되었다. 그리스나 로마, 나아가 중세의 종교적 창작 활동 속에서도 알레고리는 자주 눈에 띈다. 고전주의와 함께 알레고리는 창작 활동 –종종 교회와 국가를 위해 이루어진– 의 중요한 양태로 자리 잡게 된다. (단지 미술에 있어서만 그랬던 것은 아니다.) 18세기에 들어서면서 예술에 대한 개인적이고 감각적인 이해가 고조됨과 동시에 알레고리가 거부되는 모습도 볼 수 있었지만, 그럼에도 불구하고 알레고리는 19세기까지도 여러 작품 속에 모습을 드러내었다. 어용 화가들이나 '공식주의' 화가들 -부게로(Bougeureau), 카바넬(Cabanel) 등- 의 작품에서뿐만 아니라 대가들의 작품에서도 알레고리를 찾아볼 수 있다. 다비드(David)의 신고전주의는 그가 자기 예술에 부여한 도덕적 기능 속에서 이상주의에 한껏 물들었다. (그의 작품은 자유, 정의, 공화국, 제국 등을 위한 투쟁을 목표로 하고 있다.) 외젠 들라크루아의 〈민중을 이끄는 자유의 여신*La Liberté guidant le peuple*〉 역시 한 편의 알레고리로 구성된 작품이다. (제목에서부터 그것을 알 수 있다.) 이와 관련하여 가장 놀라운 예 -가장 예상치 못했기에- 는 누가 뭐래도 쿠르베의 경우라고 할 수 있다. 사실주의자로 자처했던 이 화가 역시 〈화가의 작업실〉을 '실재의 알레고리'로 소개한 것이다. '실재의 알레고리'란 표현은 문학적 미술의 요구로부터 비껴나가면서 동시에 그 상징적인 양태만은 받아들이는 효과를 자아내고 있다. 쿠르베는 한편 이 작품의 구성이 두 가지 세계를 대립시키고 있음을 분명히 밝히고 있는데, 착취하는 자와 착취당하는 자의 세계, 예술과 예술가들의 세계가 그것이다.

쿠르베의 작품은 알레고리가 정치적 영향력을 가질 수 있음을 보여주고 있다. 이런 점에서 그의 작품은 19세기와 20세기에 큰 성공을 거둔 '사회적 예술'과 맥을 같이 하는 것으로 보인다. 밀레(Millet), 도미에(Daumier) -루이 필립을 조롱하는 그림으로 인해 감옥에 보내졌던-, 쿠르베 -나폴레옹 시대의 상징인 방돔 궁전 기둥을 훼손한 장본인으로 몰려 정죄당했던-, 폴 슈나바르(Paul Chenavard) 등을 비롯한 여러 화가들을 통해 투쟁적인 미술의 전통이 설립되었으며, 이 전통은 페르낭 레제르(Fernand Léger), 파블로 피카소(특정 시대의 몇몇 작품들에 한해서) 등에 의해 -나아가 '사회주의 리얼리즘'이라는 변이 형태도 덧붙일 수 있을 것이다- 다음 세기에도 이어질 것이다.

예술에 부여된 의미 작용은 대부분 초월성의 개입을 불러온다. 초월성이란 그림의 외관이 지시하는 가시적인 것 너머의 것을 의미한다. 중세 시대와 고전주의 시대의 위대한 종교 화가들의 작품에서 이러한 모습을 볼 수 있는 것은 당연한 사실이다. 뿐만 아니라 우리는 헤겔의 사유 속에서도 이러한 모습을 볼 수 있는데, 헤겔은 예술 속에서 형식과 개념의 종합을 보고자 했다. 미학적 이상주의의 현혹에 맞서 사실주의의 수호자이기를 자처했던 프루동도 이렇게 이야기한 바 있다. "예술은 종교, 철학, 정의, 공리, 한 마디로 말해 의식의 모든 요소들과 밀접한 관련이 있다. 즉 예술은 이런 요소들을 재현하고, 드러내고, 고양시킬 목적을 갖고 있는 것이다."(『예술의 원칙과 그 사회적 목적에 대하여*Du principe de l'art et de sa destination sociale*』) 19세기 후반은 사실주의의 성공과 함께 예술을 단지 모방에만 종속시키는 것을 비판하는 유심론적 반작용이 공존했던 시기였다. 사실주의가 우세하던 시대에 꽃핀 이러한 예술의 정신적인 야망은 특히 '라파엘로 전파' 화가들 -밀레이(Millais), 로세티(Rossetti)- 에게서 찾아볼 수 있었다. '라파엘로 전파'라는 이름부터가 르네상스로부터 이어져 내려온 일루져니즘과 단절하고 성스러운 것에 인접한 예술로 되돌아가고자 하는 의지를 보여주고 있다. 얼마 후에는 고갱과 '퐁타방'파, 나비파 -'선지자'를 의미하는 히브리어 단어에서 유래한 단어로 보나르(Bonnard), 모리스 드니(Maurice Denis), 뷔야르(Vuillard) 등을 대표자로 들 수 있다- 등에 의해 그림의 정면성, '클루어조니즘(cloisonnisme)' -스테인드글라스처럼 형상의 윤곽선을 그리는 방식-, 원근법의 부재 -'일본풍' 양식의 도움으로- 등이 부각되었다. 고갱의 몇몇 유명 작품들에서는 미술의 쟁점이 아예 드러내 놓고 형이상학적인 면모를 갖추게 되었다. 〈우리는 어디서 오는가?*D'où venons-nous?*〉, 〈우리는 누구인가?*Que sommes-nous?*〉, 〈우리는 어디로 가는가?*Où allons-nous?*〉 등과 같은 작품은 제목에서부터 철학적인 질문을 던지고 있다.

20세기 예술은 전반적으로 이러한 질문을 형이상학적 주제의 방향으로 이끌어 가게 된다. 신기한 -혹은 의미심장한- 전복에 의해 한창 만개하던 '인문 과학'(역사학, 사회학, 심리학, 정신분석학 등)분야에서 인간 주체가 인식의 대상이 되었던 바로 그 시기에 미술에서 인간 주체는 오히려 의문의 대상이 되었던 것이다. 반 고흐, 특히 그가 구체화했던 신화의 예는 이 사실을 가장 잘 드러내 보여준다. 아르토(Artaud)가 텍스트를 통해 보여주었던 것처럼, 반 고흐는 자신의 자화상 속에서 고통스럽고 불확실한 자기 정체성을 드러내 보이고 있으며, 이 주제는 사실상 그의 모든 작품에서 중요한 요소로 자리 잡고 있다. 초현실주의자들과 함께 이러한 주체의 형이상학은 무의식이라는 이름을 갖게 되었으며, 키리코(Chirico)의 불안함으로 가득한 시각에서 우리는 그 좋은 예를 볼 수 있다. 키리코가 남긴 일련의 '형이상학적' 그림들(〈어느 가을 오후의 수수께끼*L'Énigme d'un après-midi d'automne*〉, 〈위대한 형이상학적 내부*Grand intérieur métaphysique*〉 등)에서 인간은 세계 속에서의 자기 자신의 현존에 대해 질문을 제기하는 것처럼 보인다. 같은 시기에 활동했던 미국 화가 에드워드 호퍼(Edward Hopper) 역시 매우 사실주의적이지만 동시에 불안으로 가득한 미학을 통해 동일한 질문을 제기하고 있다. 위기에 빠진 인간 주체, 이것이야말로 현대 미술이 전하고자 하는 명백한 의미들 중 하나라고 할 수 있다. 고전주의 시대와 비교해 볼 때 전복은 거의 완전하게 이루어진 것처럼 보인다. 미리 구축된 종교적 혹은 정치적 의미를 가시적으로 코드화하던 미술의 자리에 약 한 세기 전부터 화가 자신을 작품의 중심이자 탈주선으로 삼는 미술이 위치하게 된 것이다. 자코메티나 프란시스 베이컨과 같은 예술가들은 고통스럽게 자신의 정체성에 의문을 제시하고, 이를 통해 인류의 정체성을 파고들었다.(삽화 XV 참조.)

미술의 의미에 대한 문제는 분명 현대 예술의 중요한 구성 요소들 중 하나가 되었다. 이는 어찌 보면 매우 놀라운 일이라고도 할 수 있는데, 이 문제는 추상 예술의 시기, 즉 작품이 오직 자기 자신만을 지칭하는 것으로 여겨졌던 때부터 폐기된 것처럼 간주되었기 때문이다. 한편 추상 예술의 창시자라고 할 수 있는 칸딘스키에게 있어서 예술에 정신적 차원을 부여해 주고, 이성을 초월하여 본질을 탐구할 수 있도록 해주는 것은 다름 아닌 외적인 형상화에 대한 거부였다. 일루져니즘적인 기능에서 벗어난 서로 다른 미술적 방법들을 통해 영혼에 직접적으로 다가설 수 있게 되었던 것이다.

"일반적으로 색채는 (…) 영혼에 직접적인 영향력을 행사하는 방식이다. 색채는 터치다. 눈은 망치다. 영혼은 수많은 코드로 이루어진 피아노이다.

예술가는 이런 저런 터치를 자유자재로 사용함으로써 인간 영혼에 전율을 불러일으키는 손이다."

(『예술, 특히 미술에 있어서의 정신적인 것*Du spirituel dans l'art, et dans la peinture en particulier*』)

여기에서 예술의 정신적인 사명은 공감각(감각의 전이)을 통해 표명되었다. 시각적인 것에서 청각적인 것으로의 전이를 통해 색채로부터 영혼으로의 이행이 이루어지기 때문이다. 칸딘스키는 추상 예술을 미술적 재료를 그 자체로 환원시키는 것으로서가 아니라, 그 재료의 상징적 발현을 향한 감각적인 열림으로 받아들였다. 이러한 형이상학적 인식은 칸딘스키가 1926년 출간했던 『면 위의 점과 선*Point et ligne sur plan*』 속에서 볼 수 있는 분석의 근간이 되어주었다. 그에 의하면 기하학적 점은 "침묵과 말의 연합"이며, "중단, 비존재의 상징임과 동시에 한 존재와 다른 존재를 이어주는 다리이기도 하다." 칸딘스키의 사유는 비움과 채움 사이의 끊임없는 긴장 속에서 실현되었던 중국 화가들의 전통적인 영감과 거의 맥을 같이 하는 것으로 보인다. "전통적 규칙에 따르면 한 폭의 그림에서 3분의 1은 채워진 면이고, 3분의 2는 여백이다."(프랑수아 쳉(François Cheng), 『비움과 채움*Vide et plein*』)

수 세기 동안 미술적 영감의 중요한 원천이었던 신들의 모습이 사라진 것처럼 보인다. 하지만 이때만큼 예술가가 자신의 작업에 의미를 부여하기 위해 고심했던 적은 아마도 없을 것이다. 신들의 모습을 형상화함으로써 미술은 자기 자신의 형이상학적 목표를 그려낸 것이 아니었던가? 이러한 가정은 모리스 블랑쇼의 훌륭한 텍스트에서 매우 잘 표명되고 있다.

"(…) 예술은 세계에 대한 거리, 세계의 부재를 통해 정의되고 구성된다. (…) 거의 대부분의 박물관에서 신들은 예술가로 하여금 그 신에 대한 숭배를 통해 예술을 신성화할 수 있게 해주는 놀라운 환상물이 되어있다. 예술은 이러한 종교적 계기와 관련해 낯선 존재인 것은 사실이지만, 이 낯섦 자체가 예술을 세속적 가치들로부터 떼어 내어 부지불식간에 고유한 진리에 가장 근접한 곳으로 이끌어가는 -비록 명백히 드러나는 방식을 통해서는 아니지만- 역할을 하기도 한다. 이러한 점에서 신들은 예술적 능력의 일시적인 대체물이자 숭고한 가면 -하지만 미가 없는- 에 불과했다고 말할 수도 있을 것이다."

(『박물관, 예술과 시대*Le Musée, l'Art et le Temps*』)

미술의 시니피앙

이처럼 그림은 텍스트와 거리를 두고 있으면서도 동시에 근접해 있는 관계를 보여준다. 텍스트와는 달리 추상적 기호들을 사용하지는 않지만, 그림 역시 텍스트처럼 의미를 전달한다. 그림이 전달하는 것으로 여겨지는 의미 작용은 문화, 사회적 코드 속에 작품이 포괄적으로 삽입되어 있다는 사실에 근거하고 있다. 또한 그림의 의미 작용은 보다 내재적인 조합을 통해서도 생산되는데, 이 조합 속에서 미술 작업의 기본적인 요소들은 의미를 전달하는 매개물이 된다. 예술가의 작업은 이처럼 그림의 재료를 의미화하는 것이라고 할 수 있다.

[작품의 주제]

종이의 크기, 소재, 재료 등과 같은 기본적인 기술적 요소들과는 무관하게, 그림의 의미는 -적어도 구상 예술에서는- 재현된 장면과 그림이 생산된 시대에 그 장면이 전달하는 암시적 의미 전체에 의해 구축될 수 있다. 자연히 그림은 그 자신이 속한 문화를 구조화하고 있는 상징적 체계들에 의지할 수 있다. 중세의 성상은 그 형이상학적 의미를 종교적 담론 -그 성상을 포함하고 있는- 위에 정초시켰다. 당시의 그림은 미리 구축되어 있는 방대한 의미 망 속에 잠겨 있는 하나의 단어나 문장과도 같았다. 물론 그림 역시 이 의미망을 나름의 방식으로 키워나갔던 것은 사실이다. (또한 보통의 경우 거룩한 역사의 인물들의 머리 주위를 두르고 있는 후광 속에 배치된 문자들은 작품 속에 자리 잡은 담론의 프레그넌시를 잘 보여주고 있다.) 렘브란트가 〈탕자의 귀환〉을 그렸을 때, 그가 그린 장면의 의미는 이미 같은 이야기를 전하는 성서의 에피소드 속에 기입되어 있는 것이었다. 이때 화가의 작업은 거의 재구성에 다름 아닌 것이었다. 마찬가지로 루벤스가 〈마리 드 메디치의 일생Vie de Marie de Médicis〉라는 제목의 연작 그림을 그렸을 때에도, 작품의 의미를 전달하는 일차적 매개 요소는 당시의 역사적 배경과 후원자의 의도였다고 할 수 있다. 달리 말하자면 그림의 전체적인 의미 작용은 무엇보다 예술가에 의해 재현된 주제와 관련한 시대적 맥락을 통해 미리 결정되는 것이다. 때로는 어떤 테마가 위대한 예술가에 의해 채택되어 -그는 이 테마를 당시의 관행으로부터 빌려오기만 할 뿐이다- 그 예술가가 지향하는 특별한 의미를 나타내는 경우도 있다. 이와 관련하여 이브 본느푸아는 푸생의 예를 들고 있다. 그에 따르면 푸생은 건축의 모티프를 이용하여 사람들로 하여금 세계를 이해가능하게 만드는 -자신의 정열을 포기함과 동시에- 자신들의 능력을 바라볼 수 있게 해주었다.(『데생, 색채, 그리고 빛*Dessin, couleur et lumière*』) 예술가가 널리 알려진 규칙들로부터 완전히 멀어질 경우 그 간극은 보다 명백히 드러난다. 그 좋은 예로 반 고흐의 닳아빠진 신발 그림, 앤디 워홀의 〈마릴린 먼로〉, 피에트 몬드리안(Piet Mondrian)의 기하학적 형태들과 단색조를 사용한 작품들을 들 수 있다. 각각의 경우 의미는 이미지 코드와의 단절을 통해, 그 위반의 실천 속에서 생성된다.

이 시점에서 우리는 그림의 의미 작용이 총체적인 문화사, 그리고 감상자들에 의한 작품 수용의 사회학적이고 미학적인 요소들과 연관된다는 것을 알 수 있다. 이와 관련하여 우리는 어쩌면 각각의 경우에 작품을 인식하는 고유한 조건들과 스스로 작품에 부여하는 의미의 조건들을 규정하는 표현으로 관객의 '기대 지평' -한스 로베르트 야우스(Hans-Robert Jauss)가 문학 분야에서 시도했던 것처럼(『수용의 미학을 위하여*Pour une esthétique de la réception*』)- 을 이야기할 수도 있을 것이다.

[데생]

다루어진 주제와 무관하게 그림의 의미는 그 구조적인 요소들을 통해서도 구축될 수 있다. 예를 들면 데생, 색채, 총체적 구성 등이 그 요소들이다. 데생은 그림의 기초를 이룬다. 흔히 데생은 밑그림을 그리기 전에 이루어지는 예비적 스케치를 의미한다. 데생은 글쓰기와 특별한 관계를 갖는데, 바로 글쓰기와 동일한 도구들이 동원되기 때문이다. 푸생은 미술 행위와 문자 기입 사이에서 이처럼 깊은 혈연관계를 찾아볼 수 있다고 여겼으며, 그것을 후원자였던 샹트루에게 보낸 편지에서 이야기하고 있다.

"만약 제가 펜을 통해서보다 붓을 통해서 당신을 더 잘 만족시켜드릴 수 있다고 생각하지 않았다면, 가능한 한 당신에게 무엇인가를 그려드리는 일을 피했을 것입니다. (…)"

(1644년 3월 17일 편지)

펜과 붓 사이의 이와 같은 관계는 칼리그라피(calligraphie)[64]와 함께 명백히 드러난다. 이슬람이나 중국에서는 글을 쓰고 그림을 그리는데 동일한 도구가 사용되었다. 프랑수아 쳉에 따르면 중국 예술의 기반을 이루고 있는 철학적이고 우주생성론적인 이해 속에서 붓의 필치는 "그림을 그리는 인간이 창조 활동에 연합하게 되는 과정을 구현한다."(〈비움과 채움〉) 이때 미술은 실재의 재현임과 동시에 실재 자체의 기입이기도 하다. 표의문자를 통한 글쓰기는 "칼리그라피의 중개를 통해 붓의 사용을 더욱 선호했으며, 자연의 요소들을 기호로 변화시키는 경향을 조장했다."(같은 책)

17세기 아카데미의 대표자들은 데생의 가치를 관념을 표현할 수 있는 능력과 결부시켰다. "데생은 항상 추상적 재현과 그 기원을 오직 사유 속에서만 찾을 수 있는 정신적 본질의 한 형태로 정의되었다."(리히텐슈타인, 『표현력 있는 색채』). 한편 17세기의 언어는 그 표기법에

64) 필기체·필적·서법 등의 뜻으로, 좁게는 서예를 가리키고 넓게는 활자 이외의 서체(書體)를 뜻하는 말이다.(역주)

있어서나 그 의미에 있어서 데생(dessin)과 구상(dessein) -그림의 실현 과정을 지배하는 의도- 이라는 두 단어를 혼용하여 사용했다. 르브룅은 "재료에 온전히 종속되어 있는" 색채가 결과적으로 "정신에 속해 있는 데생보다 더 고귀하지 못하다"고 주장했다. 이러한 생각은 고전주의 시대에 루벤스와 푸생의 유파들을 대립시켰던 '빛깔 논쟁'의 중요한 요소가 되었다. 색채는 과연 루벤스 -빛깔의 훌륭한 조직자였던- 가 생각했던 것처럼 미술에 있어서 지배적인 요소인가? 아니면 푸생의 생각처럼 가시적으로 교묘하게 구성된 형태들의 유희를 통해 관념과 도덕적 기능을 돋보이게 함으로써 그림에 영혼을 부여하는 데생이야 말로 중요한 요소인가? 사실 이 논쟁은 문학 담론에서도 빈번히 제기되었던 것이 사실이다. 루소는 『언어 기원에 관한 시론*Essai sur l'origine des langues*』에서 이렇게 주장하고 있다. "매우 미묘한 빛깔을 내는 아름다운 색채들은 우리의 눈을 즐겁게 해 주지만, 그것은 어디까지나 감각적 쾌락에 불과하다." 이와 같은 문제가 19세기에는 들라크루아와 앵그르를 대립시켰다. 낭만주의가 한창 꽃피우던 시기에는 감정과 예술가의 영감의 원천으로 여겨지는 내적인 '불'을 표현한다는 점에서 색채가 우위를 점하는 듯이 보였다. 반면 들라크루아의 열렬한 지지자이자(6장 참조) "데생화가는 결핍된 채색가"(1846년 『살롱*Salon*』)라고 생각했던 보들레르는 앵그르에 대해 "크로키를 통해 이상을 자연스럽게 만들어낸다"(같은 책)고 칭찬한 바 있다. 이는 사실주의의 요소들을 비판하고 예술적 '초현실주의'를 옹호했던 작가로부터 나올 수 있는 최고의 찬사였다고도 할 수 있다.

20세기에 발레리는 아주 특별한 주장과 함께 데생의 정신적 사명을 표명한 바 있다. "데생보다 더 지적 능력을 보여줄 수 있는 예술을 나는 알지 못한다. (…) 레오나르도 다 빈치는 가장 위대한 철학자들 가운데 한 자리를 차지할 수 있다. 렘브란트는 도덕주의자들과 가장 내밀한 신비주의자들 중 한 명이 될 수 있다."(『드가, 춤, 데생』). 실제로 레오나르도 다 빈치의 데생이 보여주는 지적인 노력은 놀라움을 자아낸다. 종종 상세한 설명과 논평을 담고 있거나 성찰의 내용을 전달하고 있는 텍스트들이 동반된 그의 데생은 실재의 재현이자 동시에 실재에 대한 탐구라고 할 수 있다. 예를 들어 자궁의 절단면을 그린 데생이나 배아를 그린 그림들은 인간 존재의 기원과 본질에 대한 질문 -생리학과 형이상학이 가미된- 을 보여주고 있다.

그림 작품은 데생의 처리를 통해 의미를 나타낸다고 할 수 있다. 왜냐하면 데생이란 본질적으로 의도를 드러내 보일 수 있기 때문이다. 예술사를 보면 바로 이 문제와 관련하여 여러 시대에 걸쳐 서로 대조를 이루는 미학들이 연이어 나타났음을 알 수 있다. 중세 시대나 고전주의 시대를 막론하고 작품을 구조화하는 역할은 데생의 몫이었다. 보다 시간이 지난 뒤에는 '클루어조니즘', 예를 들어 기하학적인 선들을 통해 구성된 몬드리안과 바자렐리(Vasarely)의 작품들도 데생의 중요성을 이야기하지 않을 수 없게 만든다. 반면에 루벤스, 들라크루아, 자오 우키(삽화 XVI 참조) 등은 무엇보다 색채가 폭발하는 듯한 작품들을 선보였다. 가장 흥미로운 경우는 데생과 색채가 마치 경쟁을 벌이는 것처럼 보이는 경우인데, 예를 들어 와토, 드가, 페르낭 레제르의 작품에서 그러한 모습을 볼 수 있다. 드가의 작품이 특히 눈길을 끄는 것은 특히 캔버스 위에 색깔이 칠해진 면과 붓으로 그려진 윤곽선이 아주 미묘하게 포개져 있는 특징 때문이다. 이를 통해 드가는 입체감과 단면적 재현 사이에서의 미결정 상태를 선보임으로써 작품을 소묘와 가까운 상태로 유지하고 있다. 같은 시기에 귀스타브 모로는 한 명의 예술가가 데생을 강조함으로써 어떤 효과를 가져올 수 있는지를 제대로 보여주었다. 대부분이 미완성 상태로 남아 있는 그의 작품(삽화 XII 참조)에서는 어렴풋하게 드러나는 스케치의 흔적 (솔로 칠한 바닥에 투명한 글자의 기법으로 이루어진), 두터운 물감칠 (마티에르와 짙은 색을 통해 그림의 표현적 가치를 증대시키는), 그리고 데생 (중국식 잉크를 펜에 묻혀 쓴 것처럼 매우 세심하고 구상적인 혹은 장식적인 흔적들로 그림을 뒤덮는) 등이 동시에 드러나고 있다. 이 모든 기법이 모여 모로의 작품에서는 디오니소스적인 격정과 아폴로적인 절제 사이, 밀도 높은 색채를 통한 세계의 고찰과 총체적인 의미를 부여하고자 하는 듯이 보이는 질서의 지적인 이해 -표면적으로 드러나는- 사이의 결코 극복될 수 없는 긴장이 표현되고 있다.

데생이 이처럼 색깔의 구성과의 확연한 경쟁에 돌입하지 않았을 때에도 예술가들은 데생과 색채 사이의 매개적 위치에 있는 터치를 통해 자신의 손길을 어느 정도 드러내 보이곤 했다. 터치는 유색의 마티에르를 보여줌과 동시에 그림을 그리는 행위의 흔적을 담고 있으며, 그것을 통해 근육과 신경의 작용을 그림의 표면에 나타낼 수 있다. 이러한 점에서 터치는 관념보다는 충동에 보다 가까운 본능적인 필체의 일종이라고도 할 수 있다. 다시 말해 터치는 클로드 갠델먼(Claude Gandelman)이 '눈의 촉각'이라고 명명했던 것, 즉 "깊이 있게 파고들며" "그 질량감과 구조 속에서 끈적끈적해 지는" "촉각의 눈"을 구성한다.(『텍스트 속의 시선*Le Regard dans le texte*』). 터치는 18세기 이후로 미술의 중요한 구성요소로 자리 잡게 되었다. 터치의 부각과 함께 예술 작품의 주관화가 이루어졌다. 이를 통해 그림을 그리는 작업에 데생의 이상주의와 역방향을 이루는 다중적인 물질성이 부여되었으며, 창작자의 개성이 드러나게 되었다. 캔버스 위에 두드러진 부분을 만들어냄으로써 터치는 그림에 육체를 부여했다. 터치는 또한 그 촉각적인 효과를 통해 감상자의 육체를 자극한다. 나아가 터치는 역동적인 흔적을 통해 예술가의 움직이는 몸을 작품 속에 기입한다. 오랫동안 미술은 화가의 개인적인 특징을 희미하게 해주는 매끈한 묘사와 점점 연해지는 색채 효과를 중시함과 동시에 터치를 보이지 않도록 하고자 했다. 중세 예술과 17세기 홀란드 미술은 이러한 효과를 목표로 했다. 이는 또한 반 에이크(Van Eyck)를 필두로 해서 유화의 관행이 급속도로 발전하게 된 이유 중 하나였다. 예외적인 기술적 가능성들(포개기, 투명 효과 혹은 두터운 물감 효과, 긴 시간 동안의 건조, 지속성…) 외에도 유화는 큰 어려움 없이 -그 용제의 유연성 덕분에- 이러한 표현을 가능하게 해주었다. '고전주의' 시기 명성을 떨친 여러 화가들 가운데 오직 티치아노와 렘브란트만이 마티에르의 효과를 이용해 터치를 공공연히 눈에 드러나게 하는 기법을 사용했다. 이들은 바로 이러한 특징을 통해 명성을 얻었지만, 대부분의 경우 화가들은 이들의 기법을 모방하지 말 것을 권유받았다. 반면 낭만주의 시대에는 터치의 자질이 그림의 의미를 구성하는 본질적인 요소로 자리 잡게 되었다. 예를 들어 들라크루아는 터치가 "그림에 사유를 불어 넣는 수단들 중 하나"라고 주장했다.(『일기Journal』, 1857년 1월 13일)

[색채]

색채와 함께 그림은 데생으로부터 해방되었으며, 두터운 의미 작용을 가질 수 있게 되었다. 사회적 코드들이 거의 언제나 색채에 의미적 가치를 부여해주기 때문이다. 예를 들어 중세 시대에 색채의 사용 -문장이건, 미세화건, 회화이건 간에- 은 채색의 상징적 해석에 의해 결정되는 엄격한 규칙을 따랐다. 심지어 언어에서도 색채를 이용한 은유들이 많이 사용되었다. '장밋빛 인생을 보라(voir la vie en rose)', '어쩔 줄을 모르다(n'y voir que du bleu)'[65], '애송이가 되다(être un bleu)'[66], '억지 웃음을 짓다(rire jaune)'[67], '격노하다(voir rouge)'[68] 등과 같은 표현들이 그 예이다. 이 외에도 색채의 상징성이 어휘화된 예는 수없이 많으며, 그 상징이 보편적인 것이 아닌 만큼 그 표현들은 오히려 더 함축성 있게 사용되기도 했다. 스탕달은 『적과 흑』이라는 작품의 제목에서부터 이러한 코드를 사용하고 있으며, 라블레는 『가르강튀아*Gargantua*』에서 ('흰색과 푸른색이 의미하는 바에 대하여', 10장), 그리고 랭보는 유명한 시 〈모음들*Voyelles*〉(4장을 참조할 것)에서 같은 모습을 보여주었다. 특히 미셸 파스투로(Michel Pastoureau)의 『파랑, 한 색채의 역사*Bleu, histoire d'une couleur*』는 색채의 상징성이 어떻게 변화했는지를 잘 보여주고 있다. 이 책에서 저자는 서양 역사에서 파랑색의 의미가 점차적으로 격상되어 온 과정을 보여주고 있다. 이러한 작업의 전제로 파스투로는 이렇게 주장한다. "색채를 '만들어내는' 것, 색채를 정의하고 의미를 부여하는 것, 그 코드와 가치를 구성하는 것, 그 실천을 구성하고 쟁점을 결정짓는 것은 바로 사회이다." 예를 들어 "고대 사회와 중세 초기에 사람들은 파랑색에 대해 무관심했으나" "현대 시대에 돌입해서는 가히 파랑색의 승리라고 할 만한"

65) 직역하면 "파란 것 밖에는 보이지 않다"는 표현으로, bleu는 파른 색을 의미한다.(역주)
66) 직역하면 "파란 색이 되다"는 표현이다.(역주)
67) 직역하면 "노란 웃음을 짓다"는 표현으로, jaune는 노란 색을 의미한다.(역주)
68) 직역하면 "붉은색을 보다"는 표현으로, rouge는 붉은 색을 의미한다.(역주)

상황이 전개되었다. 이처럼 파랑색은 역사를 거쳐 오면서 다양한 상징화와 가치 부여 작업의 대상이 되어 왔다. 12세기에 파랑색의 의미 격상은 전통적인 색의 3등분(흰색/붉은색/검은색)의 해체를 가져왔다. 이후 13세기에는 '원색'과 '2차색'의 구분을 통해 다양한 색채들에 대한 분류가 본질적인 측면에서 변화했다. 그리고 바로 이 시기부터 파랑색은 서구 사회에서 '선호되는 색채'가 되었다. (심지어 의복 분야에서 '블루 진'이라는 용어가 등장할 만큼 그 승리는 지대한 것이 되었다.)

색채가 가진 의미의 변화는 미술과 관련한 경우 보다 복잡한 양상을 보여준다. 미술 분야에서 색채의 의미는 미학적 요소들, 여러 유파의 관행, 시대별로 이런 저런 색을 만들어 낼 수 있는 가능성 (미셸 파스투로에 따르면 '나폴리 노랑'[69]은 12세기에 발견되었으며, '프러시안 블루'[70]는 18세기에 발견되었다) 등에 의존할 수밖에 없기 때문이다. 18세기부터 미술 색채의 역사와 관련해 중요한 변화가 일어나기 시작했다. '따뜻한' 색과 '차가운' 색의 구분이 그것으로 이는 '원색'과 '2차색'의 분류와 연결된 것이었다. 라네리 다장(N. Laneyrie-Dagen)이 보여주는 것처럼 중세 시대에 색채는 "광채로, 그리고 체계적인 물리적 관계에 의해서가 아니라 은유에 의해서 관련지어지는 것으로 정의되었다."(『미술 읽기*Lire la peinture*』). 한편 17세기에 뉴턴은 빛깔의 현상이 빛의 광학적 분해 작용으로 이루어지는 것임을 과학적으로 보여주었다. 이를 기반으로 훗날 예술가들이 이용하게 될 색의 분류, 즉 '원색'(노랑, 빨강, 파랑), '2차색'(두 가지 원색의 혼합으로 생겨나는 색 : 보라색은 파랑과 빨강의 혼합을 통해, 오렌지색은 빨강과 노랑의 혼합을 통해, 초록색은 노랑과 파랑의 혼합을 통해 생겨난다), 그리고 '보색'(노랑과 보라색의 결합처럼 2차색과 그 2차색의 구성에 사용되지 않은 원색의 결합)이라는 분류가 이루어졌다. 19세기 화학자였던 외젠 슈브뢸(Eugène Chevreul)은 이로부터 그림의 가공과 관련한 결

---

69) 안티모니산납(II)이라는 화합물이며 붉은빛을 띤 노란색에서 밝은 노란색까지의 범위에 걸쳐져 있는 안료이다. (역주)

70) 헥사시아노철(II)산철(III)칼륨이 주성분인 청색 안료이다. 1700년경 베를린에서 발견하여 베를린블루 혹은 프러시안블루라는 명칭이 생겼다. (역주)

정적인 법칙들을 이끌어냈다. 예를 들어 두 가지 2차색을 병치시켜 각각의 색이 돋보이게 만드는 (초록색과 빨강색의 경우) '동시적 대비'의 법칙과 색지움의 법칙(두 가지 2차색이 결합해 회색에 가까운 색조를 나타냄으로써 빛깔의 선명함을 지우는 것, 오렌지색과 파랑색의 결합이 이에 해당한다) 등이 그것이다. 인상주의 시대 이후 미술사는 넓게 보면 색깔의 인식, 특히 혼합 없이 얻을 수 있는 순수한 색조에의 의지, 여러 터치들의 병치 등과 관련한 가히 혁명적인 변화를 통해 설명될 수 있다. 또한 색채에 대한 연구는 '따뜻한' 색조와 '차가운' 색조들 사이의 구분에 과학적인 기반을 마련해주었다. 미셸 파스투로에 따르면(『파랑, 한 색채의 역사』) 이러한 인식은 최근의 이루어진 것으로써, 오직 역사적 우연성에서만 기인하는 문화적 현상을 구성하게 되었다. 라네리 다장은 반대로 이러한 구분이 매우 오래전부터 이루어져왔다고 주장한다.(『미술 읽기』) 그에 따르면 '따뜻한' 색들 -노랑에서 빨강에 이르는- 은 전통적으로 불(관련될 수 있는 모든 상징적 가치들과 함께)과 연결되었으며, '차가운' 색들 -파랑-보라에서 초록색에 이르는- 은 물, 하늘과 연결되었다. 그리고 색에 대한 과학적 분류를 통해 이러한 구분에 정당성이 부여되었다. '차가운' 색들과 '따뜻한' 색들은 빛의 스펙트럼에서 서로 다른 위치를 차지하기 때문이다.

각각의 시대와 미술 사조에 따라 색의 분류는 고유한 관습과 색채 코드들의 내부에서 이루어져왔다. 색의 분류로부터 발생하는 의미 효과는 그림의 주제 선택과 관련해 결정적인 역할을 했던 기대지평에 따라 달라졌다. 중세의 색계(色界)는 일반적으로 매우 풍부했으며, 강렬한 채색이 주를 이루었다. 여기에 금의 사용이 더해져 고유의 화려함을 구성했다. 반대로 중세시대 말에는 종교적 의미와 관련해 단조로운 색을 중시하는 미학 속에서 빛깔의 약화가 주를 이루었다. 하지만 르네상스 시대에는 빛의 각도에 따라 변하는 영롱한 빛깔의 사용이 다시 시작되었으며, 이를 통해 유명한 화가들은 매우 담대한 시도를 할 수 있게 되었다. 17세기 초에는 명암법의 발전을 통해 새로운 미술적 충동이 일어났다. 즉 형상을 두드러지게 하고, 일루져니즘을 강조하며, 재현을 극화하는 경향이 그것이다. 당대에 많은 논란을 불러일으켰으며 (푸생은 그가 "미술을 파괴하기" 위해 세상에 왔다고 말했다) 그와 동시에 매우 빠른 속도로 하나의 유파를 형성했던 (그를 필두로 이른바 '명암대비화법(ténébrisme)'이 생겨났다) 화가인 카라바쥬(Caravage)는 이와 관련하여 매우 중요한 위치를 차지하고 있다. 바로 이러한 기반 위에서 19세기에 이르기까지 그림의 색채 사용이 발전하게 되었던 것이다. 하지만 낭만주의 이후 색의 사용은 진정한 혁명적 변화를 겪게 되는데, 그 중심에는 인상주의가 있다. 터치들의 병치, 물감 튜브에서 나온 그대로의 색 사용 등을 통해 전례 없는 색의 밀도와 강렬함이 드러나게 된 것이다. 이렇게 해서 점차 데생보다는 색의 중요성이 부각되어갔으며, 화폭은 모방의 제약으로부터 벗어나게 되었다. 야수파 화가들을 통한 빛깔의 승리와 추상 미술의 강렬한 단색화를 향한 길이 열린 것이다.

거대한 미학적 경향들과 연결된 집단적인 기대지평 외에도 색채는 예술가를 통해 부여될 수 있는 의미 가치를 가질 수 있다. 데생이 정신에 직결되는 미술의 가장 지적인 요소로 인정된다면, 색채는 종종 영혼과 정열, 다시 말해 인간 심리의 가장 비합리적이고 깊은 곳에 자리잡은 부분과 연결된 것으로 여겨진다. 미켈란젤로, 카라바쥬, 루벤스, 렘브란트, 들라크루아 등과 같이 색채를 주요 표현 수단으로 삼았던 위대한 화가들이 도달하고자 했던 곳이 바로 이와 같은 정열의 깊은 곳이었다. 들라크루아는 아카데미풍의 데생을 희생시켜 색조들의 격렬한 심포니가 화폭 위에서 분출되도록 했다. 색과 연결된 강한 터치는 관객의 시선을 사로잡는 역동적인 정열을 그의 작품에 부여했다. 들라크루아의 대단한 예찬자였던 보들레르는 1846년에 출간된 『살롱』의 첫 부분에서 색에 대해 영감으로 가득한 주장을 길게 제시한 바 있다. 그는 이 부분을 다음과 같은 주장으로 끝맺고 있다. "색채주의자들은 서사시 시인들이다."(『색채에 대하여*De la couleur*』). 반 고흐는 동생 테오에게 보낸 한 편지에서 "색채 자체를 통해 상징적 언어를 말하고 싶다."고 이야기했다. 색이 모방적 기능으로부터 뿐만 아니라 데생에 대한 종속으로부터 결정적으로 벗어나 시각적 감각의 강렬함과 연관된 표현적 독립성을 얻게 된 것은 사실상 야수파의 시대였다고 할 수 있다. 마티스는 다음과 같이 주장했다. "색이 가진 가장 고귀한 기능은 모든 가능한 수단을 동원해 표현을 섬기는 데 있다." 이를 통해 현대 미술의 의미론은 특정 색채의 사용 혹은 거부를 통해 구축되었다. 예를 들어 고갱에게서는 파란색과 노란색의 다소 부조화스러운 결합이 눈에 띄며, 피카소에게서는 '청색시기'와 '장밋빛' 시기로 환원될 수 있는 채색의 선택이 두드러진다. 한편, 단색주의 역시 현대 예술의 주요 경향들 중 하나라고 할 수 있는데, 특히 모딜리아니(Modigliani)의 초상화에서 그 좋은 예를 볼 수 있다. 마지막으로 색의 사라짐과 강화 현상이 동시에 드러났는데, 예를 들면 회색과 같은 중성적 색상의 선택(자코메티), 혹은 검은색과 같은 '비-색채'를 독점적으로 사용하는 방식(피에르 수라주) 등이 그것이다. 이 모든 경우에 있어서 색의 사용은 예술가의 서명과 같은 가치를 갖게 되었으며, 급기야는 작품과 동일시되기에 이르렀다.

[작품의 구성]

색과 데생은 구성의 질서에 따라 작품 속에서 서로 조화를 이루게 되며, 이 구성은 그것들을 통해 전체에 의미를 부여한다. 흔히 그림의 진정한 '통사론'이 이야기되곤 하는데, 그것은 곧 문장 속에서 단어를 배열하듯이 조형 예술 작품을 구성하는 서로 다른 요소들을 질서 있게 배열하는 것을 말한다. 예를 들어 거룩한 역사의 에피소드들을 서로 연결된 일련의 판자들로 구성한 중세 시대 다폭 제단화(polyptyque)에서 장면의 연대기는 통사적 논리를 따르고 있다.(삽화 II 참조) 이러한 배치는 교회 제단 뒤 장식벽과 제단 그림에서도 자주 사용되었다. 이 경우 제단 그림의 밑부분(여러 작은 그림들의 전체)은 종종 복수의 시퀀스들로 배치, 조직되었으며, 함께 어울려 주제를 보완해주는 역할, 혹은 설명해주는 역할을 담당했다. 이 모든 장치들은 공간적 구조화를 통해 그림이 감상자들에게 전달하게 될 의미를 구성하게 된다.

이러한 점에서 미술의 역사는 시대에 따라 이어져 온 다양한 구성 방식에 의해 이루어졌다고도 할 수 있다. 그 가능성은 무한히 다양하다. 따라서 우리는 여기에서 몇 가지 중요한 예만 살펴보는 데 그칠 것이다. 프랑스 고전주의에서 구성은 일반적으로 피라미드 형태를 띠었는데, 이는 당시의 정치 체계와 유사한 위계질서를 보여주었다. 예를 들어 그림을 구조화하는 데 있어서 모든 것은 주제 (앞서 살펴본 대로 하나의 관념에 동화된) 를 향해 수렴되었다. 그럼으로써 그림을 관찰하는 사람이 마치 재현된 그림의 구체적인 공간에 위치한 것 같은 느낌을 가지게 하였다. 예를 들어 푸생의 〈솔로몬의 재판*Le Jugement de Salomon*〉은 왕의 얼굴을 중심으로 엄격한 대칭을 이루는 방식으로 구성되었다. 다시 말해 이 작품에서 왕의 얼굴은 피라미드형 구조의 정점에 위치해 있으며, 그 표현력을 통해 보는 이들의 눈길을 단번에 사로잡는다. 이러한 구성은 그림의 맞은 편, 그러니까 정 가운데에서 있는 감상자만 느낄 수 있는 것이었다. 이와 같은 고전주의적 도식은 특히 데카르트의 철학과 맞물려 엄청난 이데올로기적 영향력을 가질 수 있었다. 데카르트의 철학은 인간 정신의 힘을 통해 정돈된 세계를 가정하고 있으며, 이로부터 통합적 관점의 선택이 중시되기 시작했다. 낭만주의 시대 '풍경화'의 구성은 이와는 전혀 다른 도식을 따르고 있다. 복수의 경(景)에 의해 층을 이룬 낭만주의 풍경화는 무한한 깊이에 대한 감정을 전달하고 있으며, 그림을 대하는 관객의 시선은 어느 한 곳에 고정되기보다는 이리 저리 방황하게 된다. 이와 관련해 빛의 처리는 매우 특별한 역할을 담당했다. 코로(Corot)의 작품이 보여주듯이 인상주의가 도래하기 이전에 벌써 분위기(만져지지 않는 실재로써 고전주의 시대의 주제와는 완연한 대조를 이루는)가 주된 관심사로 부상하기 시작한 것이다.

낭만주의 풍경화와 함께 현대 미술의 특징을 이루는 미술 통사론에 있어 거대한 변화가 나타나기 시작했다. 즉 예측 가능한 그림의 구성을 해체시키고 예측 불가능한 혹은 분열된 구성 방식을 도입하는 것이다. 드가는 있는 그대로의 현실을 포착한 것처럼 보이는 사실주의적 재현에 있어서 탁월한 모습을 보여 주었는데, 그의 작품에서 이른바 배경 효과는 편심적인 구성에 의해 거의 삭제되어 있다. 이로 인해 관람객의 시선은 그 자체로 역동적인 장면 앞에서 분산된다. 이러한 인상주의적 불확실성은 그림의 의미 작용과 관련하여 큰 중요성을 띠는

데, 현상학적 관계 속에서, 그리고 항상 동요하게 마련인 의식과 감성의 관계 속에서 세계를 함축적으로 정의하려고 하기 때문이다. 19세기 후반부터 여러 가지 미학적 혁신(주제의 포기, 자기 지시성, 추상기법…)들이 이루어졌으며, 자연히 작품의 구성 역시 다양한 도식을 따르게 되었다. 그 중에서도 가장 두드러진 경향을 꼽자면 분열된 구조, 즉 하나의 중심을 도입하여 위계질서를 만들어내고 시선이 고정될 수 있는 특정한 장소를 부여하는 것을 거부하는 구조를 들 수 있을 것이다. 칸딘스키, 미로(Miro)의 작품뿐만 아니라 보다 담담하게 구상적인 특징을 보이는 샤갈의 작품들에서도 다중심적인 공간의 느낌을 받을 수 있다. 이들의 작품에서는 더 이상 하나의 중심을 찾아볼 수 없다. 어쩌면 모든 것이 중심을 이루고 있는 지도 모른다…. 어쨌든 시선을 고정시키는 결정적인 장소는 더 이상 찾아볼 수 없게 되었으며, 작품은 예술가에게 있어서는 하나의 경험으로, 감상자에게 있어서는 하나의 모험으로 인식되기 시작했다.

그림의 '독서' : 그림의 다의성과 미술의 '비-의미'

미술 작품은 주제, 데생, 색과 관련된 처리 방법을 통해서뿐만 아니라 그 내적 구성에 의해서도 의미를 발산한다. 물론 그림이 하나의 언어는 아니지만, 그렇다고 해서 미술에 고유한 '담론'을 이야기할 수 없는 것은 아니다. 왜냐하면 미술은 구상화를 통해 조직하고, 질서를 부여하며, 그 구성 요소들에 가치와 의미를 부여하기 때문이다. 또한 문학과 마찬가지로 미술 역시 모호성, 이중의 의미, 다의성 등을 이용한다. 작가는 단어가 가진 의미 작용의 힘을 극대화시키고, 그 단어들에 일상에서는 찾아볼 수 없는 밀도 높은 의미를 부여하는 사람이다. 프랑시스 퐁주는 이렇게 외치고 있다. "오 단어들이 가진 의미적 깊이라는 무한한 보고에 의해 표현되는 사물들의 무한한 깊이의 보고여!"(『프로엠*Proêmes*』). 화가에게 있어서도 마찬가지이다. 정물화에서도 무한한 의미를 향한 욕망을 찾아볼 수 있다. 또한 그림은 존재에 대한 도덕적 교훈이 될 수도 있으며, 때로는 그림의 한 부분이 가진 조형적인 아름다움이 감상의 대상이 될 수도 있다. 이러한 다목적성은 문학 작업에서 사용되는 은유와도 유사한데, 우리는 그 완벽한 예를 한스 홀바인의 〈대사들〉에서 찾아볼 수 있다. 감상자가 그림의 측면으로 이동할 경우 얼굴 속에 있는 두개골의 모습을 볼 수 있으나, 정면에서 바라볼 경우 그것은 떠다니는 길쭉하고 이상한 형태로만 보일 뿐이다. 다니엘 아라스에 따르면 이 해골은 "겉으로 화려하게 드러나는 가시적인 것의 환상적인 성격을 볼 수 있게 해준다."(『디테일』). 또한 홀바인은 문학과 마찬가지로 구성적인 다의성을 통해 미술을 상징적인 것의 영역 속에 정초시키고 있다. 이를 위해 그는 프로이트(Freud)가 말한 '꿈의 작업'과 유사한 전치와 압축 작업을 시도했다. 진정으로 문학적인 텍스트가 항상 스스로 표현하고 재현하는 것 너머에 자리 잡은 의미를 생산해내는 것처럼 그림도 이것과 저것을 재현한다. 이러한 다의성은 쿠르베의 〈화가의 아틀리에〉에서 명백히 드러난다. 화가 자신에 의해 '실제의 알레고리' -이중의 의미를 가지고 있지만 그 총체적인 의미는 의심의 여지가 없는 것이어야 하는 담론- 로 제시되었던 이 그림은 실제로 복수의 해석의 층위를 보여주고 있다. 즉 전기적 해석 (사회적 문제에 대한 화가의 개인적 변화를 보여준다는 점에서), 정치적 해석 (쿠르베 스스로가 그림의 왼쪽에 "통속적의 삶의 세계, 민중, 비참, 빈곤, 부유함, 착취당하는 자들, 착취자들"을 배치시켰다고 이야기한 바 있다), 시적 해석(인물들이 공상적인 존재 지평만을 갖고 있는 몽환적이고 고정할 수 없는 내용의 미결정성), 마지막으로 미학적 해석 (예술가 자신이 마치 인간 현실을 조정하고 그것에 의미를 부여하는 자와 같이 그림의 중심에 자리 잡음으로써 초상화의 모범을 보여주고 있다는 점에서) 등이 그것이다. 이러한 점에서 이 그림은 프로이트의 용어를 빌리자면 '다중결정된' 작품이라고 할 수 있다. 다시 말해 여러 가지 의미 작용의 층위를 결합시키고 있는 것이다.

바로 이러한 점에서 우리는 미술 작품의 의미에 대해 이야기할 수 있으며, 나아가 한 폭의 그림을 '읽는다'고도 할 수 있을 것이다. 수많은 비평가들과 주석가들은 독서의 출발점으로 형태의 '문법'이라는 가정을 내세운다. 필립 세르스(Philippe Sers)에 따르면 칸딘스키의 작품에서는 "모든 것이 수평, 수직, 대각선, 원 사이에서 이루어진다."(『면 위의 점과 선』 서문). 프라고나르의 〈빗장*Le Verrou*〉을 논평하면서 다니엘 아라스는 어떻게 회화적 구성이 작품에 의미를 부여하고 있는지를 설명하고 있다. 즉 '읽혀지는 것의 무질서'가 '그 외형적 통사의 모호성'을 제안하고 있다는 것이다.(『디테일』). 제임스 블뢰데(James Bloedé)는 파올로 우첼로(Paolo Uccello)의 〈산 로마노 전투*La Bataille de San Romano*〉(삽화 Ⅲ 참조)를 분석하면서 작품에 강력한 의미를 부여하기 위해 화가가 '스스로 제한시킨 형식의 목록'에 대한 연구를 선보이고 있다. "그 자체로 포착된 각각의 요소들은 스스로의 고유한 의미만을 담지할 뿐이다. 하지만 구성에 의해 다른 요소들과 관계 지어지는 순간, 그 요소들 각각은 증가된 의미를 획득하게 되며, 이 모든 것이 결합하여 하나의 사유를 표현하게 된다."(『파올로 우첼로와 운동의 재현*Paolo Uccello et la représentation du mouvement*』). 사용된 어휘를 보면 언어학적 가정이 이러한 방법의 토대를 제공했음을 알 수 있다. 텍스트를 읽을 때와 같이 전체적인 의미는 감상자의 기억이 결정적인 역할을 하는 시간성 속에서 축적에 의해 구축된다. "한 사람의 행동은 다른 사람의 행동으로 전달되고 그 행동을 통해 증가된다. 전달의 끈은 새로운 요소들 각각에 의해 지탱되는 시각적 기억이다. 이 새로운 요소들은 각기 앞선 요소들에 대한 회상으로 작용한다."(같은 책)

이로부터 미학적 논평은 해석학과 맥을 같이하게 되었다. 미셸 푸코(Michel Foucault)는 『말과 사물*Les Mots et les Choses*』에서 벨라스케스(Velazquez)의 〈시녀들*Ménines*〉에 대한 분석을 시도하면서 이 그림에 나타난 재현의 위상을 통해 고전주의적 인식론에 문제를 제기하고 있다. "벨라스케스의 이 그림에는 어쩌면 고전주의적 재현에 대한 재현과 같은 것, 그 재현이 열어준 공간에 대한 정의와 같은 것이 담겨 있는 것으로 보인다." 급기야는 단 한 편의 그림에 대한 분석에 할애된 연구서들도 모습을 나타내게 되었다. 미셸 슈나이더(Michel Schneider)[71]의 『돌의 꿈, 메두사의 뗏목. 제리코*Un rêve de pierre,*

---

71) 원 텍스트에는 마르셀 슈나이더(Marcel Schneider)로 기록되어 있으나, 뒤에 나오는 저서의 저자는 미셸 슈나이더로 확인되었다.(역주)

Le Radeau de la Méduse. Géricault』, 장 루이 페리에(Jean-Louis Ferrier)의 〈오르낭의 매장〉, 〈걸작의 해부〉 등이 그 예이다. 이 저작에서 논평가는 자기 자신을 '그림의 독자'로 소개하고 있다. 거의 모든 해설에서 그러하듯 이 저서에서도 작품의 특정 부분들에 초점을 맞추어 그 의미를 탐색하는 방식의 연구가 이루어지고 있다. 장 피에르 리샤르(Jean-Pierre Richard)가 『미세독서*Microlectures*』라는 제목의 두 권의 연구서에서 문학 텍스트를 대상으로 시도했던 작업을 다니엘 아라스는 『디테일』에서 회화 작품에 적용시키고 있다. 이 저작에서 다니엘 아라스는 '그림에서 무엇인가가 신호를 발하고, 바라보는 자를 가까이 오게 만들며, 그림의 내면을 상세하게 관찰하고픈 욕망을 불러일으키는 바로 그 순간에 시작되는 인식'에 대해 연구하고자 했다.

미술비평은 묘사의 방식으로 행해질 수도 있다. 이러한 접근 방식을 빈번하게 보여준 인물로 우리는 디드로를 들 수 있다. 그의 시선은 마치 책을 읽을 때와 같이 그림을 한쪽 끝에서 다른 쪽 끝까지 훑어가는 것처럼 보인다. 얼핏 보기에는 매우 초보적인 방법처럼 여겨지지만, 실제로 이 방법은 보다 복잡한 미학적 해석 시도의 기반으로 작용했다.(6장 참조) 하지만 몇몇 해석의 틀이 논평가의 시선을 미리 여과하고 구조화하는 경우도 종종 있다. 다니엘 아라스에게 있어서는 역사적, 미학적 혹은 정신분석학적 틀이 그것이고, 스베틀라나 앨퍼스(Svetlana Alpers)에게 있어서는 사회-경제학적 틀(루벤스, 렘브란트, 티에폴로에 대한 저작에서)이 그것이며, 미셸 푸코에게 있어서는 철학적, 이데올로기적 틀이 그것이다. 이 모든 다양성의 뒤로 여전히 해결되지 않은 문제, 즉 예술 작품의 독립성에 대한 문제가 다시 떠오른다. 작품은 그 자체의 미학적 성취를 통해 독립적인 지위를 얻을 수 있는가(이것이 앙리 포시용(Henri Focillon)의 관점이다), 아니면 에밀 말르(Émile Mâle)가 주장하듯이 역사적 출현 조건들을 통해서만 이해될 수 있는 것인가? 20세기 중반에도 '인문주의' 문학 비평의 지지자들과 '신비평'의 지지자들 사이에 이와 관련된 논쟁이 치열하게 전개되었다.

작품이 가지는 다의적 성질뿐만 아니라 그 작품에 대한 해석의 틀이 가지는 중요성으로 미루어 보아 우리는 논평가에 따라 서로 다른 관점으로 작품을 바라볼 수 있다는 것을 이해하게 되었다. 17세기 홀란드 미술이 그 장을 제공했던 다양한 해석의 예가 이 사실을 증명해준다. 19세기 말엽에 다시 발견된 홀란드 미술에 영감을 받아 프루스트는 『잃어버린 시간을 찾아서』의 그 유명한 부분, 베르메르(Vermeer)의 〈델프트의 풍경〉이 보여주는 신기한 "노란 벽의 작은 면"과 관련된 부분을 기술했다. 프로망텡은 이와 관련하여 『과거의 거장들*Les Maîtres d'autrefois*』(1876)라는 제목의 중요한 연구서(플라망드 미술과 관련된 연구서이기도 하다)를 내놓았으며, 예술의 역사, 낭만주의적 감수성, 프로망텡과 같은 화가의 감수성 등을 한데 묶어 논의했다. 20세기 들어 클로델(Claudel)은 『네덜란드 미술 입문*Introduction à la peinture hollandaise*』(1935)에서 전혀 다른 방향의 연구를 시도했다. 그는 사회학적 인과관계뿐만 아니라 기술적 접근까지 거부하면서 홀란드 정물화 속에서 공백과 비물질성에 대한 매혹을 특징으로 하는 형이상학적 영감을 발견했다.(6장 참조) 스베틀라나 앨퍼스는 북유럽 화가들에 대한 저서들을 발간했으며 -『렘브란트의 아틀리에 : 자유, 그림, 돈*L'Atelier de Rembrandt, La Liberté, la Peinture et l'Argent*』, 『루벤스의 창작*La Création de Rubens*』-, 이 저서들에서 미술 시장에 특별한 위치를 부여함과 동시에 역사적, 기술적, 사회학적, 경제학적 분석을 서로 결합시키고 있다. 이처럼 예술 작품은 화가의 작업을 결정짓는 혹은 둘러싸고 있는 객관적 조건들을 통해 '읽혀질' 수 있게 되었다. 작품의 이해와 관련한 관점의 다양성을 보여주기 위해 미셸 리파테르(Michel Riffaterre)는 티치아노의 〈오르간 연주자와 비너스*Vénus à l'orgue*〉에 대해 클로델(『눈이 듣는다*L'œil écoute*』)과 필립 솔레르스(『공원*Le Parc*』, 1961년 출간)가 각기 보여준 문학적 접근 방식을 비교한 바 있다. 솔레르스가 에로티시즘적인 논리에 딸 "시각적인 것의 언어로의 합법적인 번역"을 시도했다면, 클로델은 같은 작품에서 "영적인 몸"이라는 모순어법적인 긴장을 인식했다. 그렇다면 이러한 차이는 어떻게 설명될 수 있는가? "두 경우 모두에 있어서 해석해야 할 기호의 선택을 결정짓는 것은 그림의 소여(所與) 자체가 아니라 미리 주어진 해석이라고 할 수 있다."(『이미지의 사유*La Pensée de* *l'image*』) 이처럼 미리 방향이 결정된 해석 -정확히 말해 대학 비평이 그러한 것처럼- 과 달리 특정 사유의 경향에 덜 종속되어 있으며 개인적인 직관을 심화시키고자 하는 작가들의 해석도 있다. 예를 들어 이브 본느푸아는 고야의 〈노파들*Les Vieilles*〉에 대해 이렇게 해석하고 있다. "이 그림을 보고 있으면 인생은 머지 않아 그 요소들을 해체시켜 버릴 부패에 이르기 전에 경험하는 몇 가지 환상의 순간들에 불과하다는 것을 누구도 의심할 수 없을 것이다. 심오한 물질, 모든 것의 본질인 무"(『데생, 색채 그리고 빛』)

이러한 점에서 문학과 미술의 관계가 단지 역사적 우연에만 속하는 것이라거나 아니면 환영에 불과하다고 주장할 수는 없을 것이다. 호라티우스의 '우트 픽투라 포에시스' 원칙이 변형되었다고 해도 -그 영향력을 전도시켜 놓았던 왜상화법의 경우처럼-, 『라오콘』을 통해 문학과 미술의 극명한 차이점이 드러났다고 해도, 여전히 이 두 예술은 의미작용을 할 수 있는 능력이라는 공통점을 가지고 있다. 실제로 우리는 오늘날까지 지속되는, 어쩌면 그 어느 때 보다도 오늘날 더 부각되고 있는 미술의 자질, 즉 해석을 불러일으킬 수 있는 능력에 대해 경탄하지 않을 수 없다. 푸생의 〈아르카디아의 목동들*Les Bergers d'Arcadie*〉(삽화 VII 참조)이 얼마나 많은 해석을 낳았는가! 푸생이 활동했던 시대에서부터(벨로리와 펠리비앙 등의 해석) 파노프스키(『예술작품과 의미작용*L'Œuvre d'art et ses significations*』)와 이브 본느푸아(『데생, 색채 그리고 빛』)의 시대에 이르기까지 말이다. 실제로 이 그림에는 다양한 의미로 해석될 수 있는 라틴어 문구 -"ET IN ARCADIA EGO(아르카디아에도 나는 있다)"- 가 기록되어 있다.(4장 참조) 한편 파노프스키는 이렇게 주장한다. "한 편의 예술 작품에서 '형태'는 '내용'과 구분될 수 없다. 빛깔과 선, 명과 암, 입체감과 평면의 배치는 시각적인 차원에서 매력적인 요소로 작용할 수도 있지만, 시각적인 것 이상의 의미작용을 투사하는 것으로 이해될 수도 있다."(『예술작품과 의미작용』) 이러한 점에 있어서 그림은 사물을 재현한다는 구실 하에 기호를 생산하는 것이다. 미셸 레리스는 피카소에 대해 이렇게 주장했다. "피카소 그림의 본질적인 목적들 중 하나 -그의 작품이 가장 인간적이라고 할 수 있는 특징이기도 한- 는 바로 기호를 만들어내는 것이다.”(『좌대 없는 천재*Un génie sans piédestal*』) 그와 동시대를 살았던 마티스 -자신의 예술을 '장식적인' 것으로 규정했던- 역시 미술의 기호학적 기능을 주장한 바 있다. “예술가의 비중은 미술 언어에 그가 삽입시키는 새로운 기호들의 양에 따라 결정된다.”(『예술에 대한 글과 제안』) 마티스는 나아가 이 문제야 말로 위대한 예술가와 그렇지 못한 예술가들을 가르는 척도가 될 수 있다고도 주장했다. “두 가지 부류의 예술가들이 있다. 하나는 코로와 같이 언제나 손의 (…) 초상화를 그리는 부류이며, 다른 하나는 들라크루아처럼 손의 기호를 만들어내는 부류이다.”(앞의 책)

기호의 작업, 그렇다고 확정된 의미 구축은 아닌 것. 이것이야 말로 미술의 본질인 것처럼 보인다. 미술이 의미에 접근하는 방식, 그리고 텍스트의 세계와 더 이상 근접할 수 없는 이질성이 바로 여기에서 비롯되는 것이다. 미술의 기호는 항상 가능태로만 남을 뿐이다. 즉 온전히 현실화(actualisation)되지 못한 의미 작용의 힘이 미술 작품에는 넘쳐나는 것이다. 왜냐하면 미술의 기호는 분절된 언어의 저편에서 구성되기 때문이며, 미술적 구상화가 가진 다면성을 이용할 수 있기 때문이다. 세잔이 품었던 야심이야 말로 이와 관련한 가장 좋은 예를 보여준다. “푸생을 실물 크기로 그리기”를 원했던 세잔은 이 목적을 추구함에 있어서 개념적인 기도와 모방적인 양태를 서로 연결시킴으로써 현대 미술의 추상화를 예고한 바 있다. 이처럼 강렬한 모순은 어쩌면 모든 위대한 작품들의 특징이라고도 할 수 있다. 졸라는 마네의 〈풀밭 위에서의 식사〉를 해석하면서 이와 같은 사실을 엿보았던 것으로 보인다. “선명하고 밝은 터치들이 필요하다. 그래야 꽃다발을 만들 수 있기 때문이다. 또한 어두운 터치들이 필요하다. 그래야 흑인 여자와 고양이를 표현할 수 있기 때문이다.”(『에두아르 마네*Édouard Manet*』, 1867년 1월 1일) 니콜라 드 스탈도 동일한 주장을 선보이고 있다. “미술은 추상적임과 동시에 구상적이어야 한다. 벽으로써 추상적이어야 하고, 공간의 재현으로써 구상적이어야 한다.” 해결되지 않은 이원성을 통해 우리는 그림에 접근하는 두 가지 입구를 발견할 수 있다. 이 이중의 입구는 결정적인 의미를 부여하지 않으면서 각종 기호들의 총체를 통해 구성된다. 역으로 평범한 작품의 경우 이러한 모호성을 찾아볼 수 없다는 특징을 가지고 있다. 이런 작품들은 단순한 재생, 묵직한 알레고리의 단의성 속에 빠져 있거나 반향 없는 추상의 유아론에 빠져 있다. 완전한 작품은 오히려 파스칼이 말한 '형상'과도 같은 것이다. "형상은 부재와 현존, 쾌락과 불쾌를 함께 담지한다."(『팡세』)

한 편의 그림을 '읽는 것'이 가능하다면, 그것은 언제나 이러한 긴장, 즉 의미 작용으로부터 분리되어서 일정한 거리를 두고 대기 중에 있는 미술 기호를 유지하는 긴장이 존재한다는 것을 가정한다. 이러한 거리를 통해 미술은 도상해석학의 강박 -작품의 요소들 중 어떤 것, 그것도 미술에 고유한 요소가 아닌 것들의 상징적 가치만을 해석하면서도 마치 작품에 대해 모든 것을 말하고 있다고 생각하는- 에서 벗어날 수 있다. 또한 이러한 거리를 통해 고야나 피카소의 작품과 같이 위대한 미술을 특징짓는 부정성의 작업이 수용될 수 있다. 우리는 종종 미술 작품을 명증성의 측면, 즉 가시적인 것과의 직접적인 관계 속에서 바라보곤 한다. 미술 작품은 일단 그것이 보여주는 것 속에서 현실화되는 것처럼 보이기 때문이다. 하지만 롤랑 바르트(Roland Barthes)가 진정한 문학이란 "표현할 수 없는 것을 표현하지 않는 것"에 있다(『비평 에세이*Essais critiques*』)고 주장했던 것과 마찬가지로 미술 역시 재현의 너머, 저편, 이면을 지칭할 수 있는 부정성의 작업 혹은 탈-형상화 작업을 사용한다. 프랑수아 르세르클(François Lecercle)의 주장처럼 미술은 "보지 않게 하는 것"도 가능하다.(『이미지의 사유』) 바로 이러한 점에서 미술은 항상 의미와 비의미 사이에서 머뭇거린다. 미술은 해석을 초청하면서도 그 모호성을 통해 해석을 거부한다. 이 모호성이야 말로 미술의 고유한 속성이면서 언어가 가진 논증적인 편리성으로부터 미술을 보호해주는 장치이다.

3

문학과 회화의 '공통된 장소'

회화와 문학에서 장르에 관한 문제가 제기된다면, 그것은 언뜻보아 각 장르에 고유한 용어들에 관한 문제일 것이다. 아리스토텔레스의 『시학』이래로, 문학은 서사, 연극 그리고 시 세 가지 장르(고대 용어로 말하자면, 서사시, 희곡, 서정시)로 구별되어왔다. 이러한 구분은 대학 교육 과정뿐만 아니라 출판계에서도 그대로 통용되어 왔으며, 오늘날에도 문학에 대한 우리의 시각을 지배하고 있다. 이러한 문학의 분류는 텍스트와 현실의 관계를 여러 방식으로 나누어 놓은 것일 뿐, 다루어지는 주제들과는 거의 무관하다. 서사시가 청자와 무대 위에 옮겨놓은 세상 사이에 화자의 목소리와 의식을 개입시킨다는 점에서 본질적으로 연극과 다르다면, 서사시는 연극에서 우리가 찾아볼 수 있는 상황들의 폭을 배제하지 않는다. 그렇기 때문에 비극은 서구 문학이 형성된 초기에 신화와 서사시에서 쉽게 소재를 얻을 수 있었던 것이다.

회화 장르에 대한 문제는 문학과는 그 사정이 다르다. 회화라는 개념은 꽤나 늦은 시기인 16세기와 17세기에 이르러서야 생겨났고, 19세기에 이르러 인정되었다. 회화의 서열은 재현된 주제들의 고귀함에 따라 다음과 같이 구별될 수 있다. '역사화'(가장 뛰어난 장르로, 종교화, 신화 그림, 우화가 있다), '초상화'(오랜 기간 동안 주요 인물만을 그렸다), '풍속화'(통속적인 그림, 예를 들어 주막에 있는 술꾼들의 모습 등), '풍경화' 그리고 '동물과 꽃 그림' 등의 순서이다. 만약 르네상스를 기점으로 회화 작품을 객관적으로 설명하고 싶다면, 앞서 제시한 회화 주제들에 '정물화'를 덧붙일 수 있을 것이다. '정물화'는 오랫동안 장르로 인정받지 못하다가 프랑스의 경우 샤르댕(Chardin)의 뛰어난 작품과 더불어 17세기 '바니타스 정물화' 때부터 대중을 사로잡았다. 이와 같은 장르의 구분은 수 세기 동안 회화 작품의 생산을 구조화했는데, 각각의 화가들의 평판은 그들의 고유 분야와 그들이 사용한 장르의 평판에 좌우되었기 때문이다. 자연스럽게 대다수의 화가들은 '역사화'가 가진 명망에 접근하고자 하는 열망을 갖고 있었다.

문학과 미술이라는 두 가지 분류 체계는 분명 중첩되지 않는 것들이다. 문학에서 언어라는 추상적 기호들에 의해 매개된 표현의 방식을 여러 가지로 나눌 수 있다면, 미술에 있어서는 그렇게 할 수 없을 것이다. 미술을 분류하는 주요 방식은 단순히 모방에 의한 것이다. 추상화에 관해 말하자면, 그것은 본질적으로 이러한 유형에서 벗어난다. 왜냐하면 추상화는 표현의 범위 밖에 위치하고 있기 때문이다. 이와는 반대로 미술 장르는 문학에 대해 우리에게 무엇인가를 말하고자 한다. 종교적, 신화적 그리고 문자 그대로 역사적 영감을 포함하는 '역사화'는 수 세기 동안 문학적 창작의 폭넓은 스펙트럼을 망라하여 보여주기에 충분했다. 나중에 살펴보게 되겠지만, 이와 같은 넓은 스펙트럼 자체로 인해 이 분야에서 이루어지는 성찰은 보편적인 성격을 띠게 되었다. '초상화'는, 물론 문학 장르는 아니지만, 특히 서사적 문학에 의해 많은 영향을 받은 유형이라고 할 수 있다. '풍속화', '동물과 꽃 그림', 그리고 '정물화'와 관련해서는 문학 고유의 반향을 그다지 찾아낼 필요가 없어 보이는 것이 사실이다. 하지만 적어도 전기낭만주의 이래로 '풍경화'의 운명은 어떠했던가…. 마지막으로 우리는 공통된 표현 주제를 넘어서 미술과 문학이 그 고유한 기억과 거울 속에서 서로 만나게 됨을 살펴볼 것이다.

이처럼 미술의 관례적인 분류에서 출발하여 문학과 미술의 '공통된 장소'를 정의해 볼 수 있다. '공통된 장소'란, 공유된 영역이자, 만남의 공간이며 경우에 따라서는 영향력의 공간이다. 이 속에서 각각의 예술은 말라르메가 시의 언어들이 '상호적인 반사로 빛난다'고 말했던 것처럼(『주제에 대한 변주 *Variation sur un sujet*』) 서로를 간접적으로 밝혀준다. 이는 인식론적 차원에서 대담한 시도라고 할 수 있는데, 왜냐하면 이러한 시도는 하나의 예술에서 다른 예술로 이동하는 미학적 카테고리의 전이라는 도박을 토대로 하고 있기 때문이다. 따라서 우리는 여기에서 모든 예를 철저하게 파헤치기 보다는 전체를 조명해주는 방식으로 서술을 이어나가고자 한다. 예를 들어, 초상화와 관련해서는, 그것이 이야기에 삽입되는 문제에 대해서는 관심을 두지 않을 것이다. 왜냐하면 이 문제는 회화에서의 직접적인 반향과 마주하지 않기 때문이다. 오히려 우리는 역사적 차원과 쟁점들을 강조할 것이다. 이 쟁점들은 항상 주제나 테마, 기능 그리고 미학적 문제, 더 나아가 형이상학적 문제들을 결합하고 있기 때문이다….

역사

[성서, 신화, 우화 : 편재하는 문화적 모델들]

'역사화'는 회화 장르의 고전주의적 서열 중에서 첫 번째 자리를 차지하고 있다. 이미지 속에 이야기를 넣는 임무를 지닌 역사화는 주제들을 가장 오래된 원천으로부터 길어온다. 신성한 역사, 신화적 텍스트들 -역사화에 수많은 장면들과 우의적인 형상에 관한 모든 어휘를 제공하는-, 그리고 한 국가의 전쟁과 정치사가 바로 그것이다. 역사화의 기능은 그것에 영감을 주는 주제의 유형과 밀접하게 연관되어 있다. 기억, 그리고 서사시적 사건과 연관된 역사화는 그 토대가 되는 에피소드에 대한 기억을 보존하는 동시에 영광스러운 사건을 호화스럽게 기념하는 것을 목적으로 한다. 종교적 그림의 경우, 성서에 친숙하지 않은 신자들의 믿음을 고양하고자 하는 의지가 첨가된다. 앞서 살펴보았듯 성서와 고대 신화의 영향력 -성서는 중세부터, 고대 신화는 르네상스부터- 은 서구 회화 역사에 있어서 매우 지대하다.

놀라운 것은 분명 이러한 영감이 19세기까지, 심지어는 전통적 형식주의를 따르지 않는 것처럼 보이는 화가들에게서조차도 계속해서 나타난다는 것이다. 우리는 회화에 있어서 데생 -즉 사유- 의 우월성을 다시 주장했던 신고전주의의 주창자 중 한 명인 앵그르가 〈오이디푸스와 스핑크스〉 혹은 〈물에서 태어난 비너스〉를 보여주었다고 해서 크게 놀라지 않을 수도 있다. 또한 '문학적' 화가인 샤세리오가 〈다이아나와 악타이온〉, 〈클레오파트라*Cléopâtre*〉, 〈아폴론과 다프네〉를 재현했다는 것에 대해서도 놀라지 않을 것이다. 하지만 들라크루아가 〈지옥의 단테와 비르길리우스〉 혹은 〈메데이아〉를 그렸다는 것은 놀라운 것일 수도 있다. 1830년의 혁명에서 영감을 받은 〈민중을 이끄는 자유의 여신〉의 작가에게조차도 고전주의적 참조는 여전히 그 명맥을 유지하고 있었던 것이다. 영감의 원천의 차원에서 들라크루아와 〈퇴폐기의 로마인들〉의 작가 토마 쿠튀르와의 차이는 별로 찾아볼 수 없다. 에드가 드가는 젊음에 대한 그림을 그린 작가로 〈소년들에게 도전하는 스파르타 소녀들〉과 〈바빌론을 건설하는 세미라미스〉를 그렸다. 오늘날에도 여전히, 제라르 가루스트(Gérard Garouste)와 같은 화가는 신화에서 그 영감을 얻고 있고, 샤갈(Chagall)과 루오(Rouault)(〈모욕당하는 예수〉와 〈이집트로의 피난〉과 같은 제목을 가진 그림의 작가)의 작품에서도 성서의 영향이 얼마나 강하게 드러나는지를 알 수 있다.

문학 분야에서도 종교적 그리고 신화적 영감의 원천은 오늘날까지 고갈되지 않고 있다. 적어도 19세기까지 화가와 작가들에게 있어서(물론 보다 좁은 범위에서, 혹은 보다 분산적으로 보았을 때) 성서와 고대 이교 문명은 특별한 영감의 원천이었으며, 그들은 이러한 원천을 우의적으로 활용하곤 했다. 예컨대 성서는 비르길리우스, 호라티우스뿐만 아니라 위고의 글쓰기에도 주된 원형을 제공하고 있다. 참조대상과 주제에서 뿐만 아니라(위고의 시 〈걸인*Le mendiant*〉 혹은 '존재의 사다리' 이론을 예로 들 수 있다), 이미지에 부여된 역할에서 그리고 종교적 영감을 받는 '관조'('사원'의 파생어)의 미학에 이르기까지 성서의 영향은 광범위하게 찾아볼 수 있다. 서구 문학의 성립에 있어서 신화의 중요성은 서사시 장르에 의해 증명된다. 17세기까지 특히 고귀한 장르로 간주되었던 서사시는 기능면에서 역사화와 더불어 서구의 문학적 이야기의 모태라고 할 수 있다. 서사시의 화자는 시초 사건들의 살아있는 기억이다. 화자는 이러한 사건들을 설득력 있게 상기시키면서 먼 훗날 사실주의 미학의 발전을 예고한다. 또한 화자는 자신이 등장시키는 영웅들을 찬양하며 그러한 사건들을 기념한다. 서사시 장르는 『롤랑의 노래*Chanson de Roland*』 이후에, 프랑스 문학에서 롱사르의 『프랑시아드*La Franciade*』와 볼테르의 『앙리아드*La Henriade*』 등을 통해 계속해서 나타날 것이다. 앞서 언급한 작품들은 후세에 호평을 거의 받지는 못했지만, 이와 같은 실패를 통해 이 장르의 관념적인 존속은 더욱 확고해질 수 있었다. 서사시 장르는 몽환적이고 프레스코화 같은 서사시인 빅토르 위고의 『세기의 전설*Légende des siècles*』과 더불어 마지막 불꽃을 태운다. 작가는 이 시를 통해 전설이라는 영감에 다시 의지한다. 서사시적 영감은 위고의 작품 속에서 너무나도 강력한 영향력을 행사하고 있으며, 그 결과 당시에 벌써 사실주의라는 이름으로 소위 고귀한 문학의 영역을 점령해 나가던 소설 장르 자체에도 영향을 주고 있는 느낌이다. 『레 미제라블*Les Misérables*』 속에서 워털루 전투에 대한 강렬한 묘사에 생동력을 불어 넣는 것은 바로 이러한 영감, 시대의 지배적인 미학에 도전하는 듯한 영감이라고 할 수 있다.

서사시는 서구 문학에 있어서 모태가 되는 장르이다. 실제로 여러 주석자들이 호메로스의 『오디세이아』를 모든 이야기의 전형으로 삼고 있기도 하다. 그들은 예를 들어, 라블레의 『제 4의 책*Le Quart Livre*』, 볼테르의 『캉디드』, 19세기에 성공을 거둔 '교양 소설', 제임스 조이스(James Joyce)의 『율리시즈』, 그리고 셀린느(Céline)의 『밤의 끝으로의 여행*Voyage au bout de la nuit*』에 공통적으로 적용되는 하나의 구조를 호메로스의 작품에서 찾을 수 있다고 주장한다. 즉 입문 여정에 뛰어든 주인공이 각종 우여곡절을 겪고 귀환하는 구조가 그것이다. 모리스 블랑쇼는 『오디세이아』에서 문학적 이야기의 시학이 얼마나 명확히 드러나고 있는지를 보여주면서, '사이렌의 노래' 에피소드에 상당수의 지면을 할애하고 있다(『미래의 책*Le Livre à venir*』).

명백하게 호교론(護教論)적인 저서들을 제외하고 작가들은 성서 텍스트보다 고대 신화를 더 많이 직접적으로 차용하고 있다. 18세기까지, 고대 신화는 작가들에게 고전주의적인 주제들, 즉 적합한 모델들을 제공해 왔다. 신화에 대한 참조는 자연스럽게 플레이아드파의 작가들에게서 많이 찾아볼 수 있다. 율리시즈는 뒤벨레의 유명한 시 중 한 편의 첫 머리에서 나타난다("행복하여라, 율리시즈처럼…"). 롱사르는 〈헤라클레스에 대하여Sur Hercule〉와 마찬가지로, 〈신들의 향연*Festin des dieux*〉, 〈뮤즈의 추방*Exil des Muses*〉, 〈파에톤*Phaéton*〉, 〈에우리메돈과 칼리레*Eurymédon et Callirée*〉 등을 자신만의 방식으로 다루고 있다. 대화로 이루어진 신화적 콩트는 루이즈 라베(Louise Labé)의 〈사랑과 광기의 대화*un Débat de Folie et d'Amour*〉에 많은 것을 빚지고 있다. 라퐁텐은 성상파괴론적 기법으로 매우 재치 있으며 외설적인 '우화집'을 펴낼 정도로 자유분방한 작가로, 아풀레이우스로부터 영감을 받은 시적 소설『프시케와 큐피트의 사랑 이야기*Amours de Psyché et de Cupidon*』를 펴냈다. 한편 동시대 창의력이 풍부한 작가였던 몰리에르는『앙피트리온*Amphitryon*』을 쓰게 된다. 이 작품은 -물론 해학적 거리를 두고- 플라우터스의 작품으로부터 영감을 받은 것이다. 신화적 영감은 심지어 18세기 초 프랑스 문학의 걸작들 중 하나인 페늘롱(Fénelon)의『텔레마크의 모험*Les Aventures de Télémaque*』에까지 영향을 미친다. 부르고뉴 공작의 교육을 위해 쓰어진 이 작품은 신화적 소재들과 우의적인 기법을 결합시키고 있는데, 그 이유는 고대 이야기의 다시 쓰기라는 형식을 통해 도덕적이고 정치적인 사고로의 입문을 목적으로 했기 때문이다. 계몽 철학이 퍼져 나가기 시작한 시대의 문화적 간극은 정말이지 너무나 큰 것이어서, 페늘롱은 때로 몽환적이고, 음악적이며, 암시적인, 그리고 미래의 산문시의 모태 중 하나가 드러나게 되는 글쓰기를 창조하기도 했다.

『텔레마크의 모험』에서 나타난 변화는 매우 중요한 의미를 지닌다. 그것은 18세기 들어 고대에 대한 참조가 능동적인 힘을 잃으면서 문화적 기억이라는 가치를 지니게 되었다는 것이다. 르 콩트 드 릴(Leconte de Lisle)이『고대시집*Poèmes antiques*』과『이적시집(夷狄詩集, *Poèmes barbares*)』에서 등장시키게 될 세계가 바로 이러한 케케묵은 -그렇지만 고답파 시인에게 있어서는 미학적 기법에 더욱 더 적합한- 이미지들의 세계였던 것이다. 또한 샤토브리앙은『기독교의 정수』에서 기독교로부터 받은 영감을 통해 고대 이교문명에 대한 근대 이상(理想)의 우월성을 제시하면서 마침내 논쟁에 종지부를 찍은 것처럼 보인다. 그러나 미학적 근대성의 도래와 함께 점진적으로 낙후되는 모습을 보이던 고대에 대한 참조는 문학의 영원한 도구라 할 수 있는 우의(寓意)적 장르에 의해 보완된다. 위고는 우의에 대해 그다지 반감을 보이지 않는다(『명상시집』에서 '재갈(Mors)'은 중세시대 풀 베는 여인의 형상을 다시 취하고 있다. "나는 풀 베는 여인을 본다. 그 여인은 밭에 있었다. / 그녀는 수확하고 베어 가며 성큼성큼 가고 있었다(…).") 우의는 특히 비니(Vigny)가 자주 사용했다. 그의 시집 『운명 *Les Destinées*』에서는 우의를 사용하여 사유와 시를 절합하고 있는 모습을 볼 수 있다. 아마도 보들레르가 얼마나 우의를 사용했는지 알게 된다면 더 놀라게 될 것이다. 몇몇 총칭적인 제목들(예를 들어 『미(美, *La Beauté*)』)에서 볼 수 있듯, 우의는 보들레르가 남긴 수많은 시들의 의미 또는 구조를 결정하고 있다. 그 중 잘 알려진 시로는 〈조응〉, 〈전생*La Vie antérieure*〉, 〈알바트로스*L'Abatros*〉 등이 있다. 랭보는 폴 드므니(Paul Demeny)에게 보내는 편지에서 보들레르에 대해 "첫 번째 가는 예언자이며, 시인들의 왕이고, 진정한 신"이라고 단언한다. 하지만 그는 -이 부분은 잘 보존이 안되었는데- "사람들이 보들레르의 시에서 그토록 찬양한 형식은 사실상 보잘 것 없다."고 덧붙이고 있다. 우의는 의미의 둔중한 구성을 상정한다. 바로 이러한 점에서 랭보의 이미지는 『일뤼미나시옹』[72]이라는 제목에 부여될 수 있는 의미 중 하나와 마찬가지로 정신을 혼미하게 만드는 듯이 번개처럼 강렬하게 나타나는 비전을 보여준다.

['세속'의 역사와 그 변화]

19세기까지 성서, 신화, 우의적 참조와 그에 따른 모델들은 회화적, 문학적 창조를 도모하였다. 이와 같은 문화적 풍부함은 너무나도 강력하고 다양화되어서 특정 분야에 대한 분석이 아니라면, 개괄적인 확인만 할

72) Illumination: 직역하면 계시, 영감, 조명 등으로 번역될 수 있으며, 랭보의 작품과 관련해서는 흔히 '착색판화집'으로 번역되기도 한다. 다만 우리는 원어가 가진 의미 장을 축소하지 않기 위해 원문을 음차하는 방식으로 제목을 번역하기로 한다.(역주)

수 있을 뿐이다. 반면, 흔히 '역사화'라고 불리는 유파 중 하나는 좀 더 명확한 분석의 재료를 제공해준다. '세속' 역사를 다루는 작품들은 회화에서와 마찬가지로 문학에서도 전반적으로 비영웅화(déshéroïsation)의 길을 걷게 되었다. 정치사와 관련한 초기 그림들은 서사시의 역할과 비슷한 역할을 수행했다. 즉 그 당시의 집권 세력, 그리고 민족적 역사와의 이데올로기적인 관계 속에서 회상하고, 기념하는 역할이 그것이었다. 3연작으로 만들어진 파울로 우첼로(Paolo Uccello)의 〈산로마노의 전투〉(삽화 Ⅲ 참조)는 피렌체와 밀라노에 맞서 싸웠던 영광스러운 사건을 화려하게 기념하기 위해 화가에게 의뢰한 그림이었다. 3연작으로 된 이 그림의 각각의 화판은 사건이 상징적으로 지니는 중요성을 나타내고 있고, 군대의 공로를 찬양하고 있다. 원근법적으로 구성된 평면 위에 펼쳐진 프리즈 배열, 무시무시한 무기 묘사, 창(槍)의 배치에 의해 생겨나는 시각적 리듬 등은 모두 서사시의 미학을 연상시키기에 충분하다. 이러한 종류의 역사화는 19세기까지 나타난다. 벨라스케스는 훗날 들라크루아가 〈낭시 전투*La Bataille de Nanc*〉, 〈십자군의 콘스탄티노플 함락*L'Entrée des croisés à Constantinople*〉을 그린 것처럼, 〈브레다의 항복*La Reddition de Bréda*〉(우첼로가 창을 수직으로 평행하게 그림으로써 나타나는 스캐닝(scanning) 효과를 연상시키는 듯하다)을 그렸다.

그러나 낭만주의 시대와 함께 주요 변화가 일어났고, 기념적인 것보다는 생동감 있는 그림에 대한 관심 속에서 역사화는 민족의 과거로 향하게 된다. '음유시인(troubadour)' 양식의 발달은 이를 잘 보여주는 전형적인 예이다. 중세와 르네상스의 재발견과 밀접히 연결되어 있으며, 미술뿐만 아니라 문학에서도 월터 스콧(Walter Scott)의 강한 영향을 받아 형성된 이 양식은 역사의 좀 더 사적인 장면들을 그려내고 있다(자크 프레미(Jacques Frémy)의 〈포가(砲架) 위에서 잠든 튀렌*Turenne endormi sur l'affût d'un cano*〉, 샤를르 마리 부통(Charles-Marie Bouton)의 〈샤를르 6세의 광기*La Folie de Charles VI*〉). 일화, 자발적인 단순함, 장식에 대한 취향, 플랑드르파의 전통으로부터 영감을 받은 꼼꼼한 양식을 혼합한 음유시인풍의 양식은 작은 크기의 형식들을 즐겨 사용하였고, 전통적인 역사화가 지닌 육중한 구성으로부터 벗어나기 시작했다. 오귀스탱 티에리(Augustin Thierry)에게서 역사에 대한 취향을 받아들인 장 폴 로랑(Jean-Paul Laurens)은 중세의 장면들 -여전히 풍부한 자료들을 활용하면서- 에 있어서 탁월함을 보여주었다(〈로베르 르 피유의 파문*L'Excommunication de Robert le Pieux*〉, 〈정복자 기욤의 장례*Funérailles de Guillaume le Conquérant*〉). 그의 작품에서 우리는 죽음에 대한 강박관념, 매력적인 여백의 공간, 그리고 이미 이루어지고 있는 추상 기법에 대한 접근을 모두 만날 수 있다. '음유시인' 양식은 문학에도 똑같이 영향을 미쳤다. 이 양식은 연극에도 영향력을 행사했으며, 『파리의 노트르담』과 함께 소설 분야에서도 승리를 거둔다. 위고의 소설은 사실상 15세기를 배경으로 한 줄거리, 서사시적 말투와 '음유 시인' 양식 사이를 오가는 문체를 통해 '고딕 양식'을 보여주고 있다고도 할 수 있다. 글쓰기의 육중한 구성, 몇몇 장면들에서 엿보이는 관점과 단면적 시각에 대한 거부, 종종 중세 언어를 연상시키는 어휘 사용, 그리고 -등장인물인 콰지모도의 이야기 중심에 구현된- 괴물의 의미에 이르기까지, 모든 것은 이 소설을 중세에 대한 글쓰기, 이와 동시에 중세'의' 글쓰기로 만들고 있다.

미술에서처럼 문학에서도 전통적인 역사화의 목적이라고 할 수 있는 이데올로기적이고 기념적인 목적이 아닌 일화와 생동감을 향한 방향전환이 이루어진다. 전반적인 비영웅화 작업을 통해 해체된 것은 바로 (사실(史實)적이고 정치적인 의미의) 대문자 '역사(Histoire)'와 (개인적이고 미학적인 의미의) 소문자 '역사'와의 관계였던 것이다. 볼테르는 이미 『캉디드』의 제 3장에서 전투 장면이 보여주는 전통적인 사료편찬적 이야기를 빈정대는 모습을 보여준 바 있다. "그토록 아름답고, 우아하며, 화려하고, 너무나도 잘 정돈되어 있는 것은 없을 것이다. 그만큼 두 군대가…." 이러한 성상파괴적 비전은 스탕달이 『파르마의 수도원*La Chartreuse de Parme*』에서 워털루 전쟁에 참가한 파브리스 델 동고에 대해 언급하는 장면에서 다시 찾아볼 수 있다. "우리는 우리의 주인공이 그 순간 매우 영웅적이지 않았음을 인정해야할 것이다…. 그는 그것에 대해 아무것도 이해하고 있지 못했다." (I부

제 3장)

이러한 반영웅적 이미지는 19세기 소설의 발달에 있어서 매우 주요한 변화들 중 하나이다. 사실주의 미학과 내면을 향한 낭만주의적 변화와 결합한 이와 같은 이미지는 성장 소설의 승리를 보장해 주었다. 서사시의 타락된 변형인 이것은 -모든 소설과 마찬가지로- 행위('무훈시'의 '행위들')보다는 내면에 의해 결정되는 의식을 중시한다. 이를 위해 전형적인 영웅을 거부하고(17세기 '영웅 소설'과는 멀어진다), 외부 세계에서의 수련을 통해 점차적으로 성장해 가는 인물을 등장시킨다. "자기 자신을 알기 위해 세상으로 향하는 의식의 역사"라는 루카치(Lukàcs)의 정의(『소설의 이론*La Théorie du roman*』)와 같이, 성장 소설은 19세기 서사 문학의 전반적인 비영웅화를 잘 나타내고 있다. 유사한 변화가 회화에서도 이루어진다. 고야는 분명 18세기에서 19세기로 넘어가는 전환점에서 이 결정적인 변화를 가장 잘 보여주고 있는 화가다. 연작 판화인 〈전쟁의 참화*Désastres de la guerre*〉에서 고야는 -스페인에서 벌어진 나폴레옹 전투의 유혈 장면을 그리고 있는 〈1808년 5월 3일*Tres de mayo*〉과 마찬가지로- 페이소스를 강조하여 고통 중에 있는 사람들의 용맹스러움을 찬양하는 대신, 공포에 떨고 있는 한 목격자의 시점을 취하고 있다. 이 장면의 폭력성은 분명 회화적 수사학의 부재와 모든 담론을 배제하는 것처럼 보이는 화려하지 않은 표현을 통해 보장되고 있다. 쿠르베의 〈오르낭의 매장〉에 대해서도 같은 설명을 할 수 있을 것이다(삽화 XI 참조). 이제 회화의 주제는 '역사'를 벗어나는 것처럼 보이지만, 그리스도의 '매장' 모습을 그린 종교적 회화의 전통은 다시 되살아난다. 이러한 절대적인 모델과 관련하여, 그 방향전환의 효과는 강렬하다. 그림을 수평적으로 기울인 것(예를 들어, 카라바지오의 〈그리스도의 매장〉은 〈십자가에서 내려지는 예수〉의 수직적 크기를 그대로 유지하고 있다), 가능한 한 모든 빛을 배제한 것, 지극히 평범해 보이는 인물들의 얼굴과 태도, 대부분의 등장인물들에게서 찾아볼 수 있는 우수의 빛 등은 이 장엄한 종교적 의례로부터 의미작용을 박탈하고 있으며, 결과적으로 그것은 거의 가장행렬과 유사한 모습으로 나타난다. 이러한 변화의 문학적 적용을 우리는 플로베르에서 찾아볼 수 있다. 플로베르는 『마담 보바리』에서 여주인공의 매장을 그려내고 있는 것이다. 장면의 마지막에서는 샤를르의 절망의 깊이조차 찾아볼 수 없고, 단지 우수어린 감정에 가까운 낙담, 희극으로 변질되고 있는 낙담만이 있을 뿐이다. "사람들은 그녀를 운반했다. 그리고 아마도 다른 모든 이들처럼, 이 일이 끝났다는 것에 대한 막연한 만족감을 느끼면서 그의 마음은 이내 진정되었다."(제 3부 10장)

20세기 역사에 대한 환기가 여러 유명 작가들의 작품 속에서 바로 이러한 익살스러운 비극적 어조를 향해 나아가게 될 것임은 틀림없다. 그러나 이를 간단하게 보아서는 안 된다. '영웅적' 이야기는 -물론 여러 변화들과 함께- 말로의 작품에서 유지되고 있음이 분명하기 때문이다. 말로의 작품 속 등장인물들은 『인간조건』에서 암시되고 있는 '신의 욕망'에 따라 움직이고, 그들의 투쟁이 종종 실패로 끝나거나 고통 속에서 끝을 맺는다고 해도, 그것은 실존에 하나의 의미를 부여할 수 있는 유일한 것, 즉 위대함이라는 이름으로 이루어진다. 하지만 『밤의 끝으로의 여행』에서 셀린느는 완전히 반대되는 시각을 보여주고 있는데, 바로 영웅적 이상으로 인한 기만에 대해 끊임없이 문제제기를 하는 것이다. 이 작품에서 역사에 대한 태도는 끔찍한 순결 상실로 이해되고 있다. "우리는 쾌락에 대해 순결한 것처럼 '공포'에 대해서도 순결하다." 그렇기 때문에 예술은 더 이상 현실에 의미를 부여하는 소명 -혹은 권력- 을 갖지 않는다. 공동체에 초석을 제공하고 통합의 역할을 하는 거대 담론들(성서, 신화, 도덕적·우의적 전통들 등)의 전통을 이어 받은 문화적 모델들이 종언을 고함과 동시에, '포스트모더니즘'(철학자 리오타르(Jean-François Lyotard)가 대중화한 개념)은 더 이상 이전의 통일성에 대한 향수나 추억을 지닐 수조차 없을 만큼 흩어져버린 세상의 모습을 보여준다. 바로 이러한 상황 속에서 누보로망은 그 초기 독자들이 무의미하다고 이해했던 플롯을 내놓을 수 있었던 것이다. 이는 그 플롯이 평범한 사건들에 토대를 두고 있으며, 역사적 혹은 이데올로기적 쟁점들과는 관련이 없다는 점에서 가능했다. 극단적인 경우에 연대기적 불일치에 의해 바로 '역사'의 가능성이 부정되기도 했다. 베케트(Beckett)의 『고도를 기다리며*En attendant Godot*』의 이어지는 두 막(幕)에서는 같은 플롯이 반복되는 것처럼 보이며, 이로 인해 특정한 시간으로 그 둘을 연결시키는 것 자체가 불가능하게 되었으며, 작품 전체의 시간적 일관성도 결정할 수 없게 되었다.

추상화에 대한 평가는 몇몇 사람들에 의하여 예술가가 '역사'에 관한 문제를 제기하는 것을 거부하는 제스처로 해석될 수도 있었다. 이것은 자기 자신을 유지하는, 따라서 사라지는, 누구도 만나려 하지 않고자하는 방법인 것인가? 이에 대한 설명은 간단하다. 왜냐하면 추상이라는 개념은 본질적으로 미학적 목적에 부합하기 때문이다. 그럼에도 불구하고 20세기 예술이 역사적 대혼란에 단연 무관심해지는 것처럼 보이는 것은 사실이다. 물론 양차 대전, 집단 수용소, 알제리 전쟁 등이 작품을 탄생시키는 계기로 사용되기도 했다. 몇몇 예술가들은 자신의 작품에 직접적으로 연루되어 있다(포트리에(Fautrier)는 제 1차 세계대전, 무지치(Z. Music)는 제 2차 세계대전과 수용소에서의 경험을 그리고 있다). 하지만 다른 예술가들의 작품에서는 반향이 매우 미미했다. 필립 다장(Philippe Dagen)은 제 1차 세계대전에 직면하여 〈화가들의 침묵*Le Silence des peintres*〉 — 이는 그의 작품 제목이다 — 을 그려낼 수 있었다. 이 경우 예술가가 현재, 즉 이데올로기가 실패하던 시대에, '역사'에 관한 담론을 생산하기를 거부하고 있는 것임은 분명해 보인다. 예술가가 '역사'에 몰두하는 것은, 오히려 질문을 위한 것이다. '역사'가 될, 그러나 일시적으로는 이러저러한 사건이 될 추상적인 보편성을 추구하는 것이 아닌 것이다. '참여' 예술의 발전은 종종 확언된 것을 문제제기로 대체하는 것으로 이해된다. 사실상, 이러한 예술이 이상에 부합하도록 실현될 때 (그리고 만약 공적인 나치 '예술'과 '사회주의 리얼리즘'이라는 예술적 변이들을 별도로 떼어놓는다면), 예술가 혹은 작가의 발언은 특히 (사르트르적 의미에서의) '상황'에 대한 반응, 응답이며, 이는 카뮈가 명명한 '반항'이라는 것과 유사한 것이다. 이것은 개념적 구실들을 거부하는 의식의 저항인 것이다. 그림은 한 세기보다도 더 이전부터 이러한 길을 향했다. 즉, 고야뿐만 아니라 들라크루아(〈미소롱기 폐허 위의 그리스*La Grèce expirante* *sur les ruines de Missolonghi*〉), 마네(〈막시밀리안 황제의 처형 *L'Exécution de l'empereur Maximilien*〉), 그리고 피카소(그의 유명한 작품 〈게르니카*Guernica*〉는 동시대의 스페인 독재자로부터 영감을 얻은 풍자적 동판화집 〈프랑코의 꿈과 거짓*Songes et mensonges de Franco*〉을 상기시킬 것이다)까지 이어지는 길인 것이다.

초상화

초상화가 회화 장르 분류에 있어서 역사화 다음으로 두 번째 위치를 차지하고 있다면, 그것은 초상화가 나타내는 인물들의 걸출함 때문이다. 이 장르는 오랫동안 역사의 주요 인물들, 즉 왕 혹은 전쟁 수장(首長)을 위한 것이었다. 더불어 초상화는 성스러운 것들을 표현하는 역할을 수행하기도 했다. 한 인물의 이미지를 창출하는 것은 어떤 의미에서 보면 신성한 영역에 해당되는데, 성서에 따르면 하나님은 정확히 '자신의 형상대로' 인간을 만들었기 때문이다. 이처럼 초상화는 인간 존재의 가장 영적인 부분을 담지 하고자 시도한다. 초상화가 죽음에 대한 사유와 끈질긴 변증법을 유지하는 것도 이러한 이유 때문이다.

[초상화와 죽음]

『수상록』의 첫 부분 '일러두기'에서 몽테뉴는 거의 회화적인 것에 가까운 계획을 발표한다("그림을 그리는 사람은 바로 나다."). 그의 계획은 개인적인 관심을 토대로 하고 있다. 그에 따르면 이 책은,

> (…) 다만 나의 집안들이나 친구들의 편의를 도모하기 위한 것으로, 내가 세상을 떠난 뒤에 (오래잖아 그렇게 되겠지만) 그들이 내 어떤 모습이나 기분의 몇 가지 특징을 이 책에서 찾아보며, 나에 대해 알고 있는 지식을 더 온전하고 생생하게 간직하도록 하려는 것이다.

작가의 이러한 발언은 자연스럽게 그가 발표하는 작품은 독자를 위한 것이 아니라는 것을 명확히 하고 있는 것처럼 보인다. 하지만 이러한 구실은 오히려 초상화를 그리는 행위와 죽음에 대한 관심 사이에서

생겨나는 상징적 관계를 더욱 더 강조한다. 초상화는 미래의 죽음 앞에 서 있는 살아있는 자를 포착하며, 이는 변함없는 모습을 후대에 남겨주기 위함인 것이다. 문학적 초상화는 이러한 긴장을 훨씬 더 잘 표현해낸다. 롱사르는 프랑수아 1세의 사망한 첫째 아들에게 '장례를 위한 초상화'를 헌사한 적이 있고, 또한 앙리 3세의 정부인 마리 드 클레브(Marie de Clèves)의 죽음을 맞아 쓴 〈마리의 죽음에 관하여*Sur la mort de Marie*〉도 시적 '무덤(tombeau)'에 들어갈 초상화로 구성된 것이다. 생시몽(Saint-Simon) 공작은 실제 인물들에 대해 초상화와 같은 여러 묘사를 했다. 하지만 앙리 부이에(Henri Bouillier)가 명시했듯, 생시몽 공작은 "대체적으로 인물의 묘사를 위해 그 인물의 죽음을 기다린다."(『초상화와 거울*Portraits et miroirs*』) 마찬가지로 보들레르가 들라크루아의 모습을 가장 인상적으로 묘사한 것은 1863년 그에게 바친 부고 기사에서였다. 시인 쉬페르비엘(Supervielle)이 어머니 -불과 8개월 전에 사망한 어머니- 에게 바친 시 〈초상화〉(『중력*Gravitations*』) 역시 마찬가지이다.

> 어머니, 마치 사자(死者)들을 찾아 헤매는 것처럼 막연합니다.
> 내 영혼은 방황하고 있습니다.
> 그 가파른 얼굴들, 그 고난들과 시선들.
> (…)
> 나는 그토록 강하게 당신이었고, 그토록 연약하게 나였습니다,
> 그리고 그토록 서로에게 묶여있는 우리는 함께 죽었어야 했을지도 모릅니다.
> 마치 반쯤 물에 잠긴 두 명의 선원이 수영을 하지 못하게 서로 방해하는 것처럼.
> (…)

여기에서 시인은 에우리디케를 찾는 '지옥의 오르페우스'와도 같다.

그림은 죽음을 통한 초상화의 이러한 문제 제기를 벗어날 수 없다. 그것이 공적이건 사적이건 간에 초상화의 가장 명백한 기능은 인물의

얼굴을 변함없도록 고정시키고, 예술을 통해 존재의 유한성으로부터 벗어나도록 하는 것이기 때문이다. 알베르티(Alberti)는 그림은 "그 안에 완전히 신성한 힘을 지니고 있어, 우리가 우정에 대해 이야기하는 것과 마찬가지로, 부재하고 있는 것들을 현재(現在)하도록 해줄 뿐만 아니라, 수세기 후에도 사람들에게 고인들을 보여줄 수 있다."(『회화론』)고 말했다. 초상화와 죽음의 결합은 이 장르의 가장 일반적인 특징 중 하나이다(이상하게도 에두아르 포미에(Edouard Pommier)의 저서인 『초상화 이론*Théories du portrait*』을 제외하고는 이 사실을 강조한 저작을 찾아보기가 어렵다). 성인들의 수많은 순교 장면은 화가들에게 때로 매우 밀도 있는 초상화를 그릴 수 있는 기회를 제공하였는데, 그것은 바로 사형수의 얼굴 속에서 사건의 의미가 명확해지고, 죽음의 양상에서 영적 속죄로의 이행이 파악될 수 있기 때문이다. 이와 같은 도상의 기원에는 자연스럽게 십자가에 못 박힌 그리스도의 형상이 자리 잡고 있으며, 그 표현은 구원이라는 상징을 담고 있다. 마찬가지로 〈유디트와 홀로페르네스*Judith et Holopherne*〉를 소재로 한 수많은 작품에서 죽음의 공포는 초상화의 회화적 밀도와 밀접하게 연관되어 있는 것처럼 보인다. 아르테미시아 젠틸레스키(Artemisia Gentileschi)의 그림에서는 로마 장군의 잘려진 머리가 피로 뒤덮인 검을 지닌 젊은 여인의 몸 앞에 클로즈업으로 부각되어 있다. 또한 성 요한의 잘려진 머리가 담겨있는 접시 가까이에 있는 살로메를 묘사한 그림 속에서도 이와 같은 상징적인 매력이 드러나고 있다.(귀스타브 모로의 〈환영*L'Apparition*〉) 카라바지오의 작품 〈다윗*David*〉에서 초상화를 통해 불멸하게 된 고인의 모습 속에서 자신의 모습을 나타내는 사람은 바로 화가이다. 왜냐하면 오늘날 비평가들은 전경(前景)에 놓인 골리앗의 모습 속에서 화가의 자화상을 발견하고 있기 때문이다.

그렇기 때문에 초상화보다 더 많은 상징을 담아내고 있는 장르는 아마도 없을 것이다. 아라공(Aragon)은 이를 『오렐리앙*Aurélien*』에서 훌륭하게 보여주고 있다. 이 소설은 역설적인 반(反)초상화 묘사로 시작된다. "오렐리앙이 베레니스를 처음 보았을 때, 그는 솔직히 베레니스가 못생겼다고 생각했다." 다음에 이어지는 줄거리는 이러한 첫인상에 대한 정정으로 읽혀질 수 있는데, 특히 오렐리앙이 환상 속에서 베레니스가 그에게 보낸 석고로 된 가면을 만드는 광경을 다시 체험하는 장면에서 그러하다. "그녀는 그를 위해 이러한 비극적인 놀이에 뛰어들었다. 그녀는 제조공의 집에 있었고, 눈을 감은 채로 누워 있었다. (…) 그는 그녀를 향해 몸을 구부리고 있었기 때문에, 그녀의 흐리멍텅한 눈 속에서 그녀가 그를 사랑하고 있다는 것을 읽을 수 있었다."(제45장) 모든 대목은 상징적으로 그 가면에 새겨져 있는 죽음의 징후인 동시에 살아있는 얼굴에서 볼 수 있는 에로티즘의 흔적인 '에로스와 타나토스(Eros et Thanatos)'의 관계를 활용하고 있다.

[문학과 미술에서의 초상화]

한 편의 그림은 전체적으로 하나의 초상화가 될 수 있지만, 초상화가 작품의 전체적 구조 속에 포함되는 문학 텍스트의 경우는 그 사정이 다르다. 예를 들면, 이야기는 전통적으로 행위에 우위를 부여한다. 행위에 관련해서만 인물의 유형, 부차적으로는 그 인물에 대한 묘사가 정의되는 것이다. 필연적으로 서술과 묘사의 교차점에 위치하는 초상화는 전체 구조 속에 끼워 넣어진 이야기 속에 존재한다. 초상화는 묘사를 위한 중지, 여담에 개입하거나 여러 에피소드들 사이에 분산될 수 있다. 『신엘로이즈』의 독자들이 여주인공의 초상화를 보게 되는 것은 그녀가 생프뢰와 주고받는 편지를 통해서이다. '손', '금발머리', '공기', 시선에서 느껴지는 '열정'은 단편적으로 나타나고, 이 모든 것들은 사랑의 기술을 상기시킨다. 한편 루소의 소설에서는 17세기부터 사랑을 주제로 한 문학의 '토포스'로 인정된 소재가 자리를 확고히 하고 있는 것처럼 보인다. 즉 사랑받는 존재에 대한 회화적 묘사가 줄거리 속에 개입하는 것이다. 예를 들어, 『신엘로이즈』의 22편, 24편, 25편(제2부)은 쥘리의 초상화를 보낼 때 생프뢰의 반응을 그려내고 있다. 예술에 대한 루소의 침묵 -그는 무엇보다 예술을 인공적인 것으로 간주했다- 을 대변하는 주인공은 한 때 그림에 매혹되기도 하지만 이내 그림이 가진 기만하는 듯한 모방적 속성에 대해 분노를 표출한다. "내가 그림을 비판하는 첫 번째 이유는 그것이 당신을 닮았으면서도 정작 당신은 아니라는 것입니다. 또한 당신의 형상을 담고 있으면서도 만질 수 없다는 것이지요." 이전 세기에, 라파예트 부인(Mme de La Fayette) 또한 두 편의 소설에서 초상화를 개입시킨 적이 있다. 『자이드*Zaïde*』의 여주인공은 신비로운 초상화를 가지고 있었는데, 잇달아서 두 번이나 사라진 이 초상화는 결국에는 그녀의 미래 배우자의 초상화였음이 밝혀진다. 그리고 『클레브 공작부인*La Princesse de Clèves*』에서 이른 바 '비밀 초상화'라고 알려진 일화는 느무르와 클레브 부인의 사랑을 가장 잘 드러내주는 장면들 중 하나로, 여기에서 중요한 것은 이처럼 물신화된 대상의 역할이다. 고골(Gogol)의 '초상화'(『뻬쩨르부르그 이야기』)에서 나탈리 사로트(Nathalie Sarraute)의 『미지인의 초상화*Portrait d'un inconnu*』에 이르기까지 -그중에서도 특히 에드가 앨런 포(Edgar Poe)의 '타원형 초상화(The Oval Portrait)'와 오스카 와일드(Oscar Wilde)의 『도리안 그레이의 초상*The Picture of Dorian Gray*』- 초상화 자체가 이야기의 제목이 되기도 한다. 생트뵈브가 『현대 초상*Portraits contemporains*』, 『여인들의 초상*Portraits de femmes*』, 『문학적 초상화*Portraits littéraires*』를 출판했을 당시, 초상화는 문학 비평의 한 분야가 되기까지 했다.

이 작품들은 '초상화'가 문학사에서 뒤늦게 인정되음을 보여주고 있는데, 이와는 반대로 15세기 말부터 초상화는 푸케, 클루에, 뒤러, 홀바인, 티치아노, 루벤스, 반다이크, 벨라스케스, 렘브란트, 프라고나르, 고야, 마네, 마티스, 피카소, 자코메티, 베이컨 등 명망 있는 화가들을 하나로 결합시키면서 진정한 회화 전통에 근거를 제공했다. 초상화를 그리지 않은 위대한 화가들은 거의 없다고 전해진다. 일반적으로 회화에서의 근대적 초상화는 네덜란드에서 15세기에 탄생한 것으로 알려져 있으며, 이는 정신분석에서의 기교적 전통, 그림의 사실주의적 세심함(알브레히트 뒤러의 작품에서 볼 수 있을 것이다), 유화의 글라시 기법으로 인한 투명 효과의 혜택을 받게 된다. 레오나르도 다 빈치는 빛의 작용으로 표현되는 포즈를 선택함으로써 완전히 색다른 세심한 기법을 보여주고 있다. 그리하여 초상화는 개인적인 주문의 증가와 수집가들의 시장에 대한 개입 덕분에 하나의 회화 장르로 인정받게 된다. 특히 루벤스는 이로 인해 성공을 거두게 되는데, 그는 명망 높은 출자자들을 위해 일을 할 수 있게 된다. 17세기부터는 두 가지 단계를 주목할 만하다. 첫 번째로는 네덜란드에서의 그룹 초상화의 발전 -프란스 할스(Frans Hals)는 이 분야의 전문가가 되며, 렘브란트의 〈야간 순찰〉도 그룹 초상화 장르에 속한다- 이고, 두 번째는 프랑스에서의 -특히 베네치아 출신 화가 로살바 카리에라(Rosalba Carriera)의 영향을 받은- 파스텔 기법의 발전이다. 이 기법으로 인해 앵그르의 초상화에서 볼 수 있는 부드러운 마무리의 미학이 유행하게 되었다. 19세기 동안 초상화는 계속되었지만, 다른 장르들과 마찬가지로, 중요한 미학적 쟁점 속에 녹아드는 경향이 있었다. '야수파' 초상화와 티치아노의 초상화보다 초상화와 '야수파' 풍경화 사이에 더 많은 유사성이 있음에는 틀림없다. 예를 들어, 마티스, 피카소, 자코메티, 앤디 워홀, 로이 리히텐슈타인 등은 -성상파괴적임에도 불구하고- 인간의 모습에 대한 의문과 조형적 실험을 중시하는 경향을 따르고 있다.

물론 투키디데스, 살루스트, 타시투스, 플루타르코스, 수에톤과 같은 고대 역사가들이 역사 속의 주요 인물들의 모습을 생생하게 묘사한 바 있지만, 문학적 초상화의 역사는 훨씬 더 최근의 일이라고 할 수 있다. 문학적 초상화는 테오프라스토스가 『성격론』에서 인간 유형에 대해 정의 내리려고 시도한 것과 마찬가지로 본래 교훈적인 목적을 지니고 있다. 플루타르코스는 특별한 사람들의 삶에 대해 이야기하면서(『영웅전』) 도덕적 질서 속에서 두드러지는 특징들만을 받아들였을 뿐이다 : "각 사람의 인생을 그려내기 위해 그 사람의 영혼이 드러나는 사실들에만 집중할 수 있으면 좋으련만"(〈알렉산더의 삶〉) 서사시의 등장인물들 또한 마찬가지로 상징화되고, 보편적 덕목들로 특징화되며, 더 나아가 항상 그들의 내면보다는 행위와 관련하여 정의된다. 『롤랑의 노래』에서 묘사된 흰 수염을 지닌 샤를마뉴의 모습처럼, 중세 초상화는 "각종 전형들로 가득하다. 로게(Y. Roguet)에 따르면 이 전형들은 개인과 그 개인의 현실에 대한 중세의 무관심"을 잘 보여준다(『문학적 초상화』). 반면 르네상스 시대에는 개인이라는 개념이 부각되었으며 이는 초상화에 대한 문학 기법의 발전으로 해석될 수 있을 것이다. 회화에서의 초상화가 전례 없이 비약적으로 발전하여 세련되어지고, 플랑드르와 이탈리아의 영향을 동시에 받아 깊이를 더해갔던 반면, 문학은 끊임없이 인간의 형상을 가장자리로 내몰았다. 라블레가 바로 그 예를 보여주고 있다. (역사적, 지리적, 사회학적 등) 수많은 양상으로 보아 '사실주의적'이라고 할 수 있는 이 작가는 등장인물들을 참되게 묘사하지 않는다. 다소 발전한 초상화의 혜택을 입은 파뉘르주(Panurge)를 제외하고, 모든 등장인물들은 서사시의 영웅들과 마찬가지로 행위를 통해서만 파악될 수 있을 뿐이다. 많은 경우에 있어서 존재의 본질이 단순히 이름을 통해 드러나는 것을 볼 수 있다. '투크디용(Touquedillon)'(문자 그대로, '멀리서 치기(touche de loin)'라는 뜻으로, 비겁한 전사의 전형이다), '카레슴프르낭(Quaresmeprenant)'(이 이름은 언제나 자기 자신에게 가하는 고행을 나타낸다)은 심리적 정의를 대신하고 있다.

문학에서의 초상화 기법이 탄생하기 위해서는 무엇보다도 마들렌과 조르주 드 스퀴데리의 『키루스 대왕*Le Grand Cyrus*』과 함께 르네상스 시대의 시와 특히 프레시오지테(Préciosité)의 등장을 기다려야 할 것이다. 프레시오지테 살롱들에서는 지성과 복잡한 양식을 겸비한 사교계 예술의 일환으로 자화상과 수수께끼 초상화가 종종 그려지곤 했다. 마드모아젤 드 몽팡시에(Mlle de Montpensier)는 1659년 『그림 화랑 혹은 초상화 모음*La Galerie des peintures ou Recueil des portraits*』을 출판하는데, 이 작품에서 우리는 특히 라파예트 부인이 묘사한 세비녜 후작 부인(marquise de Sévigné)의 초상화를 볼 수 있다. 문학적 초상화가 확립되던 시기는 바로 이 시기이다. 문학적 초상화는 모랄리스트 사조의 도움을 받게 된다(라퐁텐의 『우화집』과 특히 라 브뤼예르의 『성격론』은 인물들의 내면과 외면의 지속적인 관계를 추구한다는 점에서 초상화 기법의 성격을 띠고 있다). 또한 이러한 변화는 '인간의 마음'에 대한 연구를 지향하는 문학의 경향과도 관련되는데, 이로 인해 라파예트 부인에서 나탈리 사로트에 이르기까지 정신 분석 소설이 성공을 거두게 된다. 발자크의 등장과 함께 문학적 초상화의 미학, 기법, 나아가 이데올로기는 정착기에 접어들게 된다. 전지적 작가가 차지하고 있는 지배적인 위치를 기점으로, 등장인물은 일련의 유형들로 분류되고, 이러한 유형들로 인해 명확한 보편성 속에 인물의 특성이 드러나게 된다. 일관성에 따른 효과는 두 가지 주요 결정 사항에 따라 더 확실해진다. 하나는 인물의 성격과 외양이 일치한다는 이론을 정립하는 '관상학'이고, 다른 하나는 등장인물과 그가 생활하는 환경 사이의 상호적 영향 관계(이에 대한 가장 좋은 예는 『고리오 영감』의 첫 부분에서 볼 수 있는 보케르 하숙집에 대한 묘사이다)다. 이러한 토대 위에서 문학적 초상화는 지속적으로 명맥을 유지하게 된다. 프루스트, 조이스, 카프카 그리고 누보로망을 통해 등장인물의 개념이 문제시되는 시대가 오기까지는 말이다….

[화려한 초상화]

초상화라는 장르는 주제와 기능에 따라 그 범위가 매우 넓다고 할 수 있다. 발자크식 묘사는 주요 인물들의 소개 부분에서 전신 초상화와 유사한 점을 보인다. 특히 그랑데에 대한 묘사에서 우리는 이러한 특징을 살펴볼 수 있다. 그랑데는 그에 대한 시선이 아래에서 위로 올라감에 따라 그의 재산의 일부분인 포도나무 중 한 그루와 유사하게 묘사되고 있다.

그랑데는 키가 5피트인 남자로, 작달막하고 각이 졌으며, 32.4cm 둘레의 장딴지를 가지고 있고, 뼈가 앙상한 무릎과 넓은 어깨를 가지고 있었다. 그의 얼굴은 둥글고, 구릿빛이며, 작은 수두 자국이 있었다.

(『외제니 그랑데*Eugénie Grandet*』)

이와는 정반대로 많은 소설가들이 초상화를 교차시키고 포개어 놓아, 단체로 등장하는 장면에서 인물들은 –종종 원경(遠景) 묘사로– 순식간에 개괄적으로만 묘사될 수 있을 뿐이다. 이는 19세기에 무도회, 연극, 오페라 혹은 전원 산책(예를 들어 샹젤리제에서의 산책) 장면에 있어서 토포스[73]가 되기까지 한다. 스탕달과 플로베르는 이와 같은 복

73) topos: 문학의 전통적인 주제나 사상을 일컫는다.(역주)

잡한 묘사 기법을 성공적으로 표현해냈다. 하지만 초상화가 가장 어려운 기법 중 하나로 여겨지는 회화에서는 그 사정이 다르며, 화가는 자연스럽게 묘사해야할 얼굴의 수를 줄이는 경향이 있다. 그러므로 회화에서의 고전적 초상화는 일반적으로 단 한명의 인물을 대상으로 한정시키며, 이러한 고립은 암시적인 포즈, 시선의 강도, 상대적인 추상 기법에 삶의 움직임을 다시 끌어들이는 빛의 작용에 의해 균형 잡힌다. 여러 인물들이 묘사된 회화에서의 초상화는 주의를 더 많이 끌어들인다. 피터 브뤼겔(Peter Breughel)의 〈세례 요한의 설교*Le Serment de saint Jean-Baptiste*〉(부다페스트 보자르 미술관 소장)와 같은 작품은 그 시대에 매우 이례적인 작품이라고 할 수 있다. 단체로 등장하는 인물들이 전경(前景)에 위치하고 있어 일련의 개별적 초상화들이 늘어서 있는 듯한 느낌을 주며, 관람객의 눈에는 세례 요한의 모습이 아닌 양쪽으로 나타나는 인물들의 모습이 보이게 된다. (십자가에 매달린 그리스도의 극심한 고독의 경우를 제외하고 언제나 여러 인물들을 등장시키는) 성스러운 역사의 전형적인 장면들을 제외하면, 여러 명이 등장하는 초상화는 17세기 네덜란드에서 유행한 그룹 초상화와 가족 초상화들을 통해 그 명맥을 유지하게 된다. 특히 가족 초상화는 부르주아 계급이 그림에 관심을 갖기 시작함에 따라 증가하는 경향을 보인다. 예를 들면, 얀 반 에이크의 〈아르놀피니의 결혼〉에서 볼 수 있는 부부의 모습 혹은 루벤스의 〈예술가와 그의 부인 헬레나 푸르망 그리고 아들 프란스의 초상*Portrait de l'artiste avec sa femme Hélène Fourment et son fils Frans*〉에서 볼 수 있는 가족과 아이들의 모습이 그것이다. 뿐만 아니라 '풍속화' 역시 여러 사람을 등장시키는 초상화의 장을 마련해 준다. 예컨대 '시골 풍속화'에서 볼 수 있는 길거리 혹은 여인숙 장면(민중의 삶을 담은 장면들), 카드놀이를 하는 사람들, '풀밭 위에서의 점심식사', 무도회, 콘서트 혹은 오페라 등이 그것이다.

이처럼 다양한 형상들 가운데 두 가지의 서로 대비되는 경향이 나타난다. 그 하나는 내면과 관련되어 그 기능이 종종 주관적인 것으로 특징지어지는 자화상이고, 다른 하나는 장중하고 과장된 성격을 지닌 화려한 초상화이다. 화려한 초상화는 주로 군주의 힘을 상징하기 위한 목적으로 그려졌으며, 미술과 문학에서 공통적으로 나타난다. 여전히 미술관에서 위용을 자랑하는 그림들과는 달리 오늘날 찬양조의 문학은 학교 교육 과정에서도 거의 다루어지고 있지 않지만 말이다. 마르그리트 드 나바르(Marguerite de Navarre)의 경우, 그의 작품 〈라 코슈*La Coche*〉에서 그의 형제인 프랑수아 1세를 찬양하는 교훈적인 초상화를 보여주고 있다.

(…)
땅이 기뻐한다, 그 누구도 가지지 못한
아름다움을 지닌 그를 보면서,
(…)
하늘이 낮아지고, 그리고 억제된 사랑으로,
이 인물을 찬미하고 보기위해 온다
그렇게나 많은 덕으로 칭송받는 그를…
(…)
그는 인자하며, 온화하고, 자신의 위대함에 대해 겸손하다
(…)
요컨대 그만이 왕이 될 자격이 있다
(…)

도덕적 자질의 열거는 초상화의 기능과 그 맥을 같이한다. 모든 묘사는 마치 그림과 같이 시선을 끄는 표현들을 사용하여 왕이라는 인물을 '하늘'에 비견될 만큼의 '모범'으로 만들고자 한다. 프랑스 회화의 가장 유명한 화려한 초상화 중 하나는 분명 장 클루에(Jean Clouet)가 그린 '프랑수아 1세(François Ⅰer)'의 그림일 것이다.(삽화 Ⅳ 참조) 기념비적인 이 초상화에서는 왕의 상반신이 화폭 -그를 담아내기에는 너무 좁아 보이기까지 한다- 을 가득 채우고 있다. 장 푸케(Jean Fouquet)가 〈샤를르 7세의 초상*Portrait de Charles Ⅶ*〉에서 이미 사용한 바 있는 배치를 차용한 이 작품에서 프랑수아 1세의 머리는 둔중한 상반신에서 튀어나와 있고, 상반신은 사다리꼴로 배치되어 있으며,

빨간색 다마스크 천으로 된 배경에서 부각되고 있다. 성 미카엘 기사단 목걸이가 부각되고 있는 옷의 자수에서 뚜렷하게 나타나는 화려함에 권력이라는 이미지가 결합되어 있으며, 이는 '근대' 초기의 특징이라 할 수 있다. 그림 아래쪽에 위치하고 있고, 4분의 3쯤 보이는 머리와 대치되어 있는 두 손은 장갑과 칼 손잡이를 쥐고 있으며, 여기에서 왕의 권력을 상징하는 것들이 압축되어 나타나고 있다. 얼굴 자체는 회화적으로 다른 부분보다 잘 표현되어 있지는 않다. 다시 말해서 화려한 초상화는 정체성을 추구하기보다는 하나의 지위를 표현하고 이를 찬양하는 목적을 갖는 것이다.(더구나 이러한 유형의 초상화는 많은 포즈가 요구되는 것이 아니다. 초상화는 일반적으로 뛰어나면서도 매우 명확한 초벌그림으로부터 구현되었다.)

그렇다고 해서 이러한 초상화에서 정신적 통찰이 부재했던 것은 아니다. 프랑수아 1세의 얼굴은 힘, 통찰력, 그리고 거의 오만함이 느껴질 정도의 도전적 인상과 더불어 극도의 자제력을 동시에 표현하고 있다. 하지만 이러한 유형의 초상화는 특히 권력에 대한 찬양과 권력의 표현으로 볼 수 있다. 이러한 이유로 이 장르는 군주제가 중심이 되는 17세기에 증가하였으며, 권력의 과시에 대한 표시로 기능했다. 이는 이데올로기에 의해 큰 영향을 받은 미학에서 비롯된 것으로, 르 브룅의 〈세기에 수상의 초상*Portrait du chancelier Séguier*〉, 루이 14세의 초상화들 그리고 보쉬에(Bossuet)에서 이아생트 리고(Hyacinthe Rigaud)에 이르기까지의 초상화들, 또한 필리프 드 샹페뉴의 유명한 작품인 리슐리외(Richelieu)의 초상화 등도 이러한 경향에 속한다. 리슐리외 초상화에서 추기경에 대한 묘사는 자줏빛 의상을 중심으로 액자식으로 놓여있는 삼각형 형태를 기점으로 전체적으로 피라미드식으로 구성되어 있다. 앵그르도 〈왕좌에 앉은 나폴레옹 1세*Napoléon Ier sur le trône impérial*〉를 그릴 때, 같은 목적과 제약들을 따랐을 것으로 보인다. 또한 앵그르가 〈베르탱의 초상*Portrait de monsieur Bertin*〉을 그릴 때, 그림의 피라미드식 구성, 거만한 얼굴의 표현, 손을 상징적으로 명시하고 있는 것은 화려한 초상화가 사회의 변화를 따라 부르주아 계층을 칭송하기 위해서도 사용되었음을 보여준다.

이와 같은 이유로 화려한 초상화는 좀 더 광범위한 상징적 초상화라는 범주에 포함될 수 있다. 상징적 초상화는 명백히 문화적, 사회적, 정치적 코드로서의 인물의 표현에 초점을 맞추고 있다. 정치적 초상화와 비교하여, 이 범주에 신화, 전설 그리고 고대 문화로부터 영감을 받은 초상화를 위치시킬 수 있을 것이다. 수산나(성경에서 영감을 받은 〈수산나와 노인들*Suzanne et les vieillards*〉의 여러 버전), 오르페우스, 유디트와 루크레티우스(미셸 레리스가 『성년*L'Âge d'homme*』에서 상징적으로 차용한 인물들), 메니포스와 이솝(각각 벨라스케스가 그린 바 있다), 아리스토텔레스와 호메로스(렘브란트의 작품 〈호메로스의 흉상을 응시하는 아리스토텔레스*Aristote contemplant le buste d'Homère*〉 참조) 등이 그 예라고 할 수 있다. 19세기 말 여자 인물은 종종 개인적인 특징이 부여되지 않고 상징화되는 식으로 표현된다. 귀스타브 모로 작품에서 볼 수 있는 요정, 밀레이(Millais)의 오필리아, 펠리시앙 롭스(Félicien Rops)의 요부 등이 그 예다. 초상화는 상상에 의해 미리 구성되고, 특별한 전형을 향해 나아가게 된다. 따라서 상징적 초상화는 무엇보다도 코드화된 장르인 것이다. 초상화는 그 자신이 과시적인 방법으로 지지하고 있는 하나의 담론에 포함된다. 이러한 이유로 초상화는 롤랑 바르트가 '오브비(obvie)'(『오브비와 옵투스*L'Obvie et l'Obtus*』) 이미지라고 명명하는 것에 속하며, 이러한 점에서 '오브-신(ob-scène)'라고 명명할 수도 있을 것이다. 다시 말해서 효과에서만큼이나 기법에서도 너무나도 명백하게 나타나며, 미학적 모호함을 거부하고 있는 것이다. 이와 같은 코드의 함축은 자연스럽게 위대한 작가들에게서 볼 수 있는 전복에 적합하다. 생시몽에게서 수차례 나타나는 조소의 표현은 회화에서는 흔하지 않은데, 왜냐하면 그림은 후원자의 의견을 철저히 따르기 때문이다. 우리는 고야가 〈샤를르 4세의 가족 초상*La Famille de Charles IV*〉을 그릴 때 보여주었던 과감함 앞에서 더욱 더 감탄하게 되는데, 그 이유는 그의 작품이 화려한 초상화의 명백한 방향전환을 보여주는 걸작이며, 예전 티치아노와 벨라스케스의 스페인 궁정을 그린 작품들 중에서도 고야의 작품에 상응하는 것을 찾아볼 수 없기 때문이다.

[자화상]

자화상은 화려한 초상화와는 반대되는 특징을 보여주는데, 대체로 장식적 화려함 대신 내면적 본질을 추구하기 때문이다. 자화상은 -시기상으로는 좀 더 늦지만- 문학의 자서전에 상응하는 것으로 간주될 수 있다. 잘 알려진 바와 같이 성 아우구스티누스(saint Augustin)의 『고백록 *Confessions*』에서 몽테뉴의 『수상록』을 거쳐 장 자크 루소의 『고백록』에 이르기까지, 자아(自我)에 관한 문학은 점차적으로 호교론적이고 철학적인 야망으로부터 해방되었는데, 이는 자신만의 역사와 집단적 코드로 환원될 수 없는 내면적 기질에 사로잡힌 작가라는 단 한명의 인물에 집중하기 위함이었다. 자서전 장르는 19세기부터 크게 성공을 거두었고 오늘날 특히 세르주 두브로프스키(Serge Doubrovsky)가 제시한 '자전적 허구(autofiction)'라는 개념의 덕택으로, 여전히 여러 변화들을 겪고 있다. 미술에서 자화상은 화가들의 전통적 지위에 관한 문제와 연관되어 르네상스 시대에서야 가까스로 인정받게 되었다. 자신의 초상화를 그린다는 것, 그것은 성서 이야기 속 등장인물들과의 신성 모독적 경쟁에 돌입하는 일이기도 했으며, 그림 속에 자신이 등장하기를 지속적으로 요구하는 후원자와 경쟁하는 것이기도 했다. 따라서 예술가의 입장에서는 이러한 난관을 뚫고 나가기란 여간 어려운 일이 아니었다. 그렇지만 중세 말기부터 이러한 관행이 -물론 은밀한 방식으로, 또는 성스러운 이야기를 통한 상징적인 방식으로- 실행되었던 것 역시 사실이다. 예컨대 화가는 〈성모마리아를 그리는 성(聖) 누가〉의 모습 속에서 자신을 드러낼 수 있었던 것이다. 또는 그림에 등장하는 인물들 속에 화가 자신을 포함시키는 격자구조가 사용되기도 했다. 간접적인 자화상을 그리는 방식은 그 후에도 여전히 사용된다. 벨라스케스는 그림의 중심에 위치한 왕 부부를 멀리 거울 속에 비친 모습으로 작게 그린 〈라스 메니나스*Las Meninas*〉로 강한 인상을 남겼다. 렘브란트는 〈야간순찰〉에 교묘하게 등장하고 있으며, 마찬가지로 다비드(David)도 〈나폴레옹 1세의 대관식*Le Sacre de Napoléon I er*〉에 등장한다. 이러한 사실은 화가의 과감성을 드러내줌과 동시에, 우회적인 방식을 통해 자신을 작품 속에 등장시킨다는 점에 있어서는 화가의 망설임을 보여주기도 한다. 이러한 망설임은 푸생의 작품에서 뚜렷하게 나타난다. 푸생의 후원자인 샹틀루(Chantelou)는 그에게 자화상을 의뢰하였는데, 푸생은 끊임없이 편지에서 그 계획을 실행하는 것에 대한 난처함을 표했다. 그의 편지에 따르면, 그 작업은 그의 마음에 별로 들지 않는 작업이며, 이 작업의 실행 역시 호의가 아닌 복종과 충성으로 이루어지는 것이었다.("이 그림은 당신에 대한 나의 종속의 표시로 제작된 것입니다." 1650년 5월 29일 샹틀루에게 보내는 편지)

미술에서 최초의 자화상은 뒤늦게 등장했다. 장 푸케의 자화상은 원형으로 배치되어 있고 옆모습을 메달 형식으로 표현하였는데, 1451~1455년에 프랑스에서 제일가는 자화상 중 하나였다. 그렇지만, 회화에서의 자화상은 개인이라는 근대적 개념의 탄생과 예술 작품의 주관화에 힘입어 16세기부터 큰 성공을 거두게 된다. 뒤러의 자화상은 예술가가 이러한 지위 향상을 통해 어떤 도덕적이고 상징적인 혜택을 얻을 수 있었는지를 보여준다. 정면을 바라보고 있으며, 작업복이 아닌 예복을 입고 있는 화가의 모습은 마치 화려한 초상화에서처럼 화폭의 대부분을 차지하고 있다. 몇몇 해설자들은 1500년 대 자화상 속에 나타난 화가의 모습을 그리스도의 형상과 동일시하기도 한다. 루벤스와 반다이크의 자화상은 모두 사회적, 이데올로기적 승리를 연출하였는데, 결국 화가라는 직업에 대한 모든 대상지시가 사라지게 되는 역설적인 상황이 벌어지게 된다.

한편, 우리는 렘브란트가 화가의 옷차림으로 그림 속에 등장한 작품을 통해 그가 얼마나 과감했는지를 알 수 있다. 그는 화가로서의 자신을 바라보고자 했고, 이는 사회적 승리를 쟁취하거나 그것을 기념하기 위한 것이 아닌, 예술이라는 여과장치를 통해 자신의 정체성에 대한 질문을 던지기 위함이었다. 그림은 더 이상 명성을 위한 도구가 아닌, 자신을 관찰하는 시각적 수단이 되었던 것이다. 렘브란트는 일생동안 자화상을 끊임없이 그렸고 -그는 당시 이와 같은 작업으로 명성을 얻은 유일한 예술가였다- 그의 계속되는 자화상은 일련의 회화적 자서전으로 받아들여질 수도 있다. 그의 자화상 작품들은 결코 풍부하지도

숙달되지도 않은 기법으로 삶의 곡선을 그려내고 있다. 이러한 특징은 노쇠한 사람의 모습을 그린 마지막 작품들에까지 나타난다. 다시 말해 렘브란트와 함께 의문의 자화상, 마치 칼로 그린 그림처럼 고통스러운 내면을 파고드는 자화상이 시작된 것이다. 고야가 그린 얼굴들, 인간이 끔찍하게 서로 얼굴을 맞댄 형상이 두드러지는 반 고흐와 베이컨의 자화상이 벌써부터 윤곽을 드러내게 된 것이다.

[초상화의 두 가지 도전: 내면성과 시간성]

초상화가의 대담한 계획은 외양 뒤에 숨겨진 것을 드러내고, 그것이 감추고 있는 것을 투명하게 드러내는 데 있다. 물론 이것은 화려한 초상화 -오직 재현의 질서 속에서만 규정되는- 의 경우는 아니다. 반면 사적인 초상화와 자화상은 언제나 내면과 외면의 관계를 다룬다. 그렇기 때문에 화가는 육체에 의미를 부여하기 위해 노력하는데, 이것은 상징적 제스처를 가리키기 위한 것이 아닌(예를 들어 그리스도 수난에서의 고통의 표현처럼), 하나의 특징적 성격이 느껴질 수 있도록 하기 위함이다. 여기에서 그 선구자로 여겨지는 사람은 아마도 레오나르도 다 빈치일 것이다. 그의 습작과 데생(그의 작품들 대부분은 미완성으로 남겨져 있다고 알려져 있다)은 결코 시대에 뒤지지 않는 변증법을 통해 인간에 대한 형태심리학에 접근하고자 하는 듯이 보인다. 한편으로 과학자로서의 다 빈치는 인간이라는 기계의 보편적 작용을 이해하려는 야심을 지니고 있었으며, 또 다른 한편으로 심리학자와 예술가로서 그는 만들어진 도식으로 환원 불가능한 심리적 유기체라고 부를 수 있는 개인이라는 단위를 고정시키려고 하였다. (〈다섯 명의 그로테스크한 머리 연구*Study of five grotesque heads*〉) 이렇듯 다 빈치가 비정형적 인간들에 이끌리고 있다는 사실은 그의 변증법이 항상 열려 있음을 보여주고 있다.

고전 회화는 정념과 감정의 표현에 관한 문제에 몰두하게 된다. 1668년 르 브룅은 자신이 개최한 '정념의 표현'에 관한 왕립 회화, 조각 아카데미 회의에서 화가의 작업은 표현에 가장 큰 중요성을 부여하는 것이며, 표현은 "정념의 효과를 가시적으로 만들어주는 정신적 움직임을 나타내는 것"이라고 단언했다. 이처럼 르 브룅은 데카르트의 정념 이론을 변화시켜 그 당시 회화에서 통용되던 수사학 개념과 교차시킨다. 데카르트의 육체와 정신에 관한 이원론(라퐁텐이 『우화집』 서문에서 '우화'와 '도덕성'을 구분한 것도 이와 관련이 있다)으로 인해 수사학적 담론인 에토스(ethos)와 파토스(pathos)를 결합하는 보편적 코드화가 가능해졌다. 중요한 것은 정동 혹은 정념의 카테고리들(감탄, 두려움, 희망, 슬픔, 분노…)에 알맞은 표현적 코드를 찾는 것이다. 이를 통해 감정을 드러내고 자연스러운 표현력으로 관객을 사로잡아야 한다. 르 브룅은 이론가적 고집을 가지고 초상화에 있어서 가장 위험한 도전 중 하나에 맞섰다. 실제로 위대한 초상화가들은, 그것이 동일한 기법으로부터 나온 것이라 할지라도, 매번 새로운 해결책을 생각해 내었던 것이 사실이다.

외재성에 대한 회화적 도전은 때때로 모순적인 선택으로 전도된다. 본래 추상적인 성격을 지닌 글쓰기는 사실상 외적인 묘사를 생략할 수도 있다. 언어는 시각적인 묘사 없이도 인물들에 활력을 불어넣어줄 수 있을 만큼 그 기호와 뉘앙스 측면에서 풍부하다. 그러기에 작가가 외면을 표현하는 것은 더욱 더 주목할 만한 것이다. 미국 작가들 그리고 카프카, 『이방인』을 쓴 카뮈에게 이러한 선택은 근대 사회와 부조리의 감정과 관련하여 내면에 대한 회의를 표현하는 하나의 방법이다. 화가에게 있어서 난제로 작용하는 점이 작가에게 있어서는 오히려 보조적인 것이 된다. 특히 관찰자, 미망을 타파하는 사람이 되길 원했던 고전주의 시대의 '모랄리스트' 작가들은 이러한 기법에 애착을 보인다. 외면성은 라퐁텐, 몰리에르, 라 브뤼예르의 작품에 나타나는 초상화의 주된 요소이다(예를 들어, 라 브뤼예르의 메날크에 대한 언급이 그러하다). 회화성은 사실상 문학적 초상화의 지평에 속한다. 생시몽은 다음과 같은 부르고뉴 공작부인에 관한 강렬한 초상화를 제시하였는데, 그는 거의 그림을 그린 듯하다.

어김없이 못생겼고, 볼은 늘어졌으며, 이마는 너무 튀어나오고, 코는 아무런 흥미를 끌지 못하고, 입술은 두껍고 매섭게 생겼으며, 머리카락과 눈썹은 밤갈색으로 매우 고르게 자라나 있고, 눈은 표현력이 매우 풍부해보이고 세상에서 가장 아름다우며, 조금 밖에 남아있지 않은 이는 모두 썩어있다는 것에 관해 그녀는 말하면서 비웃고 (…).

(『회상록*Mémoires*』, 1712)

여기에서 회화적 논리는 여러 양상으로 펼쳐지는 놀이 속에서 포착된다. 찬사를 보내면서도 비난하고, 진부한 표현과 무례한 언행을 뒤섞으며, 총체적 효과와 분산 효과를 사용하는 가시적인 것의 질서 속에 배치된 초상화는 그럼에도 불구하고 총체적인 표상 가능성(figurabilité)으로부터 벗어나 있다.

이 텍스트는 초상화가의 또 다른 도전을 잘 보여주고 있다. 바로 시간성의 인식이다. 초상화가 인물의 이미지를 불가피하게 고정시킨다면, 그것은 사실상 시간적 차원을 부정하는 것이 아닌, 시간적 차원을 더 잘 능가하기 위한 것이다. 한 존재를 통해 본질을 파악하는 것, 그것은 초상화가의 궁극적 열망이라고 할 수 있다. 그 때문에 보들레르는 "나에게 훌륭한 초상화는 언제나 하나의 극화된 전기(傳記)와도 같다"고 말할 수 있었다(1859년 『살롱』). 문학은 시간성의 예술로, 이러한 차원을 통합하는 데에 어려움이 없다. 등장인물들은 자연스럽게 줄거리의 흐름에 따라 변화하는 것이다. 그렇기 때문에 연극이 초상화와 자화상을 제시하면서 끊임없이 인물들의 정체성에 관한 문제를 제기하는 것은 놀랍지 않은 일이다. 예를 들어 몰리에르의 『돈 주앙*Dom Juan*』에서 스가나렐은 귀스망에게 묘사하려고 하는 그의 주인에 대해 다음과 같이 털어놓고 있다. "이것은 인물에 대한 초벌 그림에 지나지 않습니다. 초상화를 완성하려면 또 다른 붓질이 필요하겠지요." (제 1막 1장)

디드로가 소설에서 '행위로 이루어진 초상화' 기법을 취하게 된 것도 그의 연극에 대한 열정 때문이었다. 이러한 기법은 심리적 접근과 서술을 분리시키지 않는다. 『시끄러운 보석들*Bijoux indiscrets*』의 화자는 "나는 초상화를 훌륭하게 만들어내는 사람이 아니다"라고 이야기한다. 실제로, 디드로는 '풍향계의 변화'를 보고 자신의 동향인인 랑그르 사람들을 알아보았는데, 그는 인물들을 고정시키려 하지 않았다. 이와 마찬가지로 그가 부르주아 극의 미학을 창조해낸 것은 쇠퇴하는 비극을 대체하기 위해서뿐만 아니라, 인간 실존의 본질적 변화를 설명하기 위함이기도 했다. 프루스트의 『잃어버린 시간을 찾아서』는 분명 인물들의 초상화 속에 시간성을 가장 잘 통합한 프랑스 작품일 것이다. 우선 이 작품에 등장하는 인물 모두가 시간의 흐름 속에 휩쓸리고 있다. 잘 알려져 있는 마지막 장면(『되찾은 시간』)에서 화자는 자신이 알던 인물들이 세월이 흘러 변화된 것을 보면서 이렇게 이야기한다. "변화(…)는 자연적 역사의 영역에서 벗어난 것 같다." 다른 한편, 프루스트의 인물들은 각자 간직하고 있는 기억 속에서만 존재할 뿐이다. 그런데 그 기억은 변화하고, 수정되며, 삭제되거나 이동된다. 알베르틴에 대한 대목을 살펴보자. "그녀를 보았을 때, 나는 그녀에게 점이 있다는 것을 알게 되었지만, 그리고 나서 나의 종잡을 수 없는 기억이 알베르틴의 얼굴 위에서 그것을 이동시키고 어떤 때는 여기에 놓았다가 또 어떤 때는 저기에 위치시켰다."(『꽃피는 아가씨들 그늘에*À l'ombre des jeunes filles en fleurs*』, 제 1부) 등장인물이 연속되는 여러 초상화의 대상이 되고 있는 것이다.

문학에서 시간적 차원을 통합시키는 것이 비교적 쉬운 작업이라면, 같은 작업이 미술에서는 매우 어려운 난제로 작용한다. 물론 시간적 지표는 화가가 그의 작업에서 다루게 마련인 육체라는 언어를 통해 드러난다. 얼굴의 주름, 거무스레한 눈 밑, 피부의 푸른 반점은 렘브란트가 자신의 어머니를 그린 초상화에서처럼 회화의 진정한 어휘를 구성한다. 하지만 어떻게 지속성과 시간의 추이를 말할 것인가? 초상화와 자화상은 연속적일 수가 있다.(벨라스케스가 그린 마리 테레즈(Marie-Thérèse)와 마르그리트(Marguerite) 공주의 초상) 단 하나의 캔버스 공간에서 '삼중 초상(triple portrait)'을 그리는 것은 이에 상응하는 것이라고 할 수 있다. '삼중 초상'은 필리프 드 샹페뉴의 〈리숄리외 추기경의 삼중 초상*Triple portrait du cardinal de Richelieu*〉과 반 다이크의 〈샤를르 1세의 삼중 초상*Triple portrait de Charles Ier*〉에서 시작된다. 이 그림들은 스케치들을 나란히 놓는 것과 유사한 것으로(하나는 정면 나머지 둘은 옆모습이다), 화가에 따라 위치가 변하는 모델의 모습을 전제로 하는 한편, 관람객의 시선 변화를 암시하고 있다. 티치아노의 〈신중함의 알레고리*Allégorie du Temps gouverné par la Prudence*〉에서 볼 수 있는 것처럼, 셋으로 나뉜 구성은 '삶의 세 가지 시기'에 관한 전통적 도상학을 연상시키며, 화가는 자신의 자화상을 아들과 손자의 초상화에 연결시키고 있다. 하지만 대부분의 경우 시간성은 화가의 행동 그 자체 속에서 모습을 드러내는 것처럼 보인다. 이는 모델의 움직임에 상응하는 역동적인 기법에 의한 것이다. 티치아노는 아카데미풍을 거의 벗어난 기법을 통해 이러한 효과를 자아낸다. 덩어리진 물감의 사용과 붓 대신 손가락을 사용한 덕분에 초상화는 삶의 숨결과 움직임을 부여하는 미완성의 상태로 유지될 수 있게 된다. 프란스 할스와 프라고나르의 작품에서 이러한 역동성을 보존하는 것은 생동감 있고 뚜렷한 터치로 그려진 연속된 표정이다. 그리고 베이컨의 작품에서는 캔버스의 구성 전체가 시간성을 고려하고 있는 것처럼 보인다. 즉 그의 작품에서 평행육면체, 때때로 그림의 공간을 구성하는 반복되는 선이나 원으로 인한 효과와 대조를 이루는 육체를 관통하는 힘은 그 고유의 시간성 속에서 유기적 에너지를 따르는 육체를 표현하는 것이다.(삽화 XV 참조)

[초상화의 탈형상화(Dé-figuration)와 소멸]

베이컨의 작품은 초상화라는 예술이 표현과 대상의 현재화라는 단순한 기능으로 축소될 수 없음을 보여주고 있다. 예를 들어, 루오(Rouault)의 〈슬픈 광대의 얼굴*Tête de clown tragique*〉에서 초상화는 인물에게 질문을 던지고, 인물에 수반되는 인문주의 담론을 시험하며, 신의 '형상을 따라' 만들어진 인간의 신성성에 정반대 입장을 취하는 수단이기도 한 것이다. 캐리커처는 폭넓은 의미에서 단순화와 과장이라는 기술적 방식을 통해 이와 같은 문제를 제기하는 것으로 볼 수 있다. 캐리커처는 하나의 탈형상화이며, 이러한 의미에서 캐리커처 기법은 인간에 관한 주제의 일관성을 허물어뜨리고, 영혼과 유기체의 화합을 손상시킨다. 아르침볼도(Arcimboldo)의 유희적인 초상화에서처럼, 변형은 겉보기에 하나의 놀이에서 유래하지만, 혼합된 구성인 동시에 얼굴의 묘사라고 할 수 있는 그림을 향한 관람객의 이중적 시선은 현기증을 일으킬 것만 같다. 인간의 본성이 이러한 형식의 조합일 뿐이라면, 잘못 연결된 부분들의 퍼즐은 최소의 불균형으로 망가질 위험이 있는 무대의 휘장과 마찬가지 아닌가? 캐리커처에서 인간은 때때로 동물의 형상과 합쳐진다. 이 때 동물의 형상은 본능에 대한 상상을 불러일으키고, 우리는 정신적 차원의 우월성 혹은 단지 실존에 대해 회의한다. 도미에(Daumier)의 캐리커처는 동물적인 특징을 보여주지는 않는다고 할지라도, 얼굴을 찌푸리게 만드는 특성들로 가득하다. 탈형상화는 알베르토 사비니오(Alberto Savinio)의 작품에서 나타나는 것과 같은 전환에서 비롯되기도 한다. 사비니오는 1936년 〈자화상*Autoportrait*〉에서 끔찍한 고양이의 얼굴에, 부르주아의 전통 복장을 입은 몸을 가진 존재로 자신을 표현했는데, 동물의 머리가 발산하는 원시적인 힘을 통해 강렬한 대비 효과를 자아내고 있다.

문학 또한 미술과 같은 차원의 변화를 줄 수 있다. 오비디우스의 『변신이야기』에서처럼, 인간과 동물 사이의 교류는 고대 신화에서 많이 찾아볼 수 있다. 하나의 세상과 다른 세상 사이의 전도는 18세기 이래로 소설적 상상의 흐름 중 하나를 구성하고 있다. 스위프트(Swift)의 『말의 나라 여행기』에서 인간 사회는 동물성이라는 거울을 통해 검토되고 있는데, 이러한 모습은 훗날 피에르 불르(Pierre Boulle)의 『원숭이 행성*La Planète des singes*』에서 찾아 볼 수 있다. 카프카의 『변신*La Métamorphose*』은 탈형상화라는 주제를 좀 더 직접적으로 다루고 있는데, 그 이유는 주인공이 잠에서 깨어났을 때, 자신이 곤충의 껍질 속에 갇혀있다는 것을 발견하기 때문이다. 반면 그의 정신은 온전하게 유지되고 있으며, 그의 동물적 외형은 그에게 끔찍한 이타성을 강요한다. 르 클레지오 역시 아마도 더듬이가 달린 거대한 곤충으로 변해버린 버스 승객을 하얀 달걀 형태로 묘사하면서 이러한 변신에 대해서 회상했을 것이다. "트롤리버스 9번은 뱃속에 모두 똑같은 눈을 가진 사람들 무리를 싣고 앞으로 나아가고 있었다. 그 등 위에는 높게 세워진 안테나가 흔들리고 삐걱거리면서 전깃줄을 따라 뻗어 있었다."(『도주의 책*Le Livre des fuites*』)

아마도 마르셀 주앙도(Marcel Jouhandeau)의 작품에서 동물적 변신으로 인한 효과가 가장 풍부하게 나타난다고 할 수 있는데, 왜냐하면 그의 작품에서 변신은 존재들의 영혼의 깊이와 긴장상태에 접어들기 때문이다. 이러한 성향은 아래의 엠마 포(Emma Pô)의 초상화에서 살펴볼 수 있다.

그녀를 회상할 때마다 이 여자의 얼굴을 통해서 창살 틈으로 지옥을 언뜻 보는 것 같은 느낌을 지울 수 없다. 비스듬히 보이는 그녀의 얼굴에서 모든 것은 난잡하게 던져져 있고, 큼지막한 이목구비는 얼굴 중심에, 아주 작은 면적에 있는 것처럼, 한 점에, 코 하나에 몰려 있다. 입과 가까이에 있는 두 눈, 가볍게 떨리는 납작한 콧구멍은 눈꺼풀보다 더 튀어나와 있으며 입술은 그 삼각구도를 너무나도 어지럽게 가리고 있어서 그 입김이 당신을 바라보고 있고 그 시선이 당신에게 말을 하고 있는 것은 아닌지 의아하게 만든다.
(『나 자신에 관한 에세이*Essai sur moi-même*』)

여기에서 정신은 괴물성과 깊이 연결되어 있으며 스페인 전통에서 잘 나타나는 추함의 미학을 떠오르게 한다. 고야의 초상화는 벨라스케스가 궁정의 어릿광대와 난쟁이에게 느꼈던 매력을 연장시키고 있다. 제리코가 그린 '미치광이들'의 모습 속에서처럼, 인간성은 반대로 기괴한 육체의 형상화로부터 두드러진다. '울부짖는 입'이라는 주제는 이러한 관점에서 이해될 수 있다. 이 주제는 16세기부터 나타나기 시작하여(레오나르도 다 빈치의 〈앙기아리 전투〉에 관한 연구), 카라바지오(〈도마뱀에 물린 소년〉), 문카치(Munkáscy)(〈하품하는 견습생〉)를 거쳐 뭉크(E. Munch)의 〈절규〉에 이르기까지 계속된다. 앞서 언급한 그림들은 공히 무모한 생각 또한 반인간주의적인 도전을 보여준다고 할 수 있다. 육체와 정신이 조화롭게 결합되는 총체를 드러내는 대신, 인간의 모습은 -순전히 유기적인 내면성을 발견하지 않는 한- 파멸을 향해 있는 것처럼 보인다.

탈형상화의 과정 끝에는 인간 형상의 소멸이 나타난다. 작품은 존재를 강요하는 대신, 사실상 그 윤곽을 지우고 불확실하게 만든다. 회화에서처럼 문학에도 간결한 스케치에 관한 전통이 존재하는데, 그것은 상황에 따라 암시의 기법으로, 혹은 인간 주체의 흔적만을 남기려는 의지로 이해되기도 한다. 미완성의, 그리고 신비롭고 단조로운 초상화는 스탕달, 플로베르, 도스토예프스키, 모리악, 사로트 등의 작품에서 발견된다. 이는 심리 묘사에 대한 불신 혹은 존재에 대한 시적인 인식에 일치한다. 네르발은 『실비』에서 아드리안을 "하얀 수증기에 반쯤 적셔진 녹색풀을 스쳐지나가는 장밋빛 그리고 금발의 유령"으로 묘사하고 있다. 여기에서 우리는 조르조네(Giorgione)(스탕달이 좋아하던 화가들 중 한 명)의 인물들을 떠올리게 되는데, 그의 인물들은 반쯤 현실 속에 존재하면서 몽상에 잠겨 우울한 감정에 사로잡혀 있다. 와토 또한 '페트 갈랑트' 작품들 속에서 이러한 단조로움의 미학을 보여주고 있다. 휘슬러가 주안점을 두었던 시도는 아마도 인물들의 존재-부재를 보여주는 것이었을 것이다. 이러한 묵직한 정면성은 인물을 고려하지 않고 회화적 장면을 강요하는 것처럼 보이며, 단색의 추구는 동시에 그 장면을 와해시키고 있는 것처럼 보인다. 20세기에는 '인간'이라는 주제의 소멸에 대한 좀 더 근원적인 시도가 이루어진다. '쇼아(Shoah)'[74] 이후에, 인간의 얼굴을 계속해서 어떻게 그릴 수 있단 말인가? 무지치 -다하우(Dachau)에 강제 수용되었다- 의 그림은 전체적으로 강제 수용소에 대한 기억이 관통하고 있으며, 이러한 그림들 속에서 우리는 인물이 모습을 드러내는 것인지 아니면 사라지고 있는 것인지 결코 정확하게 알 수가 없다. 이처럼 교체되는 이미지는 자코메티의 초상화에서도 지배적으로 나타나는데, 그의 작품에는 모델의 '자취들'만이 잔존하고 있을 뿐이다. 수많은 데생 작업이 선행됨으로써 그의 화폭은 어느덧 미세한 터치들로 가득 차게 된다. 스케치의 단계에 머무르고 있는 이러한 터치들이 화폭을 완전히 뒤덮고 마는 것이다. 그렇기 때문에 그림의 완성은 초벌 그림이 그려지는 순간에 이루어진다. 그리하여 초상화는 곧 사라져버리는 흔적의 상태에서만 존속

---

74) '절멸' 혹은 '학살'이라는 뜻의 히브리어 단어로, 나치에 의해 자행된 유대인 대학살 사건을 지칭하기 위해 사용된다.(역주)

될 뿐이다. 티에리 뒤프렌(Thierry Dufrêne)이 기술하고 있는 것처럼, "화가가 재현하려고 애쓰는 것은 바로 생기 있지만 죽음으로부터 위협을 받는 얼굴의 착각을 일으키는 존재-부재인 것이다"(자코메티. 〈장 주네의 초상화*Portrait de Jean Genet*〉).

풍경화

풍경의 어원이 '지방(pays)' -사람들이 살고 다녀간 적이 있는 자연적 공간- 과 관련되는 것과는 달리, '풍경화(paysage)'는 전적으로 인위적인 것이고, 문학과 미술의 임무 -총체적으로 문화에 의해 한정되어 있는 것들 이외에도- 를 공유하고 있는 역사적, 미학적 창조물이다. 풍경화는 자연에 대한 인간의 인식의 선험적인 구조로 자리 잡았으며, 그 과정에서 그것의 본원을 이루는 기교는 잊혀지게 되었다. 뮈리엘 가뉴뱅(Murielle Gagnebin)의 주장처럼, 풍경화가 지니는 자연성은 실제로 미리 만들어진 것이다. "그려진 그림은 자연의 이미지를 앞선다. 풍경화를 통해 우리는 자연풍경에 다가갈 수 있다"(『풍경의 죽음인가?*Mort du paysage?*』). 접미사 'âge'는 '지방'이라는 현실에 대한 총체적 이해를 가리킨다. 실제로 풍경화의 주요 특징은 시선에 완전한 장면을 제공하는 데 있다. 1459년 편찬된 로베르 에티엔(Robert Étienne)의 『사전*Dictionnaire*』에서 처음으로 등장한 풍경화라는 단어는 회화 작업과 직접적으로 관련되어 있다. "풍경화, 화가들 사이에서 공통적으로 쓰이는 말". 그러므로 풍경화는 본래 회화적 본질에 속한다. 하지만 풍경화는 18세기부터 문학 덕분에 진정한 독립적인 장르로 자리를 잡게 된다. 이 장르에 산과 바다라는 대조적인 주제를 제공하고, 실존적이면서 심지어 철학적인 가치를 부여한 것은 바로 문학이다. 더 나아가 최근 들어 장 피에르 리샤르(Jean-Pierre Richard)는 풍경화를 매우 중요한 하나의 분야로 정립하기도 했다. 그는 자신의 저서 『미세독서』 2권에 '페이지-풍경화(Pages-Paysages)'라는 제목을 붙이고, '풍경화-인물(Paysages-personnages)'에 관하여 이야기하고 있다.

[문학적 풍경화와 회화적 풍경화가 교차된 역사의 요소]

점차적으로 풍경화는 완전히 회화 장르로만 인정받게 되었다. 오랫동안 역사화, 풍속화, 여러 우화의 배경으로 사용되었던 풍경화는 뒤늦게 부차적이고 장식적인 역할에서 벗어나지만, 1740년 아베 뒤보의 『시와 미술에 관한 비판적 성찰』에서도 우리는 풍경화의 이러한 역할을 엿볼 수 있다.

아무리 아름다운 풍경화라고 할지라도 -그것이 티치아노 혹은 카라치(Annibale Carracci)의 풍경화라 할지라도- 끔찍하거나 웃음이 나는 지방의 풍경을 직접 보는 것보다 더 우리의 관심을 끌지는 못한다. 이러한 그림에서 우리의 마음을 움직일 수 있는 것은 아무것도 없다. 이처럼 우리의 마음에 조금도 와 닿지 않기 때문에, 우리는 그것에 그다지 애정을 갖지 않게 된다.

이야기되어질 스토리 혹은 생산될 의미가 없는 풍경화는 자연의 모방에 지나지 않으며, 특별한 미학적 특성도 지니지 않는다. 그러나 아베 뒤보가 위와 같은 글을 썼던 시대에는 풍경화에 진정한 미학적 독립성을 부여하게 될 변화가 벌써부터 나타나고 있었다.

고대 모자이크와 벽화에서 볼 수 있는 것은 엄밀히 말해 풍경화라기보다는 자연을 상징하는 요소들이라고 할 수 있다. 고대 문학은 자연 세계의 이와 같은 지위를 잘 보여주고 있다. 호메로스에서 테오크리토스에 이르기까지, 풍경화는 다른 범주에 속하는 전원적 몽상과 혼동되었다. 이는 호메로스의 작품에서는 "ou-topos(없는 곳)인 동시에 eu-topos(좋은 곳)"인 유토피아이며(수잔 사이드(Suzanne Saïd), 『풍경화의 쟁점*Les Enjeux du paysage*』), 테오크리토스의 작품에서는 "도시와 근심 그리고 마찬가지로 농촌의 일로 인한 가혹한 현실에 대조되는 감미로운 은둔과 혼동된다"(같은 책). 라틴 문학에서 비가(悲歌)와 서사시는 오비디우스의 『비가』에서 볼 수 있는 것처럼, 우의적으로만 풍경을 다루고 있다. "로마에서 더 이상 진정으로 개별적인 주제를 찾아볼 수 없는 것과 마찬가지로 이 책에서도 풍경의 개성은 찾아볼 수 없다."(안 비도(Anne Videau), 같은 책) 중세 사상은 이러한 자연에 대한 상징적 재현을 기호들의 총체로 변화시킴으로써 그것을 연장할 뿐만 아니라 더욱 활력을 불어넣기까지 한다. 이 시대에는 이와 같은 자연의 상징적 묘사 속에서 -성서와 마찬가지로- 신의 손길을 읽고자 했던 것이다. 알레고리즘은 도덕적, 신학적 사고의 지배를 받는 비문(碑文)과 동물우화집을 탄생시킨다. 바로 이러한 독서 코드를 통해 자연은 채색된 수사본(手寫本) 혹은 꽃 모양의 원형 장식이 계속해서 그 상징적 가치를 제시하는 교회의 장식 속에 등장하게 된다.

15세기부터 네덜란드의 회화 역사에서 훗날 풍경화 장르가 될 그림이 등장한다. 원근법의 사용으로 그때까지 건물을 그리는 데 있어서 '정육면체적 시각효과'를 만들어내던 관례적인 표현 기법들 없이도 깊이가 느껴지게 된 것이다. 16세기의 종교와 신화의 장면들에 나타나는 자연 배경은 그 자체로 가치를 지니는 독립성과 미적인 표현을 추구하였다. 이와 같은 특징을 지닌 첫 번째 풍경화는 조르조네의 〈폭풍우 *The Tempest*〉일 것이다. 이 작품은 '벼락, 집시 여인, 군인이 등장하는 풍경화'로 묘사되고 있다. 이 작품에서 등장인물들이 잘 묘사되어 있음에도 불구하고, 그들이 하나의 '이야기'를 구성하고 있는 것은 아니다. 그들은 단순히 그 모습만을 드러내 자연 세계에 대한 관조가 자유롭도록 돕고 있으며, 그들은 단지 이러한 관조를 위한 구실에 불과하다.

풍경화의 등장에는 여러 가지 작용이 있었다. 우선 이탈리아의 이론가인 알베르티의 권위가 작용하였는데, 그는 『회화론』(1435)에서 그림을 '열린 창문'으로 정의한 바 있다. 또한 대발견, 탐험, 천체 관측과 관련하여 공간에 대한 새로운 인식이 이루어진다. 그리고 풍경화의 등장은 인간을 성찰의 주체로, 또한 관찰자(이러한 시각으로 자연은 풍경화에 등장할 수 있게 된다)로 세계의 중심에 위치시키고자 하는 고대 이교 문명에 대한 재발견 덕분이기도 하다. 마지막으로 이중적인 양극단을 지니고 있는 자연이라는 개념이 중요성을 띠게 되기 때문이다. 자연은 -기독교의 원죄라는 개념을 언급하지 않더라도- 실재하는 세계인 동시에 그 내면은 불변하는 본질의 지배를 받는다. 자연이라는 개념의 영향은 라블레와 몽테뉴의 작품에서 핵심적이라고 할 수 있다. 몽테뉴가 말년에 보여주는 철학은 '자연주의'와 혼동되며 이는 개념적으로는 불명확하면서도 결정적이다(그는 "자연은 다정한 인도자이다"라고 『수상록』에서 언급하고 있다). 그러나 그 시대의 문학적 글쓰기는 회화에서 나타나는 변화에는 미치지 못하고 있다. 자연은 항상 행위와 관련하여, 그것도 부분적으로만 나타난다. 혹은 자연은 롱사르의 유명한 서정 단시 〈카산드라에게*À Cassandre*〉에서처럼 상징의 기능을 하기도 한다.

고운님, 오늘 아침 활짝 핀
뽐내는 장미를 보세요.
햇빛을 받은 진홍빛 옷,
저녁별이 오면 그 보랏빛 옷겹들,
고운님과 같은 색조 시들어 버리고.

위와 같은 글쓰기는 중세의 채색 기법(중세 이미지 속에 나타나는 최소량의 붉은색을 연상시키는 자줏빛 색깔의 반복)을 연상시킨다. 또한 의인화는 마지막 행에서 볼 수 있는 우의적 표현을 예고하고 있다.

미술 분야에서 17세기는 과도기로, 풍경화는 이른 바 '전원' 양식과 '영웅을 찬양하는' 양식의 특징을 공유하고 있었다. 전원 양식은 북화파(écoles du Nord)에서 볼 수 있는 양식으로, 폭이 넓은 파노라마식 시점을 사용하여 세부적인 것들은 희미해지는 광대함의 효과를 준다. 또한 북유럽 풍경화는 일화, 농부가 등장하는 풍속화, 도시적인 이미지들을 통합하면서 다양화된다. 19세기에 등장할 풍경화라는 폭넓은 장르는 이렇게 확립되었다. 이와는 반대로, '영웅' 스타일이 이탈리아와 프랑스 미술에서 지배적으로 나타나는데, 이는 그림을 그리는 예술에 대한 문학적인 이해와 일치하는 것이다. 고대 전원시와 목가(牧歌)의 약호(略號)화된 분위기는 푸생의 〈아르카디의 목동들〉(삽화 Ⅶ 참조)과 같은 역사화에 나타난 자연의 묘사와 같은 경향을 띠게 된다. 더 나아가 같은 시기에 전원화 장르가 프랑스 문학에서 널리 퍼지고 있었다. 그러나 풍경화의 두 가지 영역은 서로 영향을 주고받게 된다. 푸생과 특히 클로드 로랭(Claude Lorrain, 본명 클로드 줄레(Claude Gellée))의 작품에서 자연 그 자체가 하나의 정경을 구성하면서 미학적 효과의 핵심을 응축하는 경향이 나타난다. 마찬가지로 문학에서의 자연에 대한 묘사는 때때로 그림을 그리듯 이루어지게 된다. 이러한 특징은 소설보다는(『부르주아 소설*Le Roman bourgeois*』 혹은 『클레브 공작부인』에서 '풍경화'를 발견할 수도 있을 것이다), 시에서 주로 찾아볼 수 있다. 생타망은 이와 같은 묘사를 보여주고 있으며, 라퐁텐 역시 종종 다음과 같은 우화를 보여주고 있다.

> 적어도 시냇물은 나에게 부드러운 사물을 보여주었다!
> 내가 나의 시에 어떤 화려한 강가를 그릴 수 있기를!
> (『모골족 농민의 몽상*Le songe d'un habitant du Mogol*』)

18세기는 풍경화의 형성에 있어서 결정적인 시기이다. 풍경화는 그 당시 문학, 미술, 그리고 정원 예술 사이에서 이루어졌던 교류를 통해 확립되었다. 영국식 정원이 유행하면서 중요한 변화가 일어나게 된다. '닫혀진 정원(hortus conclusus)' 즉, 중세 정원이라는 도상학적 모티프는 조화로운 소우주로 구상되어, 폐쇄적이면서 신과 같은 완벽성을 재현하였다. 그렇기 때문에 정원을 볼 수 있는 그 어떤 틈도 허용되지 않았다. 반면, 프랑스식 정원은 시선을 집중시키고, 자연에 대해 정신이 우세함을 나타내주는 합리적이고 정돈된 설계에 따라 만들어졌다. 이는 영국식 정원과는 반대로, 무한한 것 즉, 자연의 다양성에 대한 열린 시선이라고 할 수 있다. 이는 '정원-그림(jardin-tableau)'이라고도 불리는데, 그 이유는 그 지시기능이 -다소 명시적으로- 회화적이기 때문이다. 자연은 생기를 띤 다양성과 먼 곳을 향해 이루어진 단층들 속에서 나타난다. 문학적인 용어들도 사용되었다. 실제로 당시에는 정원에 대해 '시적', '소설적', '낭만주의적'이라는 수식어를 붙이기도 했다. 르네 루이 드 지라르댕(René-Louis de Girardin)은 이러한 정신

속에서 에르므농빌(Ermenonville) 정원을 만들었고, 자신의 저서 『풍경화의 구성에 대하여*De la composition des paysages*』에서 장 자크 루소에 관해 여러 차례 언급한 바 있다. 그는 이 책에서 "정원의 예술은 (…) 캔버스 위에서처럼 같은 원칙에 입각하여 단지 땅 위에 '그림'을 그리는 데에 있다."라고 단언한다.

이렇듯 '자연에 대한 감상'은 개인적인 감수성과 함께 발전하게 된다. 이것은 문학사에서 주요 전환점이라고 할 수 있다. 루소가 『신엘로이즈』에서 제시하고 있는 풍경화는 곧바로 성공을 거두게 된다. 산책과 몽상이라는 주제와 결합하여 자연의 진리를 사회의 인위적인 것들에 대립시키는 철학적 사유를 동반한 풍경화는 직접적으로 낭만주의적 영감을 예고하고 있다. 심지어 풍경화는 -베르나르댕 드 생 피에르와 샤토브리앙이 계속해서 제시할- 하나의 방식을 보여주는데, 이 방식은 문학 기법에 기술적이고 이데올로기적인 영향을 끼친다. 즉 생생한 묘사의 발전, 어휘의 풍부함, 그 전까지 얼굴을 묘사했던 것과 마찬가지로 풍경을 묘사할 수 있는 기회 등이 바로 그것이다. 풍경화라는 기법이 소설과 시에 가져다 줄 다양한 상징적 자원들은 차치하고서라도 말이다.

18세기 미술에서 풍경화는 여러 새로운 유형의 장면들을 통합하면서 계속해서 다양화된다. 바위와 산, 경치가 좋은 곳의 풍경화, '환상적 풍경화(paysage de fantaisie)', 위베르 로베르(Hubert Robert)의 그림('폐허주의(ruinisme)'는 특히 샤토브리앙의 작품에서 수많은 문학적 반향을 불러일으키면서 19세기까지 계속된다)에서 볼 수 있는 것처럼 폐허의 풍경이 그 예이다. 이는 또한 바르비종파(派)가 나오기 훨씬 이전에, 야외에서 그림을 그리는 관습의 시초가 된다. 그림 애호가들은 이탈리아의 베네치아 풍경(vedute), 그리고 -비록 아틀리에에서 전체적으로 수정되지만- 초벌 그림인 데생과 스케치를 몹시 좋아했다. 공간에 대한 묘사와 함께 생생한 정경에 대한 관심과 예술가의 개인적인 시각을 담지하고 있는 즉흥적인 기법이 관심을 끌게 되었다.

19세기 풍경화의 성공 가도는 이와 같이 펼쳐진다. 공쿠르 형제는 '1855년 만국 박람회'를 맞이하여, "풍경화는 근대 예술의 승리다"라고 말한다. 국립미술학교(École des Beaux-Arts)는 1817년 '역사적 풍경화 대상(Grand Prix de paysage historique)'을 만들게 된다. 풍경화는 그 정도로 편재하고 있어서 미술의 모든 양식을 아우를 정도였고, 이에 대해 보들레르는 다음과 같이 이야기하고 있다.

> (…) 채색에 능한 풍경화가, 데생을 주로 하는 풍경화가 그리고 상상력이 풍부한 풍경화가들이 있다. 이들은 자신도 모르게 미화하는 습관이 있는 자연주의자이며 진부한 주제에 광신적이고, '역사적 풍경화'라고 불리는 독특하고도 기묘한 장르에 전념한다.
>
> (〈풍경화에 관하여*Du paysage*〉, 1846년 『살롱』)

실제로 19세기에 풍경화는 이례적으로 다양하게 나타났다. 사실상 그 풍경화들을 하나로 묶어서 이야기하는 것이 불가능할 정도이다. 신고전주의는 '트루바두르 양식'의 미술과 마찬가지로 풍경화를 도입한다. 낭만주의는 특정한 영감의 원천 중 하나이다. 다비드 당제(David d'Angers)는 '풍경화의 비극'에 대해 지적한 바 있는데, 풍경화는 카스파 다비드 프리드리히(Caspar- David Friedrich)의 그림에서처럼, 인간, 즉 고통스러운 상황과 이상에 대한 열망으로 확장된 이미지를 가리키고 있기 때문이다. 하지만 낭만주의 풍경화는 또한 열린 공간과 무한한 빛의 동의어이기도 하다. 인상파 화가들이 나오기 훨씬 이전에 터너(Turner)는 자신의 회화적 비전들을 빛의 소용돌이 속에서 표현해 냈다. 또한 코로(Corot) -어떤 화파에도 속하지 않았다- 가 거대한 그러나 은밀하게 숨겨진 근대성을 단조로운 톤으로 표현한 풍경화(때로는 감춰진 추상 기법을 보여주면서 단색으로 표현하는 경향을 띤다)를 통해 그 시대를 풍미할 수 있었던 것도 바로 빛을 다루는 그의 기법 때문이었다. 낭만주의의 영향을 받은 분야 외에도, 용킨트(Jonkind)와 부댕(Boudin)과 같이 바다와 연안을 주로 그린 화가들이 탐색했던 것도 바로 이와 같은 빛의 성질이었다. 코로는 이들을 '하늘의 왕(Roi des Ciels)'이라고 일컫는다. 19세기에 그토록 동양풍의 회화가 발전하게 된 것은 단지 역사적인 원인(1830년부터 시작된 마그렙의 식민지

개발)때문만은 아니다. 프로망탱의 작품에서 볼 수 있는 것처럼, 동양풍의 회화는 빛으로 가득한 하늘을 표현할 수 있는 기회를 제공하는데, 이는 채색된 직물과 석회를 바른 벽 위에서 각도에 따라 변하는 빛깔에 의해 빛을 발하게 된다.

사실주의 풍경화는 원경의 용이함과는 단절하는 경향을 보이며, 오히려 바위, 숲, 해안 등과 같은 정확한 장소를 묘사하고자 했다. 이와 같은 '실제적인' 자연 속에서 한참 노동 중인 농부의 모습이 다시 등장한다(쿠르베와 로사 보뇌르(Rosa Bonheur)의 작품). 이러한 배경 속에서 사실주의 소설가이자 미술 평론가, 더 나아가 쿠르베의 주요 옹호자인 샹플뢰리(Champfleury)는 르 냉(Le Nain) 형제에 대해 재평가한다. 풍경화의 역사에 있어서 결정적인 시기가 인상주의의 발전과 맞물리면서, 인상주의는 기술적인 측면(터치의 병렬 효과, 단색 튜브 물감의 사용, 중심을 어긋나게 하기 등), 주제적인 측면(동시대적이고 통속적인 주제, 빛과 움직임의 유희에 대한 각별한 관심 등), 심지어 미학적이고 철학적인 측면(관점의 승리, 세상의 객관성에 대한 문제 제기와 감각의 중시 등)에서 회화 예술에 혁신을 가져온다. 이러한 일련의 변화가 마네, 피사로, 르누아르, 모네의 그림 속에서 결합되어 나타난다. 인상주의 그 자체는 '외광파(外光派, pleinairisme)'라는 좀 더 광범위한 운동과 결부될 수 있는데, 19세기 프랑스 풍경화에 있어서 진정한 모태가 되었던 바르비종파가 여기에 해당된다. '외광파'는 1830년에서 1870년 사이에 활발하게 나타났는데, 퐁텐블로 숲에서 직접 그림을 그리는 작업(이는 튜브 물감 사용에 의해 용이해진다)을 유행시켰고, 위에, 도비니, 디아즈와 같은 화가들과 함께 풍경화가 독자적인 회화 장르로 자리 잡을 수 있도록 하는 데에 폭넓은 기여를 하였다.

이 시기에 문학에서의 풍경화 기법 또한 학파 또는 사조에 의한 변화를 따르면서도 계속해서 발달하게 된다. 따라서 문학에 관해서는 주요 경향들을 일별해보는 것으로도 충분할 것이다. 우선 풍경에 대한 낭만주의적 글쓰기가 있다. 이러한 글쓰기에는 감정을 중시하는 사조의 여러 가지 열망이 투영되고 있다. 자연은 몽상, 전원 산책뿐만 아니라 성찰을 하기에 좋은 장소로 나타난다. 자연은 죽음으로 인한 불안감을 품게 하는 것과 마찬가지로 숭고함에 대한 감정을 풍부하게 한다. 자연 속에는 인간의 조건과 본질적인 열정이 반영되어 있다. 풍경에 대한 묘사가 낭만주의 시기부터 소설 속에서 그토록 발전하게 된 것도 이러한 이유에서이다. 작가들은 예를 들어 -발자크가 『골짜기의 백합*Le Lys dans la vallée*』에서 그러했던 것처럼- 등장인물들의 심리묘사를 하기 위해 간접적이지만 매우 표현력이 풍부한 수단을 이용한다. '사실주의적' 풍경화는 등장인물과 관련된 난제 속에서 구성된다. 풍경화에는 몽상이 빠지지 않지만, 풍경화는 인간에 관한 주제에 직면하여 '실제적인' 세계를 가리키기도 한다. 이 세계는 단 하나의 욕망으로 환원 불가능한 것으로서, 풍경화는 이 세계에 대해 고려하게 된다. 이와 같은 대립 구조는 특히 낯선 광산 도시에 도착한 주인공을 그리고 있는 『제르미날*Germinal*』의 첫 행에서 뚜렷하게 드러난다. "그의 눈앞에는 검은 땅조차 보이지 않았고, 몇 리나 되는 습지와 헐벗은 땅을 휩쓸어간 후 얼어붙은 바다의 돌풍 같은 3월의 바람 때문에 평평해진 거대한 지평선만을 느낄 수 있었다." 마지막으로 문학의 '시적' 풍경화를 볼 수 있다. 즉, 보들레르가 이야기 했던(『파리의 우울*Spleen de Paris*』 서문 초고) '몽상의 파도', 베를렌느의 '우울한 풍경', 상징주의자들의 우울하고 환멸을 느끼는 공상들, 네르발의 암시 등이 그것이다.

20세기에 들어와 프루스트, 지오노, 말로의 작품에서는 문학적 '풍경화'의 이와 같은 다의성이 최대한 활용되는 모습을 볼 수 있다. 바로 이 시기에 미술에서의 풍경화의 역사는 문학적 풍경화와 완전히 분리된다. 초상화와 마찬가지로, 풍경화는 실험적인 장르가 되었으며, 또한 2세기 전부터 확립되어온 여러 가지 코드들 -자칫 풍경화를 아카데미즘에 빠뜨릴 수도 있었던- 과 함께 확실한 장르로 자리매김하게 되었다. 이미 세잔의 그림에서 모방적이고 환상적인 전통과의 단절이 나타나기 시작했는데, 세잔은 이러한 단절을 통해 "자연을 원통, 구(球), 원추, 원근법으로 표현된 총체로 다루고자" 했다(1904년 4월 15일 편지). 더 나아가 위와 같은 그의 언급은 미묘한 의미를 지니고 있는데, 실제로 세잔의 풍경화는 -몇몇 생트 빅투아르(Sainte-Victoire) 산을 묘사한 그림에서 볼 수 있는 것처럼- 어떤 의미에서 보았을 때 원근법을 제시하는 대신 깊이의 수직적 상승효과로 인해 관객 앞에 우뚝 솟아있는 것처럼 보인다. 그림이 자유롭게 그 위에서 유희할 수 있도록 하는 단일한 색조의 가능성과 함께, 니콜라스 드 스탈의 작품에서 풍경화는 추상화의 소재가 되기도 한다. 즉 '추상적 풍경화법(paysagimse abstrait)'이 그것으로, 이 화법은 구성 작업 혹은 빛의 진동과 강도에 대한 탐구에 적합한 것이었다. 자오 우키가 그린 다량의 추상화(抽象畵)는 굽은 빛 혹은 빛의 파열로 구성된 거대한 풍경화와 유사하다(삽화 XVI 참조). 탈 코트(Tal-Coat)의 작품은 균열에 대한 탐구, 세상의 '피부'에 대한 일종의 촉각적 정복으로 간주된다. 올리비에 드브레(Olivier Debré)의 작품은 색채의 흐려짐과 응축으로 나타난다. 그림은 더 이상 알베르티가 말했던 '열린 창문'이 아니다. 그림은 그 자체로 화가가 질문을 던지거나 경험하는 현실의 일부인 것이다.

[풍경화와 무한함]

풍경화에는 하나의 변증법이 존재한다. 그 주제가 명확하게 한정되어 있음에도 불구하고, 풍경화는 총체적인 장면을 보여주며, 이러한 점에서 폭 넓은 시각을 전제로 한다는 것이다. '풍경화'의 크기는 오늘날까지 예술 작품 판매업자, 화가 그리고 살롱에 보내지는 작품들에 대한 기준이 되는 것으로, 길이보다는 폭이 넓고, 높게 세워진 '인물상(Figure)'과 폭이 더 넓은 '해양화(Marine)'의 중간 크기라고 할 수 있다. 하지만 공간적으로 열려있는 풍경화의 특징은 정확한 한 지점에 분명하게 위치한 시선에만 결부될 뿐이며, 이 시선으로부터 여러 가지 원근법의 축들이 확립된다. '풍경화'는 그렇게 무한에 대한 감각에 근접한 전체적 효과와 관찰자의 독특한 연출을 결합시킨다. 그렇기 때문에 풍경화는 독점적인 주관성만큼이나 객관화에도 적합한 것이다. 풍경화의 먼 곳을 향한 열림은 동시에 저 너머를 향한 외침이기도 하다. 미셸 콜로(Michel Collot)가 명시하고 있듯, "풍경화는 원근법적, 미학적 단위로 나타날 뿐만 아니라, 열려진 의미의 단위로 나타난다."(『공상적 지평 I *L'Horizon fabuleux I*』). 많은 풍경화가들이 그림 속에 풍경의 관람자인 한 명 혹은 여러 명의 등장인물들을 배치하고 있는 것은 바로 이러한 열림을 강조하기 위함이다. 이러한 구조는 메타회화[75]성(métapicturalité)이라는 효과를 낳을 수 있으며, 이를 통해 화가는 고유의 미학적 행위를 명백하게 하고, 경우에 따라서는 기법을 강조하기도 하며, 심지어 세상에 대한 관점을 쟁점화하기도 한다. 하지만 이는 우선적으로 시선의 중복에 관련된 것이며, 이러한 시선의 중복은 눈부신 자연을 강조한다. 등장인물은 그림의 관람객과 닮음 꼴이며 관람객은 풍경 앞에 선 화가의 시선의 연장이다. 이처럼 세 가지 차원에서 이루어지는 끼워 넣기 구조를 통해 풍경화의 소명, 즉 먼 곳을 향해 열려 있어야 한다는 소명이 완성된다.

풍경화가 지니는 이와 같은 무한함이 큰 성공을 거두게 되는 것은 19세기에 이르러서인데, 그 이유는 그 당시 풍경화가 낭만주의적 사고로부터 말할 수 없이 큰 영향을 받았기 때문이다. 발자크는 "풍경화가 사상을 지니고 있으며 사유하게 한다"고 주장했다. 그는 이어서 "여행자에게 아름다운 풍경화는 독자에게 있어서 책의 주목할 만한 대목과도 같으며, 자연의 탁월한 사유가 된다"고 말하였다. (『위르쉴 미루에 *Ursule Mirouët*』). 우리는 이 표현에서 루소가 묘사한 풍경을 함축적으로나마 떠올리게 된다. 『신엘로이즈』, 『고백록』, 『고독한 산책자의 몽상*Rêveries du promeneur solitaire*』의 저자인 루소는 풍경화를 자아의 열망을 투영하는 공간으로 삼을 뿐 아니라, 해독 가능한 기호들의 총체, 자연을 한 권의 거대한 책처럼 바라보게 하는 기호들의 총체로 삼기도 한다. 바로 이로부터 『고독한 산책자의 몽상』에서 볼 수 있는 '식물도감'과 '신문' 사이의 조합이 생겨나는 것이며, 발자크 작품에서 볼 수 있는 '여행자'와 '독자' 사이의 유사성도 이것의 연장이라고 할 수 있다. 노발리스(Novalis)는 그 특유의 명료함을 가지고 이와 같은 자연의 낭만주의적 사고를 표현하고 있다.

(…) '자연'은 영혼을 지니지 않는다면 '자연'이 될 수 없을 것이다(…).

---

75) 회화에 의한 회화, 회화 자체를 문제 삼는 자기반성적 회화를 뜻한다.(역주)

'자연'은 모든 것을 아름답게 하고, 모든 것에 생기를 불어넣으며, 모든 것을 견고하게 한다(…). 사물의 내밀한 곳을 바라보는 눈은 거기에서 인간의 마음과 놀라울 정도로 상응하는 무엇인가를 발견하게 된다.

(『자이스의 학도*Les Diciples à Saïs*』)

카스파 다비드 프리드리히의 그림은 분명 낭만주의적 풍경에 생기를 불어넣는 자연에 대한 사유를 가장 잘 나타낸 그림일 것이다. 이 그림은 스낭쿠르(Senancourt)라는 등장인물이 남프랑스의 봉오리를 산책하면서 품은 생각들을 보여주고 있다. "나는 인간의 인위적인 구속과 교묘한 억압으로부터 멀리 떨어져, 험난한 자연이라는 난관과 위험에 홀로 처해 있는 나의 존재가 확장됨을 느낀다."(『오베르만*Obermann*』, 편지 Ⅶ)

낭만주의적 풍경화를 사로잡은 먼 곳에 대한 소명은 초기에 서구 문화가 어떠한 것에 가치를 부여했는지를 구체적으로 보여주고 있다. 바로 순수와 타고난 순결의 결합에 의해 반응하는 낭만주의적 풍경화, 비르길리우스의 작품에서 찾아볼 수 있는 로쿠스 아모에누스(locus amoenus, 글자대로 '낙원'을 의미)의 토포스, 즉 전원시와 목가의 토포스와 고전주의 시대에 이야기되었던 '아름다운 자연(belle nature)'의 토포스가 그것이다. 한편으로는 푸생, 르 로랭, 와토의 작품과도 같아 보이고, 다른 한편으로는 진정한 주관적 경험 속에 녹아들어있는(어떠한 문화적 구성에 의해서가 아닌) 풍경화는 세상에 대한 누그러지고 정돈된 시각을 보여주고, 우주에 대한 충만하고 풍부한 그리고 때때로 차분한 관조를 제시한다. 조르주 상드(George Sand)의 『마의 늪*La Mare au diable*』의 첫 부분을 장식하는 전원 묘사는 무엇보다도 비르길리우스적 영감과 낭만주의 회화 사이의 이러한 문화적 연관성을 보여주고 있다.

모든 것, 즉 풍경, 사람, 아이, 묶여 있는 황소들은 강제로 혹은 은총을 입어 아름다웠다. 그러나 강력한 투쟁 속에서 대지가 패배했음에도 불구하고, 모든 사물들에 감도는 부드러움과 깊은 고요함이라는 감정이 존재했다.

고대의 특성에 훨씬 더 경도되어 있던 낭만주의적 풍경화는 관객의 마음을 사로잡기에 충분한 대지-어머니라는 원형을 다시 부활시킨다. 폴 클로델에 따르면, '네덜란드 풍경화'의 성공을 가져 온 요소 중 하나는 하늘과 땅 사이의 불명확한 경계선 위에서와 같이 여러 가지 요소들이 융합되어 있는 풍경화에 관객이 하나되는 듯한 느낌이다.

> 네덜란드 풍경화에서 눈은 완전하게 만들어져 있는 배경들, 그 안에서 각자가 추억과 꿈을 설계하는 배경들 중 하나를 발견하지 않는다. 자연은 그 눈에게 명확한 지평선을 제시하는 것이 아니며, 항상 변화하는 하늘과 색의 유희로 인해 여백을 만나는 땅 사이의 불명확한 접합만을 제시할 뿐이다.
> (『네덜란드 미술 입문』)

무한함을 추구했던 낭만주의적 풍경화는 그 어떤 경계도 필요로 하지 않았다. 중세 말까지 유행했던 외부 공간에 대한 표현과는 극명한 차이를 보여주었다. 소실되는 여러 면들을 결합하기 위해 사용되는 '정육면체적 시각효과'를 동원함으로써 자연 세계를 합리적이고 본질적으로는 도시적인 도식 안에 삽입하곤 했다. 반대로 근대 풍경화에서 장면은 종종 전경(前景)화되어 비어 있는 상태로 나타난다. 니콜라 그리말디(Nicolas Grimaldi)에 따르면 그런 식으로 "모든 자연 사물들 중에서 풍경화만이 외부에 존재하는 그 어떤 것과도 관계를 맺지 않고, 한계도, 주변 장식도 없이, 한 세계의 포괄적인 총체로 인식되는 특권을 지니고 있다. (…)"(『풍경의 죽음인가?』). 이러한 경험이 바로 파브리스 델 동고가 그의 옛 스승인 아베 블라네스와 토론을 하며 보냈던 밤 이후로, 교회의 종탑 꼭대기를 둘러싼 지평선을 응시하며 겪은 경험인 것처럼 보인다.

> 종탑에서, 그의 시선은 몇 리 정도 떨어진 호수의 두 물줄기 위에 머물러 있었고, 이 감탄할 만한 풍경은 그로 하여금 다른 모든 것들을 이내 잊게 했다. 그 풍경은 그에게서 가장 고결한 감정들을 일깨웠다.
> (『파르마의 수도원』, 제 9장)

Ⅰ. 고티에 맵 축소판(Miniature de Gautier Map, 15세기), 〈라크의 기사 랑슬로의 책. 성배 탐색과 아더왕의 죽음 *Le Livre de Messire Lancelot du Lac, La Quête du Graal et la Mort d'Arthur*〉(15세기). 파리 프랑스 국립 도서관

Ⅱ. 한스 멤링(Hans Memling, 1430/40-1494), 〈부활: 부활, 성 세바스티아누스의 순교, 승천 *Triptyque de la Résurrection*〉(1485-1490년 경). 0.61m×0.81m, 파리 루브르 박물관

Ⅲ. 파올로 우첼로(Paolo Uccello, 1397-1475), 〈산 로마노 전투 *La Bataille de San Romano*〉(1440년 경). 1.80m ×3.16m. 파리 루브르 박물관

Ⅳ. 장 클루에(Jean Clouet, 1480/90-1541), 〈프랑스의 왕 프랑수아 1세 *François Ier roi de France*〉(1535년 경). 0.96m×0.74m. 파리 루브르 박물관

V. 피에르 파울 루벤스(Pierre Paul Rubens, 1577-1640), 〈마르세유에 도착한 마리 드 메디치*L'Arrvée de Marie de Médicis à Marseille*〉(1622-1625년 경). 3.94m×2.95m. 파리 루브르 박물관

VI. 조르주 드 라 투르(Georges de La Tour, 1593-1652), 〈작은 등불 앞의 막달라 마리아*La Madeleine à la veilleuse*〉(1642-1644년 경). 1.28m×0,94m. 파리 루브르 박물관

Ⅶ. 니콜라 푸생(Nicolas Poussin, 1594-1665), 〈아르카디아의 목동들 *Les Bergers d'Arcadie*〉(1638-1640년 경). 0.85m×1.21m. 파리 루브르 박물관

Ⅷ. 디에고 벨라스케스(Diego Velazquez, 1599-1660), 〈라스 메니나스 *Les Ménines*〉(1656). 3.18m×2.76m. 마드리드 프라도 박물관

Ⅸ. 장 오노레 프라고나르 (Jean Honoré Fragonard, 1732-1806), 〈드니 디드로의 초상 *Portrait de Denis Diderot*〉(1769년경). 0.80m×0.64m. 파리 루브르 박물관

Ⅹ. 외젠 들라크루아(Eugène Delacroix 1798-1863), 〈사르다나팔루스의 죽음 La Mort de Sardanapale〉(1827-1828). 3.92m×4.96m. 파리 루브르 박물관

XI. 귀스타브 쿠르베(Gustave Courbet, 1819-1877), 〈오르낭의 매장 *Un enterrement à Ornans*〉(1849-1850). 3.15m×6.68m. 파리 오르세 미술관

XII. 귀스타브 모로(Gustave Moreau, 1826-1898), 〈춤추는 살로메 *Salomé dansant*〉(1876년 경). 0.92m×0.60m. 파리 귀스타브 모로 미술관

XIII. 파블로 피카소(Pablo Picasso, 1881-1973), 〈비외마크 병, 유리잔과 신문 *Bouteille de vieux marc, verre et journal*〉(1913). 0.63m×0.49m. 파리 조르주 퐁피두 센터 현대 미술관

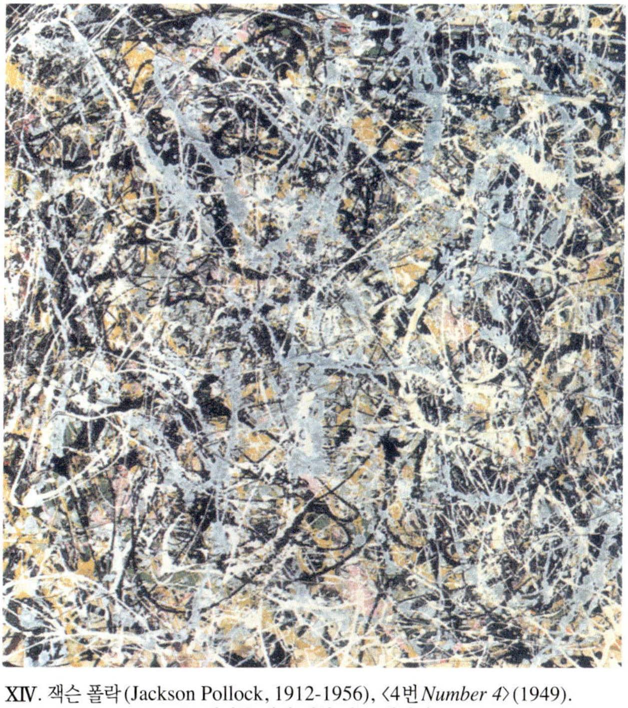

XIV. 잭슨 폴락(Jackson Pollock, 1912-1956), 〈4번 *Number 4*〉(1949). 0.90m×0.87m. 뉴 헤이븐 예일 대학 아트 갤러리

XV. 프랜시스 베이컨(Francis Bacon, 1909-1992), 〈거울 속에 비친 글쓰는 인물 *Personnage écrivant reflété dans un miroir*〉 (1976). 1.92m × 1.47m. 개인 소장

XVI. 자오 우키(Zao Wou-Ki, 1921년생), 〈세폭화 *Triptyque*〉, 제1판(1987-1988). 2m × 1.62m

여기에서 등장인물이 느끼는 황홀한 감정은 그 어떤 정확한 심리적 동기에서 비롯된 것이 아니다. 이는 순환하는 동시에 무한한 우주를 향유할 수 있게 해주는 솟아있는 부분(종탑)에 연결되어 있다. 즉 닫혀 있으면서도 열려 있는 우주 말이다.

이러한 의미에서 낭만주의적 풍경화는 황홀함을 느낄 수 있게 해주는데, 여기에서 황홀함은 '바깥(dehors)'에 대한 향유 속에서 느껴지는 것이다(문자 그대로 일종의 자기 탈출을 의미한다). '지평(horizon)'이라는 개념의 발전은 이러한 경험과 관련되어 있다. 우선 경계를 가리키는 이 개념은 땅과 하늘을 분리하는 것으로, 19세기부터 문학적 용어 속에 굴절되어 무한함이라는 의미를 내포하게 되었다. 자연에 대한 두려움을 지닌 보들레르과 같은 시인이 용어의 옛 의미를 상기시키는 것은 그리 놀라운 일이 아니다. 『파리의 우울』에서 보들레르는 －도망치듯 빠져나가는 짙은 은유로－ "뚜껑처럼 짓누르는" "낮고 둔중한 하늘"에 안겨 있는 '지평'의 '원(圓)'을 상기시킨다. 그 세기의 거의 모든 풍경화가들은 이와 같은 닫힌 이미지를 거스른다. 오히려 그들은 불분명한 경계로 표현되는 깊고 거대한 공간의 도주선을 만들어낸다. 지평선은 때로는 다량의 매개물들(예를 들어 나뭇잎)로 인해 위치가 설정될 수 없거나, 때로는 그림 속에서 추상적이고도 비실제적인 선으로, 다시 말해 하나의 열림 -아니면 단절인가?- 으로 재현된다. 20세기에 나타날 '추상적 풍경화법'은 구상적 풍경화에서 찾아볼 수 있는 이러한 특징의 연장에 다름 아니다. 부댕의 해양화는 바로 이와 같은 바를 암시하고 있다. 해안가에 띠 모양으로 배치된 등장인물들은 사회의 광범위한 층위를 보여주고 있다. 먼 곳에서 이루어지는 분할은 추상적 구조화를 이루고 있다. 즉 인접해있으면서도 서로 다른 두 가지 면, 서로 다르게 채색되어 있는 두 가지 면의 상호작용을 통해 그림의 순수한 회화적 지각을 향한 문이 열리는 것이다.

[정신적 구성으로서의 풍경화]

풍경화 고유의 변증법에 따르면 먼 곳을 향한 투영은 한 명의 주관적 관찰자에 의존하고, 공간의 특정 지점에 위치한다. 그러므로 외부로의 열림은 마찬가지로 내부의 경험, 정신적 구성으로 읽혀질 수 있다. 이는 위고의 '관조'에서 잘 나타난다. 시인의 대표적인 모음집(『정관시집(靜觀詩集, *Les Comtemplations*)』의 제목인 '관조'는 내적 매개의 역할을 하게 되는 시적 관찰을 가리킨다. "사물들을 관조한다는 것은 / 그것들을 더 이상 보지 않게 되는 것이다."(『정관시집』) 자연에 대한 인식은 의미작용의 세계가 드러나도록 하기 위한 객관적인 소재들을 지우거나 희미하게 하는 종교적 경험을 권장하는 것이다. 이처럼 〈목동과 양떼*Pasteurs et troupeaux*〉(같은 책)에서 초기 전원 풍경화는 요소들의 분출에 의해 변형된 자연에 대한 시각 속에서, "모든 무한함이라는 소음에 팔꿈치를 괴고 그것을 꿈꾸는" 시인의 형상화, 즉 "솟아오른 큰 구름 모자를 쓴 목동"의 모습이 형상화되는 시각 속에서 전도된다.

위고의 관조는 정신적인 전유 -당시에 풍경화는 이러한 전유의 대상이었다- 의 한 양상, 작가의 종교적이고 시적인 사유에 적합한 양상에 불과하다. 위대한 사상가들과 작가들은 이것을 표현해내고 있다. 보들레르는 다음과 같이 주장한다. "우리가 풍경이라 부르는 나무, 산, 물, 집의 이러한 조합이 아름답다고 한다면, 이는 풍경에 의한 것이 아니라 나에 의해, 나 자신의 재능에 의해, 내가 부여하는 생각 혹은 감정에 의해 그러한 것이다."(1859년 『살롱』) 니체 또한 마찬가지의 이야기를 한다. "숲, 산은 단지 개념일 뿐만 아니라, 우리의 경험이자 우리의 역사, 즉 우리 자신의 일부분이다."(『인간적인, 너무나도 인간적인*Humain, trop humain*』, 사후에 남겨진 부분 원고) 스탕달 또한 『어느 관광객의 회고담*Mémoires d'un touriste*』에서 이렇게 이야기하고 있다.

> 나는 아름다운 풍경을 좋아한다. 풍경은 때로는 나의 정신에 소리를 내는 바이올린 위에 잘 만들어진 활만큼이나 효과를 가져 온다. 풍경은 미친 듯한 감정들을 창출한다. 풍경은 나의 기쁨을 증가시키며 불행을 좀 더 견딜 만한 것으로 만들어준다.
>
> (랑그르(Langres), 1837년 5월 5일)

『로시니 평전*Vie de Rossini*』을 쓴 작가의 글에 음악과의 비교가 등장한다는 것이 놀라운 일은 아니다. 이 경우에 음악과의 비교는 풍경이 어느 정도까지 내적 감동으로 인식될 수 있는지를 강조한다.

우리는 풍경의 회화적 미학이 강요된 주제들과 지정된 기능에 더 많이 종속되어 있는 역사화와 초상화보다도 훨씬 더 주관적인 구성을 지니고 있지 않은가에 대해 자문해볼 수 있다. 중세 말 그리고 르네상스 시대에 풍경화는 번번이 묘사된 인물 뒤에서 그려졌다. 물론 풍경화는 묘사된 인물의 정체성을 가리키는 상징적인 공간이지만, 이는 또한 화가에게 있어 몽상과 자유로운 창작의 공간이기도 하다. 그림의 여백에 위치한 소묘로 표현된 풍경은 화가에게 주관적인 반영의 가능성을 제공한다. 그런 식으로 레오나르도 다빈치의 (그는 초상화에 총체적으로 자연적인 배경을 부여하면서 혁신을 일으켰다) 배경으로 나오는 계곡, 하천 그리고 호수를 해석할 수 있다. 또한 렘브란트의 몇몇 풍경화들이 공간 속에 상상으로 반영된 내적 공상들임은 명확해 보인다. 〈풍차 풍경*Paysage avec moulin à vent*〉, 〈스케이트 타는 사람들의 풍경*Paysage avec patineurs*〉, 〈돌다리 풍경*Paysage avec pont en pierre*〉은 전설적이고 종교적인 배경도, 북화파에 의해 동시대에 발전된 묘사적이고 일화적인 사실주의도 상기시키지 않는다. 차라리 화가가 원형 계단의 소용돌이에서 솟아나온 것으로 표현한 〈철학자〉의 정신에서 비롯된 창작에 가깝다고 할 수 있을 것이다. 이를 통해 우리는 화가의 정신이 시각적으로 발산되는 듯한 인상을 받는다. 여러 차원을 통합하고 있고, 폭넓게는 단색에 가까워지면서도 묘사로 가득 찬 이 그림들은 예를 들어 렘브란트가 바닷가 혹은 강가를 잉크로 그린 그림에 매우 가깝다. 현실은 거의 추상적인 몇몇 선들로 축소된다. 여기에서 원근법은 대상들을 환상적 공간 속에 위치시키기보다는 일종의 도주선을 형성하는 것처럼 보인다.

풍경화의 주관적 특징은 특히 의인주의의 경우에서 명백하게 나타나는데, 이는 종종 에로티즘적 성격과도 연결될 수 있다. 에로티즘적 성격은 18세기부터 적어도 낭만주의 문학의 진정한 전통을 구성하게 된다. 생 프뢰는 쥘리에게 고독한 산책을 하는 동안 자연은 감각적인 존재로 가득 차 있었다고 단언한다. "내가 맞닥뜨린 모든 나무들은 당신에게 그 그림자를 내어주고, 모든 잔디는 당신의 의자가 되었습니다. (…) 결국 급류를 건너갈 수밖에 없는데, 나는 감히 그 감미로운 책임을 내 팔로 껴안았습니다."(루소, 『신엘로이즈』, Ⅰ, 편지 XXIII) 『오렐리아』에서 네르발은 여성적 존재가 결국에는 풍경과 혼동되는 몽상을 그려내고 있다.

> 내가 좇아 간 부인은 색이 다양하게 변하는 타프타 드레스의 주름을 번쩍거리게 하는 움직임 속에서 자신의 마른 허리를 펴고 아무것도 두르지 않은 자신의 팔로 우아하게 접시꽃의 긴 줄기를 감싸고 있었으며, 환하게 비추는 빛 아래에서 자신을 커보이게 하여 점차 정원이 그 형태를 잡아가도록 하였다 (…).
>
> (제 Ⅰ부, 6장)

자연에 에로티즘적 성격을 부여하는 것에는 어머니의 육체에 대한 환상이 종종 반영되어 있다. 이는 콜레트(Colette)의 작품에서 반복적으로 나타나는 것으로, 그 이미지는 유년기의 몽상과 직접적인 관련이 있다. 이와 같은 의인주의는 그림에서도 뚜렷하게 나타나지만, 좀 더 막연한 양상을 지닌다. 의인주의는 나뭇잎의 둥근 모양, 대지의 굴곡, 액체로 된 요소의 빈번한 출현 속에서 이루어진다. 밀레, 모네, 반 고흐가 그린 건초 더미를 본 사람은 분명 뮈리엘 가뉴뱅의 다음과 같은 주장에 동의할 수밖에 없을 것이다. "풍경화에서 인간은 그 주변 환경, 자신의 모습, 사적인 계층을 반영하면서 자기 자신을 인식하게 된다." (『풍경의 죽음인가?』)

'도시 풍경화'는 수차례 이와 같은 반영의 사회적 이형(異形)으로 나타난다. 중세 회화에서 도시 묘사는 일반적으로 도상학적 전통과 원근법의 필요성과 관련되어 있다. 고전주의 시대에 도시 묘사는 종종 그림의 배경 속에서 정면성을 만들어내는 데에 사용되었는데, 이는 전경(前景)에 위치한 장면을 강조하기 위함이다. 예를 들어 푸생은 여러 번 이와 같은 묘사를 하였는데, 그의 작품에서 도시라는 소재는 벽지와 같은 회화적이고 극적인 기능을 하고 있다. 도시 그 자체가 완전한 회화의 주제가 된 시기는 바로 18세기이다. 도시 풍경화는 여행의 발달, 경치라는 카테고리의 탄생 -예를 들어 과르디 혹은 카날레토의 〈베네치아의 풍경〉에서 볼 수 있듯- 과 관련되어 있으며, 같은 시대에 문학에서도 도시를 주제로 한 작품이 나타나기 시작했다. 〈파리 풍경〉은 그것의 가장 좋은 예라고 할 수 있다. 이 작품의 제목은 회화 어휘를 아무 이유 없이 빌려온 결과는 아니다. 이 작품에서 루이 세바스티앙 메르시에는 '보이는 것(chose vue)'의 미학이 지배하는 짧은 장(章)들에서 이 도시를 묘사하고 있는데, 훗날 보들레르는 『악의 꽃*Fleurs du mal*』의 〈파리의 풍경*Tableaux parisiens*〉과 『파리의 우울』에서 이를 여러 번 반복하게 된다. 카를하인츠 슈티를레(Karlheinz Stierle)가 『기호의 수도 - 파리와 그 담화*La Capitale des signes - Paris et son discours*』에서 잘 보여주었듯, 바로 이 시기에 도시는 작가에게 있어 '자연의 책'을 대신하는 텍스트, 해독해야할 진정한 텍스트로 여겨지게 된다. '폐허주의'는 도시 풍경화에 문화적 차원을 도입시킨다. 즉 사라진 문명에 대한 향수, 시간의 흐름이라는 석화된 이미지에 대한 애절하고 매혹적인 시선(샤토브리앙이 『무덤 저편의 추억*Mémoires d'outre-tombe*』에서 몽부아시에(Montboissier) 성에 대해 "마치 폐허처럼 매혹적이다"라고 이야기했던 것처럼)이 바로 그것이다. 쥘리앵 그라크(Julien Gracq)는 그 폐허가 자연에 의해 점령된 사그라(Sagra)의 이미지로부터 바로크적 환상을 전개시키게 될 것이다.

> 죽은 도시는 포장(鋪裝)된 정글, 야생 줄기들이 늘어뜨려진 정원, 나무와 돌로 만들어져 맹위를 떨치는 거인과 신들 간의 전쟁이 되었다.
>
> (『시르트의 바닷가*Le Rivage des Syrtes*』

현대 문학에서 도시의 풍경은 독자로 하여금 그 자신의 고독을 발견하게 해준다. 즉 낯설고도 근대적 인간의 조건을 상징하는 것처럼 보이는 세계 속에서의 고독이 그것이다. 르 클레지오는 수직적 지평에 의해 원근법과 입체감이라는 전통적 효과가 무효화 되는 정면적 이미지 속에서 이를 일별하고 있다. "시멘트와 강철로 된 도시, 하늘을 향해 끝없이 돌진하는 유리로 된 벽, 장식을 박아 넣은 그림들이 있는 도시, 모두 똑같은 주름을 지닌 도시."(『도주의 책』) 조르조 데 키리코(Giorgio de Chirico)의 작품 속에서도 도시 묘사는 같은 방식으로 이루어진다. 강조된 그림자(텅 빈 장소, 혹은 불안함이 감도는 신비를 가리킨다), 균형이 맞지 않는 건물, 줄지어 있는 아케이드와 창문 등 그의 도시 묘사는 '형이상학적인 내면'이라는 차단된 공간을 반영한다. 원근법은 여기에서 제대로 그 역할을 하고 있지만, 시선을 먼 곳을 향해 투영하는 대신 하나의 함정으로 작용한다. 폴 델보(Paul Delvaux)의 작품에서 도시는 그 평온함 자체로 인해 매우 불안해 보인다. 명백한 고요함이 이 도시를 지배하고 있다면, 그것은 그 도시가 부재하는 인물들에게 사로잡혀 있고 그들의 꿈속에 갇혀있기 때문이다. 도시적이고 가정적 요소들(울타리, 문, 커튼 등)은 공간을 채우지는 못하지만, 그 공간을 내부와 외부의 구별을 없애는 반투명의 이미지들로 분산시킨다.

거울과 기억 사이의 문학과 미술

문학과 미술의 '공통된 장소'에 대한 고찰은 단지 영감의 몇 가지 주제들에 한정될 수는 없다. 글쓰기와 회화 작업 간의 일치는 사실상 화가 혹은 작가가 역사 혹은 자신의 예술 행위를 통해 영감을 얻을 때 영속된다. 따라서 창작은 그 자체로 기억인 동시에 거울이라고 할 수 있다. 우리는 흔히 문학에 관하여 상호텍스트성과 메타텍스트성을 논하곤 한다. 마찬가지로 상호회화성과 메타회화성에 대해 논의할 수도 있을 것이다. 이 개념들을 통해 예술가가 자신이 다루는 주제를 넘어서서 자신만의 미학적 행위를 작품의 주요 영감의 원천 중 하나로 삼는 변화, 꽤나 빈번하게 나타나는 변화를 이해할 수 있다.

[예술의 기억]

'진부한 주제(poncif)'라는 용어는 상호텍스트성과 상호회화성에 관한 논의와 연결된다. 사실상 이 단어는 회화 어휘에서는 유색 가루를 사용하여 캔버스 위로 옮겨지기 위한 작은 구멍들이 나 있는 초벌 그림을 가리킨다. 또한 이 단어는 좀 더 폭넓은 의미에서 미술사에서 수차례 사용되었던 주제, 하지만 창작 없이 반복만을 따랐기 때문에 그 영향력을 모두 잃어버린 주제를 가리키는 것이었다. '아침 일찍 일어나는 아름다운 여인'이라는 모티프(잠에서 깨어났을 때 연상되는 사랑스러운 여인의 막연한 이미지, 그리고 그 빛으로 인해 동틀 무렵은 비교적 어둡게 나타난다.)는 플레이야드파 이래로 갈랑트리(galanterie) 시의 진부한 주제였다. 마찬가지로 미셸 레리스도 미술관의 그림들에서 볼 수 있는 진부한 주제들을 언급한 바 있다. "굳어져 있는 아름다운 이미지들로 표현되는 비너스, 유디트, 수잔나, 주노, 루크레티우스, 살로메와 다른 여주인공들"(『성년』). 이렇듯 진부한 주제는 굳어져 있는 기억을 불러내는 에너지 없는 모방이고, 상상력 없는 반복이다. 레리스는 부정적인 방식을 통해 고유의 기억이 각각의 예술을 구성하고 창작하는 데 얼마나 영향력을 끼칠 수 있는지를 강조하고 있다. 모든 쓰여진 텍스트와 그려진 그림들은 사실상 작가와 화가들을 위한 일련의 아이디어와 형태를 구성한다. 도서관과 미술관은 독자, 관람객, 작가들에게 있어 현상을 제도화할 뿐이다. 사진의 발명과 삽화 서적의 발달은 심지어 앙드레 말로가 『상상의 미술관』이라고 이름 붙인 것의 탄생을 가능케 했다. 그가 이러한 이름을 붙인 것은 인류의 출현 이래 처음으로 예술가가 모든 시대의 세계적 생산물들의 수많은 표본들을 눈앞에 둘 수 있게 되었기 때문이다.

상호텍스트성은 단연 수십 년 전부터 연구되어 왔으며, 오늘날 문학적 고찰의 주요 축 가운데 하나를 이루고 있을 정도이다. 따라서 여기에서는 몇몇 분명한 사실들을 상기하는 것에 그칠 것이다. 우리는 고대 비극이 서사시에서 영감을 받은 것임을 알고 있다(그렇기 때문에 호메로스는 아이스킬로스, 소포클로스, 에우리피데스, 세네카, 라신 등의 상호텍스트를 생산해냈다). 마찬가지로 성서의 상호텍스트 또한 적어도 20세기까지 서양 문화의 가장 중요한 작품들 속에서 존재한다. 좀 더 명확하게 이야기하자면, 문학사는 상호텍스트의 역할을 하는 모델들로 이루어졌다고 할 수 있다. 예컨대 페트라르카의 『칸초니에레*Canzoniere*』는 르네상스 사랑시의 상호텍스트이며, 『이솝 우화』는 라퐁텐의 우화, 테오프라스트의 『성격론』은 라브뤼예르의 『성격론』, 플라우터스의 『앙피트리옹*Amphitryon*』은 몰리에르 연극 작품의 상호텍스트이다. 후기 고전주의 문학이 원전의 다시 쓰기 행위와 단절하지 않았음을 확인하는 것은 인상적이다. 위고가 20세기 수많은 작가들의 상호텍스트를 제시하게 될 보들레르, 말라르메, 로트레아몽의 상호텍스트들 중 하나를 이루고 있는 것처럼, 위고의 작품에서는 비르길리우스를 찾아볼 수 있다. 클로드 시몽(Claude Simon)이 『농경시*Géorgiques*』를 쓸 때 그랬던 것처럼, 장 지로두(Jean Giraudoux)(『트로이 전쟁은 일어나지 않는다*La geurre de Troie n'aura pas lieu*』, 『엘렉트라*Électre*』)와 장 아누이(Jean Anouilh)(『앙티고네*Antigone*』)가 그랬던 것처럼, 조이스의 『율리시즈』는 원전의 제목을 그대로 사용하고 있다.

문학과 마찬가지로 한 점의 그림은 —상형적이고 환상적인 그림조차도— 우선 그 원천을 이전의 그림들에서 찾는다고 말할 수 있을 것이다. 수 세기 동안 모사(模寫)는 화가 양성에 있어 결정적인 역할을 했다. 미래의 화가는 우선 한 아틀리에에 고용되어 캔버스를 준비하고, 염료 분말을 물에 개고, 경우에 따라서는 스승의 그림의 배경을 그리거나 모델을 보고 몇몇 장식적인 부분들(꽃, 잎, 하늘, 원경 등의 소재)을 그리게 된다. 르네상스부터 20세기 초까지 아카데미의 화가 양성은 요컨대 고대와 거장들의 작품을 모사하는 것을 기초로 했다. 마티스조차도 베로네세, 푸생, 샤르댕의 작품들을 모사하였다. 심지어 루브르 박물관에도 모방 작가들의 작품들이 자리하고 있다(이는 오늘날에도 여전히 행해지고 있는 관습이다). 화가의 양성 단계 중에는 이탈리아 여행을 포함되어 있는데, 이 여행을 통해 화가는 이탈리아 르네상스의 위대한 화가들의 놀라운 작품들을 가까이서 볼 수 있었다. 위대한 작가들 중 렘브란트는 이러한 양성 과정을 거치지 않은 매우 드문 경우 중 하나에 속한다고 할 수 있다. 유명한 로마상(Prix de Rome, 그 첫 번째 콩쿠르는 1663년 콜베르(Colbert)에 의해 기획되었다)의 창설은 이러한 관습에 대한 제도적 인정을 보여주는 것이었다.

이처럼 상호회화성은 미술사에 편재하는 현상으로, 문학과 마찬가지로 그 예는 셀 수 없을 정도이다. 여기에서 우리는 특별한 적용이 요구되는 영역인 종교 미술을 다시 길게 언급하지는 않을 것이다. 예컨대 수많은 〈성모와 아기예수*Vierge et l'Enfant*〉 그림은 라파엘로(Raphaël)의 그림에서 영감을 얻은 것이다. 특히 19세기에는 회화의 함축성이 지배적으로 나타났다. 어떤 면에서 이 시기는 모델의 개념을 거부하는 미학적 근대가 시작된 시기이기도 했지만 말이다. 예를 들면 루이 필리프(Louis-Phillippe)가 자산으로 1838년과 1848년 사이에 루브르에 '스페인 갤러리(Galerie espagnole)'를 설립하면서 수많은 예술가들이 실제로 -뿐만 아니라 복제품의 형태로- 무리요, 수르바란, 고야의 작품들을 볼 수 있게 되었다. 그리하여 스페인 '양식'은 화가들에게 직접적으로 영향을 미치게 된다. 특히 에두아르 마네는 벨라스케스의 작품을 통해 전신상에서 바닥의 선을 지워버리는 아이디어를 얻었고, 고야의 〈발코니의 마하들*Majas au balcon*〉에서 영감을 얻어 〈발코니*Le Balcon*〉 -심지어 훗날 이 그림은 마르그리트에게 상호회화적 참조가 되기도 한다(등장인물들은 이 그림에서 관(棺)으로 대체된다)- 를 그렸다. 이렇듯 상호회화성은 상호텍스트성과 마찬가지로 여러 역사적 층을 결합할 수 있다. 고야의 작품인 〈옷을 벗은 마하*Maja desnuda*〉는 티치아노의 〈우르비노의 비너스〉를 암묵적으로 참조하고 있고, 고야의 그림은 마네의 작품인 〈올랭피아〉에서 수정되어 나타난다. 장 자크 에네르(Jean-Jacques Henner)의 〈그리스도의 죽음*Jésus au tombeau*〉은 필리프 드 샹페뉴의 〈수의 위의 그리스도*Christ mort couché dans son linceul*〉를 명백히 참고하고 있다. 또한 에네르의 작품에는 한스 홀바인이 〈그리스도의 죽음*Le Christ mort*〉에서 보여주었던 측면의, 그리고 장방형 관점이 채택되어 있다.

피카소라는 놀라운 형태의 창안자가 보여주었듯, 예술가는 창작과 기억이라는 변증법으로부터 벗어날 수가 없다. 〈시녀들〉 시리즈에서 피카소는 벨라스케스의 그림에 일련의 놀라운 변화들을 행하고 있다. 수정이 가해진 원형의 영향력은 유희적이고 우상파괴적 행위와의 긴장 상태로 돌입하게 된다. 상호회화적인 반복 양식은 사실상 무한하게 변화될 수 있다. 반어적 처리에 대한 고전주의적 숭배부터 심지어는 레오나르도 다빈치의 〈모나리자〉를 마르셀 뒤샹이 다시 그린 것 -이 그림에서 등장인물은 콧수염과 짧은 턱수염을 가지고 있고, 그림의 제목은 고의적으로 외설적인 내용을 담은 〈L.H.O.O.Q(elle a chaud au cul : 그녀의 엉덩이는 뜨겁다)〉이다- 에서 볼 수 있는 것처럼 우상 파괴적 풍자에 이르기까지 그 변화는 다양하다. 이와 같은 모든 상호회화적 행위에서 기억은 반복되는 모티프와 같은 차원에서 이용된다. 이중의 지시대상(장면의 묘사인 동시에 이미 다루어진 소재의 반복)을 통해 그림에는 이중의 독서가 요구되며, 작품은 고유의 역사라는 거울 속에서 제작된다. 결국 우리는 상호회화성은 상호텍스트성과 마찬가지로, 문학과 미술이 그 자체로 영감의 원천이 되는 좀 더 광범위한 현상의 현현(顯現)일 뿐이라고 할 수 있을 것이다.

[예술의 거울]

반사성은 문학과 미술에서 공통적으로 나타나는 특징인데, 이와 관련하여 메타텍스트성과 메타회화성을 논할 수 있을 것이다. 그 의미가 시대와 예술가들에 따라 다르게 나타남은 분명한 사실이다. 그 의미는 항상 찬양과 파괴라는 양 극단 사이에서 흔들린다. 자기 지시(autodésignation)는 작품이 지니는 힘의 증대이거나 그 정당성에 대한 문제 제기도 될 수 있다. 롱사르가 자신의 시에서 사랑받는 한 여인이 자신의 죽음 후에 향수에 젖어 "롱사르는 내가 아름다웠을 적에 나를 찬양했다"라고 말하도록 하는 것은 시적 행위, 그가 찬양하고 있는 불멸의 작용이다. 시는 그 자신의 힘을 반영하는 거울이 된다. 반대로 베케트의 『고도를 기다리며』 속 등장인물들은 그들이 연기하고 있는 장면에 대해 논평을 하는데, 여기에서 자기 지시는 빈정거리는 태도로 이루어지며, 우스꽝스럽고 조롱하는 말투 속에서 작품 전체를 전복시킨다. "우리는 공연에 온 듯하다. / 서커스에. / 뮤직홀에. / 서커스에."(제 1막)

메타텍스트성이 지니는 현상은 매우 빈번하게 나타나는데, 그 이유는 종종 그 현상에 의해 작가가 작품의 방향을 결정하기 때문이다. 우선, 글을 쓰고 있는 작가의 모습이 환유적으로 제시될 수 있다. 예를 들어 조이스(『젊은 예술가의 초상』)로부터 시작된 일련의 '자화상' 작품의 계보 속에는 딜런 토머스(Dylan Thomas)의 『강아지 같은 예술가의 초상*Portrait of the Artist as a Young Dog*』, 미셸 뷔토르(Michel Butor)의 『어린 원숭이 같은 예술가의 초상*Portrait de l'artiste en jeune singe*』등이 포함된다고 할 수 있다. 더 나아가 미셸 뷔토르의 『시간 사용법*Emploi du temps*』은 서사 주체가 글쓰기 작업과 혼동되는 형식의 원조라고 할 수 있다. 이처럼 책은 고유의 제작, 소비 혹은 보급 방식을 고찰할 수 있다. 예컨대 글쓰기, 독서, 텍스트 해설 장면은 문학사에서 셀 수 없이 많다. 프루스트는 『잃어버린 시간을 찾아서』에서 생전에 베르메르의 〈델프트의 경치〉에 나타나는 "노란 벽의 작은 면"에 대해 오랫동안 고찰했던 작가 베르고트라는 인물을 등장시켰으며, 이에 따라 이야기는 그의 책들이 진열되어 있는 서점의 환하게 빛나는 진열대를 보여주고 있다. 반대로 나탈리 사로트의 『황금의 과실*Les Fruits d'or*』은 창작의 문제가 아닌 수용의 문제를 제기하고 있다. 그녀의 이야기는 난해한 책에 대해 서로 주고받은 말들의 '콜라주'이며 —정작 발췌된 내용은 찾아볼 수 없다— 그 제목은 독자가 목도하고 있는 제목과 혼동된다. 따라서 줄거리는 완전히 액자구조 방식을 토대로 하고 있으며, 액자구조는 여기에서 인물과 관련되는 것이 아닌, 소설 그 자체와 관련이 있다. 이렇게 빈번하게 나타나는 자기 지시와 관련해 롤랑 바르트는 현대 문학을 "손가락질 당하는 가면"(『비평 에세이』)으로 정의한 바 있다. 이렇듯 누보로망과 함께, 그리고 장 리카르두(Jean Ricardou)의 표현에 따라, 모험의 글쓰기에서 "글쓰기의 모험"으로의 이행이 시작된다. 그 이행 방식은 새로운 것이 아닌데, 그 이유는 -라블레, 세르반테스, 디드로, 플로베르 등의 작품에서도 비록 체계화되어 있지는 않지만- 이와 관련한 여러 사례들을 발견할 수 있기 때문이다.

미술에서도 마찬가지로 메타회화성은 자기 지시의 방식을 사용한다. 자기 지시 방식은 중세 시대에 이를 테면 화가의 연출과 관련된 모든 것들에 대해 종종 간접적으로 나타난다. 물론 화가가 성모 마리아를 그리는 성 누가를 제시할 때 상징적으로 묘사하는 것은 화가 그 자신이다. 때로는 예수가 화가와 마주하여 등장하기도 한다. 프랑스 프랑켄(Frans Franken, 19세기 안트베르펜 화가)의 작품인 〈화실의 그리스도*Le Christ dans l'atelier*〉는 바로 그림으로 가득한 화실에서 포즈를 취하고 있는 예수의 모습을 묘사하고 있다. 자기 지시는 또한 회화 작업 그 자체를 액자 구조로 제시하기도 한다. 예를 들어, 1650년 작품인 자화상에서 푸생은 그림의 정면성을 나타내는 이미지를 관람객에게 제시하는 시각적 장치를 마련해놓았다. 화가 뒤에 있는 인물은 삽입된 두 개의 그림에서 모습을 드러내고 있는데, 하나는 뮤즈를 묘사하고 있는 것이 틀림없는 한 여인의 머리가 보이도록 하고, 다른 하나에는 화가를 가리키는 라틴어로 적힌 글을 담고 있다. 이 두 가지 그림은 자연스럽게 관람객으로 하여금 묘사된 인물이 화가라는 직업을 가지고 있음을 상기하도록 한다. 하지만 두 폭의 그림은 마찬가지로 미술의 인위성, 즉 초상화의 이면에서 순수한 표면으로 스스로를 지시하고 있는 미술의 인위성을 강조하고 있다. 〈시녀들〉(삽화 Ⅷ 참조)에서 벨라스케스는 똑같은 배치를 좀 더 노골적으로 강조하고 있다. 화가는 관람객을 향해 바로 정면으로 나타나지만, 부분적으로는 그가 그리고 있는 그림에 가려져 있고, 그림은 화면의 전면을 차지하면서 그 이면과 나무틀로 된 배경을 보여주고 있다.

더 나아가 벨라스케스의 작품은 단순하지만 집중적인 일련의 수단을 이용하여 계속해서 회화 작업을 묘사하고 있다. 그림은 배경의 벽 위에 걸린 직사각형의 그림들 속에서, 거의 옆모습이 보이고, 빽빽하게 묘사되어 있으며, 바라보는 각도로 인해 작게 보이는 오른쪽 벽 위에 놓여 액자 구조를 이루고 있다. 열려있는 배경을 통해 들어온 강렬한 빛으로 인물의 윤곽이 뚜렷하게 드러나며, 이는 전신상과 유사하다. 거울에 비친 왕과 왕비의 이미지는 벨라스케스 자신이 자주 그렸던 화려한 초상화를 대신하여 미술 작업 자체의 액자구조를 선보이고 있다. 따라서 전경(前景)을 차지하고 있는 화면은 －시녀들에게 둘러싸인 마르그리트 공주의 초상화－ 시각적 장치를 위한 구실일 뿐이다. 이 시각적 장치는 그림으로 그 고유의 주제를 표현하기 위한 혹은 현실과의 관계 속에서 그림에 질문을 던지기 위한 수단일 것이다. 이러한 메타회화성에 있어 거울은 중요한 역할을 한다. 벨라스케스의 〈거울을 보는 비너스 *Vénus au miroir*〉에서 나타나는 거울은 그림의 전형적인 모방 기능을 자연스럽게 배가시키고 상징화한다. 또한 종종 거울은 초상화에서 등장하는데, 예를 들면 반 에이크(Van Eyck)의 〈아르놀피니 부부의 초상 *Portrait des époux Arnolfini*〉(화가의 이름이 거울 위에 나타나는 가운데 심지어는 그의 모습이 두 부부 사이의 거울을 통해 비치고 있다.), 혹은 앵그르가 그린 므아테시에(Moitessier) 부인의 초상화를 들 수 있다. 살바도르 달리는 〈6개의 실제 거울이 비추는 여섯 개의 가상 뿔로 영속화된 갈라의 뒷모습을 그리는 달리의 뒷모습 *Dali de dos qui peint Gala de dos éternisée par six cornes virtuelles que six vrais miroirs réfléchissent provisoirement*〉에서 바로 거울을 이용한 액자 구조 형식을 보여준다. 제목의 길이는 거울의 시각적 함정 속에서 무한히 배열된 반영이라는 유희를 암시하고 있다. '"보여주는 사람"의 행동'은 거울에 상응하는 것으로 여겨질 수 있는데, 클로드 갠델먼(Claude Gandelman)(『텍스트 속의 시선 *Le Regard dans le texte*』)이 이에 대해 연구한 바 있다. 즉 보여주는 사람이 장면에 개입하거나 인물이 자세를 이용하여 화가 혹은 관객의 시선을 중복시키는 것이다. 알베르티는 이러한 점을 분명하게 나타내고 있다. "나는 [그림에서] 손가락으로 무슨 일이 벌어지고 있는지 경고하고 보여주는 누군가를 보는 것을 좋아한다. 혹은 그 안에서 어떤 일이 벌어지고 있는지 우리가 볼 수 있도록 하기 위해 손짓으로 우리에게 알려주는 누군가를 보는 것을 좋아한다."(『회화론』)

더 나아가 위와 같은 메타회화적 장치에 화가가 화면에 통합될 수 있도록 하는 커튼, 베일 그리고 다른 종류의 천들을 첨가해야 한다. 고전주의 그림에서는 수많은 벽지를 볼 수 있는데, 예컨대 다비드(David)의 〈부르투스에게 그의 아들들의 시체를 바치는 릭토르 군대 *Les licteurs rapportent à Brutus les corps de ses fils*〉가 그 좋은 예를 보여주고 있다. 이 벽지는 물론 화가에게 있어 주름 무늬 위에 매력적인 작업을 할 수 있게끔 해주는 기회를 제공하며, 주름 무늬는 인물의 의복 묘사와 대비를 이룬다. 벽지는 또한 화면 속에 화가가 사용하는 캔버스의 천과 유사한 직물을 도입한다. 더 나아가 그림의 평면 공간과 같은 형태를 재현하고, 또한 구상 예술의 기능을 참조하는 가리기/드러내기의 유희를 활성화시킨다.

구상에 대한 열망이 추상 예술에 그 자리를 양보하고 있음에도 메타회화성의 효과는 어떤 의미에서 어느 작품에서나 찾아볼 수 있는데, 그 이유는 미술이 자기 지시적이기 때문이다. 그림은 그림 그 자체 외에 다른 것을 참조하지 않는다. 이를 테면 말레비치의 유명한 그림인 〈흰 바탕에 검은 네모꼴*Carré blanc sur fond blanc*〉에서 이를 알 수 있다. 관람객은 더 이상 둘로 나뉘어 있지 않은 현실, 다시 말해 배경은 없는 유일한 대상, 그림의 궁극적 목표인 한 조각 그림과 마주하게 된다. 이 작품을 대할 때 우리는 지나치게 둔중하고도 일의적인 명백함보다는 모든 형상화의 특징이라고 할 수 있는 모호성을 더 선호하게 된다. 장 주네(Jean Genet)는 렘브란트의 작품에서 변증법적으로 이러한 모호성을 인지하고 있다. 그에 따르면 렘브란트는 "자기 자신을 소재로 삼는 미술과 무엇을 형상화하는 미술에 동등한 중요성을 부여했다. 이와 같은 미술에 대한 찬양 -그것이 추상적으로 행해질 수 없다는 점에서(하지만 〈유대인 신부*La Fiancée juive*〉는 추상적인 요소를 담지한 그림이 아니었던가)- 은 렘브란트를 형상화된 모든 것에 대한 찬양으로 인도하게 된다. 비록 그는 형상화된 것을 식별 불가능하게 만들고자 했지만 말이다."(『렘브란트의 비밀*Le secret de Rembrandt*』)

4

텍스트와 이미지의 통합

문학과 미술의 합일점은 이 두 가지 분야가 공동의 지시 대상 속에서 통합될 경우에 구체적으로 드러날 수 있을 것이다. 예를 들어 삽화는 동일한 작품 속, 동일한 공간에서 텍스트와 그림을 병치시키는 역할을 한다. 이는 완전한 변증법적인 상황이며, 엇갈림의 놀이에 의해 그림과 문학이 상호간의 매력을 더욱 돋보이게 만들거나 서로의 영역 속에 포함되길 꿈꾸는 대화라고 할 수 있다. 4장의 목표는 텍스트와 이미지가 같은 공간에서 존재하면서 서로에게 영향을 주는 상황을 분석하는 것이다. 이러한 상황 속에서 때로는 둘 사이의 차이가 부각되기도 하며, 그 차이를 없애고 통합에 이르고자 하는 욕망이 나타나기도 한다. 우리는 주로 문학과 미술의 내밀한 측면을 중심으로 분석을 진행할 것이다. 즉 우리의 시선은 미학적 가공 과정과는 별개로 말하기와 보여주기의 일반적 범주에 해당하는 텍스트 혹은 언어, 그리고 이미지로 향하게 될 것이다. 이러한 통합은 특히 광고 포스터에서 볼 수 있듯 집단적이고 사회화된 관행 속에서 나타난다. 광고 포스터는 예술적 위치를 열망하지 않으면서 그래피즘(graphisme)과 공간에 대한 작업을 통해 텍스트와 이미지, 그리고 그 둘이 다양하게 관계를 맺는 방식을 첨가 혹은 중첩한다.

텍스트와 이미지 간의 다양한 관계

중세시대 삽화에서부터 현대 만화에 이르기까지 텍스트와 이미지 간에 실질적인 대화는 대중적인 공간에서 시작되었다. 이러한 관행은 너무나 오래되었고 다양한 방식으로 이루어졌기 때문에 여기에서 우리는 그 개략적인 개념과 엄청난 성공을 거둔 예들을 간략하게 살펴볼 것이다. 앙시앵레짐(Ancien Régime) 사회에서는 종종 이런 단어와 이미지 간의 관계를 통해 정보가 유포되었다. 즉 벽보, 행상인이 들고 다니는 삽화가 삽입된 종이 판지, 달력은 대중문화의 시각적이고 그래픽적인 토대를 마련해주었다. 사적인 독서 공간도 텍스트와 이미지간의 대화에 자리를 내어주게 되었다. 특히 대중적인 소설에서도 그러했다. 예를 들면, 트루아(Troyes)의 유명한 '(푸른 표지의) 기사도 이야기 Bibliothèque bleue'에서, 이미지는 책을 접하기 쉽지 않은 대중에게 제공되는 보완물이라 할 수 있다. 게다가 앙시앵레짐 시절 교과서들이 삽화로 구성되어 있음은 잘 알려진 사실이다. 이러한 정보 전달의 이러한 두 가지 방식은 지도제작법, 의학 및 식물학, 해부학에 관한 판화, 건축 서적과 같은 전문지식을 담고 있는 책에서도 사용되었다. 신학서적들 -교회나 기타 예배 장소 외에도- 역시 이러한 대화를 풍요롭게 하는 데 일조했다. 성서 텍스트를 비롯한 삽화가 그려진 신앙서적들에서는 텍스트와 이미지를 연결하는 데 있어 경이로운 상상력이 나타난다. 즉 텍스트와 삽화 사이의 다양한 중복과 채색된 대형장식 대문자는 변화무쌍한 예술을 형성하고 있는 것이다. 교훈적인 문학은 기호와 명구를 만들어낸다. 정치토론은 대중 공간을 삽화가 들어간 풍자문과 프랑스 혁명 당시처럼 풍자화가 그려진 비방문으로 채워 놓았다. 오늘날에도 여전히 대중적 공간을 관통하고 있는 삽화가 삽입된 텍스트들은 정보를 유통시키고, 나름의 방식으로 억견(doxa)[76]을 만들어내고 전달하는 역할을 수행한다. 근대 문명 속에서 이러한 텍스트들은 광고 이미지와 만화의 형태를 통해 신격화되는 양상을 보여주고

76) 플라톤이 사용한 용어로 일종의 판단력이라는 뜻을 가진다. 일반적으로는 근거가 박약한 지식을 의미한다.(역주)

있다. 서술구조가 텍스트 논리에 자주 지배를 받는 사진 소설에서처럼 -이야기의 유기적인 결합과 의미 전달은 바로 텍스트 안에서 명백히 드러난다- 이미지는 종종 분석을 통해서 풀어낼 수 없는 복잡한 구조 속에서 이야기를 배가시킨다. 그런 만큼 이러한 텍스트에서 이 두 가지 표현 방식은 분리될 수 없는 것처럼 보인다.

이처럼 수많은 전형적인 예에서 참조의 영역을 분명하게 규정하기란 불가능한 것처럼 보인다. 이미지 혹은 텍스트인가? 아니면 이 두 가지가 만나서 형성하게 되는 공통된 장소인가? 그 관계는 포함, 종속관계, 흡수, 합병 혹은 서열이 존재하지 않는 이 두 가지 표현 방식 사이에서 생긴 혼란으로부터 오는 것인가?

[텍스트/이미지의 잠재적 혼란]

우리는 글자의 흔적을 이미지의 구성과 연계시키는 데 있어 이런 복합적인 문제가 제기된다는 사실을 단번에 이해할 수 있다. 형상화가 그래피즘에 포함될 때, 혹은 이 그래피즘이 조형적인 장면을 보여줄 때가 그 예이다. 또한 라블레와 같은 몇몇 인문주의자들은 무시하기도 했지만, 르네상스 시대에 빈번했던 그림 수수께끼 역시 마찬가지이다. 레오나르도 다 빈치에서부터 시작된 그림 수수께끼는 16세기 소네트에도 쓰이게 되었다. 그림 수수께끼의 원칙은 연달아 그림으로 표시하는 사물들을 가리키는 단어를 언어로 표출하면서 하나의 단어나 혹은 하나의 문장을 구성하는 것이다. 즉 시각적 요소를 판별하는 것에서부터 시작하여 구어적으로 의미가 형성되는 것이다. 17세기에 메나쥬(Ménage)[77]는 '그림에서 말에 이르기까지의 애매모호함'에 대해 말한 바 있다. 그림 수수께끼에서 이미지와 텍스트 사이에 나타나는 복잡한 성질은 텍스트가 지니는 비유적 의미의 탁월함을 전제로 한다. 반대로 유명한 아폴리네르(Apollinaire)의 '칼리그람(calligramme)'[78]이 보여주듯 표기 기호는 형상을 만들어내기도

77) Gilles Ménage(1613-1692): 프랑스의 언어학자, 역사학자이자 작가이다.(역주)
78) 시구의 배열이 도형을 이루어 시의 대상을 시각적으로 보여주는 형태의 시로, 아폴리네르의 조어이다.(역주)

한다. 극동아시아에서 이는 조상 대대로 내려오는 문학과 예술 전통에 그 뿌리를 내리고 있다. 그리하여 우리는 어떻게 고대 일본 그림 몇 점이 '텍스트와 이미지 사이의 완전한 관계'를 보여주는지를 밝힐 수 있는 것이다. 왜냐하면 '그림 안에 언어적 표시가 암호화 되어 있기' 때문이다. 모티프 수수께끼와 그림으로 표현된 표기 기호는 형상화를 통해 나타난다(cf. 클레르 아키코 브리쎄(Akiko-Brisset), 『텍스튀엘 *Textuel*』 40호). 에도시대(1603-1868)에는 모지에もじえ혹은 '글자로 그린 회화'가 번성했었다. 모지에(문자그림)는 "'카나kana와칸지kanji 글자로 그림의 일부 혹은 전체를 표현하는 방법이다. 예를 들면, 가장 흔하게 볼 수 있는 것이 자신의 옷 속에 교묘하게 숨겨진 한 인물이 그의 이름을 형성하는 모든 기호를 담고 있는 모습이다."(마리안느 시몬-오이카와(Marianne Simon -Oikawa), 『문자의 역사*Histoire de l'écriture*』). 중국 전통미술에서는 시(詩) 텍스트를 첨가적 요소가 아닌 그림의 조형공간에 포함되는 부분으로 간주하면서 이를 자주 사용하고 있다. 프랑수와 쳉(François Cheng)에 따르면 "그림의 여백 공간에 시를 쓰는 것"은 중국 화가가 "이미지의 조형적 특징과 행의 음악적 특징을 조합 시킬 수 있게 하기 위함이다. 즉 시공간을 좀 더 깊이 있게 하기 위한 것이다."(『비움과 채움』)

[텍스트/이미지의 이중성]

서양전통은 좀 더 서열화 되어있고 식별될 수 있는 것처럼 보인다. 언어 기호의 추상적인 특징으로 인해 두 가지 표현 체계인 구두 체계와 조형 체계의 혼합이 그만큼 어려웠기 때문이다. 그래서 텍스트와 이미지의 만남은 보통 이중의 창조를 통해 두 가지 형태로 나타나는 것이다. 예나 지금이나 대중적인 예술 서적을 만드는 법은 다음과 같은 원칙을 토대로 한다. 정보를 제공하거나 논평과 평가를 하는 텍스트는 사진을 통한 재현으로 인해 작가가 만들어 낸 시각적 장치에 복잡하게 연결되어 있다. 사진을 통한 재현은 중세의 채색된 육필원고처럼 가능한 모든 형태의 텍스트들과 관련을 맺을 수 있다. 텍스트의 페이지 전체를 채울 수도 있고 텍스트 속에 삽입될 수도 있으며 텍스트와 부분적으로 겹쳐질 수도 있다. 재현의 크기도 다양하여 마치 장식 컷과 같이 여백에 여러 장의 사진이 들어갈 수도 있다. 여기에서 여러 개의 시각적 리듬이 결합된다. 예를 들면 텍스트의 리듬은 열, 테두리, 문자 크기의 변화를 이용하거나 또는 그렇지 않을 수도 있다. 또한 이미지의 리듬은 인쇄 공간의 가능성에 따라 주어지고 변할 수 있다. 그렇다면 여기에서 한 표현 체계가 다른 표현 체계를 지배할 수 있는 것일까? 텍스트는 이미지를 포함하고 있는 것으로 보이지만, 이미지는 그 자체가 출처이자, 응용 대상이자 궁극적인 목적이기도 하다. 독자와 관객의 눈이 뒤얽혀 있기에 시선은 단어와 재현 사이를 순환한다. 읽고 보는 것은 무한한 순환 논리적 특성에서 시작되고, 이는 아마도 예술 서적의 특징에 해당될 것이다.

문자와 조형이라는 이중적 구성을 지닌 도식이 특히 종교적 주제에 적용되는 것은 절대 우연이 아니다. 당시의 편집 관행에는 채색된 중세 텍스트에 대한 기억이 강하게 작용했다. 『문학과 미술에 담긴 마리아의 얼굴 *Visages de Marie dans la littérature et la peinture*』(Mame 출판사, 2001)가 그 좋은 예라고 할 수 있다. 책의 이중적 구성은 텍스트의 서론부터 성서문구를 통해 즉각적으로 종교적 관점에 적용되었다. (텍스트가 이미지 속에서 표출되는 것과 마찬가지로) '하나님의 말씀이 육신이 되어', '신의 어머니 마리아'에서 '마리아와 교회'에 이르기까지 각각의 장(章)으로 이루어진 책의 오른쪽에는 흔히 성상이 그려져 있곤 했다(책을 훑어 볼 때 성상이 그려 진 페이지가 한 눈에 시선을 끌기 때문에 책 집필자들은 이를 '아름다운 페이지'라고 부른다). 텍스트와 이미지 사이에 복잡한 단계를 거쳐 순환 논리적 특성이 창출된다. 복음서의 인용문들과 그림 설명이 그림과 함께 제시되어 있으며, 이러한 구성은 12세기 모자이크에서부터 오딜롱 르동과 반 고흐에 이르기까지 지속된다. 기독교의 종말론에 대한 중요성을 더욱 명백하게 하기 위해서인 것처럼, 이 책은 여러 시대에 걸쳐 -베를렌느과 뒤러, 베르나노스와 무리요- 반향을 불러일으켰다. 이 책에서 언급하고 있는 자료들도 실로 방대하여 성서에서부터 현대 시인들에 이르기까지 그 폭을 가늠하기 어려울 정도이다. 텍스트와 이미지 사이에서 나타나는 복잡성은 〈100점의 걸작품을 통한 구약성서*L'Ancien Testament à travers 100 chefs-d'oeuvre de la peinture*〉와 〈100점의 걸작품을 통한 신약성서*Le Nouveau Testament à travers 100 chefs-d'oeuvre de la peinture*〉에서 더욱 극명히 나타난다.(Presses de la Renaissance, 2003) 왜냐하면 이 두 책자는 '레지 드브레의 텍스트'와 함께 소개되었기 때문이다. 두 책자 안에서 드브레의 텍스트는 책 전체를 감싸고 있는 것처럼 보인다. 처음과 마지막 페이지에서 볼 수 있는 이 텍스트는 책의 겉표지 혹은 회랑을 이루고, 이 회랑 내부를 보면 왼쪽 페이지에는 설명이 삽입되어 있고, 오른쪽 페이지에는 그림 작품이 재현되어 있다. 여기에서 시선은 여전히 한쪽에서 다른 한 쪽으로 이동되고, 분리도 결합도 아닌 넘을 수 없는 이중성에 종속되어 있다.

[중세 예술]

중세예술은 이미 글쓰기와 보여주기, 읽기와 보기의 관계와 관련된 모든 가능성을 이용하였다. 오랜 시간 동안 수사본은 회화적 창조의 탁월한 매개체로 사용되어왔다. 중세시대의 훌륭한 작품들은 이른 바 '그림으로 쓴 수사본'으로 되어 있고 이 작품들은 텍스트와 직접적인 관계를 유지하고 있다. '삽화가'의 역할은 '화려하게 만드는 것'(라틴어 illuminare 기원)인데, 이는 아름답게 만들기 위해 빛나게 한다는 뜻이다. 삽화가의 개입은 중세시대가 얼마나 이미지에 매혹되어 있었는지를 잘 보여준다. 실제로 그 시대에는 이미지가 글로 쓰여진 것의 필수불가결한 보완물로 여겨졌다. 삽화가가 성서에 그림을 그릴 때 그것은 성서의 의미를 보다 구체적으로, 거의 눈으로 보이는 것처럼 전달하기 위함이다. 화가는 -구체적이고 섬세하게- 의미를 밝혀주고, 구체성이나 심지어 감각적인 측면을 더 부각시킴으로써 성서를 더욱 더 아름답게 꾸며준다. 이렇듯 텍스트와 이미지가 각자의 역량을 모으는 다성성(polyphonie)이 구성된다(삽화 I 참조). 이미지는 눈길을 끌어야 하는 만큼 그것은 강렬한 색채로 가득할 때가 많다. 붉은색이 항상 나타나는데, 이로부터 '장식 문자(miniature)'라는 단어가 비롯되었다(붉은색을 가리키는 minium에서 파생된 miniature는 라틴어minus의 영향으로 작은 크기라는 의미는 나중에 덧붙여졌다). 중세시대에 채색된 텍스트들은 삽화가 삽입된 성서, '기도서'(사적인 용도로 기록된 기도문집), '이미지 신앙지침서' 등 주로 종교 텍스트이다. 13세기 말 책을 의뢰한 사람의 이름을 딴 『마리아 부인의 이미지 책*le Livre d'images de Madame Marie*』은 그리스도와 성자들의 일생을 보여주는 87점의 채색 삽화를 보여주고 있다. 하지만 고대 작품(티투스 리비우스, 비르길리우스 등), 역사서(프루아사르), 다양한 '소설'(랑슬로, 트리스탄과 이졸데, 장미의 소설)과 같은 비종교적인 문학 역시 훗날 채색 삽화를 삽입하게 된다.

텍스트/이미지의 관계는 이와 같은 풍부한 성상에서 시작되었으며 그 기능은 의미를 구체적으로 예시하고, 미적인 면을 강조되며, 우의적인 설명을 전달하는 것이었다. 이미지와 텍스트는 종속적이고 경쟁적인 관계에 놓일 수 있다. 이 둘의 시각적 관계는 병렬적이거나 중복적일 수 있는데, 어찌되었든 엄청난 조형적 상상력이 펼쳐지게 된다. 이미지는 양 쪽 페이지를 둘 다 차지하거나, 한 면만 가득 채울 수 있고, 텍스트 안이나 텍스트 밖에 위치하고, 글이 쓰여진 테두리 안의 행의 길이를 넘어서거나 넘지 않을 수도 있다. 또한 글은 가끔씩 완전히 색이 채워져 있는 바탕 위에 쓰여 질 수도 있다. 이미지를 틀에 끼우는 방식 역시 다양하다. 이는 말하기와 보여주기 간의 이질성을 나타내는 것이고, 동시에 이 둘 사이에 필요한 유기적 결합을 가리키는 것이기도 하다. 이미지의 틀은 건축적인 구조로 이루어질 수도 있는데, 이 경우 그것은 텍스트가 재현하고 있는 '기념비'를 보여주는 역할을 한다. 또한 그것은 부차적 설명을 하는 형태를 띨 수도 있고(가끔 글 위에 겹쳐질 수도 있다) 혹은 장식이나 상형 무늬의 테두리 형태를 띠기도 한다. 이와 같은 다양성은 글쓰기와 형상화를 결합시키는 대표적인 장르인 '장식 글자'를 통해서도 드러난다. 가끔 글씨는 단순한 '장식'만이 되기도 한다(삽화 Ⅰ 참조). 그러나 글자의 조형적 처리는 텍스트와의 관계에 따라 상형적이라 할 수 있다. 예를 들면, '그림으로 표시한' 글자 안에 포함된 이미지는 (예를 들면 얼굴이라 하자) 텍스트와 명확한 관계를 맺는 것은 아니다. '꽃무늬로 장식된' 글자가 명백한 역사적 상황에 관련되어 있다고 하면, '살아있는' 글자는 전반적인 생각을 표현한다. 엘렌 투베르(Hélène Toubert)가 말했듯, 꽃무늬 문자는 '아마도 삽화를 종이 위에 배열하는 데 있어 중세 시대에 가장 참신한 기여를 했다. 꽃무늬 문자는 이미지를 텍스트에 삽입함으로써 이미지와 글을 가장 밀접하게 연결시킬 수 있을 것이다(『책의 페이지와 텍스트 배열 *Mise en page et mise en texte du livre manuscrit*』).' 이러한 결합은 단순한 장식이 아니라, 중세 문화가 글에 얼마나 매력을 느꼈는지를 보여준다. 폴 줌터(Paul Zumthor)는 다음과 같이 말했다. "[중세 시대의] 교양 있는 사람은 철자가 무엇보다도 견고하고, 일정하고, 독자적인 현실의 한 면이라고 여겼으며, 성찰을 이끌어내고 이성적인 논거를 뒷받침하기에 적당하다고 생각했다."(『인문학평론*Sciences humaines*』, 179호, 1980-3)

텍스트와 이미지의 변증법

중세 시대 육필 원고의 문자와 형상 사이에서 다양하게 나타나는 복잡성은 변증법적 틀을 만들어냈으며, 이 틀 안에서 독자와 관람자는 두 가지 동시적인 해독, 즉 언어적 기호 해독과 이미지를 판독하는 해독을 하게 된다. 이러한 두 가지 해독 방식은 변증법적인 방식으로 두 가지의 의미 생성 방식을 결합시킨다. 문장(紋章)과 책의 삽화가 바로 그 예이다.

[문장]

문장이란 르네상스 시대의 특성인 정신적 고찰을 위해 형상화와 문자 사이의 보완성을 이용하여 인간이 만들어낸 발명품이다. 문장을 발명한 이탈리아인 알차티(Alciati)가 1531년에 최초의 문장 모음집(『엠블레마타*Emblemata*』)을 발행하였다. 이 책은 큰 성공을 거둔 이후, 여러 번 재판(再版)되고 번역되었다. 이 책에서 문장의 형태는 다음과 같이 고정되었다. 문장은 조형적 대상을 -우의적으로- 조각한 것과 두 부분으로 나뉜 텍스트를 결합하면서 이미지와 텍스트를 상호 보완하는 과정에서 만들어졌다. 문장은 글로 되어 있거나 모토(제목, 명문, 문장, 속담일 수도 있다)와 격언 혹은 운문 형식으로 의미를 표현하는 (보통 2행 정도의 길이에서 소네트 길이까지) 비문(碑文)으로 되어있다.

문장은 의미를 생성하는 두 가지 체계인 언어와 형상 체계로 이루어진다. 문장은 그림수수께끼와 철자 바꾸기 등의 양식과 전반적으로는 상징을 암호화하고 해독하는 모든 방식이 폭넓게 발전했던 시대에 맞춰 나타났다. 문장은 짧은 텍스트, 압축된 격언, 언제나 완벽하게 배치되어 있고 쉽게 알아 볼 수 있는 이미지와 같은 간단한 형태로 시선을 끌어야 했다. 루코모프스키(B. Roukhomovsky)가 강조했듯 '조형 기호가 문장에 명증성이라는 보완물에 부여한다면 격언조의 표현은(…) 문장에 발화된 말이 지니는 권위를 부여한다.'(『짧은 표현양식 읽기 *Lire les formes brèves*』) 문장은 또한 교훈적 이야기에 기억할 수 있는 형태를 부여한다. 문장은 또한 텍스트의 공간화를 암묵적으로 이용하는 힘을 지닌다. 인쇄술의 발달은 이에 간접적으로 영향을 주었다. 중세 시대에 다시 베껴 쓴 수사본 -화려하게 채색되어 있는 수사본은 제외하고- 의 초서체 글자가 그 공간적 여백을 지워 버려야 하는 지속적인 움직임 속에서 포착되었다면, 인쇄공은 인쇄해야할 면을 하나의 채워야할 면으로, 다시 말해 총괄적이면서도 종합적으로 바라보게 된 것이다. 다시 말해서 인쇄술의 발달로 텍스트는 기호를 공간에 위치시킨 것으로 간주될 수 있게 되었다.

이러한 텍스트와 이미지 간의 변증법은 특히 1544년 모리스 세브가 발간한 연애시 모음집 『델리』에서 뚜렷하게 나타난다. 이 책은 프랑스어로 표현된 최초의 '칸초니에레(canzoniere)'로, 페트라르카(Petrarca)에 기초하여 쓰여졌다. 사랑받는 여인으로부터 영감을 받은 이 시집은 사랑의 관계의 여러 단계를 언급하고, 페트라르카와 같은 시적 형식 -10행 10음절 시구로 구성되어- 을 취한다. 이 시집은 전체적으로 9개의 시로 나뉘어 있으며, 하나의 문장으로 시작된다. 모토와 함께 이미지와 격언이 나타나는데, 연작으로 구성된 시 중 첫 번째 시는 바로 이 격언과 연결되어 있다. 다음은 문장과 그에 뒤이어 나오는 시이다.

나르키소스

만약 이것이 사랑이라면 왜 나를 죽이는 것인가?
사랑을 너무나 하는 자는 절대 증오하지 못하는 것인가?
나는 그를 놀라게 하지 않을뿐더러
그를 고통스럽게 하지도 않지만,
그 어떠한 하소연도 하지 않고 여전히 고통을 겪는다,
그가 나를 불에 있는 밀랍처럼 태워 버린다.
그리고 그는 나를 죽이면서 나를 원하고,
다른 누군가를 사랑하기 위해 나는 나를 증오한다.
나를 죽이는 것 말고 더 필요한 게 뭐가 있으리,
헛된 사랑으로 인해 죽음 앞에 놓인 자를 보니.

마지막 행은 명백하게 '헛된 사랑으로 인해 죽음 앞에 놓인 자'라는 모토를 반복하고 있다. 텍스트와 이미지는 같은 의미를 창출하고 오로지 보완적인 것처럼 보이기도 한다. 페트라르카의 모순어법에서 사용되는 사랑과 죽음의 급변은 하나의 모순 고리를 통해 텍스트와 구조를 만들어낸다. (사랑하다/증오하다, 죽이다/살다, 타인/자아) 이미지는 단지 시각적 보완물로서의 역할만 하는 것처럼 보인다. 즉 주제의 기억을 돕고, 문장에 나오는 나르시스 -자신의 이미지를 사랑하여 죽음에 이르게 된- 의 모습을 통해 모순을 사유 가능하게 하는 것이다.

그러나 이 시의 이해는 그리 간단한 것이 아니다. 그것은 텍스트와 이미지 사이의 변증법적 관계를 통해 이해될 필요가 있다. 모리스 세브가 문장을 선택한 것은 -시집에 문장을 삽입하기는 그가 처음이다-

확실성을 위해서라기보다는 오히려 다의성을 위한 것이었다. 그 시 모음집에 있는 명구 중 하나가 이를 증명한다. '비밀, 그것은 성공의 기회.' 해석을 난해하게 만드는 이 '비밀'은 '델리'의 수수께끼 같은 이름에서 나타난다. '델리'라는 글자는 철자를 뒤바꾸었을 때 플라톤의 '이데아'와 관련하여 여러 가지로 변화될 수 있다. 또한 모음집 곳곳에 절반 정도 암호화된 문화적 지시대상 -사냥하는 여신 다이안, 달의 여신 셀레나, 지옥의 여신 헤카테의 3가지 상상계를 소집하는 이상적인 여인- 이 나타나는 것도 최초의 일이다. 고어와 까다로운 언어의 사용은 난해함을 추구하기 위한 것으로, 이는 현대인들이 모리스 세브에 대해 비난하는 것이기도 하다.

문장의 사용은 같은 논리를 지닌다. 문장은 텍스트에 반성적인 효과를 주어서 단순화시키기보다는 이미지를 통해 암묵적인 긴장감을 주어 텍스트를 복잡하게 만든다. 문장과 그 뒤에 이어지는 시 사이의 관계는 종종 변증법적이다. 여기에서 이미지는 언어를 통해 형성되는 의미의 효과를 누리고 싶어 하는 듯하다. 왜냐하면 명구는 자신을 감싸고 있는 틀 내부의 여백에 놓여있기 때문이다. 그림은 이러한 담론의 효과 내부에 기입되어 있는 것처럼 보인다. 하지만 반대로 시는 이미지처럼 즉각적인 효과를 목표로 한다. 모리스 세브는 마로(Marot)에 의해 유행하게 된 10행 10음절 시 형식을 우연히 택한 것이 아니다. 시는 10개의 층으로 된 정사각형, 아주 밀도 높은 정사각형으로 나타난다. 5행으로 되어 2그룹으로 배치된 시구가 이어짐에 따라 텍스트 또한 안정감이 생긴다(위의 10행시의 경우 abbaa/ccdcd). 이 시는 처음 5행과 마지막 5행이 가운데 선을 통해서 질서정연하게 연결되어, 마치 완전하게 구성된 이미지처럼 가운데를 중심으로 균형이 잘 맞춰져 있다. 게다가 시의 마지막 행들은 일반적으로 진리를 담고 있는 강한 뜻을 가지고 있어, 텍스트에 묻어 있는 모리스 세브의 욕망, 즉 언어의 연속성을 삭제함으로써 의미를 완전히 고정시키고자 하는 욕망을 표현하게 된다. 또한 델리의 상징은 언어의 시간성과 이미지의 부동성 간의 지속적이고 변증법적인 성격을 더욱 부각시킨다. 이러한 성격은 특히 위의 시에서 잘 드러나고 있다. 만약 이 10행시가 결과적으로 죽음과 사랑의 모순적 균형 -물속에 비친 자기 자신의 모습을 바라보는 나르시스- 속에서 안정된 것처럼 보인다 해도, 이 시에는 고통스러운 시간성의 기호들이 점철되어 있는 것 역시 사실이다. 과거와 현재 사이의 시간의 움직임에서, '여전히', '더 넘어서'와 같이 매우 오랜 시간을 가리키는 표시에서, '태워'지는 '밀랍'의 이미지 에서 변증법적 성격이 드러나는 것이다.

문자는 스스로가 빠져 나오려고 하는 시간성의 법칙에 사로잡혀 있다. 모리스 세브의 시는 문자 안에서 사랑의 경험이 지니는 유동적인 특성을 안정화시키려 하고 있다. 시집 안에서 이러한 시도는 절대 성공하지 못한다(시집은 모리스 블랑쇼가 말한 『미래의 책』을 예고한다). 왜냐하면 이 책은 비너스(첫 번째 시)의 '불타는 광채'에서부터 '오랫동안 지속 될' '고결한 불꽃'(마지막 시)까지 불꽃의 무구한 선명함을 향해 열리고 닫히기 때문이다. 매번 상징과 시 사이의 관계에서 이러한 실존적 문제가 이미지와 텍스트의 변증법을 두드러지게 하면서 나타나는 것이다.

[삽화]

문학으로부터 영감을 받고 그림을 그리는 것과 달리(5장 참조) 삽화는 항상 영감을 준 텍스트 앞에 있는(라틴어 in praesentia) 특성을 지닌다. 즉 동일한 시각적 공간에서 여전히 이미지와 텍스트의 통합이 이루어지는 것이다. 책에 삽화를 넣는 것(라틴어 lustrare에서 파생, 빛내다)은 빛을 비추다, 가치를 높이다 즉, '밝히다'라는 의미를 가지고 있다. 삽화가는 원칙적으로 중세 시대 '성상화가'처럼 텍스트를 위해 존재한다. 그래서 이미지는 순서상으로 봤을 때 부차적인 것이고 자신이 꾸밀 텍스트에 의존해서 그려진다. 하지만 이 둘 사이의 관계는 이미지가 갖는 자율성과 그것이 텍스트에 가할 수 있는 변형을 통해 종종 왜곡되거나 혹은 풍요로워지기도 한다.

메예르 샤피로(Meyer Schapiro)도 (『말과 그림들*Les Mots et les Images*』) 어떻게 중세 시대에 종교 삽화가 텍스트의 내용과 거리를 둘 수 있었는지를 보여주었다. 샤피로에 따르면 고대의 성서 판본에서는 하나의 삽화가 텍스트의 여러 에피소드에 사용되기도 했으며, 이미지는 종종 텍스트의 한 요소만을 가지고 그려지기도 했다. 반대로 다른 텍스트에서는 이미지에 '세부사항, 인물, 원천 텍스트가 생략했던 배경'이 첨가된다. 이것은 예술활동과 사고방식의 변화를 동반한 상징적 가치와 해석의 변화로 인한 것이다. 그래서 〈동방박사들의 경배 *l'Adoration des Mages*〉는 풍경과 박사들의 행렬을 삽입하여 '좀 더 화려하고 좀 더 세련된 성격'을 띠게 된다. 창작 예술가의 개념이 아직 존재하지 않던 중세 시대부터 우리는 단순한 전달 방법, 혹은 하나의 기호 체계를 다른 체계로 전사하는 것과 관련해 텍스트와 삽화 간의 관계를 생각할 수 없었다. 아우에르바흐는 『피구라』에서 이미 이 사실을 강조한 바 있다.(1장 참조) 비종교 텍스트 삽화 또한 마찬가지다. 우리는 이렇듯 『장미의 소설*Roman de la Rose*』 삽화가들의 창작을 재검토할 수 있다. 잠들어있는 애인이 벽으로 둘러싸인 과수원을 향해 가는 꿈을 꾸는 장면이 바로 그 예이다. 과수원 밖에는 '이미지'가 있는데, 이 이미지는 궁정풍의 연애에 반대되는 결함 혹은 악덕을 나타낸다. 몇몇 이미지들이 텍스트의 글자의 형태를 바꾼 것이라면, 다른 이미지들은 엉덩이, 넓적다리를 보여주거나 용변을 보기도 하는 추잡함의 표시로 텍스트에 개인적인 창작력을 첨가한 것이라 할 수 있다. 가장 흥미로운 이미지는 "텍스트에 무언가를 추가한 이미지이고, 진정한 창조적인 재능을 보여주는 이미지이다."(필립 메나르(Philippe Ménard), 『텍스트와 이미지*Texte et image*』)

문학 삽화의 전통은 텍스트와 이러한 대화를 유지할 수 있는 가능성을 예술가들에게 부여해주었다는 점에서 매우 다채로울 수밖에 없다. 비록 삽화가 오늘날에는 주로 아동도서, 대중도서나 교육서적을 위한 것으로 보이지만, 삽화는 오랜 시간동안 대중적인 서적만큼이나 여러 사람들이 참고하는 위대한 텍스트들에도 포함되어 있었다. 이솝의 『우화』나 오비디우스의 『변신』에 화려한 삽화가 그려지던 시대에, 트루아(Troyes)의 '(푸른 표지의) 기사도 이야기'는 17세기 초반부터 19세기 중반에 이르기까지 -종이의 질은 나빴지만- 삽화가 그려진 인쇄된 책자에 의해 행상문학(대중문학)의 중심을 이루고 있었다. 신앙서적, 기술서, 달력, 역사 이야기나 신화이야기, 소설과 같은 책들은 글 읽기에 익숙하지 않은 대중을 위해서 이미지의 힘을 빌리고 있다. 대가들에게는 부차적이거나 하찮은 것으로 여겨지던 삽화는 18세기를 기점으로 자주 등장하기 시작했다. 예를 들면 루소는 1761년 『신엘로이즈』을 편찬하면서 그라블로(H.Gravelot)가 단독으로 새긴 작은 판화 모음집을 곁들였다. 19세기 초반부터 삽화는 완전한 예술의 영역 안에 들어왔다. 들라크루아가 셰익스피어의 『햄릿』이나 괴테의 『파우스트』를 위한 삽화와 귀스타브 도레의 훌륭한 판화가 그 좋은 예를 보여준다. 귀스타브 도레는 성서, 단테, 아리스토텔레스, 라블레, 셰익스피어, 세르반테스, 밀턴, 라퐁텐, 페로, 바이런, 샤토브리앙, 빅토르 위고 등의 작품에 삽화를 그리는 데 그의 생애를 바쳤다. 이 시기부터 위고, 비니, 보들레르, 베를렌느, 콜레트 등의 삽화작품들이 나오면서 삽화는 계속해서 번창하였다.

프랑스 작가들 중에서 아마도 라퐁텐의 작품에서 가장 많은 삽화가 등장했을 것이다. 물론라퐁텐의 문학적 성공이 큰 기여를 한 것이 사실이지만 이것이 다는 아니다. 라퐁텐 우화의 성공은 이야기를 시각적, 그리고/혹은 서사적 성격의 결합과 매우 훌륭한 교훈이 덧붙여져 이루어졌다고 할 수 있다. 라퐁텐의 다른 작품들 역시 미술 창작에 영감을 주었다. 라퐁텐의 『콩트와 누벨*Les Contes et Nouvelles en vers*』은 피에르 쉬블레라스, 부셰, 랑크레, 프라고나르 등의 작품에 영감을 주었다. 하지만 『우화집』은 무엇보다도 도상의 발전에 지대한 영향을 끼쳤다.(비록 중세시대의 우화나 라퐁텐이 여러 번 영감을 받은 동양의 우화에도 삽화가 삽입될 수 있었지만 말이다). 삽화 작품 이외에 라퐁텐의 주제와 인물은 여러 매체에 다양한 형태로 등장했다. 그림에도 등장했을 뿐 아니라 -필립 루소가 그린 흥미로운 〈서울 쥐 시골 쥐 Rat qui s'est retiré du monde〉처럼- 내장재나 난로의 뒷벽, 장식외판, 자기로 만든 난로, 타피스리 밑그림(특히 우드리로부터 유래한), 접시 장식, 자수품, 크레통 사라사[79]에도 나타난다.〈방앗간 주인과 아들과 당나귀*Le Meunier, son fils et l'ane*〉, 〈우유 통을 든 여인과 우유 통*La Laitière et le pot au lait*〉) 광고계 역시 이 삽화를 이용한다. 1900년에 '봉마르쉐Le Bon Marché' 백화점은 라퐁텐의 28개의 우화로 구성된 일본 삽화에 영감을 받은 광고 이미지를 보여주었다.

라퐁텐의 삽화를 분석해보면 이는 단순한 그림 무늬가 아니라는 사실을 알 수 있다. 우선, 삽화자체로는 이야기의 주제와 의미를 설명해주는 텍스트 없이 이해가 절대 불가능하다. 우화시집의 첫 번째 간행본에서 쇼보(François Chauveau)의 삽화는 정확히 제목과 텍스트 사이에 놓여 있는데 즉 의미를 먼저 전달해주는 언어의 영역에 삽입된 것이다. 텍스트를 설명해주는 역할을 맡은 삽화는 텍스트보다 위에 놓일 때 비로소 자체적으로 강력한 역할을 하는 것이다. 게다가 어떻게 이미지를 가지고 문화적 암시와 함축적 의미, 텍스트의 설명을 표현할 것인가? 심지어 〈염소 두 마리*Les deux chevres*〉처럼 서술적 성격이 강한 우화에 삽입되어 있는 "Je m'imagine voir avec Louis le Grand Philippe Quatre qui s'avance"[80]와 같은 문구와 '폴리페모스'와 '갈라테아'의 암시적 의미를 어떻게 시각적으로 해석해 낼 것인가? 이 우화에서 귀스타브 도레의 삽화는 활력 있는 디자인에 강렬한 이미지를 제시하긴 하지만, 그것은 좁은 나무통 다리 위에서 맞닥뜨린 두 염소의 위험한 상황만을 보여줄 수 있을 뿐이다.

서술적인 장면 내부에서도, 물론 전체적 전개가 중요하긴 하지만, 삽화가는 특정한 순간을 선택해야 한다. 우드리의 〈방앗간 주인과 아들과 당나귀〉 판화는 등장인물들이 처음 만났던 순간만을 표현하고 있지만, 우화에서는 5번의 만남을 연속적으로 그리고 있고, 우화의 의미는 만남의 횟수와 다양성과 깊은 연관이 있다. 게다가 삽화가는 조형적 수단을 통해서 다른 것으로는 대체할 수 없는, 개념적 언어 이외

---

79) toile de Jouy, 꽃이나 전원풍경 등의 모티브가 문양으로 디자인되어 바탕이 되는 천에 프린트된 것.(역주)

80) 여기에서 Louis Le Grand은 루이 14세를 가리킨다. 1665년에 필립 4세가 세상을 뜨자 영토 귀속 문제에 관련된 전쟁이 발발한다. 프랑스 왕비 마리 테레즈는 필립 4세의 딸이었는데, 그녀의 이복동생인 카를로스 2세가 스페인의 왕위를 계승하려 했던 것이다. 루이 14세는 전처의 소생에게 우선권이 있는 유산 귀속에 관한 권리를 내세워 영토의 일부 즉, 스페인령 네덜란드를 요구했다. 그리하여 전승전쟁이 시작되었으나, 유럽 전체와의 전쟁을 회피한 루이 14세의 결정 때문에 엑스 라 샤펠 조약으로 종료되었다.(역주)

의 다른 것으로는 대체할 수 없는 '교훈'을 표현할 수도 없다. 귀스타브 도레의 『아이, 현학자와 정원주인*L'Ecolier, le Pedant et le Maitre d'un jardin*』의 삽화는 정원사의 밭이 다른 아이들에 의해 초토화되고 있을 때, 거들먹거리고 있는 선생의 허영심과 학생의 온당치 못한 굴복을 암시한다. 하지만 이미지를 이렇게 해석하는 것은 교훈을 통한 개념적이고 전반적인 수준에만 다다르는 것이다 : '현학자를 제외하고 세상에서 아이보다 더 바보 같은 사람은 없을 것이다(.Et ne sais bête au monde pire/Que l'Ecolier, si ce n'est le Pédant.)' 즉 이미지는 의미를 지니기 위해 텍스트가 필요한 것이다. 반면, 이미지는 독자들을 위하여 이야기의 상징적인 순간을 고정시키고, 이야기에 정당성을 부여해주는 특권을 갖게 된다. 서술된 이야기 속에서 도덕적 교훈의 단순한 전조만을 볼 수 있었던 -이솝의 『우화』에서 볼 수 있는 것처럼- 전통과는 달리, 삽화는 서술 장면에 생동감을 더해준다. 즉 삽화는 라퐁텐이 주창하고 실천했던 '재미있게 꾸며진 우화'의 미학과 만나게 되는 것이다. 실제로 라퐁텐은 이야기의 심술궂은 재기발랄한 성격을 항상 추구한 바 있다.

따라서 이러한 텍스트들은 예술가들의 기질을 표현하는 데 있어 적합한 것이었다. 각각의 예술가는 이 텍스트들을 꽤 자유롭게 전유할 수 있는 것처럼 보인다. 이러한 점에서 최초의 삽화가인 쇼보는 가장 많이 뒤쳐져 있다. 그의 삽화는 문장의 형식과 유사하다. 삽화의 간결함, 도안화, 비개성화는 매력이나 삽화가 개인의 표현력을 목표로 한 것이 아닌, 우의적 의미 파악을 염두에 둔 것이다. 반대로 우드리의 삽화는 동물 표현에 있어서 그가 보여준 기술과 녹음이 무성한 광활한 전원 풍경에 대한 그의 취향을 돋보이게 해주었다. 같은 18세기 예술가인 루터부르(Loutherbourg)의 〈늑대와 양*Le Loup et 'Agneau*〉 그림은 자연적 배경에 미학적 중요성을 부여하고 있다. 이러한 개인적 전유는 귀스타브 도레에게서도 두드러진다. 그는 자신의 판화 속에 그림자라는 매개를 통해 순수하게 회화적이라고 할 수 있는 관심을 도입하고 있다. 변화가 가장 뚜렷하게 나타나는 경우는 귀스타브 모로인데, 『죽음의 여신과 나뭇꾼*La mort et le Bucheron*』을 위한 그의 판화 작품의 아래쪽에는 그의 작품 속에 자주 등장하는 신비스러운 여성 피조물 중 하나가 등장한다. 익살스럽게 표현하는 삽화와 관련해서는 그랑빌(Grandville)의 작품이 단연 최고라고 할 수 있다. 일례로 초현실주의자들은 그를 이 사조의 선구자 중 한 명으로 여기기도 한다. 그의 삽화는 순서 바꾸기 걸작이라 할 수 있다. 사람과 동물 혹은 사람과 사물 간의 모호성을 이용하고, 19세기 부르주아 세계의 장면의 순서를 바꾸고, 종종 작가와 관객의 시선을 겹치게 하기 위해 인물들을 그림 장면 안에 삽입하면서, 그랑빌은 유머가 가득한 '변경하기'의 유희를 끊임없이 보여준다.

따라서 저명한 예술가들에게 삽화는 원천 작품(oeuvre-source)을 변형시키는 미적 전유에 해당된다. 이와 관련된 많은 예 중에서 『돈키호테』의 예는 가장 눈여겨 볼만하다. 환상과 환멸을 지속적으로 조응시킴과 동시에 그것을 문학에 적용했다는 점에 있어서 근대소설의 시초라고 할 수 있는 세르반테스의 『돈키호테』는 가장 많은 예술가들에게 영감을 준 작품이다. 많은 예술가들이 이 작품을 바탕으로 자신만의 미학을 구현했다. 귀스타브 도레는 전통 도상학에 계속해서 충실했다. 주인공은 호리호리하고 괴팍하며 수직으로 서 있는 창과 대비되는 거대한 다리를 가지고 있다. 도레의 삽화는 때로 상투적인 캐리커처의 형태를 띠기도 한다. 예를 들어 돈키호테의 정신이상적인 면을 드러내기 위해, 야윈 손을 천 위에 얹고, 왼쪽 집게손가락은 아래를 향하고 있고(창과 대비되는 소재), 클로즈업되어 있는 얼굴은 절반이 붕대와 모자로 가려져 있지만 우스꽝스럽게 긴 코와 겁에 질린 눈을 크게 뜨고 있는 모습을 표현하고 있는 것이다. 이는 곧 돈키호테의 전형적인 이미지를 구성하는 것이다. 아이러니한 방식으로 다루어진 상투적 표현을 통해, 귀스타브 도레의 판화가 모습을 드러낸다. 즉 의상과 건축물에 정성을 쏟는 '트루바두르' 양식, 빈번하게 아래로 향하는 시선(화면을 커보이게 하고, 대조를 통해 주인공의 수직적이고 뻣뻣한 모습에 가치를 부여해준다), 이미지의 포화와 짙은 그림자에 부여된 중요성, 이를 통해 드러나는 회화적 조화 등이 그것이다. 최근 제라르 가루스트(Gérard Garouste)가 삽화를 그린 것도 바로 세르반테스의 『돈키호테』이다(디안 드 셀리에(Diane de Selliers) 출판, 1998). 하지만 이 삽화에서 우리가 우선적으로 만나는 세계는 가루스트의 세계이다. 색이 서서히 열어지는 효과를 지양하고, 붓자국의 역동적인 선을 그대로 놔두는, 여러 색을 겹쳐 그린 150편의 가루스트식 삽화는 공공연히 대중적이면서 아동스러운 듯한 스타일을 보이고 있다. 이미지들은 큼직큼직하게 되어 있고, 색깔은 한정되어 있다.(갈색, 노란색, 파란색, 녹색, 붉은색) 자연 배경은 몇몇 양식화된 소재(예를 들면 나무와 같은)로 한정되어 있다. 즉 모든 관심은 인물들의 얼굴과 가공의 동물, 벨라스케스와 고야의 작품들을 무의식적으로 차용한 장면에 모아지고, 전반적으로 괴상하고 대중적인 이중성과 전복으로 이루어진 미학이 드러난다. 통상적인 초상(야윈 모습, 창…)은 거의 나타나지 않는다. 가루스트의 세계는 단순하고 조형적 창작정과 개성 넘치는 모습을 제시하고 있다.

텍스트 속의 이미지 등장

문학과 미술 사이의 통합은 명백한 이항적 모델에서 벗어나 한 영역이 다른 영역 속에 잠재적으로 포함되는 형태를 띠기도 한다. 이는 곧 내적인 통합으로, 언어의 작업이 공간성과 결합되는 경우가 그 좋은 예이다. 즉 단어들이 시각적으로 되어가고, 이 단어들이 쓰인 글을 지각할 수 있도록 만들어가는 것이다.

[시각적으로 변한 문자]

현대문학 중 특히 시 분야에서 문자의 가시적 현실은 명백하게 나타나는 경우가 많다. 빅토르 위고의 경우 사회, 정치적 비유의 형식을 가지고 고전 언어에서 배척하는 '저속한' 단어들의 위상을 그려내고 있다.

(…)

추잡하고, 상스럽고, 촌스러운, 그들의 대장(Chef) 보줄라(Claude Favre de Vaugelas) 어휘의 감옥 안에서 F로 표시되는

(…)

(〈기소장에 대한 답변〉, 『명상시집』)

〈F〉와 〈chef〉사이의 운율은 문학 시풍의 기존 규칙에 대한 도발적인 야유임에 분명하다. 또한 여기에는 소외계층을 향한 위고의 옹호도 동반되어 있다. 쌍서법 효과를 통해 〈F〉는 보줄라가 쓴 『프랑스어에 관한 고찰*Remarques sur la langue française*』에서 '격식을 차리지 않음'을 의미하기 위해 사용된 생략법을 가리키는 동시에 강제노역자의 어깨에 놓인 붉은 쇠사슬에 찍힌 치욕감을 주는 낙인을 가리킨다. 운율을 위해 음소를 이용하면서 빅토르 위고는 문자소를 발전시켰고, 언어기호의 기표에 미적가치를 다시 부여하였다. 이렇게 해서 언어는 가시적 실재 속에서 모습을 드러낸다. 즉 문자가 텍스트에 들어간 그림처럼 되는 것이다. 이렇게 문자를 시각화시킴으로써 빅토르 위고는 자신의 『여행일기*Carnets de voyage*』의 한 페이지에서 그림문자의 상상세계를 촉발시키고 있다.

(…) 당신은 알파벳Y가 셀 수 없을 정도로 많은 의미를 지닌 상형문자라는 걸 알고 있었나? 나무(arbre)도 Y모양이다. 고속도로 2개에 뻗어나가는 간선도로도 Y모양이다. 2개의 강줄기가 만나는 곳도 Y모양이다. 당나귀나 소의 머리 부분도 Y모양이다. (…) 알파벳A는 지붕이고, 빗장과 함께 박공이 되고, 아치이며, 악스(Arx)도 된다. 혹은 친구 2명이 기사 서훈식에서 포옹하고 악수를 하는 모습이다. 알파벳D는 배영하는 모습이다. 알파벳C는 크로아상이고, 하늘에 떠 있는 달이다(…).

상상력과 단어 유희의 재능은 위와 같은 연상을 지배한다. 이러한 재능은 언어 기표가 한 시인 -게다가 빅토르 위고의 경우 이는 매우 시각적으로 나타난다- 의 영감에 얼마나 깊은 자극을 주는지를 보여준다. 바로 소우주에 압축된 완전한 하나의 세계가 -혹은 소우주에 응축된 '그' 세계가- 시각적으로 변한 문자들로부터 갑자기 나타나게 된 것이다. 문화의 강한 퇴적작용은 바로 이런 방식을 통해 활성화된다.

이는 자연스럽게 중세 시대의 '장식 글자'에 대한 기억을 연장시켜준다. 즉 가공된 글자들이 형상화를 수용하던 때의 기억이 그것이다.(텍스트나 텍스트의 일부분이 시작되는 장식된 커다란 크기의 대문자로 된 대형장식문자 예술은 여전히 19세기에도 성행한다.) 이 방식에는 '칼리그라피(calligraphie)'의 흔적도 자리하고 있다. 심지어 이 방식은 상형 문자의 기표들로 구성되었던 글쓰기의 기원 그 자체를 가리키고 있다. 즉 빅토르 위고가 사용한 단어 유희는 문자가 언어의 음성만을 코드화한다는 사실을 망각한 채 알파벳 문자를 재현처럼 다루는 관행으로 돌아가는 것이다. 이 방식은 그리 새로운 것이 아니다. 모든 기호체계와 그것으로 할 수 있는 가능한 한 모든 뒤얽힘의 놀이에 매료 되어있던 르네상스 시대 사람들은 종종 문자에 나타나 있는 상형적인 가치를 이용하기도 했다. 지오푸루아 토리(Geoffroy Tory)는 1549년 발간된 『인간의 몸과 얼굴로 본 아티카 혹은 고대 로마 문자의 실제 균형에 대한 과학과 예술*L'Art et science de la vraie proportion des Lettres Attiques, ou Antiques, autrement dites, Romaines, selon le corps et le visage humain*』에서 철자와 그것의 인간학적 해석 사이의 유비적 체계를 제시한 바 있다. 이 방식은 중세 시대의 히브리어 원고에서도 사용되었다. 물론 이 경우에는 유희의 정신이 배제되어 있지만 말이다. 당시에 서기들은 동물이나 인간의 몸, 나아가 신을 재현하는 것에 대한 금기를 피하기 위하여 종종 문자 철자나 텍스트 배열에 의존하곤 했다(cf. 클로드 갠델먼, 『이미지의 사유』).

극동아시아 글자와 예술 형태에 매료된 클로델(〈동방의 지식 *Connaissance de l'Est*〉 참조)은 특히 알파벳의 그림문자가 암시하는 것에 관심을 두었다. 일례로 그는 『서양 표의문자』에서 '빵(pain)'이란 단어의 문자에 대해 다음과 같은 몽상을 선보이고 있다.

> p는 화덕에 넣는 빵삽이거나 혹은 맛있는 빵을 향해 내민 혀이다. a는 엉덩이이거나 혹은 목을 더듬는 입이거나 혹은 빵을 주무르는 빵집조수의 주기적인 몸짓이다. i는 불이거나 혹은 굶주림이다. n은 화덕의 둥근 천장이거나 깨진 이빨이다. 그리고 이 4개의 철자는 반죽pate처럼 하나의 음절만을 낸다!

비록 클로델의 그림문자 몽상이 놀이의 형식을 취하고는 있지만, 그것은 우주적 영감과 관련이 있을 뿐 아니라 창조자 하나님 말씀이 지니는 연속성 안에 언어를 위치시키는 종교적 영감과도 관련이 있다. 언어적 기호가 시적 용도로 재활성화 될 때, 그것은 기호자체가 가리키는 것과 유사한 관계를 유지한다. 이와 관련하여 미셸 콜로는 "클로델에게 세계란 해독해야하는 대상이다(…) 역으로 클로델에게 문자는 세계를 가리킨다."고 말한 바 있다.(『가공(架空)의 지평*L'Horizon fabuleux*』 제2권) 단어와 사물 간의 일치를 향한 오래된 꿈은 클로델의 시학에서 떠나지 않는다. 또한 그의 극작품은 바람의 에너지를 모아서 목소리에 유형성을 불어넣었고, 텍스트의 필체는 사물 자체를 쓰는 것을 꿈꾸었다. 1993년 개최된 〈모방의 조화*L'harmonie imitative*〉에 관한 강연에서 클로델은 언어에 대한 시인의 작업을 정당화했다. "예술가는 자신의 생각을 전달하는 것뿐 아니라 그가 갈망하고 있는 지향점과, 예측하고 침투하는 힘을 스스로에게 부여하기 위하여 언어에서 항상 새롭고 예기치 못한 방편을 찾아낸다. 예술가의 펜 깃털 아래에서 모든 것들이 특징을 갖고, 두드러지고, 외관을 띠게 된다. 만약 의미와 조응하는 단어가 음감과 상상력이 요구할 수 있는 색채와 날카로움을 지니지 않는다면, 이 단어는 부수적인 가치를 강화하거나 구문의 구성에 더욱 기교를 살리는 방법을 택해서 그 의미를 다시 회복시킨다."

유난히 유희적인 글투를 통해 프란시스 퐁쥬는 〈체조 선수*gymnaste*〉라는 단어의 처음 두 철자를 가지고 다음과 같은 시각적 암시를 선보이고 있다.

G가 가리키듯 체조 선수는 염소수염을 하고, 이마 아래쪽에 애교 머리 타래까지 내려오는 콧수염을 기르고 있다.

하복부 쪽에 두 줄로 주름져 있는 타이즈를 딱 맞게 신은 그는 자신이 구성하고 있는 알파벳Y처럼 왼쪽에 꼬리를 달고 있다.

(…)

(〈체조 선수*Le Gymnaste*〉, 『사물의 편』)

인쇄된 글자를 이렇게 해석한 것은 실제 사람인 체조 선수보다는 그림으로 표현한 체조 선수를 더 연상시킨다. 텍스트가 여기에서 그리고 있는 것은 마치 에피날 판화의 이미지처럼 체조 선수의 원형인 것이다. 퐁쥬는 단순한 그림문자에서 벗어나 이러한 해석을 이중적 형상화를 통한 놀이로 바라보고자 했다. 시각적으로 변한 문자와 언어 지시대상 사이에 재현이 삽입되는 것이다. 우리는 생 폴 루(Saint-Pol Roux)의 작품에서도 비슷한 유희의 정신을 찾아볼 수 있다. 일례로 그는 작가의 작업 여정을 다음과 같이 표현하고 있다.

> 산들바람이 v들을 이탤릭체로 기울이지 않을 때, 혹은 n의 당나귀나 m의 말 위에 걸터앉아, 혹은 z의 자전거에 올라타, 여기 R의 나무의자에 대해 명상하거나, 혹은 k의 안락의자에서, 혹은 저기 x의 작업대 위에서 능지처참하거나, 혹은 T위에 십자가를 질 때, 선을 따라 로마까지 움직이는 심각하거나 기쁜, 비극적이거나 강렬한 생각은 이 v들과 함께 드러난다(…).

이 텍스트를 인용한 장 피에르 리샤르는 '언어학적 유희', '일종의 크라틸로스적[81] 도구주의'를 이야기한 바 있다.(『덤불 속에 있는 비평 에세이*Essais de critique buissonnière*』)

아마 랭보의 작품 속에서 우리는 언어의 시각화에 대한 시적 풍요를 가장 잘 느낄 수 있을 것이다. 〈모음들〉이라는 유명한 소네트 시에서 선으로 표시된 언어 기호의 기표가 나타남으로써 암시적 의미와 공감각 현상을 통한 복잡한 조합 과정이 일어난다.

> A 검은, E 흰, I 붉은, U 녹색의, O 파란 : 모음
> 나는 며칠 뒤에 당신들의 잠재적 탄생을 말할 것이다
> (…).

여기에서 시각화된 글쓰기는 언어를 탄생의 상태 속으로 돌려놓는

81) 플라톤은 『크라틸로스』에서 크라틸로스라는 인물을 통해 단어가 실제의 사물과 연관되어 있다고 주장한다.(역주)

다. 기표를 도구화하는 말의 연쇄로부터 분리된 기표의 출현은 모든 가능성을 담고 있는 원초적인 상황 속으로 문자를 되돌려놓고 있는 것처럼 보인다. 랭보처럼 '아침 일찍 일어나는' 르네 샤르(René Char) 역시 이러한 직관을 보여주었다. "한 단어, 즉 꿈꾸지 않았던 단어가 본래의 의미보다 먼저 세워질 때 이 단어는 우리의 관심을 끌게 되고 우리에게 낮의 빛을 아낌없이 주게 된다."(〈잃어버린 나체*Le Nu perdu*〉) 여기서 언급된 모음들은 모든 해설자들이 지적했듯 채색된 공감각을 제시하면서 음성의 시동장치 역할도 담당한다. 모음들은 일련의 연상을 일으키는 시각적 실재의 역할(대문자를 통해)도 하는 것이다. 분명 텍스트는 소리와 색채 사이의 민감한 대응을 고정시키고 음성물질을 빛깔을 띠는 진동으로 변화시킨다. 랭보는 이 사실을 〈동사의 연금술 *Alchimie du verbe*〉에서 언급한 바 있다. "나는 모음의 색깔을 창조할 것이다. (…) 나는 언젠가 어떤 의미로도 해석될 수 있는 시적 동사를 발명한 것을 뽐내게 될 것이다."(『지옥에서 보낸 한 철*Une saison en enfer*』) 하지만 텍스트는 문자가 분산되면서 구성될 수도 있다. 예를 들면, 시의 다음 부분에서 모음 E가 시각적으로 증식되고 있다.('candeurs des vapeurs et des tentes'), 모음U는 y와 v의 연속 안에서 되풀이 되는 것처럼 보인다('cycles, vibrements divins des mers virides'), 모음O는 계속해서 둥근 형체를 반복해서 보여준다('suprême Clairon(…) O l'Oméga, rayon violet'). 이처럼 언어 기표를 시각화해서 등장시키는 것은 작가의 창의력에 있어 완전한 활력소가 된다. 이미지와 의미의 합류점에 위치한 문자는 시적 공상을 풍부하게 한다.

글쓰기와 보여주기 사이의 이러한 융합은 다의적인 성격을 가지고 있으며, 작가의 다양한 해석에 따라 변할 수 있는 상태로 존재한다. 첫 번째 단계에서 우리는 사회적 규범으로부터의 해방에 대한 관심과 기능적 역할을 지닌 언어를 가볍게 만들어 주는 미화에 대한 관심을 읽을 수 있다. 본래의 의미가 축소된 언어는 말라르메가 '전우주적인 르포르타주(universel reportage)'라고 명명한 것으로부터 탈피하고, 그 감각적인 형상화 속에서 재발견될 수 있다. 이러한 감각적인 언어는 크라틸로스적인 꿈을 유지할 수 있게 된다. 말라르메의 표현에 따르면, '언어들의 단점을 보완하다'라는 뜻은 지시하는 의무를 지니는 현실의 언어 기호를 하나의 심연처럼 갈라놓는 틈을 메우는 것이다. 시각적 형상화는 단어를 가시적인 사물처럼 제시함으로써 이러한 욕망을 상징하고 있는 것처럼 보인다. 보다 일반적으로 말해 눈에 띠는 것에서 눈에 보이는 것을 선택하는 것은 텍스트에 유형성을 부여하는 것이다. 식자공들의 말을 빌리자면, 단어의 '몸(corps)'은 명백할 뿐 아니라, 언어 의미의 추상적인 특성을 상쇄시키는 표기에의 충동을 다시 활성화시키기도 한다. 롤랑 바르트는 "나는 예술가이다. 한 사물을 표현하는 예술가가 아니라 좀 더 근본적인 의미의 예술가이다. 왜냐하면 내 몸은 글을 쓸 때 선을 긋는 것을 즐기고, 백지 위를 리듬감 있게 베는 것을 즐기기 때문이다(백지는 무한하기 때문이다)"라고 말한다. 롤랑 바르트는 또한 '유용한' 책은 과거 명필들처럼 "우리에게 글자 속에서 우리 몸의 수수께끼 같은 투영을 보는 아이디어를 주는 것이다"라고 덧붙였다(『글자의 문명*La Civilisation de l'écriture*』의 서문).

[텍스트-이미지]

글쓰기와 보여주기 사이의 '내적' 융합은 문자라는 틀을 넘을 수 있다. 가끔씩 하나의 텍스트가 하나의 형상화된 시각적 모습으로 보이기도 한다. 그 예 중 가장 널리 알려진 것이 바로 라블레의 『제 5의 책』의 44장에 나오는 '술'이다. 책의 맨 마지막 부분에 있는 이 구절은 -라블레가 직접 썼는지는 확실치 않지만- 어떤 의미가 부여된 것인지 정확히 알 수 없는 에피소드에 포함되어 있다. 술의 신탁에서 바크부크(Bacbuc, '술병'을 뜻하는 히브리어)는 파뉘르주(Panurge)를 소개한다. 이 때 사용되는 'TRINCH'라는 단어는 '마셔라(Bois)'라는 뜻이다. 여기에서 우리는 라블레의 작품 전체를 관통하고 있는 포도주의 모티프를 다시 만나게 된다. '대단한 술꾼들'에 바쳐진 『가르강튀아』의 프롤로그에서부터 우리는 이 모티프를 볼 수 있다. 바크부크는 다음과 같이 말하고 있다. "당신 스스로가 자신의 계획의 해설자가 되시오.", 이 말은 파뉘르주 스스로가 자신의 인생을 결정해야한다는 뜻(그가 결혼해야 할 경우에), 혹은 과학의 기원에서 축배를 들자는 초청으로 여겨질 수도 있다. 신탁이 이러한 미스터리한 선언을 내놓기 전에 파뉘르주는 노래를 불러야했는데, 텍스트는 이 노래를 다음과 같이 병의 형태로 표현하고 있다.(국립도서관에 보관 중인 원고의 제 1565판)

오 신비로움으로
가득 찬 병이여
한 쪽 귀로 나는
너를 듣는다.
다르지 않다,
그리고 내 심장이
원하는 것보다 단어가
더 좋다. 성스러운 술, 그것은
손으로 쓴 네 마음 안에 있지.
바쿠스여, 인도의 승리자여, 모든 진실을
감춰주소서. 너로부터 먼 곳에 성스러운 포도주가
담겨있다. 이 같은 거짓말과 이 모든 기만 노아의
영혼은 기쁘게도 닫혀있다, 너의 영혼은 기만이다.
아름다운 단어를 울려라, 제발, 나로부터
비극을 떨쳐내야 하는 단어를. 또한
조금도 길을 잃지 않는다.
하얗거나 아니면
빨간 너로부터
오 신비로움으로
가득 찬 병이여
한 쪽 귀로 나는
너를 듣는다.
다르지 않다.

이와 같은 글씨를 통한 재현은 이중의 독서 체계 -도상적이고 언어학적인- 를 통해 이 장면에 대한 상징적 혹은 우의적인 독서의 필요성을 억누름과 동시에 불러일으키기도 하는 것처럼 보인다. 즉 수수께끼는 절대 해석될 수 없으면서도 그렇게 되길 바라고 있는 것이다. 라블레는 서술적 텍스트의 평범한 선조성(線條性)을 파괴하는 시각적 요소들에 애착을 갖고 있었다. 『가르강튀아』의 22장에는 소설의 영웅이 몰두하는 놀이들의 목록이 나온다. 이는 담화의 연쇄로부터 단어들을 분리시키면서 그 단어들에 살과 맛을 부여하는 방법이다. 라블레는 여기서 더 나아가 위와 같이 글의 배열을 통해 기의(起義)를 형상화하고 있는 텍스트를 선보이고 있는 것이다. 즉 언어적 기표와 시각적 기표가 일치하는 것처럼 보인다. 텍스트는 가시적으로 되고, 이미지는 활판 인쇄의 도구에서 표면상으로 떠오르게 된다.

알려진 것처럼, 텍스트의 형상과 지시된 사물의 묘사 사이의 일치는 1918년 발간된 기욤 아폴리네르의 『칼리그람』에서 시적 원칙으로 사용되었다. 비록 이 시집에는 당대의 전통적인 기법을 사용한 많은 시가 실려 있지만, 제목에서부터 우리는 글자 배열을 통한 작업이 이루어지고 있음을 짐작할 수 있다. 이 작업은 말라르메의 『던져진 주사위 *Coup de dès*』의 연장선상에 있는 것으로, 간격두기 등과 같은 다양한 형태로 나타날 수 있다. 여기서 우리의 흥미를 끄는 시들은 텍스트에 의해 지시되고 있는 대상을 모방적으로 재현하고 있는 시들이다. 한 가지 예를 들면 다음과 같다.(〈넥타이와 시계*La cravate et la montre*〉)

네가 메고 있는
고통
스러운
넥타이
그리고 너
를 매력적
으로 만들어
주는 세련된
넥타이 그
것을 벗어라 만약
네가 숨을
잘 쉬고
싶다면

이러한 방식을 표현하기 위해 '칼리그람'이라는 신조어를 사용한 것은 아폴리네르가 처음이지만, 그렇다고 아폴리네르가 이러한 형식의 창시자라고는 할 수 없다. 우리는 이와 같은 형식이 고대에도 '비유적인 시' 혹은 '음유 서사시풍의 시'의 형태로 존재했음을 찾아볼 수 있다. 자크 셀리에(Jacques Cellier, 16세기 말)의 『몇몇 기발함에 대한 연구*les Recherches de plusieurs singularités*』, 제한 그리젤(Jehan Grisel)의 『최초의 시작품*les Premières oeuvres poetiques*』(1599)처럼 르네상스 시기엔 여러 권의 책이 이러한 형태를 지니고 있었다. 피에르 앙고(Pierre Angot de l'Eperonnière)의 작품 『시 걸작*le Chef-d'oeuvre poétique*』(부제-'뮤즈 콘서트의 제 1장Première partie du concert des Muses', 1634 발간)에도 아름다운 칼리그람이 나타난다. 예를 들면, 〈성스러운 십자가*La sainte croix*〉, 〈월계수 한 다발*Le Bouquet de lauriers*〉, 〈부활절 달걀*Les OEufs de Paques*〉, 그리고 멋진 〈미네르바의 서정시*Luth de Minerve*〉등이 있다.

칼리그람의 효과는 즉흥적으로 나타나고, 느닷없이 텍스트 안에 있는 지시대상의 이미지를 받아들이도록 만든다. 라퐁텐의 〈염소 두 마리〉 우화에서 발췌한 부분을 통해 그 예를 발견할 수 있다.

족제비 두 마리가 마주보고 지나가게 될
　　　　　　　　　것이다.
이 다리 위로 거센 파도와 깊은 시냇물이
이 여장부들을 두려움에 떨게 할 것이다.

여기에서 분리된 짧은 시가 보여주는 것은 바로 염소 두 마리가 맞닥뜨리게 될 불안정한 다리의 이미지 그 자체이다. 오늘날 칼리그람의 사용은 특히 1세기 전부터 활판 인쇄 공간과 함께 작품 활동을 하는데 익숙한 시인들 사이에서 많이 통용되고 보편화되고 있다. 또한 미셸 뷔토르도 〈봄이 가까운 깃발*Oriflammes à l'approche du printemps*〉에서 이와 같은 방식을 보여준다. 시의 각 절은 첫 번째 행이 주는 시각적 리듬을 지닌 깃발의 높이 세워진 형태에 따라 배열된다.

남색 표면은
　선들 사이로 빠져나간다,
　　바위 앞에서
　　　조상들이
　　　　권고의 말을 새겨 놓은 곳에서

칼리그람은 그 전통이 5세기부터 이어져 온 일본의 현대 '시각적 시'에서도 빈번하게 나타난다. '시각적 시'는 서법, 활자 인쇄 판, 그림 문자, 이미지 삽입, 선으로 표시하는 그림 등을 조합할 수 있다. '시각적 시'의 대표적 경향 중 하나가 칼리그람인데, 여기에서 문자는 상기되는 현실에 대한 모방으로 배열될 수 있다. 예를 들면 아폴리네르의 칼리그람 '비가 온다'의 이미지를 본 따 단어 '비'가 그렇게 배열될 수 있는 것이다(cf. 마리안느 시몬-오이카와(Marianne Simon-Oikawa), 『텍스튀엘 *Textuel*』 40호).

칼리그람에서 나타나는 말하기와 묘사하기 사이의 변증법은 그것이 흡수되는 것처럼 보이는 만큼 강렬하다. 여기에서 형상화된 사물과 의미화된 사물은 일치하는 것처럼 보인다. 하지만 칼리그람은 언어와 이미지의 통합을 온전히 이루어내지 못한다. 작가는 '마치' 둘 사이의 조화가 가능한 것처럼 가장한다. 마치 사물이 그 사물을 지시하는 단어에 의해, 그리고 그 단어 속에서 주어지는 것처럼, 마치 언어가 너무나 투명하여 실제가 단어들의 실체 속에서 드러날 수 있는 것처럼 말이다. 하지만 이러한 환상은 독자가 이러한 텍스트 기제와 맺는 다양한 관계 속에서 풀리고 밝혀지게 된다. 한편으로 이미지는 드러나고 경우에 따라서 텍스트는 설명의 형태 아래 명확한 의미를 형성하게 된다. 다른 한편으로는 모든 요소들을 동시에 이해하는 시선 속에 총체적인 이미지가 나타난다. 아폴리네르의 〈넥타이〉는 이를 잘 보여주고 있다. 시인이 이 넥타이를 '제거하길' 원하는 순간에 텍스트는 두 부분으로 나뉘면서 모든 텍스트가 지니는 시간성을 가리키며, 텍스트와 이미지 사이의 착각의 고리가 끊어진다. 이런 점에서 칼리그람은 '보여주기'와 '표시하기' 사이의 긴장, 미술과 문학 사이의 관계를 구성하는 긴장을 없애는 역할을 할 뿐이다.

[텍스트의 공간화]

아폴리네르 이후, 칼리그람의 성공은 이전 어느 때보다도 더 -특히 현대시에서- 글쓰기 작업의 방향을 제시하게 된 공간적 차원을 통해 설명될 수 있다. 이러한 '텍스트의 가시성'은 이미 20세기에 문학비평뿐만 아니라 언어학 분야에서도 실행되고 있었다. 언어학적 분석에서 연사체와 계열체는 2개의 축, 즉 수평축과 수직축에 의해 가시화되었다. 왜냐하면 각 단어는 공간적으로 봤을 때 교차점에 위치하기 때문이다. 이와 같은 언어학이 모습을 드러내기 시작했을 무렵, 프루스트는 이미 문학작품의 공간화를 보여준 바 있다.(『되찾은 시간』) "우리는 예술을 통해서만 자기 자신에서 벗어날 수 있고, 우리의 세계와 같지 않은 또 다른 세계에 대해 한 명의 타자가 바라보는 것을 알 수 있다. 이 다른 세계의 풍경은 달의 풍경과 마찬가지로 우리에게 계속 미지의 모습으로 남아 있을 것이다." 이 은유적 표현의 사용은 20세기에 주제 비평에서 큰 성공을 거두게 된다. 장 피에르 리샤르는 공간적 은유를 많이 사용하여 텍스트에 대한 감각적인 관계, 거의 손으로 만질 수 있을 것 같은 관계를 드러내고자 했다. 동시에 그는 비평 과정을 작품 속의 여정과 유사하도록 했다. 그래서 풍경화나 그림의 전모를 살펴보는 듯한 시선과도 같이 비평은 작품 속을 자유롭게 누빌 수 있게 되었다.

특히 텍스트의 이와 같은 공간적 인식을 이끈 것은 바로 시(時)라고 할 수 있다. 시는 항상 흰 바탕의 페이지 위에 뚜렷하게 드러난 글처럼 보이기 때문에 자연스럽게 이런 공간적 인식을 이끌어 낼 수 있다. 실제로, 활판 인쇄의 전통에 따르면 시집에서 여러 편의 시가 한 페이지 안에서 경쟁하듯 모습을 드러내는 것은 허용되지 않는다. 또한 이 한 장의 페이지에서 시는 시각적 틀을 갖게 된다. 엘뤼아르는 이러한 시각적 틀을 매우 중시했으며 전형적인 초현실주의자로서의 어조로 이것을 표현했다.

시는 항상 커다란 흰 색의 고요한 여백을 갖고 있다. 이 여백 안에서 불타는 추억이 소모되어 과거 없는 환각을 재창조한다.

(〈시적 명증성〉)

클로델은 시를 '여백에 의해 고립된 생각'으로 지칭했다(『프랑스 운문에 관한 고찰과 제언*Réflexions et propositions sur le vers français*』). 음성 경로로부터 인위적으로 분리된 표현의 일부분인 시는 문체에 시간성과 공간성을 불러일으킨다. 즉 시는 문체에 청각적, 시각적 리듬을 준다. 시적 공간성은 소네트 같은 몇몇 '전반적인 시적 형태'에서 명백하게 나타난다.(다비드 스콧(David Scot) 〈그림을 쓰다*Ecrire la peinture*〉, 『글쓰기 제2권*Ecriture II*』 참조)

앙리 말디네(Henri Maldiney)는 그림과 시가 '여백의 힘, 즉 백색의 힘'에 의해 서로 다시 만난다고 주장했다(『책의 공간*L'Espace du livre*』). 이 사실을 보여주는 첫 번째 작품은 바로 말라르메의 〈던져진 주사위〉이다. 사후에 발표된 이 작품은(책으로 편찬된 시점은 1914년이다) 이 작품은 말라르메 작품 세계 전반에 걸쳐 등장하는 강박관념을 긴 문장으로 재구성하고 있다. "던져진 주사위/ 절대(…)/ 잊지 않을 것이다(…)/ 우연(…)." 작품은 항상 현실에 궁극적인 의미와 질서를 부여하는 데 실패한다. 추락하는 형태로 날려 보내진 텍스트가 페이지 양쪽에 배열되고, 수평과 수직으로 공간을 두고, 다양한 활판 인쇄의 특징을 결합시킨 것은 바로 우연성에 대한 언어의 투쟁을 시각화하고 고양하기 위해서다. 대형 대문자 로마체, 소형 대문자 로마체, 대문자 이탤릭체, 로마체와 이탤릭체로 된 소문자 활자 케이스는 문장의 구조와 발화의 한 차원에서 다른 차원으로의 이행을 가시적으로 만들어준다. 이렇게 함으로써 시인은 시각적 리듬을 만들어낸다. 동시에 그는 언제나 유동적인 시의 구조를 암시하고 일관성을 약화시키는 여백에 맞서고자 한다. 이처럼 활자를 이용한 대담한 방식은 마네의 그림을 발견함으로써 고무되었던 말라르메의 아주 오래된, 그리고 자주 반복되었던 기도(projet)와 일치한다. 예컨대 말라르메는 〈책, 영혼의 도구*Le Livre instrument spirituel*〉이라는 글에서 다음과 같은 소망을 표명했다.

무엇 때문에 -한 줄기의 영예, 생각 혹은 감동, 엄청난, 이어지는 문장, 대문자로 된, 눈금이 새겨진 페이지 당 한 줄, 독자를 숨 가쁘게 만들지 못할, 책 전체에 걸쳐서, 열정의 힘에 호소하면서 : 주변에, 사소한, 그룹들, 그 중요성에 따라 부차적인, 설명적인 혹은 파생된- 수많은 장식들.

발레리만큼 〈던져진 주사위〉와 관련하여 말라르메의 시도에 대해 명석한 해석을 한 사람은 없을 것이다. "'처음으로 우리의 공간에 놓인 생각의 형상을 본 것 같은 느낌이 든다… 여기, 의미 영역이 실제로 말하고, 생각하고 시간의 형상을 창작해냈다. 기다림, 회의는 눈에 보이는 것들이었다." (『바리에테 II. *Variété II.*』)

말라르메 이 후에 시 텍스트의 이런 '가시성'은 일반화되었고, 자크 뒤팽(Jacques Dupin)과 앙드레 뒤 부셰(André Du Bouchet)와 같은 현대 시인들이 계속해서 '가시성'을 작품 속에 끌어들였다. 20세기 초, 피에르 르베르디(Pierre Reverdy)는 말라르메의 정신을 따르는 대표적인 시인이었다. 르베르디가 '큐비즘 시'를 선보일 수 있었던 것은 그가 이러한 회화적 혁명에 눈을 뜬 현대 시인이었기 때문이다. 하지만 미셸 콜로가 상기하고 있듯 피에르 르베르디는 이런 칭호를 거부했다. 미셸 콜로는 "그의 작품에서 인쇄된 텍스트의 구성은 세상의 일부 경험에 형태를 제공한다."라고 말하면서, 활판 인쇄 상의 여백은 '공백에 대한 진정한 강박관념'을 해석한다고 밝히고 있나(『공상의 지평II *L'Horizon fabuleux II*』). 공백은 시의 모서리를 각진 부분으로 절단한다.

지붕에서 미끄러져내리는
청석돌 판 위에서
사람들은
시를
썼었다
(…)

(〈지붕의 청석돌 판*Les Ardoises du toit*〉)

미셸 레리스에게 공간화는 언어 창작의 강한 활력소가 된다. 『전문용어사전*Glossaire : j'y serre mes gloses*』(1939)에서 그는 아폴리네르가 사용한 형식과는 다른 형식을 지닌 10개의 칼리그람을 선보였다. 겉으로 보기에 단어들의 배열은 하나의 제목 아래에서 비교적 지각하기 쉬운 형태를 띠고 있다.(〈라 프롱드*La Fronde*〉, 〈도끼*La hache*〉, 〈아르키메데스의 계단*L'escalier d'Archimède*〉…) 하지만 좀 더 면밀히 검토해보면 수많은 제목들은 놀이 방식의 독서를 암시하고 있을 뿐이다. 단어들 자체도 같은 철자의 공유 등과 같은 우연적인 방식으로 생성된다. '도끼(La hache)'에서 손잡이와 도구의 철제부분은 '적분(QUADRATURE)', '삭제하기 위해 그은 줄(RATURE)'과 같은 단어들이 첫 번째 A를 중심으로 수직으로 교차되어 연결되었다. 반대로 이런 명백한 구성은 아폴리네르가 제시한 칼리그람 모델에 대한 이중의 거리두기를 보여주고 있다. 여기에서는 서로 간의 통사론적이거나 논리적인 관계없이 자유롭게 생성된다. 또한 이 단어들은 제목이 초래한 표기의 배열 말고는 지시되는 사물과 어떠한 직접적인 관계도 없다. 칼리그람의 코드는 유희화된(joué) 것이다. 텍스트의 배열은 사물을 보여주는 것과는 관련이 없으며, 페이지라는 공간 안에서 단어가 자유롭게 생성되도록 한다.

미셸 레리스가 『전문용어사전』에서 보여준 시도는 넓게 보면 '구상시(poésie concrete)'의 경향을 예고하고 있다. 즉 언어 기호가 의미 작용을 하는 기능에서 벗어나고, 인쇄 공간이 그 외형적 틀을 넘어서 가능성의 장으로 여겨지는 시가 그것이다. 그리하여 텍스트는 화가에게 캔버스가 무(無)의 공간일 수 있듯 텍스트 역시 지시하는 작용에서 벗어난 순수한 공간성을 일으키는 것이다. 이러한 경향의 선두자 중 한명인 독일계 스위스인 오이겐 고무링거(Eugen Gomringer)의 작품에서는 반복의 도식, 고립의 도식, 언어의 구체적인 재료와 그 기록이 전개되는 현실의 공간을 독자의 눈으로 감지할 수 있게 해주는 레이아웃 혹은 중심에서 벗어난 형상이라는 도식에 따라 문자와 단어가 인쇄되고 배열된다.(『텍스튀엘』, 40호, 르네 리에즈 위베르(Renée Riese Hubert) 『글쓰기 Ⅱ*Ecriture II*』). 이 극단적인 시도는 추상화가의 경험과 유사한 시적 경험의 뿌리를 궁극적인 단계로 밀고 나간다. 앙리 말디네가 주장하듯 '캔버스가 화가에게 모습을 드러내는 것처럼 페이지는 예술가에게 나타난다. 즉 -말레비치의 표현에 따르자면- 창조적인 표면처럼 나타나는 것이다'(『책의 공간』).

그림 속의 단어

회화 작업의 내면에 하나의 텍스트가 통합될 때, 텍스트와 이미지 사이의 내부적 융합은 전복된다. 잠재적 공간성을 밝혀주는 것은 더 이상 텍스트가 아니며, 조형의 공간이 언어를 수용하게 된다. 이로부터 작품을 인식하는 방향을 결정하고 작품의 영향력을 밝혀주는 의미의 효과가 발생된다. 이미지에 통합된 텍스트는 -비록 그림의 내면성과 외면성 사이에 통로가 존재한다고 하더라도- 그림 위에 혹은 재현된 세계 내부에 기입될 수 있다. 예를 들어 예술가의 이름은 화면 속의 지폐, 편지, 책 등 상형적인 요소 안에서 나타날 수 있다. 즉, 액자구조를 이루고 있는 것이다. 이러한 종류의 요소들은 미셸 뷔토르의 유명한 작품인 『그림 속의 단어들*Les Mots dans la peinture*』에서 나타난 바 있다.

[그림 위의 글]

그림에 언어가 출현하는 방식은 크게 두 가지로 나누어볼 수 있다. 하나는 묘사된 주제를 가리키고 미리 관객의 시선을 코드화시키는 제목이고, 또 다른 하나는 예술가의 정체성을 보여주는 서명이다.

• 그림의 제목

작품의 제목 -종종 배경, 개요, 카탈로그 등과 같은 공간 외부에서 언급된다- 은 그림에 수반되는 가장 중요한 요소임에 틀림없다. 하지만 항상 그런 건 아니다. 베르나르 보레동(Bernard Bosredon)이 언급하였듯이(『그림의 제목들. 식별 화용론*Les Titres de tableaux. Une pragmatique de l'identification*』) 중세시대 그림에는 보통 제목이 없다. 왜냐하면 성서에서 주로 영감을 받은 장면을 알아보기란 그리 어려운 일이 아니기 때문이다. 집단적 상상력 속에 잠긴 종교화는 주제를 즉각적으로 해석하게 해준다. 처음으로 제목이 붙은 작품들은 비종교적인 그림들이다. 물론 제목들은 대개 진부하고 상투적이었다. 17세기에 이르러서야 보다 개인적인 제목이 나오기 시작했다(베르메르의 『화가의 작업실』, 조르주 드 라투르의 『모험담을 이야기하는 여인*La Diseuse de bonne aventure*』…). 하지만 19세기까지 제목은 카탈로그 작성을 위해 사후에 첨가되곤 했다. 이로 인해 동일한 작품에도 서로 다른 제목이 부여될 수 있었다. 어쨌든 그림에 제목이 등장한 것은 예술가의 독창성이 인정받게 된 것과 때를 같이한다. 제목은 단순한 작품의 중복과는 거리가 먼, 작품에 대한 인식을 유도하는 것이다.

배경이 작품이 나타나는 시각적 표면의 경계를 설정하는 것과 마찬가지로 제목은 기표의 역할을 하는 상징적인 공간, 묘사가 의미를 갖는 공간을 한정한다. 제목은 관객의 기대 지평을 결정함으로써 그림에 대한 이해를 유도한다. 왜냐하면 제목은 텍스트처럼 즉각적으로 상상과 묘사를 불러일으키기 때문이다. '소설', '뉴스', '희극', '비극' 등의 첫 부분에 등장하는 정보는 독자의 기대를 암호화한다. 마찬가지로 그림의 제목은 관객의 시선을 미리 구성한다. 예를 들어 〈프로방스의 풍경*Paysage de Provence*〉과 같은 진부한 제목은 즉각 하늘빛의 농도, 식물의 표현, 지붕의 율동적인 배치, '뜨거운' 색채의 표현 등에 대한 인식을 갖도록 만든다. 인식이라는 창살이 마련되어 해석이 이루어지는 것이다. 마네의 그림 〈마효식 복장을 한 소년*Jeune homme en costume de Majo*〉은 즉각적으로 감상자들에게 '의상(costume)' 소재에 대한 생각을 품게 하고, 상호회화성의 효과를 불러일으킨다. 즉 스페인풍의 그림임에는 분명하지만, 제목을 문자 그대로 받아들여서는 안된다는 것이다. 우리는 폴 엘뤼아르의 〈자유로운 손*Les Mains libres*〉에서 어떻게 만 레이의 조각이 그 조각을 '묘사'하고 있는 시에 크나큰 영향을 줄 수 있었는지를 살펴본 바 있다. 〈3월 14일의 날씨*Le temps qu'il faisait le 14 mars*〉라는 제목의 조각으로부터 시인은 조각가가 선보인 장면과는 거리가 있는 봄의 찬가를 창작했다. 이 경우 제목의 개입은 '시각적 자료가 지니는 의미론적 장의 수축'을 용이하게 만들었다(장 피에로(Jean Pierrot), 『도상학과 문학*Iconographie et littérature*』). 단어를 통한 그림의 의미 구성은 겉보기에 진부한 장면을 연출하지만, 화가가 강한 상징적 힘을 불어넣은 작품의 경우에는 매우 중요하다. 이미지의 의미와 그림의 의도에 관한 질문은 푸생의 〈아르카디아의 목동들〉, 와토의 〈시테르 섬으로의 출항*L'Embarquement pour Cythère*〉, 고갱의 〈어디서 오는가?〉 〈우리는 누구인가?〉 〈우리는 어디로 가는가?〉처럼 제목에 의해 강요된다(삽화 Ⅶ 참조). 각각의 제목들은 작품 안에 담론 효과를 삽입하면서 시각적 인식에 관념적 방향을 제시한다. 심지어 한 그림의 제목으로부터 미학적 경향을 지칭하는 용어가 나타나기도 한다. '인상주의'라는 용어는 -애초에 이를 비난하려는 의도에서 붙여진 신조어였다- 첫 번째 인상파 작품인 모네의 〈인상, 해돋이*Impression, Soleil levant*〉에서 영감을 받은 것이다.

제목과 그림 사이의 관계가 지나친 괴리 위에서 성립되었을 때, 이 둘의 관계는 조화를 이루지 못한다. 휘슬러는 조형적 외양을 띠고 있는 몇몇 작품들에 〈백색 심포니*Symphonie en blanc*〉나 〈보라색과 녹색의 변주*Variation en violet et vert*〉와 같은 제목을 붙였다. 마찬가지로 마그리트의 〈모나리자〉에 대해 미셸 뷔토르는 다음과 같이 이야기한다. "마그리트가 이 단어를 그의 작품들 중 하나의 제목으로 선택했을 만큼 이 단어는 정말이지 이 작품과 잘 어울린다. 그 유명한 미소가 아름다운 계절의 하늘에 떠 있는 구름 커튼에 그려지고, 들쭉날쭉한 모양을 여러 가지로 해석하게 해주며, 왼쪽 아래에 있는 방울의 틈에 관심을 갖게 한다"(『그림 속의 단어들』). 20세기 초부터 추상 예술은 화면과 제목 사이의 괴리에 대한 가능성을 높여 주었다. 추상화는 제목을 통해 매우 지시적인 의미로 나타날 수도 있다. 니콜라 드 스탈이 1949~1951년 시기에 그린 추상화는 〈풍경*Paysage*〉이다. 추상적이고 세련된 올리비에 드브레(Olivier Debré)의 작품 제목은 〈카샨의 겨울 정원*Jardin d'hiver a Cachan*〉나 〈겨울의 로아르*Loire d'hiver*〉, 〈생탕브와즈*Saint-Amboise*〉로 붙여졌다). 반대로 몇몇 조형 화가들은 추상의 한계에서 제목을 고르는 것을 좋아했다.(〈구성

Composition〉, 〈형상화*Figuration*〉) 종종 예술가는 제목으로 인한 의미 효과를 완화시키려는 시도를 한다. 하지만 〈무제*Sans titre*〉와 같은 제목도 여전히 제목(제로 수준의)이라 할 수 있으며, 어쨌든 하나의 텍스트이다. 심지어 자오 우키 같은 예술가들이 사용하는 방식인 단순한 숫자나 날짜를 작품에 삽입함으로써(〈16-4-59〉, 〈6-1-68〉…) 작품에 대한 함축적인 담론을 제시하기도 한다.

• 서명

'텍스트', 즉 작가의 서명이 지니는 의미작용의 가치는 종종 재현된 공간 안에 삽입된다는 이유로 겉보기에 하찮은 것처럼 보인다. 마네는 르네상스 시대에 사용된 방식을 다시 도입하여 〈피리부는 소년*Le Fifre*〉에서 바닥 앞쪽에 서명을 하였다. 마네는 1867년 그에게 헌사하는 글 〈새로운 화법, 에두아르 마네*Une nouvelle manière en peinture, Edouard Manet*〉를 쓴 에밀 졸라의 초상화를 제작하였는데, 그림 속 테이블 위에 놓인 소책자 위에 졸라의 이름을 새겨 놓았다. 이처럼 그림 속에 서명을 하는 것은 기만적인 방식은 아니다. 화가의 이름을 아는 것은 관람객의 시선을 완전히 변화시키고 정보를 미리 제공하기 때문이다. 피카소의 처녀작들은 재능 있는 예술가가 제작한 것이긴 하지만 기법이나 주제적인 측면에서는 평범한 특징을 지녔다. 전문가, 박물관 관장, 전시회 위원, 관람객들이 보인 관심은 바로 피카소라는 예술가의 이름에서 비롯된 것이었다. 이름 덕에 피카소의 작품들은 창의성이 있는 작품으로 평가되었다. 서명은 그림의 제목과 마찬가지로 특정한 하나의 텍스트이다. 그것은 관객의 기대 지평을 미리 구성하고, 이 지평을 통해 관객은 작품에 대한 추가적인 정보에 따라 미리 작품을 '해석'하는 것이다. 서명은 앞서 설명한 이유로 인해 미술사에서 뒤늦게 나타날 수밖에 없었다. 르네상스시대부터 화가의 지위가 격상되고 부르주아 사상의 발전과 함께 개인의 '재능'에 대한 주장이 힘을 얻게 되었다. 게다가 부르주아 사상의 발전으로 인해 16세기에 서명은 법적으로 인정받게 된다(1554년 앙리 2세가 서명한 퐁텐블로의 칙령으로 인해 공증인들은 계약 당사자들의 서명을 반드시 받아야했다).

즉 서명은 상업적인 이유에서 행해졌던 것이다. 게다가 교회나 왕궁의 관례적인 작품 주문 외에도 위대한 예술가들은 작품을 완성한 날짜와 함께 화가가 직접 쓴 본인의 이름, 즉 검인(檢印)이 있는 작품을 필요로 하는 대중들로 인해 삶을 영위할 수 있었다. 서명은 매우 중요한 상징적 기능과 가치를 지닌다. 서명은 예술가의 사회적 정체성을 가리킨다. 서명은 또한 화가의 창조적 능력을 입증해주고, 예술의 새로운 상업적 환경과 관련된다. 몇몇 예술가들이 서명에 각별한 정성을 들이는 것 역시 이와 관련하여 해석할 수 있다. 반 에이크의 〈아르놀피니의 결혼〉에서 중앙에 놓인 둥근 거울 위에 세심하고 정확하게 쓰인 서명처럼 화가들은 서명하는 데 많은 정성을 쏟았다. 그림 안에 화가의 이름을 새겨 넣는 작업은 상징적으로 화가가 표현한 인물들만큼 화가의 존엄성을 높여 주었다. 초상화는 어떤 의미에서 잠재적 자화상이라고 할 수 있다. 즉 화가는 초상화 속에서 자신의 위엄을 명백히 드러내는 것이다.

하지만 르네상스 시대 이후, 즉 개인을 대상으로 한 그림 판매가 성행하던 시기에, 그림에 서명하는 관행은 매우 일반화되었고 그 결과 서명은 스스로를 표현해주는 기능을 상실하고, 단순히 작품을 식별해주고 감정하는 기호로서의 역할을 하게 된다. 들라크루아, 쿠르베, 모네의 작품에서 서명은 상투적이고, 대충 갈겨 쓴 형태로 되어있다. 그러나 서명은 언제나 그 자체로 의미를 지니는데, 그 이유는 회화의 터치와 마찬가지로 서명은 그 역동적 특징을 통해 화가의 육체를 뚜렷하게 나타낼 수 있고, 그 펜 끝의 움직임으로 작품을 탄생시킨 힘을 부각시킬 수 있기 때문이다. 서명은 자필로 이루어지기 때문에 -필적 감정을 하는 것은 별개의 문제이지만- 창조적 정체성을 드러내주는 감각적 흔적으로 나타난다. 많은 거짓 서명이 나돌 정도로 코로의 서명은 모방하기 쉬운 간단한 형태를 지녔으며, 그의 그림과 마찬가지로 수수하다. 반대로 20세기에 몇몇 화가들은 서명에 미적 가치를 다시 부여하게 된다. 그들은 뒤러가 모노그램으로 서명을 한 것처럼(A안에 D가 삽입된 형태의 서명) 서명을 이니셜로 줄여 암호화하였다. 'K'가 칸딘스키(Kandinsky)를 가리키듯이 'PM'(종종 그 뒤에 날짜가 붙음)은 피에트 몬드리안(Piet Mondrian)을 가리킨다. 반대로 어떤 경우에는 서명이 그림의 전체적인 배치를 통해 나타나거나 심지어는 주제를 대신하기도 한다. 예를 들어 벤(Ben)이라는 이름은 그의 작품 중 몇몇 작품에 단독으로 나타난다.

[묘사된 장면 속에 등장하는 글]

제목과 서명은 직접적으로 그림의 의도를 말해준다. 이 두 가지 요소는 창조적인 의지와 정체성의 역할을 하는 것이다. 하지만 텍스트가 묘사된 장면에 포함될 경우 텍스트의 위상은 달라진다. 이것이 텍스트적 성격을 지닌 그림이 제시하는 실재이다. 비록 그림 내부에 존재하는 간판, 쪽지, 편지와 같은 글들이 종종 작품의 제목과 비슷하다고 할지라도 이 글들은 의미 그 자체가 주제와 관련된 표현들을 공간화 시킨다.

• 문장의 표현

종교텍스트를 참조함으로써 영감을 받은 중세 그림들은 제목을 대신하여 글을 삽입하곤 했다. 예를 들면, 성구(聖句) 상자 혹은 두루마리 위에 묘사된 인물을 가리키는 명구가 기입되어 있는 것과 마찬가지로, 화면에는 주석이 달려 있는 커다란 천이 설명문처럼 펼쳐져 있는 경우도 있다. 우드리가 루이 15세의 강아지를 그리고, 강아지 이름 '블랑슈(BLANCHE, 흰둥이)'를 그림 오른쪽 아래에 대문자로 써 넣은 것처럼, 그림의 제목은 그림이 그려진 영역 안에도 쓰일 수도 있다. '바니타스'는 '메멘토 모리'라는 글귀를 포함할 수 있다. 마찬가지로 중세시대 그림에서 종교적 장면은 등장인물들과 그들의 호칭을 함께 등장시키기도 한다.(종종 인물을 둘러싸고 있는 후광에 쓰여진다. 예수 그리스도의 그림에도 십자가 위에 그의 호칭인 〈I.N.R.I.(유대인의 왕 나사렛 예수)〉라고 적혀있다) 종종 배경에 긴 텍스트가 쓰이기도 하는데, 이 텍스트는 명구처럼 초상화를 식별하는 역할을 하고, 뒤러의 〈황제 막시밀리안 1세의 초상화*Portrait de l'empereur Maximilien*〉나 에라스무스(Erasme)의 판화로 된 초상화에서처럼 인물에 경의를 표하는 데 쓰이기도 한다. 배경에 수직으로 되어있고, 이미지 배경에 수직으로 세워져 있으며, 필기도구 위로 솟아 있는 돌에는 '로테르담의 에라스무스*Erasme de Rotterdam*'라는 글귀가 새겨져 있다. 모든 경우에 글귀는 제목, 부호 혹은 주석을 대체한다.

그림에 쓰인 글은 예술가가 작품에 부여하고 싶어 했던 상징적 혹은 우의적 의미를 이해하는 데 있어 결정적일 수 있다. 티치아노의 〈신중함의 지배를 받는 시간의 알레고리*L'Allégorie du Temps gouverne par la Prudence*〉은 'EX PRAETERITO PRAESENS PRUDENTER AGIT NI FUTURU〈M〉 〈SIC〉 ACTIONE〈M〉 DETURPET'('과거(의 경험)에서 배워, 현재에 신중하게 행동하여, 미래를 망치는 일이 없도록 해라')라는 글을 내포하고 있다. 파노프스키(Panofsky)는 "우리는 이를 통해 3가지 얼굴이 사람의 일생의 3 단계를 표현(젊음, 성숙함, 노화)할 뿐만 아니라 시간의 3가지 형태 및 방식인 과거, 현재, 미래(이를 통해 과거, 현재, 미래를 정신의 3가지 능력인 기억력(…), 지능(…), 예지력과 연관 짓게 한다)를 상징화한다고 이해할 수 있다"고 해석하고 있다(〈예술작품과 의미*L'OEuvre d'art et ses significations*〉). 다비드의 〈마라의 죽음*Marat assassine*〉은 그림 내부에 쓰인 글이 작품을 얼마나 설명해줄 수 있는지를 보여주는 좋은 예이다. 미슐레가 '그림에서의 공포(la Terreur en peinture)'(『콜레주 드 프랑스 강의록*Cours au College de France*』)라고 정의하고, 보들레르가 '바자르 본 누벨 고전 박물관(Le musée classique du Bazar Bonne-Nouvelle)'에서 논평한 이 유명한 작품은 욕조 안에 있는 마라의 몸을 표현한다. 측면에서 수직으로 축 처져 있는 오른 손은 글을 쓸 때 사용하는 펜을 쥐고 있고(문구상자가 잉크병과 함께 전경에 있다), 왼쪽 손은 수평으로 뉘어져서 육안으로도 내용을 읽을 수 있는 샤를로트 코르데가 쓴 쪽지를 쥐고 있다. 삼각형 구도는 관객을 향해 기울어진 머리와 펜을 들고 있는 손과 편지를 들고 있는 손을 잇고, 문구상자의 아랫부분에는 커다란 대문자로 '마라에게/다비드가(A MARAT/ DAVID)'라는 헌사와 서명이 쓰여 있다. 즉 사건은 그 사건에 반향을 주는 단어로 이루어진 세계 안에 삽입되는 것이다.

하지만 글은 그림의 상징적, 우의적 의미를 밝혀주기보다는 때때로 그림을 더 복잡하게 만들기도 한다. 10개의 그림 혹은 소묘 버전이 있는 르네 마그리트의 유명한 작품 〈이미지의 반역*La Trahison des images*〉의 경우가 그렇다. 이 작품에는 '이것은 파이프가 아니다(Ceci n'est pas un pipe)'라는 글귀가 선명하게 새겨져 있지만 이 그림의 파이프는 착각을 일으킬 정도로 실제 파이프와 같은 모습을 지니고 있다. 설명 형식으로 제목과 조화를 이루고 있는 이 글은 그림에 나타난 형상화적 속임수를 파괴하고, 그것으로부터 유발되는 지시적인 환상을 깨뜨리며, 관객들이 작품의 보다 심미적인 면을 보도록 한다. 이미지의 환상적 힘과 미망을 타파하는 텍스트 사이에서 -미묘한 차이도 없이, 일거에- 전복이 일어나 그로부터 오는 모순이 현기증을 일으킬 정도이다. 게다가 종종 그림에 쓰인 글은 본연의 의미로 인해 수수께끼가 되기도 하며, 핵심을 구성하면서도 때로는 그림의 맹점이 되기도 한다. 니콜라 푸생의 〈아르카디아의 목동들〉(삽화 Ⅶ 참조)에서 정체불명의 젊은 여성 곁에 있는, 3명의 남성 인물들에 둘러싸여 있는 묘에는 그림의 중간 위치 정도에 'ET IN ARCADIA EGO' 라는 글이 적혀 있다. 이 문구는 '아르카디아에도 나는 있다(즉 죽음을 암시)'라는 뜻인데, 행복한 상황에서도 죽음의 운명을 상기시키는 일종의 '메멘토 모리'와 일맥상통하는 글귀이다. 전반적으로 봤을 때 이는 진정한 '토포스'인 것이다. 하지만 17세기부터 오늘날에 이르기까지 이 문구의 문자적 및 상징적 의미에 대해 펠리비앙, 파노프스키, 레비-스트로스, 본느푸아를 비롯한 석학들이 수많은 해석을 제시했다. 뛰어난 분석을 보여준 본느푸아는 끝머리에 "푸생은 무덤을 자신의 작품의 수단으로 삼았다"라는 말을 남겼다. 특히 글귀를 가리키는 목동의 손가락이 글의 중앙에 있는 R을 향해 있는 것과 관련하여 그는 다음과 같은 질문형식의 가설을 제시하였다. 'R? 왜 R이지? 로마(Rome)의 첫 철자가 R로 시작하기 때문 아닌가? 바로 푸생이 떠난 그 도시에 그가 다시 돌아가고 싶다는 사실을 알리는 것이 아닌가?(『데생, 색채, 빛』)' 이와 같이 그림 분석은 박식한 해설과 만나게 되고, 그림 속에 삽입되어 있는 텍스트가 그 그림에 부여해줄 수 있는 의미 -암호화된, 심지어 해독할 수 없는-를 확인시켜준다.

• 문자의 조형적 삽입

문장이나 요약된 문구이외에도 텍스트가 분리된 문자소나 의미의 연속에서 떨어진 단어들의 그룹과 같은 간단한 글자로 축약될 수도 있다. 이러한 글자는 회화적 논리 속에서 조형적인 가치를 지닌다. 이미 도시 묘사와 풍속화는 예술가들에게 -특히 가게의 광고판을 통해- 글자들을 재현할 가능성을 제공했다. 하지만 글자가 완전한 소재로 인정받게 되는 때는 20세기부터이다. 어떤 의미에서 이는 '장식된 글자'를 사용하는 중세 시대로의 회귀를 가리킨다. 하지만 도시에 편재해 있는, 특히 글자에 대해 열광하게 된 것은 광고 포스터 형태로 등장하는 글자의 현대적인 잠재성으로 인한 것이었다. 툴루즈 로트렉(Toulouse Lautrec)은 광고 포스터의 형식을 빌려 그래픽 예술과 조형적인 창작력을 훌륭하게 결합하였다. 또한 '아르누보(art nouveau)'와 '아르 데코(art déco)'는 건물 외관에 게시되거나 포스터에 포함되는 글자들의 그래피즘이 지니는 영향력을 선호하고 있음을 보여주는 양식이다.

프랑스에서 글자가 그림 예술에 포함된 것은 큐비즘이 등장하면서부터이다. 피카소와 브라크(Braque)는 신문 제목과 표제 등을 자른 조각을 사용하거나 혹은 모방하면서 콜라주 형태로 작품에 글자를 삽입했다.(삽화 XIII 참조) 또는 눈속임 방법을 이용하여 대문자를 그림처럼 재현하였다. 피카소와 브라크는 서로 다른 것들을 빌려 작품을 만드는 콜라주 기법에 애착을 갖고 있었기 때문이다. 실제로 인쇄 글자, 특히 대문자는 사회적, 집합적, 그리고 익명의 담론, 즉 독특하다고 가정되는 예술적 창조의 세계와 반대되는 담론을 가리킨다. 이러한 자의성은 문자의 평면성, 기하학성과 결합하여 르네상스 시대부터 전해진 원근법, 눈속임 기법과 관련된 관습을 깨뜨렸다. 따라서 그림에 글자를 삽입하는 것은 20세기 미학적 혁명과 관계가 있다. 미학적 혁명은 회화 작업에 대한 문학적 이해로의 회귀가 아니라, 모든 조형적 지시 대상으로부터 자유로운, 독자적인 창작의 추상적 개념을 연상시킨다. 이러한 현상은 프랑스에만 국한된 것이 아니었다. 우리는 이 현상을 말레비치, 알렉산드라 엑스테르, 류보프 포포바 등 러시아 아방가르드의 '입체-미래주의'와 '광선주의'에서도 찾아볼 수 있다.

글자와 문장을 회화적 공간에 삽입하는 것은 언어 기호의 미학적 지위 상승으로 해석될 수 있다. 의미작용을 하는 가치를 삭제함으로써 언어 기호는 자율성을 되찾게 되었다. 이것이 '자신이 처음으로 글자 혹은 기호라는 내재적인 가치를 믿은 사람'이라고 주장하는 이시도르 이주(Isidore Isou)가 주창한 레트리즘(lettrisme)의 목표이다.(〈현대 미술과 조각에 나타나는 레트리즘과 하이퍼그래피*Le Lettrisme et l'Hypergraphie dans la peinture et la sculpture contemporaines*〉) 레트리즘은 그림, 그래픽, 음성, 시의 창작에 체계적으로 적용되는 시스템이다. 반대로 큐비즘의 영향력에서 벗어난 20세기 대다수 거장들의 작품에서 그림에 글자를 도입하는 것은 재현과 글쓰기 사이의 긴장이나 결합의 요소를 나타내는 것처럼 보인다. 이러한 점에서 자오 우키 작품의 변천 과정은 의미심장하다. 자오 우키의 50년대 그림에는 얇은 선으로 표현된 조형적 그래피즘이 불분명한 배경 위에서 뚜렷하게 드러나 있었다. 이 그래피즘은 점점 자신의 조형적 가치를 잃어가고, 독립적으로 변하게 되며, 추상적이거나 그림 문자법에 의한 문자로 인정받게 된다. 그리고 분산된 기호들은 흩뿌려져 있다. 장 미셸 바스키아(Jean-Michel Basquiat)는 글자, 단어, 가장된 그래피즘을 그래피티의 미학과 함께 뒤섞고 있다. 고정적이지 않고, 노골적이거나 혹은 반쯤 지워진 문자로 인해 의미는 분산되거나 급증된다. 피에르 알레친스키(Pierre Alechinsky)도 완벽하게 이해할 수 있는, 종종 그림을 둘러싸고 있기도 하는 문자를 통한 미학적 효과를 창출해냈다. 콩바스(Combas)는 가운데에 그림이 있고 주위에 다른 그림이나 작은 삽화가 있는 만화나 광고 이미지를 사용하는 알레친스키의 방식을 발전시켰다. 그림 속의 텍스트가 주로 설명적 역할을 담당하고 있다는 점에서 만화나 광고이미지 작품은 시각적으로는 나뉘어 있는 두 공간 사이에서 기호의 전반적인 순환을 활성화시킨다. 벤은 좀 더 극단적인 방식을 사용하였다. 그림에 텍스트가 있을 경우 마치 그림에 대한 전반적인 불신과 표기 기호에 대한 화가의 집착을 나타내는 것처럼, 텍스트는 이미지 전체 영역을 침범하고, 이미지와 겹쳐지며, 또 이미지와 경쟁한다. 표기 기호는 앤디 워홀(Andy Warhol)이 캠벨 수프 통조림을 표현한 유명한 실크스크린 인쇄 기법을 가득 메우고 있다. 거의 사진과 같은 정확한 모방은 반복을 통해 모든 지시적 가치로부터 빠져나가고, 같은 글귀를 반복하는 것은 광고되는 상표를 이해 불가능하게 만들기에 이른다. 이렇게 같은 기호가 반복되어 눈이 현혹되면 무의미한, 그만큼 더욱 더 이해하기 어려운 칼리그라피만 눈앞에 남게 된다. 즉 그림으로 표현된 언어는 다시 해독하기 어려운 글자가 되는 것이다.

5

문학과 미술 간의 창조적 대화

문학과 미술 간의 대화가 가장 풍부해지는 때는 바로 이 두 가지 예술이 서로에게 영감의 원천이 되는 시점이다. 이 두 예술을 구별하는 확실한 차이점은 창의력을 자극하는 서로 다른 계기들이라고 할 수 있다. 두 예술 간의 대화 방식은 매우 다양하게 나타난다. 하나의 예술은 다른 예술에 다루어질 주제(예를 들어 화가가 작업을 하는 작가의 모습을 그리는 것), 그 주제를 정의하는 지시대상(예컨대 프루스트는 그의 미학적 목표를 좀 더 명백하게 하기 위해 미술에 대해 이야기한다), 창조적 자극, 혹은 모방하거나 동화되고 싶은 모델(예를 들어 글쓰기를 회화처럼 보이도록 하고 싶을 때)을 제시한다. 이 대화는 우리가 이미 살펴보았던 이유로 인해 역사적으로 불균형하게 이루어진다. 즉 문학적 영감은 앙시엥 레짐(구제도)의 마지막까지 미술에 지속적으로 나타났는데, 왜냐하면 그것은 서양 문명의 토대가 되는 신성하고 전설적인 텍스트에 기반하여 정당화되는 종교적, 정치적 기능을 지니고 있기 때문이다. 19세기 그리고 사실주의 사조 이후로 미술은 계속해서 바로 이러한 문학의 보호로부터 벗어나고자 했다. 하지만 이 시기를 기점으로 문학은 더욱 더 빈번하게 미술을 참조하게 되어, 미술에서 새로운 영감의 원천을 찾을 수 있게 되었다. 그것이 모방적 경쟁에 의한 것이든, 미학적 자율성을 향한 열망에 의한 것이든 말이다.

문학의 영감을 받은 미술

문학적 영감은 수세기 동안 회화적 창조에 있어 일반적인 경향으로 여겨졌다. 앞서 우리는 이에 대해 꽤 자세히 살펴보았는데, 종교적 주제들에 관한 것(1장과 3장), 신화의 지위(3장), 알레고리의 중요성(2장) 등이 바로 그것이다. 따라서 이 장에서 우리는 미술이 문학으로부터 받은 영감의 가장 특징적인 몇몇 양상들만을 강조할 것이다.

[책과 작가에 관한 회화적 몽상]

책은 회화적 묘사에서 선택적 위치를 차지하고 있다. 책은 항상 화가에게 – 아마도 매우 조형적인 특징 때문에 – 선호하는 주제였다. 그 특징은 바로 입체 효과, 표지와 페이지의 분화된 구조, 단면의 흐릿하게 포개진 모양과 관련된 것이며, 이 포개진 모양 위에 다양한 각도에 따라 빛이 작용할 수 있다. 하지만 이 책들은 책 중의 책, 즉 성경을 상기시킨다. 성경은 종교화 –성경은 그 그림들에 말씀의 신성함을 부여해주었다– 는 물론이거니와 '바니타스' 혹은 종교적 장면을 묘사하는 그림들과 같이 성인들에 대한 묘사 속에 자주 등장한다. 성 제롬은 이러한 그림에서 자주 나타나는데, 그 이유는 성 제롬은 성경의 공식적인 번역본인 라틴어 성경, 즉 『불가타 성경 *Vulgate*』의 저자이기 때문이며, 성경 텍스트의 주요 주해자이기 때문이다. 성 제롬은 필리프 드 샹파뉴의 그림 속에서처럼 책상에 기대어 수많은 중세 서적의 붉은 장식 문자 속에서 글을 쓰는 모습으로 우리 앞에 등장한다. 조르주 드 라 투르는 분명 가장 놀라운 인물 묘사를 제시하는 화가일 것이다. (〈회개하는 성 제롬 *Saint Jérôme pénitent*〉의 두 버전(그르노블 미술관과 스톡홀롬의 국립미술관 소장)은 모두 그림의 오른편 아래에, 인물 앞의 바닥에 펼쳐져 있는 성경을 묘사하고 있는데, 성경은 약간 기울어져 있으며, 그 차가운 색조는 육체의 혈색 그리고 옷의 붉은 색과 대조를 이루고 있다. 그림이 지니는 의미는 이와 같은 이미지와 책 사이의 긴장, 그리고 무릎을 꿇고 있는 스스로를 채찍질하는 육체와 신성한 텍스트 사이의 긴장 속에서 구성된다. 성경의 묘사는 이러한 종류의 그림에서는 하나의 기호와 같은 기능을 한다. 중세 회화 속에서의 성인들의 후광처럼, 대상은 그 자체 속에서 상징적 가치를 지니고 있다. 하지만 성경은 또한 책에 관련된 모든 활동들을 이미지로 만들 수 있도록 해준다. 즉 작성, 복제, 독서가 바로 그런 것이다. 복음서를 들고 있거나 복음서를 쓰고 있는 사도들의 이미지에는 독서하는 성인들 혹은 성경 앞에서 명상하는 인물들의 이미지가 일치한다.(예 : 조르주 드 라 투르의 (〈작은 등불 앞의 막달라 마리아*Madeleine à la veilleuse*〉 - 삽화 Ⅵ 참조)

그 후 몇 세기 동안, 문자 그대로의 종교적 영감은 감퇴하게 되지만, 책은 계속해서 회화적 행로를 이어가게 된다. '비종교적' 형태 아래, 책은 작가들의 초상화와 자화상에 개입한다. 예컨대 루벤스의 형제 필립, 학자 립시위스 및 그의 학생 얀 판 데르 바우에러가 함께한 루벤스의 자화상에서는 다섯 권의 책이 나타나 있다. 펼쳐져 있는 두 권의 책은 전경(前景)을 차지하고 있는 탁자 위에 그려져 있고, '자유로운 예술'을 원하는 한 화가의 명망과 관록을 증명하고 있다. 렘브란트의 작품에서 독서는 성경 문화의 영향을 받았지만, 비종교적 차원에도 사로잡혀 있다. 〈독서하는 여인*Femme lisant*〉이라는 제목의 작은 그림 속에는 활짝 펼쳐져 있는 책의 양쪽 페이지가 강렬한 빛을 받고 있으며, 이 책은 반쯤 어두운 곳에 위치하여 인물의 시선만큼이나 관람객의 시선을 사로잡고 있다. 마찬가지로 〈토론하는 두 노인*Deux vieillards disputant*〉에서 토론을 하고 있는 두 명의 사도 베드로와 바울은 그림의 왼쪽에 자리하여 오른편을 향해 나 있는 삼각형 구도의 꼭짓점을 형성하고 있다. 그리고 이 삼각형은 서로 다르게 조명된 책에 대한 세 가지 묘사를 이어주고 있다. 이 그림에서 회화적 몽상은 텍스트의 이상화된 이미지에 대한 신학적 그리고 심리학적 토론을 단념한 것처럼 보인다. 이와 같은 방식이 렘브란트의 〈코르네이유 클라스와 부인의 초상화*Portrait de Cornelis Claesz et de sa femme*〉에서도 나타나는데, 그림에서 코르네이유와 그의 부인은 그림의 후경(後景)에 위치하고, 전경은 아래쪽으로 보이는 펼쳐진 책의 표지가 자리하여 다른 서적과 역동적인 삼각형을 형성하고 있다. 이렇듯 렘브란트 작품은 책의 미화

(美化) 과정을 가장 잘 보여주고 있으며, 이는 문자 그대로 회화적 소재를 위한 상징적 기능을 부각시킨다. 샤를르 엠마누엘 비제(Charles-Emmanuel Bizet)의 〈책에 대한 정물화*La Nature morte aux livres*〉(부르앙브레스(Bourg-en-Bresse 미술관 소장)는 이와 같은 미적 독립을 증명하고 있다. 우리는 이 그림이 순수하게 장식적인 기능을 하는지 (예를 들어 불 앞에 놓여진 널빤지) 혹은 진정으로 죽은 자연을 의미하는 것인지, 또한 '허무'를 의미하는 것인지 알 수 없다. 이 그림 속에서 뒤죽박죽 쌓여있는 책들은 눈속임 기술로 다루어지고 있으며, 모든 공간을 차지하고 있다. 이 책들을 식별할 수 있도록 해주는 최소한의 제목은 언급되지 않고, 이 책들은 입체, 관점, 구조, 빛의 놀이에 가해진 조형적 변화의 계기가 된다. 반 고흐는 〈펼쳐진 성경, 촛대 그리고 소설과 정물화*Nature morte avec Bible ouverte, chandelier et roman*〉를 이와 같은 방식으로 제작했다.

18세기 책의 묘사가 증대한 것은 『백과전서』에 의해 상징화된 지식의 대중화라는 이상으로 대변되는 그 시대의 문화적 상황으로 충분히 설명된다. 장 마리 굴르모(Jean-Marie Goulemot)는 "도상학에서 계속해서 나타나는 책"에 대해 언급하고 있다. 그에 따르면 "책은 초상화에서 배경이지만, 그뢰즈, 장 프랑수아 드 트루아, 장 밥티스트 샤르댕이 그린 혹은 보두앙이 새긴 독서 장면에서는 주요 대상이다."(『계몽주의 시대의 문학*La Littérature des Lumières*』) 문화사의 주요 변화와 함께 책에 더 높은 회화적 가치가 부여되었다. 즉 책의 보급과 함께 개인적인 독서가 널리 퍼지고, 화가들은 독서 장면을 더 많이 그리게 된 것이다. 이러한 장면은 샤르댕의 작품인 〈화가 조제프 아베드 초상*Portrait du peintre Joseph Aved*〉(〈유리 공예가*Le Souffleur*〉라고도 말한다)에서도 나타난다. 이 그림에서 펼쳐진 책은 전경(前景)을 차지하고 있으며, 몸을 절반쯤 숙인 독자의 시선 아래에서 문자 그대로 회화적인 빛으로 빛난다. 조지 스타이너(George Steiner)가 이 그림에 대해 제시한 놀라운 분석에서 강조하고 있듯, "빛이 페이지와 책을 읽는 사람의 뺨에 이중으로 집중되는 것은 샤르댕의 직관을 설명해준다. 잘 읽는 것, 그것은 우리가 읽는 것에 의해 읽혀지는 것이다. 그것은 책임을 지는 것이다."(『처벌받지 않는 정열*Passions impunies*』) 여기에서 모든 것은 텍스트와 독자의 관계 속에서, 빛의 유희 속에서, 미술과 문학의 관계 속에서 빛난다.

책의 묘사는 19세기에 쿠르베, 드가, 르누아르 등의 작품에서 매우 빈번하게 나타난다. 책에 대한 묘사는 일반적으로 작가의 모습 혹은 독서 장면과 결합되어 있다.(예 : 르누아르 작품). 20세기 들어 입체파의 등장과 함께 책의 회화적 처리에 대한 근본적인 변화가 이루어졌다. 예컨대 책은 피카소와 후앙 그리스(Juan Gris)의 작품에서 등장한다. 물론 이들의 작품에서 책은 우회적으로 유희의 성질을 띠고 있다. 즉 미술적 형상화의 공간에 텍스트가 삽입됨으로써 이루어지는 유희가 그것이다. 또한 책은 그 기하학적 입체감을 통해 예술가가 자유롭게 놀이할 수 있도록 해준다. 화가는 책의 모습을 축소시키거나 전도시킬 수 있고 책의 두께를 강조하거나 그렇지 않을 수도 있다. 때로는 거의 추상적이라 할 수 있는 단일 색조로 책을 묘사할 수도 있다. 책의 구상적 처리는 19세기 이래로 책장이라는 소재에 기대어 이루어지는데, 드가의 작품(특히 뒤랑티(Duranty)의 초상화에서 나타난다), 뷰이야(Vuillard)과 발로통(Vallotton)의 작품에서 찾아볼 수 있다. 장 루도(Jean Roudaut)는 그것의 '회화적 이점'을 강조하면서 이 모티프에 대해 설명하고 있다. "수평선과 수직선으로 형성된 '책장'이라는 대상은 캔버스 위에서 그 배경의 구조를 반사한다."(『수사학과 이미지*Rhétorique et image*』) 이와 같은 반향적 관계는 비에이라 다 실바(Vieira da Silva)의 작품에서 명확하게 나타난다. 빼곡한 선적 구조 혹은 나란히 놓인 벌집모양의 공간에 따라 리드미컬하게 조직된 그림 속에서 책장에 나란히 꽂혀 있는 책들은(1966년 『책장*La Bibliothéque*』에서 볼 수 있듯) 중첩되고 운율화된 이미지를 만들어낸다.

단 한권의 책 그 이상으로, 그리고 정확한 텍스트에 대한 지시와는 관계없이, 그림의 다양한 주제 혹은 계기가 될 수 있는 것은 바로 문학적 활동이다. 18세기까지 줄곧 행해졌던 예술의 알레고리도 마찬가지다. 이러한 알레고리들에서 문학, 특히 시는 언제나 선택적 위치를 차지했다. 회화적 알레고리는 승리, 권력, 부(富), 지혜, 사랑, 신중함 등의 모든 개념과 가치를 상징화할 수 있다. 예를 들어 베로네세(Veronese)의 〈지혜와 힘의 알레고리*Allégorie de la sagesse et de la force*〉가 바로 그러한 경우이다. 이처럼 문학은 항상 이미지화되곤 했다. 르네 앙투안 우아스(Renée-Antoine Houasse)는 〈웅변*L'Eloquence*〉을 묘사한다. 또한 필리프 드 샹파뉴는 〈사르투누스의 어깨 위에서 리슐리외 추기경의 공적이 적힌 역사*L'Histoire écrivant sur les épaules de Saturne les hauts faits du cardinal de Richelieu*〉를 보여준다. 티에폴로(Tiepolo)는 〈아폴론과 뮤즈들*Apollons et les Muses*〉을 그려낸다. 시에 대한 가장 아름다운 알레고리 중 하나는 분명 푸생의 유명한 작품인 〈시인의 영감*L'inspiration du Poète*〉이라고 할 수 있다. 푸생은 빛의 신, 음악의 신 그리고 서정시의 신인 아폴론, 서사시의 뮤즈인 칼리오페, 눈은 하늘을 향하고 펜을 손에 들고 있는 비르길리우스로 짐작되는 시인을 한 데 모아놓았다. 신의 발치에는 고대의 정전이 되는 세 권의 책 『일리아드』, 『오디세이아』, 『에네이드』가 놓여있다. 이와 같은 시적 영감의 알레고리는 고유의 방식으로 하나의 텍스트처럼 조직된다. 등장인물은 동등하게 회화적 특성을 살려 다루어지고 거의 같은 위치에 배치되어 있어 관객 앞에 펼쳐져 있는 장식 띠의 효과를 형성한다. 어떻게 보면 이들은 문장의 여러 구(句)처럼 연속적으로 눈앞에 나타나는 듯하다.

알레고리와 개인의 초상화 사이에는 군상(群像)이 위치한다. 팡탱라투르(Fantin-Latour)의 〈탁자한 구석*Le Coin de table*〉은 네덜란드 집단초상화의 전통에 포함되는 작품으로, 젊은 작가들 무리를 묘사하고 있는데, 작가들 중 왼쪽에 묘사된 인물은 베를렌느와 랭보이다. 공쿠르 형제는 이 작품에 대해 "일관성이 부족하며, 화가의 다갈색 머리를 감싸고 있는 연기에 의해 가려진 듯한 그림"이라고 말한다.(『일기』, 1872년 3월 18일) 역시 팡탱라투르의 작품으로 특히 화가들이 등장하는(마네, 르누아르, 바질, 모네 등) 〈바티뇰의 아틀리에*Un atelier aux Batignolles*〉와 비교했을 때, 〈탁자의 한 구석〉은 사실상 더 불분명하게 보인다. 정면으로 구성되어 있는 이 작품은 입체감이 결여되어 있으며, 거의 묽은 색채를 띠고 있고, 인물들의 얼굴은 표현력이 부족하여 멍한 듯한 인상을 준다(가장 앞에 위치한 베를렌느는 기초가 잘 잡히지 않은 밑그림에서 가까스로 벗어난 듯하다). 이를 화가의 서투른 솜씨 탓으로 돌려야 할까? 아니면 의도적인 불분명한 표현을 통해 시적 영감의 신비함을 나타내고자한 것으로 보아야하는 것일까? 팡탱라투르의 작품 이전에 소개된 쿠르베의 〈화가의 작업실*L'Atelier du peintre*〉을 보면, 후자가 맞는 것 같다. 이 작품에는 보들레르가 등장하는데 그는 완전히 중심에서 벗어나 테두리에서 잘려져 묘사되고 있다. 쿠르베는 보들레르를 그림의 오른쪽 무리에 위치시키고 있는데, 그 무리는 그의 친구들과 일행이며, 그 중 보들레르의 시선만이 그림의 중심에 있는 화가에게 향하고 있다. 책을 향해 숙인 얼굴은 앞으로 기울어져 있으며, 이를 통해 그는 마치 장면에서 존재하지 않는 듯하며, 회화적 처리를 초월한 내적 명상에 정신을 빼앗긴 듯한 모습으로 그려지고 있다.

서재에 있는 작가의 모습을 묘사한 그림은 역으로 작업실에 있는 화가의 자화상처럼 보일 수도 있다. 작가의 모습을 그리면서 화가는 자기 자신의 모습을 삽입하고 있는 것이다. 이를 통해 그는 창작, 작품으로의 이행의 어려움 혹은 그것으로부터 오는 즐거움의 신비를 생생하게 포착하고자 한다. 마네가 그린 유명한 졸라의 초상화는 이러한 예를 잘 보여준다. 문인의 형상 앞에 화가는 마치 의식을 연출하는 것처럼 작가가 글쓰기에 습관적으로 사용하는 도구 일체, 즉 책상, 책, 종이, 잉크병, 펜 등을 배치한다. 이러한 도구들은 모두 작가의 손에 들려 있는 펼쳐진 책 앞에 부채꼴로 모여 있다. 이 모든 것은 작업대에 앞에 있는 화가의 자화상을 상기시킨다. 화가의 작업에 필요한 도구들, 즉 팔레트, 물감, 물컵, 붓, 걸레, 팔걸이가 묘사되어 있는 자화상 말이다. 더 나아가 잉크병 뒤에 있는 소책자를 통해 이러한 거울 효과가 강조되고 있다. 이 소책자는 졸라가 마네에게 주었던 것으로, 거기에는 이 화가와 이 작가의 이름이 공공연히 조합되어 있다.

더욱 더 흥미로운 것은 단독으로 그려진 작가의 초상화인데, 그 이유는 예술가의 창의력을 한층 더 동원하고 있기 때문이다. 근대에 이르러 우정은 종종 작품들 속에서 한 몫을 하게 된다. 마네는 말라르메의 초상화를 그렸으며, 말라르메를 미술에 입문시켰다(그리고 말라르메의 〈목신의 오후*L'Après-midi d'un faune*〉의 삽화를 그린 바 있다). 평소 프루스트와 친하게 지냈던 자크 에밀 블랑슈(Jacques-Émile Blanche)는 프루스트의 초상화를 그렸다. 피카소의 경우 그의 친구인 엘뤼아르의 여러 초상화를 -엄청난 통찰력으로- 소묘하거나 채색한 바 있다. 자코메티 또한 우정의 표시로 장 주네와 미셸 레리스의 초상화를 그렸다. 르네상스 시대에, 작가의 초상화는 좀 더 상징적이었으며 지적으로 뛰어난 인물을 찬양하는 것이었다. 16세기의 위대한 작가이자 사상가인 세 명에 대한 초상화는 이러한 배경 속에서 그려졌다. 라파엘로는 『궁정인*Il Cortegiano*』의 저자 발타자르 카스틸리오네(Balthazar Castiglione)의 초상화를, 홀바인은 『유토피아*Utopia*』의 저자 토마스 모어(Thomas More)의 초상화를 그렸으며, 특히 에라스무스의 경우 뒤러, 쿠엔틴 메치스(Quentin Metsys), 홀바인, 그뤼네발트(Grünewald)가 초상화를 그렸다.

흔히 이러한 초상화의 특징은 섬세함, 모호함 그리고 선명함이라고 할 수 있는데, 이러한 특징들을 통해 화가는 문학적 감수성이라는 특정 이미지를 투영하고 있는 것처럼 보인다. 피에르 미냐르(Pierre Mignard)가 그린 몰리에르의 초상화에서 화가는 모델을 빈정거리면서 짓궂은 지성이라는 모델의 재능을 나타내고 있다. 반면 매우 다른 특징을 지니지만 역시 모호한 느낌을 주는 이아생트 리고(Hyacinthe Rigaud)가 그린 라퐁텐의 초상화는 깊은 우울을 퍼뜨리고 있다. 옆으로 돌린 얼굴은 그림자 속에서 뚜렷하게 나타나며, 이러한 얼굴을 지닌 63세의 우화작가는 넓은 이마 아래 날카로운 시선을 던지고 있는 한편, 그의 무거운 눈꺼풀과 가볍게 오므린 입술에서 근심이 드러난다.

작가를 향한 화가의 유혹은 프라고나르가 그린 디드로의 유명한 초상화에서 명백하게 나타난다.(삽화 Ⅸ 참조) 7부 외투를 입고 머리는 왼쪽을 향해 반쯤 기울어진 작가는 자신의 초상화를 그리는 화가를 피하는 것처럼 보이는데, 시선은 예리한 동시에 은밀하며 그림의 외부를 향해 있다. 왼쪽 팔은 갑작스런 움직임 속에 반쯤 들려있는 반면 오른쪽 팔은 책의 페이지를 들고 있어, 회화의 전통적 포즈와는 어울리지 않는 움직임 속의 육체를 그리고 있다. 반 루(Van Loo)가 그린 디드로의 초상화와 비교했을 때, 그 차이는 더욱 명백히 드러난다. 작가는 이 그림에서 거의 정면으로 묘사되어 있고, 안락의자에 자리 잡고 있으며, 안락의자의 등나무로 엮은 부분은 세심하게 재현되어 있다. 화가의 시선에 따라 정해진 포즈 속에서 묘사된 작가는 그의 몸을 편안하게 받치고 있는 좌석에 정지된 채로 있다. 반대로 프라고나르의 초상화에서는 몸은 마치 정신처럼 움직이고 있으며, 그림의 고정성에 저항하는 듯이 보인다. 길고 굵은 터치로 순식간에 묘사된 이 그림은 문인의 움직임을 이례적인 회화 기법을 사용하여 변화시키고 있다. '모든 것을 한번에(tout ensemble)'라는 논리의 제약을 받는 그림은 정신활동보다는 항상 뒤처지게 마련이다. 오직 그림을 그리는 행위만이 그나마 정신을 따라갈 수 있을 뿐이다. 그것도 당대에 통용되던 매끈하고 단일한 방식을 포기하면서 말이다.

이러한 점에서 마네가 그린 말라르메의 초상화는 작가에 대한 진정한 회화적 몽상을 보여준다. 소묘로 그려진 이 작은 그림에서는 대조효과는 큰 쿠션에 등을 기대고 거의 누워 있다시피 한 나른한 육체, 그리고 날카로운 얼굴을 포착하는 붓 터치의 선명함 사이에서 드러나는 대조 효과가 인상적이다. 이 그림은 마치 급박함 속에서 그려진 것처럼 보인다. 이는 아마도 영감이 떠오르는 데서 오는 급박함, 통상적으로 예술에서 요구되는 끈기라는 덕목에 개의치 않고 생생하게 포착하려는 화가의 의지로 인한 급박함일 것이다. 더 나아가 시인의 머리 표현은 구성적인 동시에 예리한 특징으로 강한 인상을 가져다준다. 그의 머리는 많은 구성 부분들 속에서 명확하게 나타나는 입체감을 지니고 있으면서도, 생동감 있는 붓 터치와 함께 그 분절 속에서 직선으로 나타난다. 이 그림을 보면 말라르메 시의 본질을 떠올릴 수밖에 없다. 말라르메의 시에서 구성 순서(매우 수사학적인 '배열')는 문자 그대로 언어의 외피 밖의 몇몇 행들을 돌출시키는 글쓰기의 섬광과 결합되어 있다. 마찬가지로 회화적 처리 역시 주어진 주제와 은밀하게 연결되어 있는 것처럼 보인다.

[문학 텍스트로부터 출발한 회화적 창조]

문학작품에 의해 촉발된 창조적 몽상으로부터 회화 작품이 발생할 때 이러한 특징은 더욱 더 또렷하게 나타난다. 텍스트에 이미지가 포함되는 삽화의 경우는 이미 앞에서 언급한 바 있다.(4장 참조) 위대한 예술가들의 재능으로 삽화가 독립적 지위를 차지하게 되었다 할지라도, 삽화는 여전히 텍스트와의 관계 속에 위치하고 있다. 왜냐하면 삽화는 텍스트를 동반할 임무가 있기 때문이다. 그러나 원천-텍스트(texte-source)에 의해 유발된 감정의 파도 속에 그림을 위치시키는 창조적 충동이 이러한 관계를 대신할 때, 그 삽화가 텍스트를 따르는 정도는 초월된다.

20세기에는 시와 회화(혹은 소묘, 조각 등)를 결합하는 창조적 대화의 예들로 가득한데, 특히 초현실주의 때부터 그러하다. 초현실주의는 미학적 운동 속에서 구성되는 것을 원하지 않았기 때문에 자연스럽게 여러 표현의 적용을 교차시켰다. 예컨대 엘뤼아르의 작품은 여러 차례 조형적 창조의 원천이 되었다. 피에르 알레친스키(Pierre Alechinsky)는 이를 다음과 같이 설명하고 있다. "엘뤼아르와 피카소는 (…) 둘이서 (…) 육필원고-소묘를 제작하였다. 엘뤼아르가 시를 쓰면 피카소는 그 시를 선, 작은 그림, 점으로 가득 채웠다. 칼리그라피(calligraphie) 기술 덕분에 시적 창작이 발달하게 되었고 이제는 칼리그라피가 조형적 창작에 영향을 주게 된다."(『자유로운 바퀴*Roue libre*』) 엘뤼아르의 시 〈야외*Grand air*〉는 바로 이러한 기법의 대상이 된다. 모음집 『풍요로운 눈*Les Yeux fertiles*』에서 이 시는 피카소의 에칭으로 둘러싸인 자필 원고의 모습 그대로 실려 있다. 피카소는 텍스트를 남성의 얼굴로 둘러싸고 있다. 남성의 얼굴은 태양빛을 받아 고통스러워하고 있으며, 반인반수 여성의 몸 정면에 위치한다. 다른 한편 아래에는 세 번째 등장인물이 누워 있는 것처럼 보이는데, 이 인물은 잡다한 요소들로 구성되어 있으며, 다른 화풍으로 처리되어 있다. 피카소의 그림은 극단적인 에로틱한 폭력, 정열과 죽음이라는 분위기를 강조하는 반면, 엘뤼아르의 시는 명백하게 사랑의 경험이라는 영역에 위치한다("우리는 태양 아래에서, 빛속에서, 바다에서 사랑을 나눈다"). 이는 화가가 시에서 자극을 받아 자신의 영감을 거의 독자적으로 발전시키고 있음을 보여준다. 이렇듯 병행 창작은 칼리그람과는 거의 반대되는 논리를 따르고 있다. 칼리그람은 두 가지 예술이 서로 동일한 점근선의 한 점에 이를 정도로 텍스트와 이미지 사이의 가설적 통합을 목표로 하는 반면, 창조적 대화는 두 예술의 이질성을 강화시킨다. 레싱은 바로 이러한 점과 관련하여 "시는 화가의 눈에는 매우 풍부하지만 회화적이지는 않다"고 단언했다.(『라오콘』) 분명 문학과 미술은 서로에게 환원 불가능한 범위 내에서 서로 영감을 줄 수 있는 것이다. 엘뤼아르는 시의 주요 특성이 "(…) 원용(援用)하는 것이 아니라, 영감을 주는 것이다.(…) 그리고 존재에 대해 공상하는 것처럼 사람들은 시에 대한 공상을 한다."라고 말한다.(『시적 명증성*L'Évidence poétique*』)

시가 -특히 근대시- 다의성이라는 이유로 화가에게 크나큰 자유를 제공한다면, 이야기는 본질적으로 이미지화되기 어려운 특징을 가지고 있다. 이야기의 연속성은 시각적 인식의 특징이라고 할 수 있는 '모든 것을 한번에'에 대한 도전이다. 그리고 이야기에 포함된 다양한 에피소드들을 그림으로 그려내기에는 불가능하다. 바로 이러한 어려움을 통해 예술가의 자유가 보장된다. 17세기 아카데미에서 가장 빈번하게 논의되었던 쟁점 중 하나는 화가가 영감을 받은 원천 텍스트에 대해 얼마나 충실한지에 대한 문제였다. 그렇지만 화가들은 텍스트와의 관계 속에서 언제나 창조에 대한 매우 큰 자유를 드러낸 바 있다. 미켈란젤로가 그린 시스티나 성당의 〈최후의 심판〉이 바로 이와 같은 경우의 대표적인 예이다. 그의 작품은 "창의력을 정밀하게 전개하여 종교적 주제를 변형시킴으로써 너무나도 심각하게 절제, 품위 그리고 신성한 진리가 결여되고 있다"라는 비난을 받았다.(R.W. 리, 『우트 픽투라 포에시스』) 그의 잘못은 원전(原典)인 성경과 관례적으로 제시되는 이미지 대신 시인의 텍스트를 사용한 것이다. 이렇듯 원천-텍스트와 그림 사이에 문화적 여과기가 삽입되는데, 이러한 문화적 여과기는 종종 이전의 작품들로부터 나타난다. 바로 특정 주제에 대한 문화사로부터 흔히 예술가의 상상력이 작용하게 되는 것이다.

원(原)-모델(modèle-source)의 층(層)은 매우 조밀하게 구성될 수 있다. 예를 들어 "코르네이유의 작품에 나타난 호라티우스와 다비드의 작품에 나타난 호라티우스"를 비교하면서 코르네이유의 극작품으로부터 영감을 받은 다비드의 그림이 어떻게 해서 두 가지 매개 작품, 즉 푸생의 〈게르마니쿠스의 죽음*La Mort de Germanicus*〉과 티투스-리비우스의 텍스트로부터도 영향을 받았는지를 알 수 있다. "코르네이유는 등장인물들을 결합하여 다양성을 부각시키도록 했다. 이와는 반대로 다비드는 수많은 정신적 현실로부터 벗어나기 위해 등장인물들을 결합하였다. (…) 이로써 그림의 놀라운 조화가 생겨나지만, 또한 개인적 특성이 결여된다."(존 F. 윈터(John F. Winter), 『도상학과 문학』) 원천-텍스트 또한 회화적 이미지에 적합한 조형적 의미 속에서 빈번하게 변형된다. 이렇듯 성서에서 영감을 받은 장면들 중에서도 특히 여성 등장인물인 벳사베(Bethsabée), 살로메(Salomé)는 특권을 누리고 있는데, 그 이유는 이 인물들이 "신성과 세속을, 합법성과 관능을 겸비하고 있기 때문이다. 이 인물들은 좀 더 큰 극적 매력을 지니고 있으며, 금욕적인 예언자들보다 더 나은 조형적 생산성을 지니고 있기 때문이다."(레지 드브레, 『걸작 100편을 통한 구약 성서*L'Ancien Testament à travers 100 chefs-d'oeuvre de la peinture*』) 그렇기 때문에 성모 마리아가 "복음서에서보다 삽화에서 훨씬 더 많이 나타나는 것이다."(같은 책)

게다가 원천-텍스트는 예술가의 감수성 그 자체에 의해 변형되거나 복원된 것이다. 예컨대 지로데(Girodet)의 작품 〈아탈라의 매장*Les Funérailles d'Atala*〉은 샤토브리앙 소설 속의 단 하나의 문장에서 영감을 받았다. "작품이 완성되면, 우리는 찰흙으로 빚은 침대를 통해 아름다움을 전달한다." 텍스트는 더 이상 이에 대해 말하지 않지만, 그림은 오브리 신부가 아탈라를 받치고 있는 동안 샤크타스가 아탈라의 무릎을 안고 있는 장면을 보여주면서 이야기보다 한 걸음 더 나아간다.(기 농디에(Guy Nondier)의 『도상학과 문학』 참조) 보티첼리가 단테의 『신곡』을 보고 고안한 이미지들은 예술가가 누릴 수 있는 개인적 자유를 특히 잘 보여주고 있다. 파리 도서관에서 발견된 이 신비한 이미지들은 미완성된 것으로, 단테의 작품을 손으로 정성스럽게 옮긴 양피지 수사본(手寫本) 뒷면에 그려져 있다. 잘 알려진 사실이듯, 화가는 이를 위해 수십 년 동안 작업을 했다. 화가는 "세 가지 왕국을 관통하는 주제의 변화를 함축하는 입문적 방법"을 제시함으로써 문학 작품의 정신에 충실한 것처럼 보인다.(자클린 리세(Jacqueline Risset)의 『신곡』 소개) 하지만 이 이미지들 속에서 확연히 드러나고 있는 것은 순전히 보티첼리의 예술이다. 그림 속에는 끊이지 않는 선, 얽어맨 곡선, 사실주의와 상징주의의 세련된 결합, 세부 묘사에 대한 취향과 전체적이고 조화로운 구성에 대한 관심 사이에 존재하는 균형이 담겨 있다 – 그리하여 이미지는 멀리에서 그리고 가까이에서 사람의 마음을 사로잡는다. 자클린 리세가 지적하고 있듯, 보티첼리는 천국을 상기시키면서 가장 과감한 태도를 보여준다. 그는 더 이상 서사적 에피소드들을 묘사하지 않고, 대상, 풍경, 인물을 거의 전체적으로 지워버리면서 단테와 베아트리체의 묘사에만 집중하고 있다. 심지어 그는 "언어에서 의미 개념의 역할을 하는 추상적인 원을 빈번하게 사용한다".(같은 책) 따라서 작품에 "삽화가 그려진 것이 아니다". 작품은 물론 조형적 창조물에 자극을 주지만 그림은 그 원천에 충실하면서도 자신만의 일관성을 만들어 나간다.

예술가의 이와 같은 창조적 자율성만이 이야기가 수세기동안 영감의 원천으로 사용될 수 있었다는 사실을 이해할 수 있게 해준다. 장식적인 기능과 기억의 작용과 함께 이야기의 변환은 미술의 가장 오래된 기능 중 하나이다. 『일리아드』와 『오디세이아』에서 발췌되어 암포라(Amphora : 고대 그리스의 항아리)에 그려져 있는 장면이 보여주고 있듯, 미술은 오랫동안 초석적인 이야기들을 이미지로 표현하는 기능을 가지고 있었다. 초석적인 이야기들은 서구 사회의 이데올로기적, 문화적 기반을 구성하고, 종교(성서에서 영감을 받은 그림들), 고대 신화 혹은 세속 역사와 관련된다. 이처럼 서사적 영감이 지니는 풍부한 성격을 이해하려면 17세기까지 포함하여 -18세기는 이러한 점에서 분명 변천의 시기라고 할 수 있다- 위대한 예술가들을 거의 모두 예로 들어야만 할 것이다. 여기에서 우리는 레오나르도 다빈치(〈바위 산의 성모〉, 〈최후의 만찬〉), 라파엘로(〈성모 마리아의 결혼〉, 〈아테나 학당〉), 미켈란젤로(〈최후의 심판〉. 〈성(聖) 가족〉), 티치아노(〈성모 승천〉, 〈바쿠스와 아리아드네〉), 렘브란트(〈엠마우스의 순례자들〉, 〈유로파의 유괴〉), 엘 그레코(〈삼위일체〉, 〈그리스도의 부활〉), 티에폴로(〈동방박사의 경배〉, 〈아폴론과 네 대륙〉)의 작품들이 성서이야기에서 유래했음을 상기하는 것에 그쳐야 할 것이다. 18세기는 세상을 바라보는 시각이 속화되는 시기로, 이때부터 세속 역사를 그린 그림이 그 뒤를 잇게 된다. 세속 역사 그림은 새로운 장르는 아니지만 문학적, 서사적 영감을 연장시키게 된다.

프랑스에서는 푸생의 작품이 이러한 방식의 전형적인 예라고 할 수 있다. 푸생이 프랑스의 모든 고전주의 화가 중에서 가장 문학적이라는 것은 틀림없는 사실이다. 푸생의 작품들은 그 제목만으로도 작품 속에 이러한 영감이 편재하고 있음을 보여준다. 〈물에서 구해지는 모세〉, 〈유아 대학살〉, 〈게르마니쿠스의 죽음〉, 〈사비니 여인들의 납치〉, 〈르노와 아르미드〉 등이 바로 그 예이다. 앙투안 쿠아펠(Antoine Coypel)은 왕립 미술 조각 아카데미 강연에서 푸생은 "재능 있는 화가에게 주어지는 영광스러운 별명을 지닐만했다"고 언급한 바 있다. 더 나아가 푸생이 자신이 다룰 주제에 관한 성숙한 고찰로부터 시작하여 천천히, 심지어 애써서 작업을 했음은 잘 알려져 있는 사실이다. 그의 예술에서 그 어떤 것도 자연 발생적이지 않다. 모든 것은 계산되고 정돈되어 있다. 고전주의 작가 푸생은 구성하고, 수정하고, 다듬는다. 푸생은 직접성을 거부했다. 그는 등장인물을 묘사할 때 작업실에 모델들을 놓고 그리지 않았다. 그는 흙으로 작은 모형을 제작하여 옷을 표현하기 위해 축축한 헝겊으로 모형들을 씌우고 조명을 위해 덮개가 있는 큰 상자에 모형들을 넣었다. 그리하여 그림은 3단계 화면을 거쳐 표현되었다. 즉 문학 텍스트에서 영감을 받은 장면이 대상이 되고 그리고 나서 그 조각의 대상으로 그림이 그려지는 것이다. 그때부터 그림은 유난히 복잡한 정신적 구상의 과정으로부터 나온 결과물이 되었는데, 이러한 구상에는 문학 텍스트와 마찬가지로 의지와 통찰력 있는 사고는 끊임없이 개입하게 된다. 이를 통해 우리는 푸생과 카라바지오 -모방적이고 정밀한 묘사, 그림자와 빛을 이용한 조형적 환희를 위한 문학적 구실을 과소평가했다- 의 대립을 이해할 수 있게 된다. 두 예술가가 그림 제작에 사용했던 방식은 이러한 근본적 대립을 확인시켜준다. 카라바지오는 클로즈업으로 화면 효과를 만들어냈는데, 여기에서 형상화는 배경을 명백히 드러내주는 것처럼 보이고, 색채는 정열이 지니는 비이성적인 폭력을 보여주고 있다. 등장인물의 포즈는 특별히 묘사되기 위해 선택된 포즈로 보이지 않는다. 중심에서 어긋나게 배치된 구성은 관람객의 시선을 시험한다. 반대로 푸생의 작품에서, 그림의 '수사학적' 질서는 화면에 그 법칙을 강요한다. 회화적 배치는 처음부터 그림이 관람객에서 멀리 떨어지도록 하고 있다. 푸생은 미술에 관해 이처럼 단언하지 않았던가? "미술은 눈의 자연스러운 작용이 전혀 아니다. 미술은 판단력이고, 그림 곳곳에 널리 퍼져있는 이성의 역할을 한다."

18세기부터 문학적 주제를 취하는 미술은 조금씩 사라지는 경향을 띠게 된다. 장르의 서열은 점차적으로 희미해지고, 전통적으로 '저급하다'고 여겨지던 장르들이 더욱 더 폭 넓은 대중적 지지를 받게 된다. 정물화는 샤르댕의 등장과 함께 주요 회화 경향으로 인정받게 되고, 풍경화는 낭만주의로 인해 성공을 거두게 된다. 이는 바로 취향이 변화하고, 화가들이 특정 개인을 위한 제도적 주문으로부터 해방되어 일반 대중 쪽으로 나아가고 있음을 보여주고 있는 것이다. 그렇다고 해서 문학적 주제가 사라진 것은 아니다. 귀스타브 도레와 귀스타브 모로는 고대 신화로부터 영감을 얻었다. 더 나아가 문학적 그림은 심지어 가장 혁신적인 미술을 행하는 작가들에게서도 계속해서 행해지고 있었다. 예컨대 완전히 새로운 방식을 제시하고 있으며(완성에 대한 거부, 데생에 대한 색채의 우위, 회화적 에너지…), 이와 동시에 비아카데미적 주제들을 제시하기도 하는(야수파, 동양풍 그림) 들라크루아 역시 〈지옥의 단테와 비르길리우스*Dante et Virgile aux Enfers*〉 또는 〈사르다나팔루스의 죽음*La Mort de Sardanapale*〉(삽화 X 참조)과 같은 작품들을 선보였다. 들라크루아는 월터 스콧, 바이런이 셰익스피어에게서 영감을 얻은 것처럼, 아리스토텔레스, 타소, 괴테의 『파우스트』에서 영감을 얻었다. 그리고 그는 〈돈 주앙의 난파선*Le Naufrage* *de don Juan*〉을 그리면서 돈 주앙의 문학적 신화에 대한 낭만주의적 독서를 제시한다. 동시대에 중세에 대한 취향은 '트루바두르' 양식과 함께 역사화 장르에 다시 활력을 주기까지 한다.

그러나 회화적 근대성이 문학적 영감으로부터 근본적으로 분리되는 경향을 보이게 되는 것은 사실이다. 이는 미술의 미학적 자율성을 표명하고자 하는 욕망과 의미에 대한 거부로 인한 것처럼 보인다. 1840년대에 공쿠르 형제가 『마네트 살로몽*Manette Salomon*』(1867)에서 "머리만 있는 화가, 시인 화가"를 통해 보여주는 상황, 즉 1840년 대 "미술에 대한 문학의 끔찍한 영향"을 비난할 수 있었던 것도 문학적 모델이 전반적으로 배제되는 분위기 속에서였다.

어떤 사람들은 그림을 단테풍의 막연한 상징주의라는 틀 안에서만 이해하고 있었다. 게르만적 재능을 지닌 또 다른 사람들은 독일의 '리트(lied)'에 사로잡혀 몽상의 안개 속에 빠져들고, 신화의 태양을 환상적인 것의 우울함에 빠뜨리며, 발푸르기스의 뮤즈들을 찾고 있었다.

토마 쿠튀르(Thomas Couture)는 이러한 위기를 잘 보여주고 있다. 그는 역사화가가 되고 싶었지만, 〈1792년 지원병 징집*L'Enrôlement des volontaires de 1792*〉에서처럼, "가장 야심적인 작품들을 완성하지 못했다."(다니엘 아라스(Daniel Arasse), 『디테일*Le Détail*』) 마네에 이르러서야 고귀한 주제를 지닌 그림의 쇠퇴가 갖는 회화적, 미학적 교훈이 두드러진다. 이러한 단절이 강하게 느껴지게 된 것은 사실 쿠르베와 마네의 등장 이후라고 할 수 있다. 오래지 않아 고대의 문학 주제들을 다루는 이들은 '공식주의' 화가들밖에 남지 않게 되었다. 부그로, 카바넬(각각의 화가는 〈비너스의 탄생〉을 그린 작가이다)이 바로 그 예이다. 말로는 19세기에 나타났던 이러한 변화를 가장 완벽하게 보여주었다. "근대 미술의 첫 번째 특징은 이야기하지 않는 것이다. 예술이 탄생하도록 하기 위해서는 허구의 예술이 끝나야한다. 혼란과 함께. 위대한 역사화는 18세기를 맞이하며 몰락해간다."(『상상의 미술관』) 하지만 이러한 사실은 좀 더 신중하게 고려되어야 한다. 서사적 미술은 점차 성서 텍스트의 폭넓은 회화적 설명으로 향하는 샤갈의 작품에서처럼 피카소의 '참여' 작품을 통해 20세기까지 잘 이어져오게 된다.

[이야기의 회화적 처리]

서사적 미술은 그림과 영감을 주는 문학 텍스트 혹은 텍스트들 사이의 관계에 대한 고찰이라는 흥미로운 주제를 제공한다. 본래 서사는 이야기 행위로서 그 자체로 미술의 영역을 벗어나 있다. 행동의 전개 -그리고 의미- 를 정적인 재현으로 옮기는 것은 필연적으로 화가에게 있어 하나의 도전이고, 무모한 계획이다. 그림의 제목은 언어를 동원하기 때문에, 장면을 요약하여 보여줄 수 있다. 일례로 그뢰즈의 작품에는 이러한 제목이 붙어있기도 하다. 〈세베르 황제가 스코틀랜드 원정 도중 자신을 암살하려했던 아들 카르칼라에게 이와 같이 말한다 : "네가 나의 죽음을 원한다면, 차라리 파피니앙에게 이 검으로 나를 치라고 명령하라." *L'Empereur Sévère reproche à Carcalla son fils d'avoir voulu l'assassiner dans les défilés d'Écosse, et lui dit : ≪Si tu désires ma mort, ordonne à Papinien de me la donner avec cette épée…≫*〉 이와 같은 제목은 연속적인 성격을 망치지 않고 역사를 요약하고 있다. 하지만 이야기를 설명하는 것이 아니라, 그에 상응하는 회화적 표현을 부여하려면 어떻게 해야 하는가? 본질적으로 대상을 부동성 속에서 포착하는 이미지를 통해 어떻게 움직임과 역사의 여러 단계들을 표현할 것인가? 우리는 여기에서 이 두 가지 예술 사이의 주요 차이점들 중 하나를 발견할 수 있다. 이는 연속되는 것과 순간적인 것, 병합되는 선적인 것과 '모든 것을 한번에'라는 특징 사이의 차이다. 이는 레싱의 『라오콘』의 중심이 되는 명제로, 레싱에게 있어서 "예술가는 항상 변화하는 자연의 단 한 순간만을 포착할 뿐이다." 따라서 "미술은 그 고유한 특징 혹은 모방 수단으로 인해, 그리고 공간에서만 이루어질 수밖에 없는 특징으로 인해 철저하게 시간성을 포기하게 된다." 당시에 이념은 공통된 장소였다. 예를 들어 아베 뒤보는 "이피게니아의 희생 그림을 그리는 화가는 행위의 한 순간만을 보여줄 뿐이지만 라신의 비극은 그 행위의 여러 순간들을 보여주며, 그 비극 속에서 여러 에피소드들은 상호적으로 좀 더 비장한 성격을 지니게 된다."(『시와 미술에 대한 비평적 고찰*Réflexions critiques sur la poésie et sur la peinture*』) 마찬가지로 마담 드 스탈은 『코린느*Corinne*』에서 "미술이 연속적인 것을 표현하기란 대단히 어려운 일이다. 시간도, 움직임도 미술을 위해 존재하지 않는다."

미술사는 이러한 서사적 도전에 응하기 위한 화가들이 고안한 여러 가지 수단들을 보여준다. 중세 미술은 고유의 방식으로 문제를 해결하고 있다. 바로 그림에 위치한 글, -특히 성구 상자를 매개로 하여- 이야기를 대신할 수 있는 글에 의해서이다. 그리고 특히 연속적인 장면을 제공하는 다폭 제단화에 의해서 문제를 해결한다. 스테인드글라스는 역사의 여러 가지 순간들을 연속적으로 보여줄 수 있다.(삽화 Ⅱ 참조) 이러한 구성의 원칙 -오늘날 만화에서 찾아볼 수 있는- 은 관람객을 독자의 상황 속에 위치시킨다. 문장에서처럼 의미는 연속적으로 구성되고 이때부터 다폭 제단화의 여러 요소들은 구(句)와 유사한 모습을 지니게 된다. 병렬 효과는 같은 이미지 내부에서 생성될 때 더 뚜렷하게 나타난다. 그리하여 일시적으로 연속되는 두 가지 장면은 동시적인 시선에 부여되는 단 하나의 공간 속에서 결합된다. 로히어르 판 데르 베이던(Rogier der Weyden)의 〈십자가에서 내려지는 예수*La Descente de croix*〉는 그리스도를 십자가에서 내리는 장면의 묘사와 그리스도의 매장 묘사를 결합하고 있다. 제게르스(G. Seghers)의 〈에스더 이야기*L'Histoire d'Esther*〉는 하나의 그림에 네 가지의 에피소드를 결합하고 있다. 마찬가지로 메트르 드 라 비 드 마리(Maître de la Vie de Marie)의 〈금빛 문에서의 만남*La Rencontre à la porte dorée*〉도 마찬가지이다. 그림은 요아킴과 안느 -미래의 배우자와 마리의 어머니인- 사이의 만남을 연상시키면서 왼쪽에서 오른쪽으로, 연대기를 공간 속에 위치시키는 원근법을 사용하면서 하나의 텍스트처럼 읽혀진다. 왼쪽 멀리에는 요아킴이 그 무리의 중심에 있다. 조금 더 오른쪽으로 이동하여 가까이에는 요아킴이 천사의 통지를 받고 있다. 오른쪽에는 클로즈업으로 그가 안느를 부드럽게 안고 있는 모습이 그려져 있다.

중세 이후, 다중적 묘사는 사라지게 되는데, 그 이유는 인문주의적 이데올로기와 관련하여 사실주의적 미학이 발전하면서 그림이 '열린 창문'(알베르티)의 역할을 하게 되었기 때문이다. '열린 창문'은 원근법을 체계화하고 관찰자에게 고정된 위치를 부여해준다. 이야기를 그림으로 옮기기 위해 화가들에게 강요되는 수단들은 프로이트가 제시한 '꿈의 작용'이 지니는 메커니즘과 꽤나 유사하다. 압축과 전치는 그림이 표현할 수 있는 단 하나의 순간 그 이상으로 모든 행동을 암시할 수 있도록 해준다. 그림 형제가 그뢰즈의 〈마을의 약혼녀*L'Accordée de village*〉에 달아놓은 주석은 화가가 전개하는 회화적 극작법의 효과를 지적하고 있다. "상황이 변화하고 있는 순간에 순수한 정신 속에서 증대되고 있는 부드러움, 즐거움, 두려움이 뒤섞여 있는 천 가지 감정, 당신은 이 모든 감정을 이 매력적인 여자의 얼굴과 태도 속에서 읽어내야 한다." 이러한 얼굴을 '읽는 것'이 가능한 것은 그림이 텍스트처럼 구성되어 있기 때문이다. 즉 서사적이지만 동시에 상징적 가치를 지닌 요소들이 응축되어 있고 전치되어 있는 장면을 보여주는 것이다. 디드로는 이피게네이아의 희생을 묘사한 그림을 상상하면서 시간적 이동의 현상을 잘 인지하고 있다. "예술가에게는 한 순간밖에 없다고 나는 말한 바 있다. 하지만 이 순간은 앞선 순간의 흔적들과 함께, 그 순간을 뒤이을 전조들과 함께 존속할 수 있다. 이피게네이아는 아직 희생되지 않았다. 나는 제물을 죽이는 성직자가 피를 담을 큰 그릇을 들고 오는 모습이 보이고, 이 소품은 날 떨게 만든다." (『회화단상*Pensées détachées sur la peinture*』) 이처럼 회화적 묘사는 행위의 이전 혹은 이후의 순간에 연결된 상징적 요소들을 통합시키며, 이 요소들은 그림의 공간성 속에서 시간적 차원을 포함한다. 때때로 동일한 방식은 이야기의 상투적인 요소들을 통해 상징적 인물을 식별할 수 있도록 해준다. 세례 요한과 양피(羊皮), 오르페우스와 리라가 바로 그 예이다. 종종 알레고리(다이아나, 메데이아, 성모와 아기예수처럼)의 극단을 보여주는 이러한 초상화들은 환유적인 내포에 의해 이야기를 암시하기도 한다.

응축은 좀 더 기술적인 차원에서 작용할 수 있다. 바로 화가가 실제로는 서로 구분되는 순간들을 동시적으로 묘사할 때이다. 그러나 이 순간들은 중세 미술에서처럼 분리되지는 않는다. 예를 들어 만테냐(Mantegna)의 유명한 작품 〈성 세바스티아누스*Saint Sébastien*〉(루브르 박물관 소장)는 동일한 이미지 속에서 화살이 관통한 육체와 성인의 얼굴에서 발산되는 황홀경을 결합하고 있다. 레싱은 이러한 방식이 "양식을 가진 사람이라면 결코 인정할 수 없을 [시인의 영역에 대한 화가의] 침해"를 보여준다고 비판하고 있다. 그는 이 방식에 대해 핵심을 찌르는 분석을 보여준다. "아마도 등장인물이 많이 나오면서도 각각의 인물이 주요 행위를 하는 순간에 지녀야 할 위치와 포즈를 정확하게 포착하는 작품은 전혀 없을 것이다. 의복은 앞선 순간에 묘사되며, 팔다리는 현재 순간에 묘사된다." 레싱과는 반대로 레오나르도 다 빈치는 이 방식 속에서 시에 대한 미술의 우월성을 포착했다. 예를 들어 텍스트가 반드시 연속적으로 나타나는 반면, 이 방식을 통해 전투 그림 속에서 여러 다양한 요소들을 하나의 동일한 순간에 결합시킬 수 있기 때문이다. 이러한 방식은 원시 예술에서 이미 나타난 바 있다. 원시 미술에서는 행동하는 인물이 여러 개의 팔 혹은 여러 개의 다리를 지닌 모습이 드물지 않게 나타난다. 르네상스 때부터 이러한 방식이 좀 더 세련화되고 두드러져 보이지 않게 표현되었던 것은 사실이지만, 그 효과는 변함이 없었다. 이에 해당되는 예는 쉽게 찾아볼 수 있는데, 예를 들어 프라고나르의 〈빗장*Le Verrou*〉이 그것이다. 19세기 말을 기점으로 화가들은 종종 르네상스 이전의 미술을 특징짓던 시간적 다양성이 지니는 의미를 재발견하고자 노력한다. 보나르처럼 세잔 역시 관점의 여러 가지 축을 통해 그림을 구성하는데, 마치 시선이 모티프 주위로 이동된 것 같다. 큐비즘 미술은 이 방식을 체계화한다. 시점의 각도를 증대시키면서 묘사된 공간의 통일성을 표출하는 것이다. 하지만 큐비즘 미술은 여전히 좀 더 근본적인 혁명 속에서 시간성 또한 포함하고 있다. 바로 이러한 점에서 서구 전통의 가장 위대한 두 가지 역사화가 한 쌍을 살펴볼 수 있다. 피카소의 〈게르니카〉 -흑과 백의 변증법으로 여러 장면을 동일한 회화적 공간에 병치시키고 있는- 와 파울로 우첼로의 〈산 로마노의 전투〉(삽화 Ⅲ 참조)가 그 예라고 할 수 있다. 이 다폭 제단화의 각각의 세 가지 판에서 행위의 역동성을 암시하고 있는 것은 특히 창으로 형상화된 선들의 기하학이라고 할 수 있다. 높이 세워지고, 비스듬히 세워지고, 기울어진 이 선들은 그림의 표면을 시각적으로 구획 지으면서 전투의 움직임과 폭력을 응축하고 있다.

미술로부터 영감을 받은 문학

문학이 이전보다 좀 더 기꺼이 미술에서 그 영감을 찾게 된 것은 바로 미술이 문학에 의지하기를 그쳤던 시기, 특히 19세기부터라고 할 수 있다. 미술은 작가 –종종 산문 작가– 가 다루는 주제가 될 수 있었다. 이는 예술에 대한 성찰을 좀 더 북돋기 위한 것으로, 발자크, 공쿠르 형제 혹은 졸라의 '예술가 소설'이 바로 그 예라고 할 수 있다. 또한 플로베르와 프루스트는 세상에 대한 시각 혹은 미학적 사상을 표현하기 위한 수단으로 –간접적으로 비추는 거울 방식으로– 미술을 사용하기도 했다. 특정 작품이 문학 작업에 자극을 주든지, 작가가 문체적으로 회화적 표현을 재발견하고자 노력하든지 간에 미술은 창조의 원천이 될 수 있다. 작가의 회화 비평은 예외적인 경우, 즉 문학과 미술의 관계의 가장 균형 잡힌 도달점을 나타내준다. 우리는 마지막 장에서 이에 대해 살펴볼 것이다.

[글쓰기 주제로서의 화가와 예술]

회화 활동은 작가에게 있어 성찰의 주제가 될 수 있다. 그리하여 작업하는 문인의 모습을 묘사하는 화가의 액자구조와 대칭을 이루는 액자구조가 은연중에 발생한다. 왜냐하면 작가가 화가에게서 차용하는 것은 그의 의문들이기 때문이다. 오늘날에는 영화가 보통 이러한 역할을 담당하고 있다. 존 휴스턴(John Huston)의(툴루즈 로트렉에 관한 영화) 〈물랑 루즈*Moulin Rouge*〉, 모리스 피알라(Maurice Pialat)의 〈반 고흐*Van Gogh*〉, 로제 플랑숑(Roger Planchon)의 〈로트렉Lautrec〉, 자크 리베트(Jacques Rivette)의 〈누드모델*La Belle Noiseuse*〉(발자크의 『미지의 걸작*Le Chef-d'oeuvre inconnu*』에서 영감을 받았다), 또는 좀 더 최근 작품인 에드 해리스(Ed Harris)의 〈폴락*Pollock*〉, 또는 임권택의 〈취화선〉이 대표적인 예라고 할 수 있다. 그럼에도 불구하고 서사 문학은 예술가들을 작품 속에 계속해서 등장시킨다. 그 형식은 문학적인 전기(예를 들어 비비안 포레스테르(Viviane Forrester)의 〈반 고흐 혹은 밀밭에서의 매장*Van Gogh ou l'Enterrement dans les blés*〉, 레몽 장(Raymond Jean)의 〈폴 세잔의 삶*La Vie de Paul Cézanne*〉 참조)의 형태를 띠고 있다. 영국 작가 이언 피어스(Iain Pears, 예술사학자이기도 하다)는 근대 사회에서 유명 화가들을 중심으로 펼쳐지는 추리 소설 시리즈를 선보인 바 있다. 예컨대 『라파엘로 사건』, 『티치아노 미스터리(위원회)』, 『베르니니 사건』 등이 그것이다.

화가에 관한 전기를 쓰게 된 것은 르네상스 때부터이다. 16세기에 조르조 바사리(Giorgio Vasari)는 『이탈리아 르네상스 미술가전*Le vite de' più eccellenti pittori, scultori, e architettori*』을 씀으로써 화가의 전기에 있어 선구자가 된다. 그러나 17세기와 18세기에 문학은 미술을 주제로 삼으면서 좀 더 교훈적이고 이론에 대해 연구하는 성격을 지니게 된다. 문학은 '우트 픽투라 포에시스' 이론을 다시 표명하거나 그 이론에 변화를 주었다. 또한 문학은 시선의 테마에 뷔를레스크적 변화를 가미하기 위해 그림을 구실로 삼기도 했다. 예를 들어 우리는 라퐁텐의 〈그림〉에서 두 수녀가 남자의 음경을 놓고 말다툼을 하고 있는 모습을 볼 수 있다. 이 장면에서 회화적 참조는 시선의 에로틱한 작용을 활성화시키고 있다.("사람들은 나를 정직한 방식으로 이야기하도록 만든다 / 이 그림들의 주제들 중 하나 / 사람들은 이 그림들을 은폐한다") 그리고 그는 문학과 미술을 비교한다. "말과 색채는 같은 것이 아니며, / 눈 또한 귀가 아니다." 미술의 주제에 있어 근대적이면서도 자유로운 변화는 드물다. 그러나 마르셀 에메(Marcel Aymé)의 흥미로운 단편 소설 『좋은 그림*La Bonne Peinture*』은 예외적인 경우로, 이 소설은 '영양을 공급하는' 미술에 관한 일종의 환상 작품이라고 할 수 있다.

회화 작업과 화가의 삶이 작가에게 있어 명백한 영감의 원천이 되는 때는 바로 19세기에 이르러서다. 사람들은 이에 대해 놀라워할 수도 있을 것이다. 19세기는 사실상 미술이 문학적 정당화로부터 점차적으로 독립하는 시기였기 때문이다. 하지만 이와 같은 독립이야말로 작가들이 회화적 창조의 신비에 현혹되곤 했던 현상을 잘 설명해줄 것이다. 더 나아가 회화적 영감은 낭만주의적 이데올로기와도 연관된다. 미술을 통해 예술가의 수수께끼, 즉 그의 '재능', 모방적이면서도 현실 세계의 경쟁 상대가 될 수 있는 세계를 창조하는 조물주적 능력에 의문을 제기했던 것이다. 이처럼 예술가의 고독한 영웅적 행위, 절대에의 열정적인 추구에 관한 주제가 주로 문학에서 다루어졌다. 절대를 향한 열정적인 추구는 삶에 있어서 필요한 사회적 물질주의와 충돌하는 것과 마찬가지로 예술 기법에서 오는 한계와 충돌하게 된다. 예술가의 이와 같은 내면적 비극은 발자크, 졸라의 작품에서 결국 주인공의 죽음으로 나타난다. 긴장은 작품과 모델, 창조적 충동과 에로틱한 충동을 대립시키는 사랑 이야기에 의해 여러 번 반복된다. 삶과 그것의 재현의 대립이라는 아주 오래된 주제는 종종 하나의 초상화와 관련하여 서술된다. 『미지의 걸작』의 주인공 프랑호페르가 그린 초상화 〈누드 모델〉, 그리고 그 이후 에드가 포의 '타원형 초상화' 혹은 오스카 와일드의 『도리안 그레이의 초상화』가 그 예라고 할 수 있다. 19세기 중반부터 작가들은 살롱, 심사단, 상인들 그리고 애호가들 등의 이야기를 묘사하면서 미술의 제도적, 사회적 차원까지 통합하게 된다.

우리는 이러한 작품들 가운데 종종 그 복합성, 문제 제기의 깊이, 문학적 성공을 통해 유명해진 몇몇 훌륭한 텍스트들만을 기억하고 있다. 발자크의 『미지의 걸작』, 공쿠르 형제의 『마네트 살로몽』, 졸라의 『작품』 등이 그것이다. 하지만 이외에도 일시적 혹은 간접적인 방식으로 예술과 예술가들에 관련된 문제에 접근하는 작품들은 부지기수이다. 그 예로 마담 드 스탈의 『코린느』(8권은 로마에서 볼 수 있는 조각들과 그림들에 할애된다), 발자크의 『사촌 베트*La Cousine Bette*』, 농부이자 예술가의 이상을 그려낸 조르주 상드의 『통소의 대가들*Les Maîtres sonneurs*』, 뒤랑티의 『화가 루이 마르탱*Le Peintre Louis Martin*』, 애정 생활과 창조적 작업을 조정할 수 없는 화가의 삶을 그린 알퐁스 도데의 12편의 이야기로 이루어진 단편집 『예술가의 부인들*Les Femmes d'artistes*』(발자크, 플로베르, 졸라, 모파상에 의해 여러 번 다루어진 이야기)이 있다. 모파상의 〈모델〉은 예술가 앞에서 포즈를 취하는 젊은 여인에 관한 이야기로, 자살하겠다는 협박을 하여 화가에게서 결혼을 하겠다는 약속을 얻어낸다.

다른 텍스트들은 화가라는 인물을 줄거리의 중심에 위치시킨다. 뮈세의 『안드레아 델 사르토*Andrea del Sarto*』는 실제로 이 이름을 지닌 -프랑수아 1세로 인해 1518년 프랑스로 오게 된- 피렌체 화가를 인물로 등장시킨다. 뮈세의 또 다른 작품인 『티치아노의 아들*Le Fils du Titien*』은 콩트이다. 주인공 피포는 티치아노의 아들로, 자신의 삶과 아버지로부터 물려받은 유산을 탕진해버린다. 자신의 삶을 예술에 바치는 것을 망설이던 그는 자신의 정부인 베아트리체의 매우 아름다운 초상화를 그린 후 그림 그리기를 중단한다. 모파상의 소설 『죽음처럼 강하다*Fort comme la mort*』(1889)는 졸라의 『작품』의 뒤를 이어 예술가의 실제 삶을 그리고 있다. 주인공 베르탱(Bertin)이 정부의 딸을 미친 듯이 사랑한다는 내용의 줄거리는 겉으로 보기에는 완전히 사적인 이야기로 느껴진다. 하지만 멜로드라마 같은 상황 그 이상으로, 소설가는 인물에게 의기소침과 무력감이라는 세기말의 신경증을 투영하고 있다. 이는 "모든 것이 끝났다는 감정, 육체적 존재, 사고하는 존재의 종말이라는 감정"을 의미한다. 이와 같은 전반적인 붕괴는 예술가가 철저하게 부르주아적인 사회 속에 자신을 가두어 놓음으로써 악화된다. 주인공이 흉내내면서도 증오하는 부르주아 사회는 비록 그의 작품들을 읽어주지만, 기만적이고 세속적이며, 물질주의적이고, 관대함이 결여되어 있다. 실제로 베르탱은 세속적인 화가로, 격찬 받고, 재능을 지니고 있지만, 관례를 따르는 화가이다. 그의 통찰력은 끊임없이 괴롭히는 "비어 있다는 것, 주제의 고갈, 영감의 고갈"이라는 감정 그리고 "다시 꿈꿀 수 없고, 미지의 것을 발견할 수 없다는 감정"과 함께 그 자신이 재능이 부족하다는 것을 가혹하게 느끼게 해준다. 베르탱은 버스에 치여 사망하는데, 이 사건에서 그는 운명의 신호를 인지하게 된다. 모파상이 이 소설을 선보이고 3년이 흐른 1892년, 옥타브 미르보(Octave Mirbeau)는 『하늘에서*Dans le ciel*』를 출판하여 화가라는 인물을 중심으로 실패한 두 가지 삶의 이야기를 선보였다. 액자 구조를 지닌 이 소설에서 화자는 조르주(Georges)의 자서전을 읽으면서 뤼시엥이라는 천재적인 화가의 삶을 발견한다. 화가는 절대를 갈망하지만, "그 끝에는 절망밖에는 남아있지 않은 끔찍한 삶"을 선택한다. 자신의 이상에 결국 도달하지 못하고 끝내 "사물들 이면에 숨겨진 아름다움"을 드러내지 못한 화가는 자신의 무능함에 고통스러워하고 쇼펜하우어의 그림자가 투영되고 있는 듯한 절망으로 괴로워한다. "오! 이 무력감, 죽음이라는 저주받은 힘이여!" 심지어 그는 마침내 허무함에 대한 강박관념으로 인해 "아무 것도 존재하지 않을" 그림을 그리길 원하기까지 한다. 발자크와 졸라가 쓴 예술가에 대한 소설에서와 마찬가지로, 창조적 무력감은 그를 자살로 이끈다. 조르주는 작업실에서 손목을 자른 뤼시엥의 모습을 발견하게 된다.

• 발자크, 『미지의 걸작』

이 모든 작품들은 한결같이 -그 정도는 다를지 몰라도- 〈미지의 걸작〉에 빚을 지고 있다. 발자크가 지은 이 짧은 이야기는 19세기 전체에 걸쳐 예술가를 내세운 소설의 주요 모티프들을 결정지었다. 1817년에 "판타스틱 콩트"라는 부류로 첫 출간된 이 작품은 1837년에 예술에 대한 일반적 성찰을 포함한 보다 길어진 버전으로 다시 출간되었다. 발자크는 이 버전을 "철학 연구"의 하나로 제시한 바 있다. 이 텍스트는 예술에 대한 낭만주의적 논쟁을 17세기로 옮겨놓고 있다. 또한 이 작품은 당대의 미술에 큰 관심을 가지고 있었으며, 미술 애호가이자 수집가이기도 했던 작가의 미술적 열정을 고스란히 보여주고 있다. 실제로 발자크가 사망했을 때 사람들은 그의 집에서 조르조네, 반 다이크, 홀바인 등의 작품을 비롯한 26점의 그림들을 발견할 수 있었다. 사실 그의 〈인간 희극〉 속에는 수많은 화가와 조각가들이 등장한다. 합하면 150명 정도가 되는데, 그 중에는 르 브룅, 제리코, 메소니에, 와토, 코레쥬, 티치아노, 다 빈치, 브뢰겔, 렘브란트, 루벤스, 홀바인, 벨라스케스 등의 이름도 찾아볼 수 있다. 자신의 작품 『황금 눈을 가진 소녀*La Fille aux yeux d'or*』를 들라크루아에게 바치기도 했던 발자크는 스스로를 "문학적 화가"로 정의하기도 했다. 실제로 그의 작품에는 "그림"과 "미술"이라는 단어가 자주 등장한다. 그의 작품 속에서 미술적 지표들은 자연히 인물과 공간 사이의 조응이라는 그만의 시스템 속에 녹아든다. "삶이 진행되는 공간들에 대한 미술이 배신당한 소원이나 한껏 부풀어 오른 희망을 떠올려주지 않는 경우는 거의 없다." (『절대의 추구』) 나아가 그는 미술적 지표를 통해 인간의 유형을 보다 생생하게 묘사하거나 묘사할 거리가 별로 없는 인물에 정체성을 부여하기도 한다. 사촌누이 베트가 그 대표적인 예로써, 이 인물은 "지오토(Giotto)의 인물" 혹은 "크라나흐(Cranach)와 반 에이크의 성모, 비잔틴 시대의 성모"에 비유되고 있다. 또한 『고리오 영감』의 그 유명한 마지막 장면에서도 주인공은 가설적인 미술적 지표들을 통해 묘사되고 있다. "이 부성애의 그리스도의 모습을 제대로 묘사하기 위해서는 회화의 대가들이 인류의 구원자께서 세상을 위해 겪었던 수난을 묘사하기 위해 고안해 내었던 이미지들을 참고해야 할 것이다."

『미지의 걸작』의 줄거리는 언뜻 보아 역사적이다. 〈누드 모델〉의 모델인 카트린 레스코와 발자크가 만들어낸 화가 인물인(작품 속에서는 르네상스 시대 홀란드의 화가인 마뷔즈 -일명 장 고사에르-의 제자로 등장한다) 프랑호페르를 제외하고 다른 주요 인물들은 사실상 실제 인물들로, 예를 들면 프랑스 궁정에 충실했던 플랑드르 화가 -특히 앙리 4세와 아이 시절의 루이 13의 초상화로 유명한- 인 푸르뷔스와 1612년 -이야기가 전개되는 해이기도 하다- 막 파리에 도착한 젊은 푸생이 그들이다. 하지만 이 같은 사실주의적 상황 설정은 예술가의 야망과 열정, 절망에 대해 질문을 던지기 위한 구실에 불과하다. 천재적인 화가인 프랑호페르는 푸르뷔스와 푸생에게 그림을 가르친다. 이들은 프랑호페르가 10년 전부터 작업해 온 〈누드 모델〉라는 제목의 걸작을 보여 달라고 요구하지만, 정작 그 작품에서 완성되지 못한 초벌만을 발견할 뿐이다. 마음이 동요된 프랑호페르는 이들을 자신의 아틀리에에서 쫓아내지만, 자신의 무능력을 확인하고는 자신의 작품들을 불태워 버리고, 자살을 하고 만다. 짧은 줄거리이긴 하지만 이 이야기는 발자크를 사로잡고 있던 거대한 예술적 질문들 중 하나를 다루고 있는데, 바로 작품의 구상과 실현 사이의 구분이 그것이다. 『사촌 베트』(1848)의 한 장면에서 우리는 이러한 고민을 보다 명확히 볼 수 있다. 이 대목에서 "구상"과 "실행"은 "예술의 두 반구"로 제시되어 있으며, 이 둘 사이에는 "심연"이 자리하고 있다. 일단 구상이 끝난 작품이 더 이상 작업의 대상이 될 수 없다면, 그것은 "미완성된 채로 남게 될 것이고, 아틀리에 구석에서 잊혀지게 될 것이다. 혹은 생산 자체가 불가능해질 것이고, 예술가는 자신의 재능을 썩히고 말 것이다." 프랑호페르의 비극은 스스로 구상한 예술적 관념을 구현해낼 수 없다는 무력감에서 기인한 것이다. 비슷한 경쟁이 예술적 정열과 푸생의 동반자인 질레트 사이를 갈라놓는다. 푸생은 그녀를 프랑호페르의 아틀리에로 데리고 간다. 그녀를 모델 삼아 자신의 그림을 완성시키기 위함이다. "영광과 불행이 교차된 운명의 달콤한 괴로움을 맛보기 시작한 한 예술가의 정열만큼 사랑과 닮지 않은 것도 없다는 것을 안" 질레트는 푸생을 위해 포즈를 취하면서 스스로 버림받았다고 느낀다. "당신은 나를 쳐다보고 있지만, 내 생각은 하지 않고 있어요." 결국 예술의 열정은 삶과 경쟁에 빠지는 것이다. 물론 그러면서도 하나의 작품 속에서 온전히 구현되는 데 이르지는 못하지만 말이다.

이와 같은 이중의 실패 -실존적이고 미학적인- 를 중심으로 『미지의 걸작』은 프로메테우스, 파우스트, 피그말리온, 오르페우스 신화 등을 상기시킨다. 그리고 두드러지긴 하지만 최소한의 방식으로 당대의 미학적 논쟁들, 특히 낭만주의적 예술가의 모습에 대한 논쟁들의 주요 쟁점들을 다루어 나간다. 놀라운 점은 발자크가 미술의 기술적인 문제들도 전혀 피하고 있지 않다는 것이다. 실제로 이 짧은 이야기 안에서 우리는 명암, 음영의 표현, 특히 17세기 이래로 '푸생주의자들'과 '루벤스주의자들'을 대립시켜 왔던 데생과 색채의 논쟁 등에 대한 언급을 찾아볼 수 있다. 그리고 이러한 기술적 성찰은 단순히 사실주의적 효과를 내기 위한 수단에 그치지 않는다. 오히려 그것은 매우 현대적인 미학적 성찰 속에 통합되고 있다. 첫 부분에서부터 프랑호페르는 이렇게 주장한다. "예술의 사명은 자연을 복제하는 것이 아니라 그것을 표현하는 것이다.” 발자크는 이처럼 보들레르의 “초자연주의”와 세잔의 야심을 예고하고 있다. 실제로 엑 상 프로방스 출신의 이 화가는 『미지의 걸작』에 주석을 달기도 했으며, 그의 머리맡에는 이 책이 항상 놓여있었다.

• 공쿠르 형제, 『마네트 살로몽』

공쿠르 형제의 『마네트 살로몽』, 그리고 졸라의 『작품』과 함께 소설적 공간에서의 예술가에 대한 성찰은 (『미지의 걸작』이 한 편의 우화와 같은 간결한 구성을 선보였던 데 반해) 화가의 상황에 대한 사회학적, 나아가 정치적 면모들을 드러내 주는 동시대적인 이야기로 이어지게 되었다. 『마네트 살로몽』은 1867년 『시대*Le Temps*』지에 실린 연재소설의 형태로 처음 소개되었다. 이 소설은 분명 실패였다. 너무도 단조로운 구성으로 인해 발자크와 졸라의 작품들에서 찾아볼 수 있는 구성의 묘미를 거의 보여주지 못했다. 하지만 이 작품의 몇몇 장에서 매우 아름다운 기법을 만날 수 있는 것은 사실이다. 또한 차후에 예술가를 주인공으로 등장시킨 소설들에서 반복적으로 등장할 뿐만 아니라 그러한 류의 소설의 구조로 정착하게 될 테마와 모티프들을 정립했다는 점에서 이 소설의 역사적 중요성도 부인할 수 없다. 미셸 크루제가 지적한 바와 같이(갈리마르 출판사에서 나온 『마네트 살로몽』의 ‘폴리오(Folio)’ 판 서문에서) 인간애로 가득하지만 실패한 화가의 형상, 경매 장면, 목가적인 사랑 등의 테마는 이후 『감정 교육*L'Éducation sentimentale*』에서도 다시 등장하게 될 것이다. 졸라 역시 공쿠르 형제에 의해 자신들의 작품으로부터 직접적인 영감을 받은 것 아니냐는 의심을 사게 될 것이다.

이 소설은 코리올리스라는 이름의 화가와 그의 모델 사이의 관계를 중심으로 전개된다. (미셸 크루제에 따르면) 이 화가는 “모델로서 자신에게 영감을 준 여인에게 남자로써 반하게 된다.” 발자크의 작품에서처럼 바로 여기에서부터 삶과 예술 사이의 갈등, 예술적 충동과 에로틱한 충동 사이의 갈등이 시작된다. 실제로 이야기는 코리올리스와 그의 모델인 마네트 살로몽의 관계를 전면에 배치하고 있다. 화가의 정부에서 아내가 되는 그녀는 시종일관 화가에게 진정으로 강한 영향력을 행사한다. 코리올리스의 이야기는 이렇게 해서 예술가의 독신 생활에 대한 선언처럼 읽혀지는 것이 사실이다. 즉 그가 창조적 능력을 상실했다면, 그것은 가정의 지배력 하에서 어쩔 수 없이 겪어야 하는 결과라는 것이다. "그의 삶 전체가 습관적인 가사일로 환원되었을 뿐만 아니라 그 일에 종속되어 버렸다(…) 이것은 마치 오랜 기간 동안의 자아 상실과도 같았다(…) 그녀에게 복종하는 습관은(…) 천천히 그를 이러한 종속 상태로 이끌고 갔다. 그리고 그의 남자로서의 연약함이 예술가로서의 측면을 잠식해 들어가기 시작했다." 또한 코리올리스의 운명은 창조적 활동을 하는 모든 이들의 불행에 관한 우화로서 읽혀질 수도 있을 것이다. 공쿠르 형제에 따르면 이 인물은 "진정한 예술가의 모습, 즉 사회적으로 적응하지 못하고 괴물과도 같은 종류의 사람"의 본보기이다. 그는 한 편의 완전한 작품을 꿈꾼다. 절대에 대한 욕망이 온전히 구현되고, 화가의 작업 자체가 사물의 자명한 본질과 융화되는 그러한 작품 말이다. 하지만 결코 다다를 수 없는 이러한 야심으로 인해 그의 정신은 점차 피폐해지고 그는 결국 천천히 파멸의 길로 나아가게 된다.

이 미학적 실패의 이야기는 역사적 토대 위에서 진행된다. 이 소설은 1840년대, 즉 낭만주의의 열기가 한풀 꺾인 뒤 그 어떤 새로운 미학도 그 자리를 대체하지 못하고 있던 시절의 예술의 연대기이기도 한 것이다. 낭만주의가 물러난 빈자리에서 "조잡한 절충주의"가 나타나기 시작했다. 풍경화 장르는 여전히 공식적인 인정을 받지 못하고 있었으며, 오리엔탈리즘은 그 소재가 고갈되어 가는 것처럼 보였다. 따라서 화가들은 과거 세대에 속하지만 여전히 미술계에서 막강한 영향력을 행사하고 있던 두 명의 거장에게 집착하는 모습을 보여주었다. 바로 앵그르와 들라크루아가 그들이다. "우월하고도 압도적인 두 인물"은 "당시의 미술계에서 열정과 재기를 갖춘 자들에게 막강하고 절대적인 영향력을 행사했던 두 가지 기질"을 대표하는 인물들이기도 했다. 이러한 역사적 맥락을 바탕으로 공쿠르 형제는 자신들의 소설에 수많은 실제 예술가들의 이름을 포함시켰다. 약 130여 명의 이름이 등장하는데, 그 폭도 과거의 화가들(마사초(Masaccio)[82], 보티첼리, 뒤러, 코레쥬, 다 빈치, 라파엘로, 티치아노, 페루기노(Pérugin)[83], 루벤스, 렘브란트, 요르단스(Jordaens)[84], 벨라스케스, 푸생, 르 브룅, 부셰 등)과 동시대 화가들(그로(Gros)[85], 다비드, 제리코, 들라크루아, 쿠튀르, 베르네, 메소니에, 위에, 샤세리오, 셰퍼(Scheffer) 등)을 망라할 정도로 방대하다. 이러한 상황 설정을 통해 소설은 사실주의와 인상주의라는 깃발 아래 당대에 모습을 드러내기 시작한 서로 다른 미학적 경향들을 조명한다. 크레상(Crescent)이 밀레와 테오도르 루소를 떠오르게 한다면, 코리올리스는 근대성을 대표하는 예술가의 형상으로 콩스탕텡 기와 닮아 있다. 그의 "트루빌 해변 그림", 즉 "화가가 이 유행의 고장을 배경으로 동시대 여성의 전형이라고 할 수 있던 파리 여성의 외관을 고착시키고자 했던" 그림은 필연적으로 보들레르가 "근대적 삶의 화가"[86]라고 칭했던 이를 떠오르게 만든다.

미학적 성찰은 미술 작업의 물질적이고 사회적인 측면을 포함하고 있으며, 그러한 만큼 더욱 더 역사적인 토대에 뿌리내리고 있다. 대단한 예술 애호가였던 공쿠르 형제는 실제로 자신들의 소설 속에 아틀리에와 관련한 여러 장면을 삽입시키고 있으며, 살롱의 문제 역시 비중있게 다루고 있다. 코리올리스가 1855년의 만국박람회를 위해 두 편의 거대한 유화를 출품했으나, 대중들의 무관심과 비평가들의 경멸 섞인 야유만 불러오게 되는 모습 -비평가들 중 한 명은 "야만인들이 언제나 예술의 문 앞에 자리하고 있다. 이 사실을 잊어서는 안 된다"고 외치기도 한다- 도 이러한 측면에서 살펴볼 수 있다. 예술가의 경력과 관련된 이와 같은 사회학적이고 제도적인 측면에서의 조명은 미술 작업에 대한 매우 정치한 암시를 통해 보충된다. 『마네트 살로몽』은 『미지의 걸작』보다 예술가의 '기법'과 관련된 용어들을 더 많이 선보이고 있다. 실제로 전문 용어들의 다양성과 정확성을 대하며 놀라지 않을 수 없을 정도다. '가필', '글라시'[87], '초안', '담채화법', '유화용 암갈색

82) 초기 르네상스 시대의 피렌체 화가.(역주)
83) 이탈리아 초기 르네상스 화가.(역주)
84) 17세기 플랑드르 화가.(역주)
85) 프랑스의 낭만주의 화가.(역주)
86) 콩스탕텡 기를 지칭한다.(역주)

물감', '블레로타쥬(blaireautage)'[88] 등의 용어들은 공쿠르 형제의 펜 끝에서 문학적 인증을 획득하게 되었다. 하지만 이 작품의 용어들은 단지 빌려온 단어들에만 국한되지 않는다. 공쿠르 형제는 이 작품 속에서 회화성의 효과를 목표로 하는 글쓰기를 정의하고자 하는데, 소설의 제일 첫 부분에 위치한 파리의 전경 묘사부터 그러한 모습을 보여준다. 진정한 '베두타(veduta)'[89]라고 할 수 있는 이 부분은 마치 한 폭의 그림처럼 색 배합의 1차적 효과와 평면 배치, 색채에 대한 주의 등으로 점철되어 있다.

초록색 나무들의 끝부분, 소나무들의 커튼이 약간 열려 있는 그 부분을 통해 대도시의 모습들이 까마득히 펼쳐져 있다. 제일 먼저 눈에 들어오는 것은 빽빽하게 밀집되어 있는 지붕들이다. 갈색 기와로 이루어진 이 지붕들은 텐피와 포도 찌꺼기 색 더미를 구성하고 있으며, 그로부터 도기 제조소처럼 연기를 뿜어내는 굴뚝들이 그려내는 장밋빛이 더욱 두드러져 보인다. 이처럼 그을린 톤으로 넓게 펼쳐져 있는 빛깔은 강둑 쪽으로 향할수록 점차 어두워져 검-적색의 빛깔로 동화된다.

• 졸라, 『작품』

1886년 졸라의 『작품』이 발간되자, 에드몽 드 공쿠르는 자신의 『일기』에 이런 글을 기록했다. "책의 곳곳에서 샤사놀(『마네트 살로몽』의 등장인물 중 한 명)과 기타 인물들의 대사 중 멋있는 것들뿐만 아니라 이런 저런 이야기들이 주저리주저리 반복되고 있다. 무엇보다도 곳곳에서 '표절'의 흔적이 엿보인다."(1886년 4월 5일) 실제로 두 작품 사이에는 놀라울 정도로 비슷한 점이 많이 있다. 예를 들어 『마네트 살로몽』과 마찬가지로 『작품』의 첫머리도 매우 회화적인 색채를 띤 파리에 대한 '묘사'로 장식되어 있다.

---

87) 밑그림이 마른 뒤 투명 물감을 엷게 칠하여 윤기와 깊이를 주는 유화 기법.(역주)
88) 붓자국이 남지 않도록 깔끔히 칠하는 것.(역주)
89) '전망' '조망' '외관'을 뜻하는 이탈리아어로 도시 풍경화 혹은 세밀 풍경화를 이르는 말한다.(역주)

(…) 눈이 둥그레진 그는 마치 겁이라도 먹은 듯이 이 미지의 도시의 구석을, 환상적인 도시의 보랏빛 출현을 여기 저기 훑어보았다. 센 강의 반대편 쪽에는 오르므 강둑을 따라 회색의 작은 집들이 나란히 줄지어 있다. 이 집들의 밑 부분에는 부티크의 내장재들이 덕지덕지 칠해져 있으며, 위로는 높이가 고르지 못한 지붕들이 솟아 있다. 더 멀리 바라보면 왼쪽으로는 시청 꼭대기를 장식하고 있는 청석돌들이 눈에 들어오며, 오른쪽으로는 생 폴의 납을 입힌 둥근 지붕이 눈에 들어온다.

이러한 공통점에서부터 시작하여 이 두 소설 사이의 비교는 끝도 없이 진행될 수 있을 것이다. 공쿠르 형제의 소설과 마찬가지로 졸라 소설의 주인공은 예술적 요구와 가정생활 사이에서 딜레마에 빠진다. 또한 당시의 사회와 예술제도 등과의 갈등이 반복되면서 극적 긴장이 고조된다. 하지만 이러한 공통점들은 어쩌면 발자크의 텍스트로부터 집단적 상상력 속에 퇴적되어 온 총체적 '토포이(topoï)'[90]를 가리키는 것일 수도 있다. 하지만 두 소설의 비교를 통해 졸라 소설의 고유한 성격이 두드러지는 것 역시 사실이다. 예를 들어 졸라 소설의 주인공은 의지가 약하고 절망에 빠진 인물이 아니라 매우 재능 있는 화가이다. 소설적 구조 역시 복합적이면서도 매우 단단하게 짜여있다. 어조의 변화(특히 몸의 강박적인 현전을 통해 구현되는 에로틱한 어조) 속에서 작가의 고유한 감수성이 모습을 드러낸다. 또한 이 소설에서는 공쿠르 형제의 그것과는 비교할 수도 없는 문학적 재능을 찾아볼 수 있다. 투박하면서도 잘 조탁된 졸라의 글쓰기는 각 장면들을 깔끔하게 장식하고 있으며, 그 장면들에 깊은 생명력을 불어 넣고 있다. 또한 이러한 글쓰기 속에서 우리는 소설의 쟁점들과 문체가 하나로 엮어지는 모습도 볼 수 있다.

줄거리는 클로드 랑티에 -『목로주점』의 중심인물인 제르베즈의 아들이다- 라는 이름의 강력한 창조적 충동에 사로잡혀 있는 예술가이자 화가를 중심으로 구성되어 있다. 우연히 알게 된 젊은 여인 크리스

90) 그리스어로 '장소'라는 뜻의 단어로, 아이디어들이 모여 있는 생각들의 장소 혹은 주요 뼈대를 구성하는 말들의 집합을 가리킨다.(역주)

틴을 사랑하게 된 그는 그녀를 모델로 삼아 "여성"을 온전히 재현해내는 야심찬 그림을 실현시키고자 한다. 하지만 크리스틴의 헌신적 도움에도 불구하고 그는 자신이 꿈꿨던 이상에 도달하지 못하고, '작품'은 계속해서 실현되지 못한 상태로 남는다. 크리스틴은 열정 가득한 클로드가 강요하는 각종 요구들에 시달린다. 소설의 마지막 부분에서 그녀는 클로드에게 다음과 같이 가슴 아픈 이야기를 던진다. "당신의 그림, 그것이야 말로 내 삶에 독을 뿌린 암살자에요." 불안증과 환각에 시달리던 클로드는 어느 날 밤 사랑을 나눈 뒤 자신의 그림 앞에서 목매어 자살한다.

이와 같은 한 인물의 비장한 실패 속에 졸라는 개인적인 강박들 -우리는 이 지칠 줄 모르는 작업가가 얼마만큼 실패의 강박에 시달렸는지 알고 있다- 을 투영시키고 있다. 등장인물들 중 하나인 작가 상도즈는 스스로를 "격정적이고 일상의 작업으로부터 단 한 번도 만족을 느껴본 적 없는" 사람이라고 일컫는다. "나 자신에게 화가 나서, 더 이상의 재능을 갖지 못한 데 대해 분노해서 죽을지도 모른다." 소설의 마지막 페이지에서 우리는 그의 목소리를 다시 한 번 듣게 되는데, 여기에서 우리는 소설가의 고통스러운 고백을 감지할 수 있다. "내 책들을 끝까지 밀고나가 보았지만, 결국에는 그 모든 노력에도 불구하고 책들이 한결 같이 불완전하고 기만적이라는 것을 느끼고는 나 자신을 경멸하지 않을 수 없다." 졸라는 또한 이 소설 속에서 미술계에 대해 그가 가지고 있던 많은 지식을 충분히 활용하고 있다. 그는 작가로서의 경력을 쌓기 시작했을 때부터 언론계, 출판계뿐만 아니라 미술계와도 관련을 맺었다. 당시에 그는 여러 화가들과 친분을 맺었으며, 루브르와 아틀리에들을 자주 드나들었다. 미술에 대한 그의 관심은 지속적으로 유지되었다. 일례로 1866년부터 1896년까지 그는 신문에 여러 '살롱들'에 대한 글을 썼는데, 이 지면을 통해 마네와 세잔 -개인적인 친분 관계를 맺고 있었던- 와 같은 화가들에 대한 칭찬을 남겼다. 실제로 팡텡 라투르의 〈바티뇰의 화실〉에서 우리는 르누아르, 아스트뤽(Astruc), 바지유(Bazille), 모네, 마네 등의 화가들 곁에 자리 잡은 졸라의 모습을 볼 수 있다. 졸라의 어릴 적 친구이자 그와 마찬가지로 액상 프로방스 출신이었던 세잔에게서 우리는 클로드의 모델을 발견할 수 있었다. 클로드의 무기력함은 처음에는 칭송의 대상이 되었지만 궁극적으로 실망을 안겨준 화가 앞에서 졸라가 느낀 망설임의 감정을 표현해 준다. 실제로 이 소설의 출간은 두 친구 사이의 관계에 영향을 주었던 것으로 보인다. 하지만 클로드라는 인물은 졸라가 알고 지냈던 여러 화가들의 복합체라고 할 수 있다. 세잔은 물론이거니와 마네(클로드의 그림 〈야외에서〉는 분명 〈풀밭 위에서의 식사〉에서 영감을 받은 것이다), 피사로, 모네 등의 모습을 클로드에게서 볼 수 있는 것이다.

주인공의 실패를 통하여 『작품』은 무엇보다 그 시대에 이루어졌던 미술의 변화에 대한 실망감을 표현하고 있다. 처음에 졸라는 새로운 미술에 대한 강력한 옹호자였다. 사실주의적이고, 빛의 효과를 살려내는 미술, 각종 제도들의 숨 막히는 감독으로부터 뿐만 아니라 아카데미의 굴레로부터 자유로워진 미술 말이다. 하지만 1878년부터 그는 이렇게 주장하기 시작한다. “인상주의 혁명이 탁월한 것이긴 하지만, 이 새로운 양식을 실현할 천재적인 예술가가 여전히 필요한 것 역시 사실이다.” 하지만 이러한 기대는 충족되지 않았으며, 클로드는 졸라가 헛되이 기다렸던 이러한 천재적인 화가의 이미지를 은연중에 드러내 보이고 있는 것이다. 『작품』이 출간된 지 10년 후, 졸라는 “어떤 작품들을 마치 오랜 세탁으로 인해 색이 바래버린 세탁물처럼 만들어버린 밝은 색조의 남용”, “색채”의 “엄청난 남용”, “30년 동안 반사 이론(théorie des reflets)에 의해 행해진 미친 짓” 등에 대해 비판의 말을 쏟아내었다. 그리고 그는 이렇게 외쳤다. “이게 뭐란 말인가! 정말이지 이것을 위해 내가 그토록 힘들게 싸웠단 말인가? 이 밝은 그림을 위해, 이 색채들, 이 반사들, 이 빛의 분할을 위해?”(〈그림*Peinture*〉, 『르 피가로』, 1896년 5월 2일.) 『작품』은 분명 이러한 변화의 전환점에 위치하고 있다. 근대성의 매력, 창작력과 독창적인 재능의 추구와 그 어떤 커다란 성공도 가져오지 못한 미학적 모험에 대한 깊은 회의 사이의 전환점 말이다.

이 소설에서 미술계에 대한 언급은 특별한 방식으로 전개된다. 졸라는 언제나 그랬듯이 엄청난 자료 고증 작업을 거친 뒤 자신의 개인적인 기억들에 정확한 주석들을 덧붙이고 있다. 특히 그는 이러한 자료들을 아틀리에 장면 묘사에 사용하고 있다. 예를 들어 지면 속에서 우리는 캔버스의 흡수력을 그대로 유지하기 위해 풀을 먹이는 작업 없이 회화용 흰색 염료로만 진행되는 유화 준비 과정이나 채색 기름의 잘못된 사용으로 인해 생기는 색조의 문제 등에 대한 언급을 볼 수 있다. 하지만 이처럼 정확한 정보들은 어디까지나 사실주의적 보증을 위해 사용되고 있을 뿐이다. 아틀리에 장면에서 졸라는 무엇보다도 화가의 내적 열정, 그리고 모델과 화가 사이의 관계에 초점을 맞추고 있다. 또한 이 작품이 기여한 것들 중 가장 흥미로운 것은 미술을 심사하는 역할과 대중 및 비평가들의 반응을 이끌어냈던 각종 살롱과 전시회에 대한 언급이라고 할 수 있다. "사실주의에 빠져 있는 젊은이들을 한데 모으는 역사 학교"의 역할을 하던 전시회 장면에서 대중에 대한 언급은 종종 풍자의 구실로 사용된다. 예를 들면 "체크무늬 코트를 입고 여행용 더스트 코트로 온 몸을 감싼 젊은 여인에게 학살의 장면을 설명하는 영국인"에 대한 묘사 등이 그것이다. 정확히 말해 클로드가 자신의 독창적 야망이 가진 정당성을 확신하는 것은 이러한 대중의 몰이해를 대하면서이다. 전시되어 있는 자신의 작품 앞에서 그는 "방문자들의 턱이 빠질 듯 벌어지고, 눈이 작아지고, 얼굴이 확장되는 모습"을 바라본다. "들리는 것은 살찐 남자들의 큰 입김 소리와 마른 남자들이 내는 삐걱거리는 듯한 소리, 그리고 이 소리들 위를 지배하는 듯이 들리는 부인들의 날카로운 소리들이다." 하지만 군중들로부터 눈을 돌리자마자 그의 작품이 가진 독창성이 확연히 드러나기 시작한다.

마치 전통에 따라 다시 달군 주스 향으로 가득한 역청을 입힌 오래된 부엌에 갑자기 창문이 열리고 햇볕이 쏟아져 들어오면서, 벽들이 이 봄날의 아침을 비웃는 듯이 보인다. 그의 그림의 환한 색조, 사람들이 비웃는 그 퇴색 효과가 다른 작품들 사이에서 분출하듯 터져 나오는 것이다.

자신의 주인공과 마찬가지로 졸라는 진정한 통찰력을 가지고 거짓 근대성, "대담한 허세"를 통해 부르주아들을 유혹하는 데만 관심을 가지고 있는 거짓 근대성의 전개를 보여준다. "부드럽고 속임수를 쓰는 듯 하며 자기 멋 대로인 예술 양식, 겉모양만 우아하며, 대중들의 저속한 욕구를 충족시키기 위한 솜씨로만 온통 가득한 양식"이 그것이다. 한 세기가 지난 다음에도 이러한 비판은 여전히 그 현실성을 유지하고 있다. 특히 속임수가 판치는 경매에 대한 암시는 더욱 그렇다. 화가의 평판을 높이기 위해 상인들이 스스로 그림을 비싼 값에 사들이는 풍속 등이 그 예다. 이처럼 미학적 성찰을 사회·경제적인 컨텍스트 속에 삽입시킴으로써 졸라는 『루공 마카르 총서*Rougon-Macquart*』("제2제정 하에서의 한 가족의 경제, 사회적 역사"라는 부제목을 가진)를 기획하면서 품었던 사회·역사학적 원칙들에 충실한 모습을 보여준다. 그리고 바로 이러한 점에서 그는 발자크 이후로 거의 고정되어 버린 본질적 소여들에는 변화를 주지 않은 채, 19세기 예술가를 대상으로 하는 소설에 혁신을 가져온 것이다.

[작가에게 있어서 매개자 역할을 하는 미술]

미술은 얼핏 문학 작품 내에서 2차적인 위치를 차지하는 것처럼 보일 수도 있다. 하지만 작가가 세상을 바라보는 관점을 표현하는 통로가 되고, 하나의 미학을 구성해내는 수단이 된다는 점에서 미술은 매우 중요한 역할을 담당한다고도 할 수 있다. 이러한 매개적 기능은 특히 보들레르에게서 뚜렷하게 드러난다. 실제로 보들레르는 『근대적 삶의 화가*Le Peintre de la vie moderne*』에서 볼 수 있듯이, 미술을 언급할 때보다 더 자신의 미학적 견해를 제대로 표출해낸 적이 없다. 또한 조형 예술의 매개는 일시적이거나 설명적인 은유의 형태를 띠기도 한다. 예를 들어 장 콕토가 스스로의 시학적 사명을 표명하거나 ("내 모든 시는 다음과 같다. 나는 모방한다 / 비가시적인 것(당신에게 보이지 않는 것)을", 『오페라*Opéra*』), 프랑시스 퐁주가 말년에 다소 도발적으로 미학·정치적인 이상을 표명한 경우 ("나는 중국의 황제들 편이다. 화가에게 게 한 마리 혹은 작은 새우 한 마리를 그려 보이라고 요구하는 자의 편이다. 그렇게 함으로써 예술가로 하여금 30년 동안 삶을 유지할 수 있게 해주고, 그 세월 동안 게를 그려낼 수 있게 해주는 사람의 편이다." 『누벨 옵세르바퇴르*Le Nouvel Observateur*』, 1984년 9월 28일)를 볼 수 있다. 하지만 몇몇 텍스트에서는 이러한 매개가 연속적인 모습으로 나타나며, 작품의 전체적 구성에 동화되기도 하는데, 바로 위스망스와 플로베르, 프루스트의 경우가 그러하다.

• 위스망스(Huysmans), 『거꾸로*À rebours*』

『거꾸로』(1884)에서 그림과 화가들에 대한 언급은 기존에 예술가를 소재로 한 소설의 예와는 달리 위스망스 자신이 주인공 데 제생트에게 부여한 몽환적이고 과도하게 주관적인 관점의 자양분을 제공하는 요소로 사용된다. 실제로 예술비평가이기도 했던 위스망스는 미술을 성찰의 주제나 분석의 대상으로 삼을 능력을 갖춘 사람이었다. 하지만 『거꾸로』에서 미술은 이와는 별개의 역할을 담당하고 있다. 물론 작품의 곳곳에서 '에크프라시스'에 해당하는 것처럼 보이는 부분들, 즉 소설의 전체적인 스토리 흐름과 비교해 볼 때 독립적인 자리를 차지하는 것처럼 보이는 부분들, 그 자체로 의미를 갖는 부분들로서의 그림에 대한 묘사를 찾아볼 수도 있다. 그 대표적인 예로 귀스타브 모로의 〈살로메*Salomé*〉 (삽화 XII 〈춤추는 살로메〉 참조)에 대한 다음과 같은 묘사를 볼 수 있다.

> 마치 대성당의 주제단과 같이 우뚝 솟아 있는 왕좌가 하나 있다. (…) 분봉왕 헤롯은 왕관을 쓴 채, 다리를 붙이고 손을 무릎 위에 올려놓은 상태로 앉아 있다. (…) 살로메는 마치 명령하는 듯한 자세로 왼팔을 뻗어 올리고, 커다란 로터스 꽃과도 같은 얼굴 높이에서 오른팔을 구부린 채 웅크리고 앉아 연주하는 여인의 현악 선율에 맞춰 살금살금, 천천히 앞으로 다가온다. (…) 그녀는 헤롯의 늙어 쇠약해진 감각을 깨우는 음탕한 춤을 시작한다. (…)

하지만 이러한 묘사는 책의 전체적인 구성의 관점에서 볼 때 독립적이라고 할 수 없다. 이 작품은 향수, 꽃, 책, 음악 등과 관련한 테마를 보여주고 있는데, 그림에 대한 묘사는 이러한 테마 중 하나를 구성하는 요소로 사용되고 있다. 이 시퀀스들 중 어떤 것도 그 자체로 의미를 갖지 못한다. 모두가 주인공 데 제생트의 미학적이고 도덕적인 초상화를 그리는 데 기여할 뿐이다. 위스망스는 이 주인공에게 자연주의에 대한 자신의 거부감을 투영시키고 있다. 결국 귀스타브 모로, 오딜롱 르동, 고야, 렘브란트, 보들레르, 바르베 도르빌리 등에 할애된 지면이 가리키는 것은 이와 같은 반자연주의적인 이데올로기, 대단히 작위적이면서 "매우 근대적인 신경과민"의 특성이기도 한 이데올로기였던 것이다. 이 작품에서 위스망스는 오직 주인공의 내적 세계의 객관화로서만 미술에 관심을 보일 뿐이다. 즉 미술은 그의 욕망, 충동, 환상을 가시적으로 만들어주는 것이다. 여러 그림에 대한 묘사와 해설 -경우에 따라 매우 정확하고 자세하게 이루어져 있지만- 들은 작가의 목소리를 대변하고 있는 데 제생트의 정신적 세계를 소설적으로 풀어내는 수단으로 사용된다. 예를 들어 귀스타브 모로의 〈환영*L'Apparition*〉에 대한 다음과 같은 성찰이 여기에 해당한다. "사색에 잠긴 채 그는 이 위대한 예술가, 이 신비주의적인 이교도, 파리 한복판에서 잔인한 비전들과 다른 시대에나 어울릴 듯한 요정세계의 일화들이 반짝이는 것을 볼 수 있을 만큼 세상으로부터 초연해질 수 있는 이 환상가의 기원을 유심히 탐색해보았다."

• 플로베르, 『감정 교육』

플로베르의 『감정 교육』(1869)에서 미술은 매개물의 역할을 하고 있다. 플로베르는 미술을 성찰의 대상으로 삼기보다는, 문학에 대한 자신의 생각을 은연중에 표현하는 방법으로 사용하고 있다. 하지만 그는 이를 위해 역설이라는 방법을 동원한다. 즉 작가 자신의 미학적 이상과는 반대되는 이미지를 구현하는 두 인물을 등장시키는 것이다. 그 인물들은 바로 예술을 투기의 수단으로 이용하는 상인 아르누와 미술을 이데올로기에 종속시켜 버린 보잘 것 없는 예술가 펠르랭이다. 이러한 전도는 분명 객관성과 몰개성을 주창하는 소설가에게 있어서 자신의 작품 속에서 자신의 생각을 직접적으로 표현하기가 얼마나 어려운 일이었는지를 보여준다. 자신의 성찰을 더 잘 숨기기 위해 그는 그것을 허구화할 뿐만 아니라, 이러한 가리기 전략도 모자라 이미지의 전도까지 시도하는 것이다. 마치 프로이트가 말한 "꿈의 작업"처럼, 이야기의 "잠재적인 내용"은 미학적 검열의 장벽을 더 잘 통과하기 위해 전치되고(줄거리의 내부로), 전도된다. 이러한 역설적 내포관계는 이 소설가와 미술 사이의 복합적인 관계도 조명해준다. 플로베르 역시 당대의 모든 작가들과 마찬가지로 브뢰겔, 티치아노, 베로네세, 미켈란젤로, 루벤스, 특히 렘브란트 그림의 대단한 예찬자였다. 당대의 미술에 대한 그의 평가는 대단히 신중했다. 물론 그는 데생주의자 앵그르보다는 채색주의자 들라크루아를 더 좋아했다. 귀스타브 모로의 경우 플로베르가 유보적인 태도를 취하지 않았던 유일한 동시대 화가였다. 반면, 스스로 '사실주의자'임을 표명했던 그였다고 해도, 쿠르베에 대한 평가는 매우 인색했다. 플로베르의 눈에 쿠르베의 작품은 과도하게 현학적인 느낌을 주었다. 인상주의자들 -자연을 반복적으로 언급한다는 점에 있어서 그의 작품과 인상주의자들의 작품 사이에는 많은 유사성이 있는 것이 사실이지만- 은 그에게서 심한 회의적 태도만을 불러일으킬 뿐이었다. "사실주의자들에 뒤를 이어, 자연주의자들과 인상주의자들이 나타났다. 이 무슨 진보란 말인가! 스스로에게나 우리들에게나 그들이 지중해를 발견했다는 사실을 믿게 만들려고 하는 광대들의 집합일 뿐이다!"(1877년 12월 8일 편지)

한편 많은 동시대인들이 지적했던 바와 같이 시각적 지표들은 이 작품에 지속적으로 영향을 주고 있다. 일례로 보들레르는 『마담 보바리』에 대해 "세심하고도 생동감 있는 묘사가 백미인 진정으로 아름다운" 소설이라고 칭찬한 바 있다. 하지만 바르베 도르빌리는 전혀 다른 평가를 내리기도 했는데, 그가 보기에 이와 같은 보여주기의 능력은 이 소설가의 약점을 구성할 뿐이다. 즉 플로베르의 '사유'는 "그림의 형태하에서만 작동할 뿐이며", 이러한 점에서 그가 보기에 이 작가는 단지 "비타협적인 소묘화가"이자 "지도 채색공"에 불과할 따름이라는 것이다. 다른 한편으로, 알베르 티보데(Albert Thibaudet)는 이렇게 주장한다. "플로베르는 위대한 이미지의 창조자들 중 한 명이며, 그의 이미지들은 거의 대부분 시각적인 것들이다."(『플로베르*Flaubert*』) 그런가 하면 우리는 그의 서신을 통해서 플로베르가 거의 환각적인 힘을 짜내어 장면들을 상상하고 적어냈음을 알 수 있다. "글을 쓸 때(...), 우리는 우리 눈에 보이는 장면들로 구성되는 것이나 다름없다."(『기억, 주석, 그리고 내밀한 생각들*Souvenirs, notes et pensée intimes*』) 『살랑보*Salammbô*』와 『성 앙투완의 유혹*La Tentation de saint Antoine*』과 같은 작품들에서는 그의 글쓰기 작업에 자양분을 제공해준 영상적 충동이 가장 잘 표현되어 있다. 이러한 점에서 1874년에 출간된 『성 앙투완의 유혹』에 대해 다음과 같은 평가도 내려질 수 있었던 것이다. "(이 작품은) 시각을 앎의 수단으로 만들고 있으며", "문학 작품 속에 시각의 제국을 확고히 하고 있다."(지젤 세징제르(Gisèle Séginger), 『한 작가의 탄생과 변모, 플로베르와 성 앙투완의 유혹*Naissance et métamorphoses d'un écrivain, Flaubert et les tentations de saint Antoine*』) 이 작품의 첫 부분에서부터 성인의 환상은 "갑작스럽고 불규칙적으로 나타나는 이미지들, 마치 흑단 위에 진홍색으로 그려진 그림처럼 밤중에 더욱 뚜렷이 드러나는 이미지들"로 제시되어 있다.

이러한 점을 고려할 때 플로베르가 책의 삽화 자체를 거부했다는 사실은 매우 놀랍게 다가온다. "일반적으로 말해 삽화는 어떤 것이든 나를 짜증나게 만든다. 특히 내 작품과 관련해서는 두말할 필요도 없다. 내 눈에 흙이 들어가기 전에는 내 그림에 삽화가 들어가는 일은 없을 것이다. 이것이 나의 말이다."(1879년 2월 16일 편지) 실제로 플로베르는 이미지 속에서 문학 작품이 가진 암시적이고 다의적인 힘을 제약하고 축소시키는 역할을 보았던 것이다. 따라서 그는 문체를 통해 보여주기 작업을 성취하고자 했다. 하지만 종종 그 문체 자체가 특이한 시각적 수단으로 제한되는 것은 그로서도 어쩔 수 없었다. 한편 플로베르는 『감정 교육』의 경우 회화적 구성의 수단들을 따르지 않았다는 이유로 한 권의 실패작이라고 평가하기도 했다. "미학적으로 볼 때, 이 책에는 원근법의 오류가 결여되어 있다."(1879년 10월 8일 편지) 다시 말해 플로베르는 외관상 회화적인 것처럼 보이는 미학을 통해 그림을 뛰어넘고자 했던 것이다. 이 작품에 반복적으로 등장하는 모티프인 스테인드글라스는 어쩌면 미술과의 이처럼 모순적인 관계를 가장 잘 설명해주는 것일 수도 있다. 실제로 스테인드글라스라는 모티프는 『자선 수도회 수도자 성 쥘리엥의 전설*La Légende de saint Julien l'Hospitalier*』과 『마담 보바리』에서도 사용되고 있다. 전자의 경우 작품의 끝부분에서 "내 고장의 교회 스테인드글라스를 통해 대략적으로 볼 수 있는 내용이 이와 같다"는 문장으로 이야기가 정리되고 있다. 후자의 경우에는 레옹이 루앙의 대성당에서 엠마를 기다리고 있는 장면에서 이 모티프를 발견할 수 있다. "첨두형 아치가 시작되는 부분과 스테인드글라스의 일부분을 통해 가득 찬 성수반 위로 신자석이 있는 중앙홀이 비치고 있었다. 하지만 그림들의 반영은 대리석 끝부분에서 부서지는 듯 하면서도, 보다 멀리까지 나아가 마치 얼룩덜룩한 양탄자처럼 포석 위를 물들이고 있었다." 애드리언 투키(Adrianne Tooke)에 따르면 이 같은 묘사는 플로베르의 글쓰기와 이미지 사이의 관계를 함축적으로 표현해주고 있다.(『플로베르와 미술*Flaubert and the Pictorial Arts*』) 즉 그림에서처럼 단 하나의 면에 종속되지 않는 채색된 세계, 빛과 시선이 멈추는 것이 아니라 오히려 뚫고 지나갈 수 있는 그러한 세계를 암시하고 있다는 것이다. 플로베르가 한 편지에서 다음과 같은 주장을 통해 암시했던 것은 곧 이와 같은 가역적이고 투명한 그림이 아니었겠는가? "그림을 그려야 한다. 그리고 자연을 있는 그대로 보여주어야 한다. 하지만 그 그림은 완전한 것이어야 한다. 즉 이면과 표면을 동시에 그려낸 그림이어야 하는 것이다."

『감정 교육』에 등장하는 미술과 관련된 테마가 전반적으로 -항상 그렇진 않다 하더라도- 아이러니한 모습을 보이는 것은 이러한 복합적인 관점에서 이해할 수 있다. 미술에 대한 언급은 이 작품의 중요한 에피소드마다 등장하여 그 특징을 부각시키고 있다. 예를 들어 프레데릭의 죽은 아이의 초상화는 실패한 인생의 "메마른 열매들(fruits secs)"(한 때 이 작품의 제목으로 고려되기도 했던 표현이다)에 대한 비장한 상징 역할을 하고 있다. 미술의 모티프는 또한 마치 평형추 역할을 하는 것처럼 전체적인 스토리의 전개와도 그 맥을 같이 하고 있다. 프레데릭으로부터 고급 창녀 로자네트의 초상화를 그리도록 요구받은 펠르렝은 터무니없게도 이 그림을 "베로네세 식으로 장식된 티치아노의 작품처럼" 구성하고자 한다. 하지만 프레데릭이 한 미술 판매상의 부티크에 걸려 있는 이 작품 -그의 정부가 어깨에 한 마리 공작을 얹은 채 젖가슴을 드러낸 모습으로 그려진- 을 보게 되는 장면은 자연스럽게 여성 신화의 타락과 연결된다. 또한 작품 끝에서 두 번째 장에서 아르누 부인이 프레데릭의 집에서 이 초상화의 정체를 알아보는 장면에서는 사랑의 실패를 상징하는 용도로 이 그림이 언급되고 있다. 아르누 부인의 지적 앞에서 프레데릭은 가련한 부정(否定)에 의지할 뿐이다. "그럴리가요! (…) 그것은 오래된 이탈리아 그림입니다." 한편 플로베르는 예술에 대한 자신의 견해를 에둘러 표현하는 방식으로 미술의 테마를 사용하고 있다. 이 작품에서 미술은 아르누와 펠르렝이라는 두 인물, 플로베르 자신의 생각과 반대되는 양 극단을 대표하는 두 인물을 통해 언급되고 있는 것이다.

아르누 -그의 부인 마리는 작품의 처음부터 프레데릭의 열정적 사랑을 불러일으킨다- 는 『산업예술』이라는 신문의 소유자이다. 그는 예술을 상업적 수단으로 생각하며, "어느 곳에서나 예술을 만날 수 있다"고 주장한다. 심지어 도기 상인이 되었을 때에도 미학적인 알리바이는 여전히 유효하다. "욕실과 화장실에는 르네상스 스타일의 신화적 주제들을 담은 넓은 포석들이 세워졌다." 소송에 휘말렸다가 프레데릭의 도움으로 파산을 면한 그는 소설의 마지막 부분에서 종교적 물품을 취급하는 상인으로 또 다시 변모한다. 플로베르의 미학적 이상에 비추어 볼 때, 아르누는 예술을 섬기기보다는 예술을 이용하는 -영리적인 목적으로- 양심 없는 투기가의 모습을 재현한다고 할 수 있다. 이에 반해 화가인 펠르렝이라는 인물은 보다 복잡하다. 플로베르는 이 인물의 입을 빌려 종종 자기 자신의 생각을 표현하고 있다. 하지만 실제 그림보다는 말에 능한 이론가이자 달변가로써 미학적인 굴레에 다름 아닌 예술의 이상주의를 천명한다는 점에서 그는 일종의 반(反)-모델이라고 할 수 있다. "펠르렝은 '미'에 대한 진정한 이론을 발견하기 위해 모든 미학 저서들을 섭렵했다." 그는 역사화를 그린다는 구실 하에 자신의 작품들의 의미를 스스로 제한한다. 프레데릭이 그의 아틀리에에서 "두 개의 커다란 그림, 흰색 캔버스 곳곳에 갈색, 붉은색, 푸른색 색조가 여기 저기 묻어 있는 그림들"을 발견했을 때, 펠르렝은 그 즉시 "엄지손가락으로 색이 칠해지지 않은 부분을 가리키며 이 두 작품의 주제에 대해" 설명한다. 그에 따르면 "하나는 〈느부갓네살의 착란 상태〉[91]라는 그림이 될 것이고, 다른 하나는 〈네로에 의한 로마 화재〉가 될 것이다." 단 몇 마디의 말로도 순수하게 미학적인 직관 -"무에 대한 책"의 이상과 유사한- 이 담론에 의해 지워져 버린다. 즉 이 그림을 희미하게 감싸고 있고, 그 그림을 시선으로부터 감추는 담론에 의해 말이다. 작품의 말미에서 펠르렝의 집을 방문한 프레데릭은 "처녀림을 통과하는 기관차를 몰고 있는 예수 그리스도의 형상을 통해 구현된 '공화국' 혹은 '진보' 혹은 '문명'"의 거대한 알레고리를 보게 된다. 이는 곧 플로베르가 매우 혐오했던 동시대 이데올로기들의 뷔를레스크적인 총 집합에 다름 아니다. 하나의 '알리바이' -예술가로 하여금 실제를 저버릴 수 있게 해준다는 의미에서- 로 기능하는 이러한 이상주의에 대한 가장 강력한 비판은 프레데릭의 아들이 사망한 장면에서 찾아볼 수 있다. "창백한 얼굴과 흑갈색의 눈을 가진" 죽은 아이의 모습에서 "진정한 정물화"를 바라본 펠르렝은 자기 아들의 초상화를 그려달라고 부탁했던 프레데릭에게 이렇게 외친다. "아! 유사란 참으로 우스운 것이요! 사실주의를 타도해야 합니다! 우리가 그려야 할 것은 정신이요! 날 내버려 두시오! 난 그것이 어떤 모습이어야 했는지에 대해 생각해 볼 요량입니다." 그러니까 펠르렝의 이상주의는 실제를 피해 도망가기 위한 가소로운 수단에 불과한 것이다. 어떤 의미에서 펠르렝은 아르누의 대립항이라고 할 수 있다. 그는 예술을 이상의 영역 안에 위치시키고 있기 때문이다. 하지만 플로베르의 관점 속에서 펠르렝은 아르누와 크게 다를 바 없는 인물이다. 둘 다 미술을 미학이 아닌 관념적인 목적에 종속시키고 있기 때문이다.

예술이 상업적 이용의 대상이 되건, 관념적 종속의 대상이 되건, 그것이 변질되는 것은 매한가지다. 이 소설은 이처럼 인물들 사이에서 명백히 갈리는 입장들을 통해 작가 자신의 감추어진 생각을 드러내고

---

91) 구약 성서 〈다니엘〉에 나오는 장면이다.(역주)

있다. 상업적 투기에 반대하여 플로베르는 예술의 자율성을 주장한다. 이상주의적 구실에 반대하여 그는 사실주의를 옹호한다. 이로부터 도출되는 미학적 교훈은 모순적이다. 한편으로 그것은 "문체의 내적인 힘을 통해 그 자신만으로 의미를 가지는 (…) 무에 대한 책 (…), 주제라는 것을 갖지 않으며, 주제가 있다 해도 거의 보이지 않게 제시되어 있는 그런 책"(1852년 1월 16일 편지)의 편에 서 있는 것처럼 보이면서도, 다른 한편으로는 사실주의의 편에도 서 있기 때문이다. 플로베르의 궁극적인 목표는 이와 같이 극복할 수 없는 모순으로만 표명될 수 있다는 것을 우리는 알고 있다. 그의 목표는 곧 실제를 충실히 따르면서도 주제와 무관하게 그 자체로 의미를 가지는 작품을 만드는 것이었다. 두 지점 사이의 긴장은 다음과 같은 아름다운 장면들에서 성공을 거두고 있는 것으로 보인다. 그 대표적인 예로 유명한 퐁텐블로 숲에서의 산책 장면을 들 수 있는데, 겉으로 보기에는 사실주의적인 장면이지만, 정작 포화 상태에까지 이르는 묘사로 인해 실제가 짓눌리고, 지시적 기능이 파괴되며, 텍스트 자체가 작가에게 있어서 유일한 실재인 것처럼 보이는 장면이다. 『감정 교육』에 나타나는 예술에 대한 플로베르의 담론은 이처럼 중대한 의미를 가지고 있다. 여기에서 미술은 작가의 생각과는 반대된 이미지들을 제공함으로써 역설적인 매개자 역할을 담당하고 있다. 그러니까 공쿠르 형제의 다음과 같은 말에는 그들이 의도했던 것보다 더 많은 진실이 담겨 있었던 것이다. "그는 마치 미개인들이 그림을 뒤집어놓고 보면서 좋아하는 것처럼 예술을 좋아한다."(『일기』 1862년 12월 28일)

• 프루스트

당연한 일이겠지만, 미술의 매개적 역할은 프루스트의 작품에서도 매우 두드러진다. 실제로 프루스트는 20세기의 위대한 프랑스 작가들 중에서 예술에 대한 언급을 가장 자주 선보였던 인물이다. 프루스트가 언급한 화가들의 이름만도 매우 다양하다.(지오토, 카르파치오, 멤링, 보티첼리, 브뢰겔, 미켈란젤로, 티치아노, 루벤스, 베르메르, 렘브란트, 할스, 반 다이크, 들라크루아, 터너, 쿠튀르, 드가, 마네, 르누아르, 모네, 휘슬러, 모로, 르동 등) 한편 그의 작품에는 당대의 주요 미학적 경향들, 예를 들면 인상주의의 득세, 일본 취향, 보티첼리 열풍, 베르메르의 재발견, 큐비즘과 미래파의 은밀한 영향력 등도 반영되어 있다. 잘 알려진 바와 같이 예술의 문제는 『잃어버린 시간을 찾아서』의 중심에 자리하고 있다. 사실상 이 거대한 서사적 프레스코화는 예술가적 사명의 이야기라고 할 수 있다. 마지막 권인 『되찾은 시간』의 말미에서 화자는 "비자발적 기억(mémoire involontaire)"을 불러일으킨 에피소드들을 통해 엿볼 수 있었던 강렬한 행복의 순간들을 되찾고 영속시키기 위해 글쓰기에 헌신하기로 결심한다. 이러한 예술적 사명의 부름은 작품에 등장하는 세 명의 예술가들의 모습을 통해 드러나고 있다. 즉 음악가인 벵퇴이유, 작가인 베르고트, 화가인 엘스티르가 그들이다.

프루스트의 미학적 사유의 형성에 있어서 예술가들 -특히 화가와 음악가들- 은 중요한 매개자 역할을 수행했다. 『잃어버린 시간을 찾아서』의 작가는 러스킨(Ruskin)의 저작을 통해 예술에 대한 사유를 발전시켰다. 러스킨은 영국의 예술사가이자 미학자로, 프루스트에 의해 "내가 존경하는 인물들의 팡테옹"(1910년 3월의 편지)에 들어갈 인물로 묘사되었으며, 실제로 프루스트는 러스킨의 저작인 『아미앙의 성서 *La Bible d'Amiens*』와 『참깨와 백합*Sésame et les lys*』을 번역하기도 했다. 예술사 관련 저작들 -특히 에밀 말(Émile Mâle)의 저작들- 을 읽고, 미술관과 전람회들을 자주 드나들었던 프루스트는 "진정한 삶"에 접근할 수 있는 특권적 수단으로서의 예술에 대한 이론을 발전시켰다. 그는 1888년부터 1922년까지 예술에 대한 아티클들을 꾸준히 발표했으며, 이 작업을 통해 이러한 사유의 근간을 명확하게 정립할 수 있었다. 사실 작품을 쓰기로 결정한 것보다 예술에 대한 미학적 사유의 구성이 앞섰다고도 할 수 있다. 프루스트에 따르면 예술가와 사회적 인간은 분명히 구분되어야 한다.(예를 들어 작가인 베르고트는 사회적으로는 평범한 한 사람에 지나지 않는다.) 예술적 사명이란 실재를 그대로 복사하는 것 -"묘사의 문학(littérature de notations"이 그런 것처럼- 이 아니라, 감각적 인상들에 뿌리내리고 있는 그 실재의 본질을 드러내는 것이다. 이와 같은 "주관적 이상주의(idéalisme subjectif)"

-뤽 프레스(Luc Fraisse)가 『마르셀 프루스트의 미학*L'Ésthétique de Marcel Proust*』에서 사용한 표현이다- 에 따르면, 예술은 예술가의 고유한 관점을 통해 삶의 수수께끼를 드러내주는 기능을 갖고 있다. "예술 덕분에 우리는 단 하나의 세계, 즉 우리의 세계에 고정되어 있던 시선을 돌려 그 세계가 증가하는 것을 볼 수 있다. 따라서 독창적인 예술가들이 많아질수록, 그만큼 더 우리는 많은 세계들, 그 어떤 것보다도 서로 다른 세계들을 경험할 수 있는 것이다."(『되찾은 시간』) 이러한 점에서 한 작품의 진실은 그 작품을 통해, 즉 그 작품만의 스타일을 통해 드러나는 세계에 대한 독창적인 관점에 있다고 할 수 있다. 실제로 "작가에게 있어서 문체나 화가에게 있어서 색채는 테크닉의 문제가 아니라 관점의 문제이다."(『되찾은 시간』)

따라서 예술 작품은 그 무엇과도 비교될 수 없는 독창성을 보여준다. 프루스트는 이러한 예술의 독창성을 미술을 통해 설명하고 있다. "엘스티르의 모든 그림들은 그 고유한 표현, 그만의 특별한 색채를 가지고 있다. 그의 붉은색은 다른 화가들의 붉은색과 다르며, 그의 파란색은 다른 화가들의 파란색과 다르다. 이 색채를 통해 우리는 각자가 자기 앞에 두고 있는 시각적 세계 속에 단독적이고 유일한 무엇인가가 있다는 생각을 갖게 된다." 또한 프루스트는 유명한 아티클인 〈제라르 드 네르발*Gérard de Nerval*〉에서 미술적 은유를 통해 작품 『실비』의 심오한 독창성, 그가 보기에 너무나 오랫동안 부드러운 목가시와 동일시되어 왔던 이 작품의 독창성을 드러내고 있다. 이 단편의 "자줏빛 색채"에 대해 언급한 뒤 프루스트는 이렇게 결론짓는다. "네르발은 단지 그림을 그렸을 뿐이다. 하지만 그는 자신의 그림에 꿈의 색채를 부여했다." 실제로 미술은 심리 생활의 내밀한 기제들, 특히 기억과 밀접한 연관이 있다. "어떤 기억들 (…) 은 우리 기억 속에 남아 있는 홀란드의 미술과도 같다. 등장하는 인물들이 종종 비천한 상황에 처해 있는 그런 종류의 그림들 말이다. (…) '그 장면'과 우리들 사이에 부드러운 빛이 스며들어 오고, 그 빛을 통해 그 장면은 아름다움으로 가득 차게 된다."(『즐거움과 나날*Les Plaisirs et les Jours*』)

이러한 점에서 프루스트의 글쓰기는 종종 미술에서 그 모델을 차용하면서도, 하나의 상황 혹은 한 존재로부터 유일하고 주관적인 본질을 이끌어내려는 고유한 사명을 반영하고 있는 것이다. 그의 글쓰기는 분명 -놀랄 일도 아니지만- 당대의 미술적 관행들의 흔적을 많이 가지고 있다. 예를 들어 장 피에르 리샤르는 "『잃어버린 시간을 찾아서』에서 너무도 많이 찾아볼 수 있는 영롱한 빛깔의 카테고리"를 분류한 바 있다. "필치와 필치 사이에서, 색채와 색채 사이에서 영롱한 빛깔이 모습을 드러내고, 그것을 통해 찬란한 빛이 작품을 감싸고 있다."(『프루스트와 감각적 세계*Proust et le monde sensible*』) 또한 그는 같은 책에서 다음과 같이 주장하기도 한다. "눈부신 재통합 작업은 인상주의 미술에 대한 프루스트적 경험을 통해서만 이해될 수 있을 뿐이다." 알베르틴이라는 인물에 대한 인상주의적 묘사("갈색 점들이 곳곳에 있지만, 보다 푸른빛의 두 가지 색조만이 지배할 뿐인 얼굴" - 『꽃피는 아가씨들 그늘에』)나 다음과 같은 비본느 강에 대한 묘사를 보면 동시대 미술과 프루스트 작품과의 인접성은 더욱 명확해 보이는 것이 사실이다.

나무가 매우 우거져 있는 강기슭의 이 부분에서는, 나무들의 커다란 그림자가 물에 비쳐 평상시에는 어두운 녹색을 하고 있지만, 때에 따라서, 예를 들면 폭풍이 몰아치고 난 이후 평온해진 저녁과 같을 때는 보라색에 가까운 맑고 선명한 푸른색, 거의 일본 취향에 가까운 깔끔하게 세분된 모습의 강물을 볼 수 있다. 강의 표면 여기저기에서 가운데는 진홍색을 하고 있으며, 가장 자리에는 흰색으로 둘러싸인 수련 꽃이 마치 딸기처럼 붉게 물들고 있다.

여기에서 우리는 프루스트의 시대에 유행했던 몇몇 미술적 사조들의 복합적인 영향을 볼 수 있다. 우선 인상주의(물, 하늘, 그림자의 색채에 대한 관심 속에서)의 영향과, "클루어조니즘", 그리고 "일본 취향" -문자 그대로 위의 텍스트 속에 삽입되어 있는- 이 그것이다. 또한 "수련"이 언급된 부분에서는 모네의 작품이 떠오르기도 한다. 하지만 프루스트가 미술적 글쓰기를 했다고까지는 이야기할 수 없다. 텍스트는 한 편의 그림과 같은 효과를 창출해내고자 하지 않으며, 일종의 치환 작업을 시도하고 있다. 즉 풍경이 전해주는 인상의 진실성을 암시하기 위해 필요한 매개채로 미술을 이용하고 있는 것이다.

사실상 프루스트의 미술 참조는 은유의 일환으로 이해될 필요가 있다. 그의 작품에서 은유는 매순간 그 관점의 이동을 통해 경험의 진실을 포착하게 해 주는 수단으로 작용한다. 즉 프루스트에게 있어서 은유는 "참된 삶"의 계시를 위한 탁월한 수단이었던 것이다. "작가가 서로 다른 두 개의 대상을 취하여, 그것들 사이의 관계를 설정하고 (…) 그것들을 아름다운 문체라는 필연적인 고리 속에 묶어 놓을 때에서야 진실이 시작될 것이다. (…) 작가가 두 가지 감각에 공통적인 자질을 서로 비교하면서, 그리고 그것들이 시간의 우연성으로부터 벗어날 수 있게끔 하나의 은유 속에서 재통합하면서, 그것들 공동의 본질을 축출해내는 때가 바로 그 때이다."(『되찾은 시간』) 은유적 이동은 엘스티르의 아틀리에에서 만난 바닷가 아가씨들에 대한 묘사 부분에서 직접적으로 드러난다. "아가씨들 각각은 마치 재현된 사물들의 변형과도 같은 매력을 갖고 있다는 점을 알 수 있었다. 시에서 은유라고 불리는 변형과 유사한 것 말이다."(『꽃피는 아가씨들 그늘에』) 미술에 대한 은유적 이해는 특히 프루스트가 샤르댕의 〈가오리*La Raie*〉를 언급하는 부분에서 생생하게 전달되고 있다. 프루스트는 "섬세하면서도 거대한 구조의 아름다움, 마치 다색의 대성당 신자석과 같이 붉은색 피, 푸른색 신경, 하얀색 근육 등의 색조가 옅게 채색되어 있는 모습"을 강조한 바 있다.(『샤르댕과 렘브란트*Chardin et Rembrandt*』) 그의 설명을 듣고 있으면 이미지가 눈앞에 갑자기 나타나는 것만 같다. 담론의 층위와 그로부터 파생되는 특색의 변화(해부학적인 것에서부터 건축학에 이르기까지)가 너무나 큰 나머지 독자들이 깜짝 놀랄 수도 있다. 하지만 프루스트가 『잃어버린 시간을 찾아서』를 대성당에 비교하곤 했다는 사실을 알게 되면 모든 것이 보다 쉽게 이해될 것이다. 실제로 프루스트는 이 거대한 작품의 양 극단 -첫 번째 권과 마지막 권- 을 회랑처럼 구성하고자 했다. 마치 거울에 투영되듯이 프루스트가 샤르댕의 그림을 묘사하기 위해 사용한 이미지는 자기 자신의 작품을 반영하기도 하는 것이다.

예술에 대한 성찰과 관련해 미술이 담당하는 매개적 역할은 작가 베르고트의 죽음 장면에서 보다 명백하게 드러난다. 이 사건은 한 전람회에서 베르메르의 〈델프트 풍경〉 -그 유명한 "노란 벽의 작은 자락"을 볼 수 있는- 을 오랫동안 응시한 이후에 갑자기 일어난다. 이 궁극적 순간, 즉 미술적 아름다움의 매혹적인 비밀 앞에 선 순간("그는 마치 노란 나비를 바라보는 아이처럼 아주 정교하게 그려진 벽의 작은 주름에 시선을 고정시키고 있었다."), 베르고트는 문학의 본질적인 사명을 이해하게 된다. "바로 이런 식으로 글을 썼어야 했다고 그는 말했다. 내가 최근에 쓴 책들은 너무 메마르다. 몇 겹으로 이루어진 색의 층들을 거쳤어야 했을 것이다. 그래서 나의 문장들이 그 자체로 빛이 나도록 했어야 했다. 이 노란 벽의 작은 주름처럼 말이다." 한편, 프루스트의 긴 문장들이 목표로 했던 것이야 말로 바로 이처럼 여러 층위를 포개 놓는 효과, 미술에서는 그토록 자연스럽게 이루어지는 효과가 아니었던가? 텍스트가 전개되는 가운데 그의 문장들은 의미를 중첩시키고, 감각의 밀도를 높이며, 언어라는 재료의 농도를 점차 깊게 만들어내기에 이른다. 베르메르의 그림을 바라보며 베르고트가 느꼈던 감정은 그를 죽음으로 이끌게 되고, 다음과 같은 감동적인 장면이 그 뒤를 잇는다. "장례가 치러졌다. 하지만 장례가 이루어진 날 밤 내내 불이 밝혀진 창을 통해 세 권씩 나란히 놓여진 그의 책들은 마치 날개를 펼친 천사들처럼 이제 더 이상 이 땅에 존재하지 않는 자를 지켜주고 있었으며, 그의 부활을 상징하는 것처럼 보였다."(『갇힌 여인*La Prisonnière*』) 마치 한 편의 그림처럼 대중적이고 조금은 초보적인 문체로 기록된 이 부분에서 우리는 작품 속 등장인물과의 과도한 인접성을 숨기고자 하는 작가의 신중함을 느낄 수 있다. 하지만 이 장면이 예술의 불멸성에 대한 프루스트의 확신을 표현하고 있는 것만큼은 숨길 수 없는 사실이다.

이처럼 미술은 프루스트의 작품에서 분명한 매개적 역할을 수행하고 있다. 성찰의 대상도, 주제도 아닌(예술 비평이나 19세기 예술가를 주제로 한 소설들에서처럼), 미술은 글쓰기의 모델이나 영감의 원천으로 작용하지 않는다. 미술은 마치 작품의 미학을 반영하는 거울처럼, 작품의 기능에 대한 상징적인 은유처럼 개입한다.

[회화작품에서 영감을 얻은 문학]

미술에 대한 글쓰기가 미술로부터 비롯된 글쓰기가 되었을 때, 다시 말해 미술이 글쓰기의 목적이나 주제가 아닌 영감의 대상으로 간주되었을 때, 미술은 단순한 매개 기능을 넘어서게 되었다. 빅토르 세갈렌(Victor Segalen)의 『미술*Peintures*』은 회화적 활동에 대한 몽상으로부터 출발한 문학 작품을 보여주는 단적인 예라고 할 수 있다. 중국 회화의 전통에서 영감을 받은 이 책은 설명적인 논평, 아날로곤(analogon, 거론되는 그림이 상상에 의한 것이거나 허풍쟁이에 의해 소개된 것이라 할지라도 그것이 가리키는 것을 모방하는 텍스트)인 동시에 일련의 산문시와 같은, 거의 독립적인 형태의 문학작품이기도 하다.

그림은 텍스트의 외부와 내부에 동시에 존재하며 글쓰기의 목적이자 원동력이다. 이렇듯 세갈렌은 형태의 외적 공간을 서정시의 내적 공간과 동일시하면서 "자아의 기저에 너무 오랜 기간 복종해온 그림들"에 대해 언급하였다. 그림은 언어에 대해서와 마찬가지로, 관객(보는 것, 그것은 화가가 그림을 그리는 행위에 관여하는 것이자, 그려진 공간 속에서 살아가는 것이다)에 대해서도 외재적 지위를 상실한다는 것이다 : "이것들은 이야기된 미술이다. (…) 그것은 스스로를 언어로 둘러싸고 있다." 그리고 이러한 심오한 뒤얽힘은 "래커의 깊은 바다"에 대한 언급에서 보는 바와 같이 화려한 글쓰기를 야기한다.

표면은 끈적끈적하고 미끈한 피부이다. 그것은 예전에 수액이고 식물이었던 것을, 줄기 속에서 잘려진 꽃잎으로부터 흘러나온 진이 나는 타액이었던 것을 기억하고 있는 피부이다. (…) 원초적인 몇몇 색깔들은 붕괴되어 버렸다. 이들은 흡수되어 사라져간다. 우리가 실종되었다고 생각한 다른 색깔들은 몇 백 년이 지난 후 나타난다 : 이들은 시간에 의해 은밀히 꾸며진 갈색빛이다 : 검은 색보다 더 가볍고 더 화려한 : 그들은 살아남는다. 다른 색깔들은 두 바다 사이에서 오랫동안 흘러갈 것이다. 서로 영향을 주고받는 이 재료 안에서, 결코 흐르기를, 스며들기를 멈추지 않는 그 속에서 무거운 흐름이 된다.

회화적인 영감이 항상 여기서와 같이 시의 창작으로만 귀결되는 것은 아니다. 먼저, 이는 은연중에 뮤즈(시적 영감)의 형상과 혼동될 수 있다. 회화적인 영감이 텍스트의 첫 머리에 등장했을 때, 이것은 미적 효과에 몰두하는 글쓰기 과정을 시작하기 위한 것처럼 보인다. 예를 들어 조르주 상드의 『악마의 늪*La Mare au diable*』 프롤로그는 홀바인의 판화에 대한 화자의 몽상을 표현한다. 비록 이것이 회화화된 글쓰기의 시초는 아니었지만 (『내 삶의 이야기*Histoire de ma vie*』에서와 같이 『콩쉬엘로*Consuelo*』와 같이 이 작가의 작품은 그림에 대한 수많은 성찰을 담고 있다) 회화에 대한 참조만으로도 그것은 장차 구조화될 그런 글쓰기의 주요 테마를 확정짓고 있는 듯하다. 이와 마찬가지로, 위스망스도 그의 작품 『피안*Là-Bas*』의 첫 번째 장에서 그뤼네발트의 『예수 수난도*La Crucifixion*』를 언급하고 있다. 작가는 1888년 카셀에서 이 그림을 처음 봤을 당시 커다란 감동을 느꼈다.

거의 어깨에서 뽑히다시피 한, 그리스도의 덜렁거리는 두 팔은 근육을 감싸 조르는 끈에 의해 온통 묶여 있다. 날개가 꺾인 그의 겨드랑이는 찢겨 나가고, 편 두 손에서는 경련이 일듯 손가락이 흔들리지만, 기도인지 비난인지 분간이 안 되는 제스처로 그는 여전히 사람들을 축복하고 있다. (…) 바로 그가 가난한 자들의 그리스도요, 가장 미천한 자들, 은혜를 잃은 자들, 동냥하는 자들, 그리고 인간의 비겁함을 악착같이 따라다니는 추악함과 빈곤에 허덕이는 모든 자들과 자기 자신을 동일시한 분이시다.

여기서 회화적인 묘사는 극한으로 치달은 자연주의적 글쓰기와 신비주의의 부름 사이에 존재하는 주된 긴장 상태를 예고하고 있다.

회화적 소재로 작품을 시작하는 방식은 현대문학에서 종종 찾아볼 수 있다. 호르헤 셈프룬(J. Semprun)은 『라몬 세르카데의 두 번째 죽음*La Deuxième Mort de Ramon Mercader*』의 첫 구절에서 베르메르의 작품, 〈델프트 풍경〉을 등장시켰는데, 독자들은 이 그림에 대한 묘사에서 우선적으로 도시의 객관적인 모습을 파악할 수 있었다. 이따금 이러한 "그림-효과"는 구체적으로 어떠한 그림을 참고했다고 언급하지 않지만, 시각적 글쓰기라는 방식을 통해 명백히 드러나기도 한다. 로브그리예의 『질투*La Jalousie*』의 첫 문장에서는 소설의 줄거리를 구성하는 관음 욕구를 통해 그림의 이미지를 은연중에 드러내는 장면이 등장한다.

지금 지붕의 남서쪽 모서리를 받치고 있는 기둥의 그림자가 테라스의 동위각을 이등분하고 있다. 이 테라스는 지붕이 있는 커다란 회랑 형태로 가옥의 삼면을 둘러싸고 있다. 지금 지붕 끝부분의 그림자는 몸체 모퉁이의 수직한 두 면과 테라스가 만들어 내고 있는 선에 직각으로 정확하게 일치되어 있다.

여기서 회화적 참조는 "텍스트 발생기"로 소용되고 있는데, 조르주 페렉 -베르나르 마그네(Bernard Magné)의 『이야기-그림*Récits-Tableaux*』 참조-이나 미셸 투르니에 -미카엘 와튼(Michael Warton)의 『그림쓰기*Écrire la peinture*』 참조-의 작품들에 산재되어 등장하는 그림들도 이러한 "텍스트 발생기"의 역할을 한다.

• 에크프라시스에서 예술의 전환까지

문학 텍스트는 또한 전체적으로 미술 작품으로부터 출발할 수도 있다. 그러므로 예술 비평과의 경계는 모호할 수밖에 없다. 작가는 언제나 다소 비평가의 위치에 서기 마련이며 -디드로, 보들레르, 클로델의 예와 같이- 예술 비평가는 종종 사람들이 그로부터 작가의 자질을 알아차려 주기를 열망하기 때문이다. 차이는 본질적으로 텍스트에 대한 미술 작품의 외재성을 인정하느냐에 달려 있다. 비평가는 그림을 자기 것으로 종속시키기를 거부한다. 그리고 비평가가 행하는 분석은 자연적으로 이러한 외재성의 필연적 결과라 할 수 있다. 반면에 작가는 종종 조형 작품을 제 것으로 삼는 "호의적인" 방식을 택한다. 그림으로부터 작가가 얻어낼 수 있는 것은 바로 문학적인 텍스트이다. 이러한 전유의 다양한 단계는 에크프라시스에서 출발하여 예술의 전환을 거쳐 자유 창작에 이르기까지 매우 광범위하게 나누어진다.

에크프라시스는 서구 문학의 기원으로 거슬러 올라간다. 이는 엄밀한 의미로 예술 작품의 문학적 묘사이며, 더구나 여기서 예술 작품이란 반드시 그림을 가리키는 것은 아니다. 이에 대한 가장 유명한 예로는 호메로스의 아킬레스 방패에 대한 묘사와 베르길리우스의 아에네아스 방패에 대한 묘사를 들 수 있다. 에크프라시스상에서 재현은 시각적인 것에서 언어적인 것으로 배가된다. 고대인들이 했던 것처럼 에크프라시스를 활사법(독자의 눈앞에서 일어나는 사실이라고 믿을 정도로 생생한 묘사)의 특수한 한 형태로 간주할 수도 있을 것이다.

미학적인 차원에서 볼 때, 에크프라시스는 심연 구조의 형태를 띠고 있다. 즉 작가의 작품은 타동적인(묘사된 사물을 보게 한다) 동시에 반사적인(작가의 미학적인 작업을 상징한다) 표현을 통해 또 다른 예술의 거울 속에 투영된다.

에크프라시스는 19세기 예술의 전환이라는 실천적 차원에서 시적 연장을 일궈내기 전에도, 고전시나 프레시오지테 소설에서 매우 각광을 받았다. 바야흐로 19세기는 다양한 창작 분야의 "조화"에 열중하던 시대였다. 스탕달은 제라르의 『미제노곶에 있는 코린느*Corinne au cap Misène*』를 "미술로의 번역"이라 칭하였다. 시인들은 예술의 전환에 몰두하면서 조형 작품들에 대한 문학적 번역을 제안한다. 이러한 표현 방식은 예술 비평가이자 미술 애호가였던 테오필 고티에에 의해 대중화되었다. 『칠보나전집*Émaux et camée*』에서 그는 음악(〈론달라*Rondalla*〉)과 춤(〈산맥의 아그네스*Inès de las Sierras*〉), 건축(〈에튀드 드 맹*Études de mains*〉의 첫 번째 텍스트인 〈임페리아*Imperia*〉, 〈파리의 오벨리스크*L'Obélisque de Paris*〉, 〈룩소르의 오벨리스크*L'Obélisque de Louxor*〉) 그리고 그림에 대한 시적 환상과 몇몇 변화를 발전시켰다. 그림과 관련하여, 그는 〈농부*La Fellah*〉와 〈M 공주의 수채화에 대해서*Sur une aqauarelle de la princesse M.*〉라는 글을 쓰고, 〈하얀 장조 심포니*Symphonie en blanc majeur*〉 -휘슬러의 작품 제목을 예고하는- 를 창작하며, 스페인 미술에서 직접적인 영향을 받은 묘사에 몰두하였다.

> 깡마른 카르멘, -흑갈색의 선처럼
> 집시의 거무스레한 눈언저리.
> 그녀의 음산한 검은 머리칼,
> 악마가 햇빛에 그을려 놓은 그녀의 피부.
>
> (〈카르멘〉.)

여기서 예술의 전환의 원칙은 매우 명백하다. 작가에게 있어서 중요한 것은 언어라는 방법을 통해 그에게 영감을 주는 작품이 만들어낸 미적 효과에 최대한 상응하는 어떤 것을 찾아내는 것이다. 영감을 주는 작품은 여전히 참조의 대상으로 남아 있지만 -자율적인 창작을 위해 그것이 잊혀 지지는 않는다-, 그 작품은 또 다른 예술 방식을 통해 재창조되는 것이다. 마이너 작가들조차도 이 장르에 주목하였다. 오귀스트 바르비에(Auguste Barbier)는 1833년, 『일 피안토*Il Pianto*』에서 이탈리아 화가(미켈란젤로, 조르조네, 티치아노…)에게 바치는 소네트를 발표했다. 이 작품에서 그는 가볍게나마 예술의 전환을 다루었다. 19세기 말, 조제 마리아 드 에르디아(José Maria de Heredia)는 그의 작품, 『전리품Les Trophée』에서 회화작품에서 영감을 받은 여러 장면을 등장시켰다. 그는 몇 편의 시를 귀스타브 모로와 퓌비 드 샤반느에게 헌정하였고 한 편의 소네트를 미켈란젤로에게 바쳤다. 그러나 19세기 예술의 전환이라는 장르에 있어서 그 거장은 이론의 여지없이 보들레르였다. 『악의 꽃』의 몇 편의 시를 보면 그 회화적 출처가 명백하게 드러나 있음을 알 수 있는데, 그 예로 〈등대*Les Phares*〉을 들 수 있다. 이 시의 여러 절에서 보들레르는 위대한 화가들을 언급하고 있다.

> 루벤스, 망각의 강, 나태의 정원,
> 그곳에서 사랑하기엔 너무 싱싱한 살 배개,
> 그러나 거기선 생명이 끊임없이 넘치고 용솟음친다,

(…)
렘브란트, 신음 소리 가득한 음산한 병원,
장식이라고는 커다란 십자가 하나,
(…)
와토, 수많은 명사들이 나비처럼
번쩍이며 이리저리 거니는 사육제,
(…)

각각의 암시는 화가의 작품세계가 가지는 미적 특성을 간결하게 표현하고 있으며 이는 마치 하나의 메달 장식처럼 나타나 있다. 가끔은 오로지 회화 작품만이 전환의 대상이 되기도 하는데, 〈외젠 들라크루아의 〈감옥안의 압박*Le Tasse en prison*〉에 대해서〉는 그 출처에 대해 정확하게 언급하고 있다. 반면에 회화적 참고는 때때로 암묵적인 방식으로 전환되기도 하는데, 조형적 이미지를 언어 구조에 동화시킴으로써 시적 글쓰기 속에서 내적인 방식으로 처리하는 것이다. 예를 들어 〈결투*Duelleum*〉와 〈모욕당한 달*La Lune offensée*〉은 부분적으로 고야의 작품, 〈변덕*Les Caprices*〉의 판화에서 영감을 받았고, 마찬가지로 〈도박*Le Jeu*〉의 첫 세절은 게랭(Guérain)의 그림을 그 출발점으로 삼아 매우 시각적으로 표현되고 있다. 보들레르는 예술적 전환의 합목적성이나 그 방법을 매우 분명히 하였다. 이는 그 당시 공쿠르 형제나 졸라가 주로 행하였던 글쓰기의 일반적인 회화화와는 거리가 먼 것이었다. 글쓰기의 일반적인 회화화란 술어적인 글쓰기를 통해 눈에 띄는 특징들을 되살아나게 함으로써 어떤 하나의 조형 작품을 돋보이게 하는 것을 목표로 한다. 그러므로 예술의 전환은 각각의 예술가에게 고유한 "세계"에 대한 낭만주의적 이해와 동떨어져 생각될 수 없다. 그렇기 때문에 프루스트 스스로 1895년 〈화가의 초상*Portraits de peintres*〉 4편을 집필하며 예술의 전환에 몰두했던 사실 또한 그다지 놀랍지 않은 것이다. 그 4편 중 한 편이 바로 알베르 코이프(Albert Cuyp)에 대한 초상이었다. "코이프, 기울어 가는 태양은 투명한 공기 중으로 사라지고 / (…) 아름다운 시절의 푸른 향은 작은 언덕 위로 연기를 내뿜는다 (…)”.

이러한 모든 예들은 다음과 같은 사실을 보여 준다. 즉 예술의 전환은 필연적으로 시적 글쓰기라고 불리는 것처럼 보인다는 것이다. 사르트르는 산문과는 달리, 시와 미술 사이에 존재하는 유사성에 대해 강조하였다. “시가 미술, 조각, 음악 계통에 가까운 반면에 산문은 본질적으로 실리적이다.”(『문학이란 무엇인가?』) 사실상 그 관계는 여러 가지 차원에서 나타난다. 먼저 공간적인 차원에서 살펴보면, 마치 조형예술가가 그렇게 하는 것처럼 시는 그에게 주어지는 물리적 매체인 종이위에서 유희한다. 클로델에 따르면, “글쓰기와 백지사이의 관계는 말과 침묵사이의 관계처럼 시의 독특한 방책이다” (『독서 철학*La Philosophie du livre*』). 바로 이런 이유에서 엘뤼아르가 언급하는 “수많은 여백”은 예를 들어 데생 화가나 판화가가 사용하는 공백과 동일하다. 다른 관점에서, 통상적으로 시가 가지는 간결함, 빈번한 종결이 가져다주는 효과, 시의 순환적인 성격과 그로 인해 은연중에 계속되는 글쓰기의 반복적인 성격(각각의 행은 줄을 바꿔 쓴다), 이미지의 우위(언어 작품의 물리적 실현 매체나 그 효과는 주로 시각적이다), 즉 한 눈에 파악되는 이 모든 특징들은 구조적으로 시를 회화작품의 편에 서게 한다.

그러므로 미술에서 영감을 얻은 20세기 문학 작품의 대다수가 시라는 사실은 그다지 놀랍지 않다. 시야말로 문학과 미술 사이의 대화를 가장 강렬하게 연결시켜주는 것이라 할 수 있다. 화가들에게서 영감을 받은 시인들을 열거해 보자면 한이 없을 것이다. (그들은 종종 서로 우정을 나누는 사이가 되기도 하였다.) 브르통, 엘뤼아르, 샤르, 미쇼, 타르디유, 프레베르, 레리스, 프레노, 뒤팽, 뒤 부셰, 자코테, 뷔토르, 본느푸아 등이 그들이다. 상식을 넘어서는 이러한 다양성 중 우리는 여기서 오로지 엘뤼아르, 샤르 그리고 미쇼, 세 명의 시인들만 선택하여 그 예를 살펴보기로 하겠다.

• 자유로운 창작 : 엘뤼아르, 샤르, 미쇼

엘뤼아르는 의심할 여지없이 모든 초현실주의 작가들 중 가장 “시각적인" 작가라 할 수 있다. 『창의적인 눈*Yeux fertiles*』, 『시적 명증성』, 『보게 하기*Donner à voir*』, 『예술에 대한 작품 선집*Anthologie des écrits sur l'art*』 등의 작가인 그는 『시적 명증성』에서 "보는 것, 그것은 이해하고 판단하고 변형하고 잊거나 혹은 잊혀지거나, 존재하거나 혹은 사라지는 것이다"라고 말했다. 그에게 있어 보는 것을 연습하는 것이란 간단히 말해 창조적 기능의 본질이라 할 수 있다. 바로 이런 연유에서 그의 시 작품은 대개의 경우 조형 예술로부터 자양분을 얻는다. 피카소의 절친한 친구였던 그는 또한 달리, 에른스트와 같은 많은 화가들과 친분을 나누었다. 그는 그 당시 최고의 화가들과 함께 시간을 보내며 일했었고, 미술로부터 영감을 받은 수많은 시를 썼다. 이는 그가 "눈부신 형제들"이라 불렀던 이들에게 바치는 존경의 메시지이기도 하였다. 그 방법은 매우 다양했다. 화가에 대한 언급은 헌정의 형태를 띄기도 하였는데 이는 종종 작품의 제목으로 사용되기도 하였다. (〈페르낭 레제에게*À Fernand Léger*〉, 〈포트리에에게*À Fautrier*〉, 〈오스카르 도밍게즈에게*À Oscar Dominguez*〉) 또 다른 한편으로 시는 화가의 이름을 제목에 직접적으로 나타남으로써 예술의 전환을 이루기도 한다. 〈조르조 데 키리코〉(『안 죽고 싶어 죽을 지경이다*Mourir de ne pas mourir*』) 에서는 맨 처음 화가의 "형이상적인 내면"을 보여준다. "하나의 벽은 또 다른 벽을 드러낸다 / 그림자는 겁에 질린 내 그림자를 나에게서 밀어낸다 (…)" 그러나 시인은 재빠르게 회화적 세계를 자기 고유의 의미 속으로 병합시킨다. 이후에 오는 행들은 전형적으로 "엘뤼아르적"이라 할 수 있는 사랑의 문제를 다루고 있기 때문이다. "오 나의 사랑 주변에 있는 나의 사랑의 탑이여 / 모든 벽들이 나의 침묵 주변에 하얗게 줄을 선다".

이러한 전유는 엘뤼아르적 시각의 필연적 귀결 그 자체라 할 수 있다. 마치 화가가 현실 세계의 형태들을 보고 몽상하듯이 그는 화가의 작품을 보고 몽상하는 것이다. 우리는 이를 『자유로운 손*Les Mains Libres*』 선집에서 확인할 수 있다. 이 책은 "폴 엘뤼아르의 시를 통해 설명된" 만 레이의 그림들을 모아둔 것으로, 엘뤼아르는 "폴 엘뤼아르의 시를 통해 설명된"이라는 문구에 애착을 가졌다고 한다. (그리하여

NRF출판사에서 이 문구를 사용하지 않은 것에 대해 장 폴랑(Jean Paulhan)을 나무랬다고 전해진다.) 만 레이의 그래픽적 제안은 시인에 의해 이 책 안에서 매우 자유로운 방식을 통해 각색되어 졌다. 텍스트들은 -그림보다는 적은 양의- 초현실주의적인 요소를 담고 있으면서도 자연과 아이들, 여성에 대한 엘뤼아르만의 이미지들과 감성적으로 풍부한 표현기법(장 피에로의 『도상학과 문학』 참조)도 포함되어 있다.

예를 들어 이미지에 관련된 글쓰기의 자유는 〈마네킹*Le mannequin*〉에서 잘 나타나 있다. 이곳에서 시인은 그림에서는 전혀 찾아 볼 수 없는 사랑스러우면서도 동시에 천진난만한 추억에 대해 써내려간다. : "유일하게 걸어둔 화환 / 한 다리에서 유년기의 또 다른 다리로 / (…) 초등학교 시절의 첫 사랑 / 지워져 버린 거리". 이렇듯 이미지에서 출발한 시의 창작 과정은 복잡하다. 인지된 이미지는 시에 자극이 되기에 앞서 시인에 의해 "읽혀지는데", 이는 시인 고유의 작품 필터링을 거쳐 읽혀지는 것이다. 이러한 과정은 선집의 첫 번째 텍스트 초반에 나타나곤 한다 : "종이, 하얗게 지새운 밤. 몽상가의 눈에 보이는 아무도 없는 해변. 심장이 떨린다." 마치 일종의 사랑의 전율 속에서 그가 발견한 미지의 해변과 같이, 몽상의 역광 속에서 시인은 그림에 접근한다. 또 다른 경우, 시는 구체적인 도상학적 참조에 거리를 두고, 화가를 축하하고 그의 윤리적 힘과 창조적 역량을 찬양하는데 머무르기도 한다. 엘뤼아르가 피카소에 대해 언급했던 대다수의 경우가 그러하다. 그가 피카소에게 헌정했던 "화가의 작업*Le travail du peintre*"에서 우리는 그 예를 찾아볼 수 있다. "너는 높은 검을 쳐들고 / 마치 역풍에 휘날리는 깃발처럼 / 너는 그림자와 바람에 대항하여 너의 시선을 쳐든다 / 당황스러운 어둠."

엘뤼아르에게 있어 시선의 훈련은 존재와 사물사이의 완전한 투과를 목표로 한다. 왜냐하면 시선 훈련이란 "이러한 교환의 본질에 대한 매우 분명한 표시이기 때문이다. 시인에게 있어 이러한 교환이란 우리가 세계와 맺고 있는, 특히 사랑받는 존재와 맺고 있는 모든 관계의 원천이 된다."(레몽 장, 『엘뤼아르와 그의 화가 친구들*Éluard et ses amis peintres*』) 그러므로 화가들은 "현실 세계의 안내자"인 셈이다 (『예술에 대한 작품 선집*Anthologie des écrits sur l'art*』). 르네 샤르에게 있어, 회화적 영감이란 이렇게 분명한 성격의 것이 아니었다. 그에게 시선이란 신호이자 문제제기였다 : "아직까지 비명을 지를 수 있는 유일한 것은 오로지 눈뿐이다."(『이프노스의 책장*Feuillets d'Hypnos*』) 시각적인 것에 의한 이러한 문제제기는 화가들과의 지속적인 공동 작업을 강화시켰다. 그는 살바도르 달리, 칸딘스키, 피카소, 미로, 브라크, 피르난데즈, 비에이라 다 실바, 드 스탈, 자코메티, 자오 우키 등과 같은 그는 당대 최고의 예술가들과 공동 작업을 하는 혜택을 입을 수 있었다. 그들은 샤르의 작품에 삽화를 넣거나 그의 원고를 화려하게 꾸며 주었다. 그 대신 그는 전시회 카탈로그에 들어갈 수많은 텍스트를 써주었고, 그의 작품들 중 몇 편에 들어갈 개인 삽화를 구상하기도 하였다(예를 들어, 『부적의 밤*La Nuit talismanique*』). 왜냐하면 화가는 "우리에게 더 잘 보는 방법을 가르치는" 고귀한 사명을 띠고 있었고(『바닥과 정상의 탐구*Recherche de la base et du sommet*』), 미술에서 영감을 받은 텍스트가 분석적이거나 묘사적인 경우는 매우 드물었기 때문이다. 르네 샤르가 미로(Miro)의 작품세계의 "선"과 "색"에 대해 생각하였을 때, 이는 "미로의 형태는 솟구치기 위해 물러나는 용출과 돌풍일 뿐이다"라는 것을 보여주기 위한 것이었다(같은 책). 이러한 창조적인 역동성, 이러한 질문과 현재 실현되고 있는 변화의 힘, 그것이 바로 시인이 붙잡고자 노력했던 것이었다. 이러한 이유에서 미술로부터 영감을 얻은 텍스트 -운문시, 산문시, 화가와의 대담, 이야기 등- 의 성격은 매우 다양할 수밖에 없다. 예술의 전환은 거의 부재하고 있다고 볼 수 있다.(〈제비의 비밀- 파울 클레*Secrets d'hirondelles - Paul Klee*〉과 〈빛의 건축가는 그의 푸른 지방을 속속들이 안다*L'architecte de la lumière sait de verre sa province bleue* (…)〉, 『바닥과 정상의 탐구*Recherche de la base et du sommet*』을 제외하면 말이다.)

샤르는 대부분의 경우 화가의 모습과 그의 작품을 살펴보았다. 그리고 이는 화가의 모습이나 작품에 나타나는 비밀의 크기를 조사하기 위한 것이었다. 예를 들어 발튀스(Balthus)의 작품 속에서는 "내가 울새라고 부르는 수수께끼"를(같은 책), 혹은 비에이라 다 실바의 작품에서는 "우리 고유의 미스테리, 우리의 짙은 홍조"를(같은 책) 발견한 것이다.

글쓰기의 회화화는 단 한 차례도 시도되지 않았다. 시는 작품을 제 것으로 삼은 것이 아니라, 마치 작품의 그 독자들을 살피듯 작품을 탐색하고 있다. 샤르는 그의 작품 『말의 군도*La Parole en archipel*』에서 다음과 같이 밝히고 있다 : "우리는 정확히 어둠과 빛의 분할이라는 그 난해한 선상에서, 그 반쯤 열린 틈 사이에서 살아 갈 수밖에 없다." 르네 샤르가 그에게 영감을 주는 화가들에게서 끊임 없이 찾고자 했던 것은 다름 아닌 이러한 다채로운 모호성에 대한 탐구였다. 실제로 그에게 있어 그림이란 "어둠속에서 빛나는 영광"에 다름 아니었다. (〈비에이라 다 실바*Vieira da Silva*〉, 『고정된 창문과 지붕위의 문*Fenêtres dormantes et porte sur le toit*』) 조르주 드 라 투르에 대한 르네 샤르의 열정은 바로 이러한 점에서 이해될 수 있다.(삽화 Ⅵ 참조) 샤르는 『분노와 신비*Fureur et mystère*』의 텍스트 두 편과 『사라진 누드*Le Nu perdu*』의 〈조르주 드 라 투르의 정확함*Justesse de Georges de La Tour*〉을 조르주 드 라 투르에게 할애하였다. 여기서 작가는 그림을 묘사하지 않고서도 화가의 여러 유명한 그림들(〈사기꾼*le Tricheur*〉, 〈점쟁이*La bonne aventure*〉, 〈고현금 타는 사람*Le joueur de vielle*〉…)에 대한 암시를 곁들이고 윤리적 교훈을 결합시켰다. "끝없는 후퇴로부터 벗어나는 유일한 조건은 양초가 만들어내는 둥근 원안으로 들어가 어둠을 빛으로, 농밀한 섬광을 변덕스런 표현으로 바꾸고 싶은 유혹에 굴하지 않고 끝까지 그 양초의 원안에 매달리는 것이다."

미쇼가 그림에 대해 가지고 있었던 시선은 마치 잦아들지 않는 걱정과도 같았다. 그러나 이는 보다 잠재적이고 본능적인 성격을 띠고 있었는데 바로 이것이 "내면의 공간(l'espace du dedans)"(미쇼의 시집들 중 하나의 제목이기도 하다)에 대한 면밀한 조사, 작가의 탐색을 규정하는 공간 특유의 표현으로 되어 있었기 때문이었다. 그리고 그는 서정시의 주제를 이 "내면의 공간"과 동일시하였다. 또한 미쇼는 작가인 동시에 화가이자 데생화가이기도 하였다. 그는 연필, 목탄, 먹, 파스텔, 수채화, 고무 수채화법, 유화 등 다양한 테크닉을 사용하여 그림을 그렸다. 특히 그는 먹물을 이용한 수많은 작품을 남겼는데, 그의 작품들의 대다수는 표의표기법과 그림문자표기 그리고 형상화 사이에서 주저하는 듯한 인상을 풍기곤 하였다. 시집 『움직임*Mouvements*』(1982)에서는 마치 표기기호처럼 보이는, 불가사의한 문자 혹은 반인반수의 존재를 그린 것 같은 잉크로 연속적으로 길게 그려진 추상적인 묘사 곁에 한 편의 장편의 시가 곁들여져 있었다. 미쇼는 바로 글쓰기와 그림그리기의 연관성에 대해서 망설였다. 그리고 이러한 불명확성이야말로 미쇼의 창작세계에 있어서는 더할 나위 없이 좋은 것이기도 하였다. 미쇼는 바로 회화적 현상 안에서 그의 글쓰기의 합목적성을 깨닫고 이를 투영하였다. "특별한 의도 없이 그림을 그리시오, 기계적으로 휘갈겨 쓰시오, 그러면 거의 매번 종이 위에 얼굴들이 나타날 것이오. (…) 인간들이여, 종이 안에 있는 당신의 모습을 발견하시오." (〈그림 현상에 대해 고찰하며*En pensant au phénomène de la peinture*〉, 『그림과 데생*Peintures et dessins*』) 이러한 의견은 여전히 염려스러운 실험으로 간주된다. 미쇼는 『움직임』 안에서 "내적 갈등과 분노의 움직임", "토해 내기 위한 / 껍질을 벗겨 내기 위한 / 불안정하게 하기 위한 / 다시 태어나기 위한 / 삭제되기 위한 (…) 색채들"에 대해 언급하였다. 이러한 해석은 시적인 단어들만큼이나 표기기호에게도 가치가 있는 것이었으며, 이들 서로서로는 연속되는 은유의 움직임 속에 항상 수반되는 것들이었다.

이렇듯 미쇼와 함께 이중적인 창작 현상이 생겨났다. 글쓰기와 그림 사이의 대화가 동일한 작품 속에서 맺어지게 된 것이다. 물론, 때때로 그는 다른 예술가들의 작품에서 영감을 얻어 오기도 하였다. (예를 들어, 미쇼는 자오 우키를 알게 된 이후, 1950년 『여덟 개의 석판화 읽기*Lecture de huit lithographies*』를 발표하기도 했다) 그러나 그는 대다수의 경우 자기 자신의 회화 작품에서 영감을 얻었으며, 〈나의 그림에 대하여*Sur ma peinture*〉에서는 자신의 회화 창작에 대해 논평하기도 했다. 미쇼는 또한 『밤이 움직이다*La Nuit remue*』에 자기 자신의 그래픽 작품들을 논평한 "데생 해설"을 실었고, 자신의 텍스트들에 대한 "삽화"를 그리기도 하였다. 분명히 나르시스적인 측면을 담고 있는 이러한 작업은 그 목적에 있어서 미적인 측면보다는 실존적인 성질을 띠고 있다. 즉 즉 "자기 자신을 더 잘 알기 위해서는 스스로를 두루 살펴보아야 한다"는 것이다. ("나는 글을 쓰듯이 그림을 그린다. 내 자신을 발견하고 재발견하기 위해. (…) 나의 그림에 대해, 내 속에서 끊임없이 흘러드는 수많은 변화들을 흡수하는 압지(押紙)가 되기 위해." 〈나의 그림에 대하여〉) 이러한 병행 작업은 표현 형태 사이의 융합에 대한 공상으로 치닫지 않는다. 오히려 그와 반대로 문학과 그림 사이의 대화를 재개시킨다. 미쇼가 찾고자 했던 것은 바로 "우리가 우리의 내부 안에서 행할 수 있는 가장 기묘한 여행들 중의 하나, 즉 창작 활동의 변화"였다 (〈그는 누구인가 Qui il est〉, 『그림*Peinture*』). 『움직임』의 후기에서 미쇼는 말과 "그것과 꼭 달라붙어 있는 파트너", 즉 "데생"을 비교했다. "데생"안에서 그는 "말에 등을 돌린 새로운 언어, 해방자들의 언어"를 본다는 것이다.

[글쓰기 모델로서의 미술]

회화적 영감과 문학적 적용 간의 차이는 작가가 미술을 자기 문체의 내적 모델로 삼으면서 서서히 해소되는 듯하다. 작가는 그림을 그리듯 글을 쓰고, 언어 -연속적인 언어- 가 허락하지 않는 그림의 동시적 효과를 목표로 한다. 이러한 관점에서 회화적 글쓰기와 회화적인 것의 글쓰기가 구분될 수 있다.

• 회화적인 것의 글쓰기

회화적인 것의 글쓰기는 엄밀하게 말하자면 예술 작품의 묘사라고 할 수 있는 '에크프라시스'와 같은 것은 아니다. 이는 문체적 특징을 통해 그 지시대상을 암묵적으로 지칭하는 글쓰기이다. 회화적인 것의 글쓰기는 은연중에 장면을 가공의 그림으로 구성한다. 가공의 그림은 단순히 제목 혹은 레이아웃 효과를 통해 제시될 수 있는데, 예를 들어 루이 세바스티앵 메르시에는 그의 작품에 『파리 풍경*Tableau de Paris*』이라는 제목을 붙였다. 회화적 참조는 19세기에 일반적인 경향으로 자리 잡게 된다. 테오필 고티에는 자신의 아티클 모음집에 『목탄화와 에칭*Fusains et Eaux-fortes*』이라는 제목을 붙였다. 알로아지우스 베르트랑(Aloysius Bertrand)은 자신의 산문시집 『밤의 가스파르*Gaspard de la nuit*』에 〈렘브란트와 칼로식의 환상*Fantaisies à la manière de Rembrandt et de Callot*〉이라는 부제를 붙인 바 있다. 보들레르의 경우, 『악의 꽃』의 1861년 개정판에 새로 삽입한 단락에 『파리의 풍경*Tableaux parisiens*』(첫 번째 시 〈풍경*Paysage*〉과 함께)이라는 제목을 붙인다. 베를렌의 『페트 갈랑트』가 이러한 장르의 전문가인 와토의 작품을 참조했다는 사실은 명백하다고 할 수 있다. 에밀 기요맹(Émile Guillaumin)의 〈전원 풍경*Tableaux champêtres*〉 또는 위스망스의 〈파리의 크로키*Croquis parisiens*〉는 랭보의 『일뤼미나시옹』 -베를렌의 말에 따르면, 이 제목은 영어로 '채색된 판화'라는 의미를 지닌다- 과 같은 특징을 지닌다. 마찬가지로 네르발의 『실비』에서 가장 중요한 장(章) 중 하나의 제목이 〈시테르 섬으로의 여행*Voyage à Cythère*〉인데, 이는 와토를 참조한 것으로, 풍속화를 암시하고 있는 다른 수많은 제목들(〈여행〉, 〈로아지 무도회〉…), 그리고 6장의 〈그뢰즈의 마을의 약혼녀〉라는 글과 함께 조화를 이루고 있다.

제목이 가져다주는 효과와는 별개로, 텍스트의 지시대상을 그림으로 구성하는 것은 레이아웃 효과의 결과로 나타날 수 있는데, 레이아웃 효과는 하나의 그림처럼 텍스트를 한정한다. 네르발의 작품 〈환상*Fantaisie*〉(『소서정시*Odelettes*』)에서의 루이 13세의 왕궁에 대한 묘사는 운율을 맞추어 '돌의 모서리'와 '높은 창문'을 명백하게 나타내고 있다. '돌의 모서리'와 '높은 창문'은 하나의 틀을 구성하는데, 그 틀의 내부에는 하나의 상징적인 그림처럼 여성적인 이미지가 뚜렷하게 나타난다. "검은 눈을 지닌 금발 머리, 옛날 의상을 입은." 틀을 구성하는 기술은 레몽드 쿠데르크(Raymonde Couderc)가 『프루스트와 그의 화가들*Proust et ses peintres*』에서 보여주고 있는 것처럼 프루스트에 의해 체계화된다. 창문, 거울, 침대의 사각형은 묘사된 장면을 함축적인 그림으로 나타내고 있다. 여기에서 발생된 효과는 환상적인 성격을 띠게 되고 명백하게 회화적인 은유를 만들어낸다. 이 에피소드에서 화자는 기차 창문을 통해 풍경을 바라본다. "(…) 나는 가까워지기 위해,

진홍빛을 띤 변덕스런 나의 아름다운 아침과는 반대되는 간헐적인 단편들을 새 화포에 옮기기 위해, 전체적인 풍경과 연속적인 그림을 지니기 위해 이 창문에서 저 창문으로 쫓아가는 것에 시간을 보내곤 했다."(『꽃피는 아가씨들 그늘에』) 여기에서 그림에 의한 이행은 실재의 다양성을 안정된 본질로 통합할 수 있게 만든다. 완전히 다른 어조 속에서, 그러나 동일한 총체적 효과와 함께, 카뮈의 『이방인』의 화자는 어머니의 장례식이 끝난 후에 거울 속에 자신의 방을 비춰보면서 두려움에서 벗어날 수 있게 된다. "나는 창문을 닫았고, 방 안으로 돌아오다가 거울 속에 알코올램프와 빵조각이 나란히 놓여 있는 테이블 한 끝이 비쳐져 있는 것을 보았다. 그때 나는, 일요일이 또 하루 지나갔고 (…) 그러니 결국 달라진 것은 아무것도 없다는 생각을 했다."(I 부 2장)

회화적인 것의 글쓰기를 불러일으키는 가공의 그림은 많은 형태를 띨 수 있다. 다시 말해 스케치, 캐리커처 등을 거쳐 밑그림에서 프레스코화에 이르기까지 많은 형태가 있다. 이는 언제나 레이아웃, 관점 그리고 시선에 의한 구성의 문제이다. 또한 글쓰기의 조직(texture) 그 자체 속에서 가공의 그림이 구성될 수 있다. 이러한 구조의 좋은 예로 라신의 『아탈리*Athalie*』에서 다비드의 후손인 조아스 -숨겨둔, 보호받는 미래의 왕이 될 아이- 가 학살로부터 구출 받는 참혹한 장면을 들 수 있다.

(…)
아아! 슬프도다! 하늘이 나에게 보여주는 끔찍한 상황이,
끊임없이 나의 정신을 불안하게 한다.
방은 희생된 왕자들로 가득 차 있다.
손에 단검을 든 무자비한 아탈리는
잔인한 병사들을 학살로 이끌고 있고,
살인을 계속해나가고 있다.
죽음에 내몰린 조아스가 나의 시선을 엄습한다.
나는 여전히 광란적인 그의 어머니를 생각한다,
그녀는 사형집행인들 앞으로 헛되이 뛰어들었고

힘없이 쓰러져 있는 그를 자신의 가슴에 품고 있었다.
(…)

(I 막 2장)

위의 대목은 "한 편의 비극은 그림의 무한성을 내포하고 있다"라는 뒤보스 신부의 주장을 예시하고 있는 듯하다.(『시와 미술에 대한 비평적 고찰*Réflexions critiques sur la poésie et sur la peinture*』) 이 대목은 파란 많은 장면을 묘사하는데, 글쓰기는 이 장면을 회화적 방식으로 포착하고 있다. 시각의 정지된 '상태'와 '형상[화]', 사건의 '흐름'에 둘러싸인 글쓰기는 이미지의 연속과 유사하다. 후치(rejet)와 앙장브망(e┬jambement)의 부재로 인해 각각의 행은 고립된, 12음절의 운율로 고정된 이미지를 제시하고 있다. 과거 분사('égorgés')와 대과거('s'était jetée')의 사용은 행위를 이전의 순간으로 돌려보낸다. 그리고 마지막 행은 쉽게 알아볼 수 있는 완전하게 암호화된 이미지, 종교적 미술의 진부한 주제 속에서 볼 수 있는 이미지를 견고하게 만들고 있다. 연속적으로 이미지들로 표현되는 폭력적 장면은 푸생의 〈유아 대학살*Massacre des Innocents*〉을 떠올리게 한다. 어쨌든 여기에서 라신이 창출해내고 싶었던 인상은 암시적인 묘사이다. 장면과 텍스트 사이에서 라신은 가공의 그림이라는 매개체를 삽입한다. 이 작품에서 암시적으로 나타나는 교육적인 목적은 -이 작품은 『에스더*Esther*』의 뒤를 잇고 있다. 『에스더』는 생시르의 여인들을 위해 마담 드 맹트농이 주문한 책이다- 아마도 다음과 같은 선택을 설명해줄 것이다. 즉 희곡은 역사적 사실에 대한 관심 속에서가 아닌, 호교론적 목적 속에서 신성한 역사를 상기시키기 위해 만들어진다는 것이다. 가공의 그림이 개입됨으로써 미학적 효과를 통해 폭력에 대한 암시는 최소화되고 상징적 가치만을 간직하게 된다.

르네상스 시대에 시적 블라종(blason)[92]은 이미 가공의 그림의 상상적 구성 효과를 보여주었다. '블라종을 만들다'라는 말의 의미는 우선

---

92) 본래 프랑스어로 문장(紋章), 가문(家紋), 문장학(紋章學)이란 뜻을 지니고 있으며, 16세기 시 형식의 일종으로 찬사, 비난의 표현에 사용하기도 한다.(역주)

문장(紋章)을 묘사하고 해석한다는 의미이고, 그 다음으로 찬양하면서 (혹은 조롱하면서) 묘사한다는 의미를 지닌다. 블라종이 15세기와 16세기에 문학적으로 변모하게 되었을 때에도 그것은 여전히 하나의 대상 혹은 신체의 일부분에 대한 묘사를 해야만 했다. 마로(Marot)는 1536년에 〈아름다운 유방과 못생긴 유방에 대한 블라종*Blasons du Beau et du Laid Tétin*〉을 만든다. 같은 해에 이 장르는 시인들 간에 일종의 대회를 열 정도로 열광적인 인기를 얻게 된다. 앙투안 에로에(Antoine Héroët)도 이러한 종류의 블라종을 쓴 바 있으며, 모리스 세브는 〈눈썹에 대한 블라종*Blason du sourcil*〉으로 수상한 바 있다. 클레망 마로는 〈아름다운 유방〉에서 "완전히 새로운 하얗고 부드러운 유방 / 장미를 부끄럽게 만드는 것", 그리고 "상아빛의 작은 공 / 그 가운데에 놓여 있다 / 딸기 혹은 버찌가"와 같은 회화적 논리에 포함되는 블라종을 만들어내고 있다. 이미지는 그 자체에 적용되고, 그 어떤 전개도 야기하지 않는 총체적인 표현들 속에서 육체를 영상화한다. '장미', '공', '딸기', '버찌' 등의 유기적인 통일성은 사라지고 현대 '콜라주'에서처럼 단순하게 병치된 원형 장식만이 남게 된다. 물론 이러한 시적 기법은 에로틱한 것이기도 하다. 이미지의 개입은 숨기기와 드러내기라는 사랑의 변증법을 활성화한다. 왜냐하면 신체의 각각의 부분에서 성욕을 느끼게 만들어주는 것은 바로 육체의 총체성이기 때문이다.

이와 같은 회화적인 것의 글쓰기는 근대 문학에서 빈번하게 발견된다. 예컨대 발레리는 〈실 잣는 여인*La Fileuse*〉의 첫 부분에서 이를 적용하고 있다.

> 십자형 유리창의 파란색 배경에 앉아있는 실 잣는 여인
> 그곳에는 선율로 가득한 정원이 가볍게 흔들린다 ;
> 소리를 내며 돌아가는 물레는 정원을 회색으로 만들었다.
> (…)
>
> (고대 운문 선집)

행동은 외부로('정원'에서) 혹은 가까운 과거로(3행에서 복합과거로 표시된다) 내던져진다. 반대로 실 잣는 여인은 그 포즈로 인해('앉아있는'), 그리고 여인을 제시하고 있는 이름에 관한 표현법에 의해(여인은 그 어떤 동사의 주어도 아니다) 정지되어 있다. 이러한 고정성은 그림의 표면처럼 평면에 나타난다. 전치사 'au(~에)'는 여기에서 매우 이상하게 사용되고 있다. 이 전치사는 인물과 인물의 뒤에 있는 '십자형 유리창'을 같은 차원에 위치시킨다. 마찬가지로 관계사 'où(~한 곳)'는 이상하게도 (여인의 뒤쪽이 아닌) '십자형 유리창' 내부에 '정원'을 위치시키고 있다. 따라서 정원의 원근법과 깊이는 글쓰기에 의해 상쇄되고, 글쓰기는 그림과 마찬가지로 인물과 배경의 두 가지 차원을 같은 표면 위에서 동일시하고 있다. 이러한 선택은 19세기에 발전한 일본풍을 연상시킨다. 하지만 이러한 선택은 동시대에 유행했던 -프루스트에게서 볼 수 있는 것처럼- 네덜란드 미술에 대한 암시적 참조를 통해서도 설명될 수 있다. 예를 들면 베르메르의 작품에서처럼 위와 같은 유형의 수많은 장면들을 제시하고 있다. '실 잣는 여인'은 시의 주제를 구성하는 것으로, 묘사에 대한 묘사로, 이미 구성된 이미지에 대한 글쓰기로 독자에게 즉각적으로 주어진다. 모음집의 제목은(이 대목으로 시작하는) 분석을 확고하게 해준다. 이 『고대운문선집』에서 시인은 그 당시로 보았을 때 '오래된' 시학을 적용할 뿐만 아니라(1920년에 출판된 이 모음집은 1890~1900년 사이에 쓰여진 시들을 모아놓았다), '선집'에 배치된 색이 바랜 오래되고 진부한 표현들처럼 여전히 고대의 주제들 -완성된 이미지들로 구성된 문화적으로 공통된 장소들- 을 차용하고 있다. 이처럼 글쓰기의 주제를 가공의 그림으로 구성하는 것은 현대 문학에서도 찾아볼 수 있다. 예를 들어 로브그리예의 『질투』의 마지막 부분에서 벽에 짓눌린 지네 묘사 장면이 그러하다.

(…) 아무 장식 없는 벽 위에는 짓이겨진 지네의 형상이 뚜렷하게 부각된다. 완전한 형체는 아니지만 나무랄 데 없는 해부도판을 충실하게 재현하고 있다. 그 안에는 다음과 같은 기관의 일부분이 나타나 있다. 더듬이가 하나, 꾸부러진 주둥이 턱이 둘, 머리와 제 1 몸마디, 그리고 제 2 몸마디 반쪽,

커다란 다리 몇 개 등등….

이 단색 흔적은 지워지지 않을 것 같다. 손톱으로 긁어서 벗겨낼 만한 돌출도 없고 말라붙은 두꺼운 딱지도 없다. 그것은 차라리 도료(塗料)에 스며든 갈색 잉크 자국처럼 보인다.

지네의 죽음은 그림으로 구성되어 있다. 그래픽적 묘사의 어휘장에서 끊임없이 '형상', '재현된', '해부도판', '흔적'과 같은 어휘를 끌어오고 있다. 실제 상황은 사라지고, 형상화라는 상황에 의해 대체된다. 마지막에 나오는 '갈색 잉크'는 펜으로 그린 그림의 잉크이기도 하고 글쓰기 혹은 인쇄된 책의 잉크이기도 하다. 작가는 가공의 그림을 매개로 하여 자신의 글쓰기를 액자구조로 제시하고 있다.

• 회화적 글쓰기

회화적인 것의 글쓰기에서 이제 우리는 문자 그대로의 회화적 글쓰기로 넘어오게 되었다. 이 때 문학은 그림을 내면화하고 그림은 회화적 글쓰기에 의해 문체로 변형된다. 마치 그림을 그리는 것처럼 글을 쓰는 것은 문학을 통한 회화적 표현과 효과의 창출을 가능하게 한다. 이러한 경향은 19세기부터 큰 영향력과 함께 그 두각을 나타내게 된다. 이미 위고의 작품에서 이와 같은 회화적 글쓰기가 행해졌으며, 그의 글은 시각적인 동시에 마치 환영을 보는 듯한 특징을 보여준다. 『명상시집』의 유명한 시 〈내일, 새벽이 오자마자…*Demain, dès l'aube*…〉의 세 번째 절은 다음과 같이 시작하고 있다.

(…)
저녁에 지는 노란 금빛도
멀리 아르플뢰르로 내려가는 배의 돛도 바라보지 않으리
(…).

첫 소절에서 나타나는 역언법은 '반대로' 글쓰기의 회화적 성격을 강조하고 있다. '저녁이 지고' 있기 때문에 아무것도 보이지 않는 듯하지만, 일몰에 대한 낭만주의적 표현, 미술에서 인정받기 시작하는 희미하게 나타나는 바닷가 스케치를 계속해서 불러일으키는 상상계 속에서 시선은 다시 투영되고 있다. 각각의 행에서 우선 시각은 명확하고 빛나는 모티프('금빛', '돛')에 집중되어 있다. 그러고 나서 확장되고(해질 무렵, 멀리 떨어진 아르플뢰르의 이미지), 또한 그 당시의 그림들처럼 원근법으로 층을 이룬 영상들에 의해 구성된 묘사를 향해 나아간다.

그러나 문자 그대로 회화적 글쓰기는 시에 있어서는 베를렌느, 산문에 있어서는 '예술적 문체'와 함께 비로소 인정받게 된다. 베를렌느는 인상주의적 기법을 이용하고 있으며, 그의 글은 자잘하게 병치된 묘사들이 각기 빛을 발하는 것 같은 느낌을 전해준다. 예를 들어 『말 없는 연가*Romances sans paroles*』의 〈왈쿠르*Walcourt*〉(〈벨기에 풍경*Paysages belges*〉 중 하나)라는 작품에서 우리는 이러한 묘사를 찾아볼 수 있다.

(…)
홉과 포도나무,
나뭇잎과 꽃,
자유분방한 술꾼들의
특별한 천막들!
(…)

시행의 간결함은 단순하게 병치된 표시들의 분리를 강조하면서 글쓰기에 신속함을 도입하고 있다. 그리하여 글쓰기는 신속하게 관통되는 풍경을 떠오르게 한다. (마지막 절은 실제로 '다음 정거장(gares pochaines)'을 연상시킨다.) 그리고 이러한 역동적인 속도는 간결한 특성들로 반쯤 스케치된 타원형의 시각적 형태들만을 인지하게 만든다. 다른 많은 시 작품들에서 베를렌느의 글쓰기가 음악적 특성을 지니고 있음은 사실이다. 하지만 텍스트를 전체적으로 조직하기는커녕, 텍스트를 신경질적이고 불안한 전율로 관통하고, 독자의 예상되는 안정감을 불안정하게 하는 것은 바로 '홀수'의 음악, '오해'의 음악(〈시법*Art* *poétique*〉)이다. 이러한 점에서 베를렌느의 '음악'은 글쓰기의 회화화에 의해 야기되는 세분화와 연결된다. 단어들은 그림의 터치와 마찬가지로 서로 병치됨으로써, 일종의 떨림을 만들어내는데, 이를 통해 그 어원적 의미가 시적 감동(즉 감화)과 연결된다.

우리는 이에 대한 서사적 등가물을 수많은 회화에 대한 언급 속에서 찾을 수 있는데, 특히 이러한 언급은 공쿠르와 졸라의 예술가에 대한 소설 속에 분산되어 있다.(앞서 살펴 본 『마네트 살로몽』과 『작품』의 발췌문을 참조할 것) 공쿠르 형제, 플로베르, 위스망스에 의해 같은 시대에 행해지던 '예술적 문체'는 이와 같은 글쓰기의 회화화로 이르게 된다. 감정을 가장 정확하게 표현하기 위해, 작가는 분리된 묘사들을 결집시키면서 플로베르의 작품에서 장피에르 리샤르가 '비둘기 목털빛(gorge-de-pigeon)[93]' 문체라고 명명한 효과를 만들어낸다. 『감정교육』은 이에 대한 수많은 예를 보여주고 있다. 예를 들어 마리 아르누(Marie Arnoux)의 첫 '등장'은 다음과 같이 묘사되고 있다.

> 그녀는 분홍빛 리본이 달린 커다란 밀짚모자를 가지고 있었는데, 그 모자는 그녀 뒤에서 바람에 펄럭이고 있었다(…). 그녀의 자잘한 물방울무늬가 그려져 있는 연한 모슬린 드레스에는 풍성한 주름이 퍼져 있었다.
>
> (제 I부 1장)

플로베르의 작품에서 반과거 -행동을 그림으로 변환시켜주는 시제-로 자주 표현되는 회화적 가치와 결합하는 '리본', '점으로 장식된' 모티프, '주름'은 인상주의 그림과 같은 방식으로 처리된 장면에 대한 시각적이고 에로틱한 변형들이라고 할 수 있다. 플로베르가 그 당시의 미술에 대해 주저하는 모습을 보여주었으며, 오직 그것을 넘어서기 위해서만 회화적 모티프를 받아들였던 것은 사실이지만, 위의 묘사는 분명 클로드 모네를 연상시키고 있음에 틀림없다. 같은 소설에서 프레데릭과 로자네트가 산책하러 가는 퐁텐블로 숲에 대한 묘사는 이와 같은 회화적 글쓰기를 훨씬 더 잘 보여주고 있다.(플로베르는 이 소설에서

93) '광선빛에 따라 색깔이 바뀌는'이라는 의미를 지닌다.(역주)

액자구조 효과를 통해, '떡갈나무 밑에서 작업 중인 하얀 작업복을 입은 화가'가 개입하도록 하고 있기 때문이다.)

빛은 몇몇 군데에서 숲의 가장자리만을 비추고 있었으며, 그 깊숙한 속은 어둠 속에 놓여있었다. 혹은 전경에서 일종의 석양에 의해 약해진 빛은 저 멀리에 보랏빛 증기, 하얀 광택을 펼치고 있었다.

(제 Ⅲ부 1장)

'빛'에서 '하얀 광택'으로 변화하면서 모든 묘사는 특히 빛이라는 회화적 주제에 대한 문학적 변형을 보여주고 있다. 시선은 순환하고, 층을 이룬 영상에 대한 감정을 부여한다. '가장자리'에서 '깊숙한 곳'으로, 그리고 나서 '전경'에서 '보랏빛 증기'로의 이행은 묘사의 어휘와 화가의 어휘에 모두 속하면서 에피소드를 한편의 문학적 그림으로 구성하고 있다.

또한 우리는 이러한 빛에 대한 회화적 이해를 보여주는 인상적인 예를 졸라 작품의 한 구절에서 찾아볼 수 있다. 다음 인용문을 살펴보면 『부인들의 행복』에서 작가가 '하얀색의 거대한 전시'가 지니는 분위기를 어떻게 암시하고 있는지를 알 수 있다.

빛은 하얀 예배당으로 바뀌었다. 얇은 망사, 기퓌르는 위에서부터 내려오면서 하얀 하늘과 구름 베일 중 하나를 이루고 있었고, 구름 베일의 가느다란 그물은 아침 햇살을 희미하게 만들었다. 기둥 주변에는 말린산 흰 레이스와 발랑시엔 레이스 장식, 하얗게 흔들리며 펼쳐지는 무희들의 하얀 치마가 바닥까지 늘어져 있었다.

(14장)

은유를 통해 위와 같은 '하얀색'에 대한 언급은 실재로서의 가치를 획득하고 있다. 이러한 실재는 '예배당', '하늘', '무희들'의 이미지를 불러일으킨다. 빛나는 진동은 하락하는 특성을 지닌 동사들 -떨어지다, 내려가다, 늘어지다- 과 함께 이야기 소재가 된다. 이와 같은 이야기 소재는 정태적인 상기 속에서 서사적 생동감을 창출해내고, 시각적 감각은 '가느다란 그물' 혹은 가벼운 '움직임'과 같은 구조의 효과를 재현한다. 이처럼 세잔의 어린 시절 친구(졸라)의 펜 아래에서 우리는 마치 캔버스를 대하는 듯한 촉각적 감각 -그 당시 유화에서만 볼 수 있는- 을 느낄 수 있다. 이는 마치 글쓰기가 시선과 그림을 그리는 행위뿐만 아니라, 그림의 소재까지도 통합시키는 듯한 느낌을 전달한다.

20세기에 들어오면 프랑시스 퐁쥬의 짧은 텍스트 〈젊은 어머니*La jeune mère*〉의 마지막 단락에서 같은 느낌을 받을 수 있다.

> … 하지만 곧 발 위에서 그 커다란 육체가 모든 높이의 하얗고 네모난 헝겊에 사용되는 깃발 사이에서 비좁게 움직이고 있었는데, 그는 종종 그 헝겊들을 빈손에 들고 있으면서 구기고, 통찰력 있게 살펴보고는 그 검토 결과에 따라 그것들을 다시 당기거나 접었다.
>
> 〈사물의 편〉

산모의 헝겊은 모든 종류의 촉각적 감각들을 드러내면서 '다시 당기거나' '접을' 수 있는 하얀 천, 하얀 정사각형으로 제시되는 천으로 나타난다. 이러한 용어들의 뒤에는 회화적 참조가 자리 잡고 있다. 물론 묘사된 장면은 그림을 구성하지는 않지만, 글쓰기는 이 장면을 그림을 그려야 할 공간으로 파악하고 있다. 게다가 같은 작품집에 있는 〈고리바구니*Le cageot*〉 -쓰레기장에 던져지기 바로 전의- 는 하나의 정물화가 된다. "서투른 포즈 속에서 약간은 어리둥절한" 고리바구니는 "하얀 나무의 허무함이라고는 찾아볼 수 없는 섬광으로 여전히 빛나고 있다." 고대풍의 '허무함', 즉 바니타스 속에서 존재의 덧없음을 상기시키는 '사물'은 마지막으로 자신이 분출하는 섬광에 의해 찬양된다.

회화적 글쓰기는 문학이 미술과의 관계 속에서 나아갈 수 있는 한계점을 나타내는 듯하다. 왜냐하면 회화적 글쓰기는 미술의 수단을 전유하고 있는 것처럼 보이기 때문이다. 이러한 시도는 분명 좀 더 즉각적이고 감지될 수 있는 실재와의 관계에 접근하기 위해 언어의 한계를 초월하고자하는 욕망을 표현한 것이다. 예를 들어 이브 본느푸아의 작품에서 시와 그림의 관계는 이와 같은 열망으로부터 형성된다. 시인은 "다른 이들이 그림을 그리는 것처럼 글을 써야"하는 것이다.(『떠도는 삶』, 〈그림에 대한 고찰*Remarques sur le dessin*〉) 하지만 미술과의 관계는 언어를 사라지게 하거나 초월하지 않으며, 언제나 의미작용 체계의 내부에서 맺어진다. 단어들을 통해 "보게 하는 것"은 엘뤼아르가 원했던 것처럼 하나의 속임수이다. 그림의 효과는 지시적 환상의 결과이며, 지시적 환상은 언어의 유일한 힘에 종속되어 있다. 그러므로 미술은 작가에게 있어 마치 뮤즈처럼 유혹하고, 헛되면서도 풍부한 매력이며, 문자 그대로 언어적인 영감의 원천이라 할 수 있다.

6
작가들의 미술 비평

작가들에 의한 미술비평은 분명 문학과 미술 사이의 대화에서 가장 훌륭한 균형점을 보여준다. 실제로 작가는 텍스트를 통해 그림을 겨냥한다. 작가는 또한 자기가 쓴 텍스트를 미학적 명령에 복종시키기도 하는데, 사실 그것은 기원으로부터 텍스트를 독립시켜주는 명령이기도 하다. 이때 글쓰기는 타동사적 행위이자 동시에 자동사적 행위이고, 매개적 행위임과 동시에 그 자체에 중심이 놓이는 행위이기도 하다. 또한 '보다'와 '쓰다'라는 두 행위 사이의 긴장은 최고조에 달하게 된다. 미술비평은 사실상 매우 어려운 작업으로, 몇몇 위대한 작가들만이 독창적인 방식으로 이 작업을 성공리에 수행할 수 있었을 뿐이다. 디드로, 보들레르, 클로델, 레리스, 주네 등이 그들이다. 여기에서는 특히 디드로, 보들레르, 클로델 세 명의 작업을 살펴보고자 한다. 이들은 각각 이러한 글쓰기 행위에 자신들의 미학적 사유를 보여주는 정신을 불어넣었기 때문이다.

문학의 위험을 초래할 수 있는 미술비평

미술비평을 하는 작가들과 그림에서 영감을 얻는 작가들을 구분하는 것은 아주 어려운 일이다.(제4장을 참조할 것.) 비평가는 무엇보다도 작품의 외부에 위치하면서 이 작품에 대한 분석과 평가를 해야 한다. 이 두 가지 엄격한 기준에만 한정한다고 해도, 19세기 이래 디드로처럼 미술비평에 종사한 자들의 목록은 상당히 길다. 스탕달, 뮈세, 고티에, 샹플뢰리, 공쿠르 형제, 보들레르, 졸라, 위스망스, 미라보, 라포르그, 쉬아레스, 프루스트, 바레스, 아폴리네르, 아르토, 브르통, 아라공, 말로, 바타이유, 폴랑, 주네, 레리스, 베케트, 퐁쥬, 본느푸아, 뒤팽, 플레이네, 노엘, 줼리에... 등등. 이 작가들이 보여준 비평 방식은 아주 다양하다. 문학비평과 마찬가지로 미술비평 역시 실제로 아주 복잡하고 다양한 목적을 가지고 있다. 그렇다면 우리는 미술 비평가에게서 무엇을 기대하는가? 그는 어떤 기능을 수행하고, 또 그는 어떤 비평 절차를 밟는가? 이와 관련해서 미술비평이 이루어지는 환경은 매우 중요하다. 저널비평 전문가들이 대학비평과 동일한 목적, 동일한 방법론에 따르지 않는다는 사실은 쉽게 생각할 수 있다. 분명 비평가는 본질적으로, 그리고 정의상 작품의 품질을 판단하는 자이다. 하지만 독자는 그에게서 또 다른 여러 가지를 기대한다. 자기에게 작품의 존재에 대한 정보를 제공해주는 것(디드로의 『살롱』이 좋은 예로, 이것이 저널비평의 첫 번째 기능이다), 잘 알려진 형식이나 장르에 따라 작품을 분류해주는 것(아리스토텔레스적 의미에서 "시학" 작업을 수행하면서), 그리고 작품의 의미를 이해가능하게 설명해주는 것(이것이 대학비평의 주된 양상이다) 등이 그것이다. 정보 제공, 분류, 분석, 평가, 바로 이것이 비평의 네 가지 주요 기능이다. 또한 작가가 조형예술 작품을 설명하는 경우, 이 기능은 좀 더 복잡해질 수 있다. 왜냐하면 이 경우 '쓰기'와 '보기'는 경쟁 관계에 돌입하기 때문이다. 다시 말해 작가가 쓰는 텍스트는 그가 정리하고자 하는 '보이는 것'에서 기인하지만, 텍스트는 순수하게 언어적 기호라는 수단을 통해 이루어질 수밖에 없기 때문이다. 이와 같은 난점을 우회하기 위해 보들레르는 "시학적 비평"이라는 용어를 사용하기도 했다. 실제로 이 용어를 통해 보들레르는 텍스트를 회화 작품의 문학적 '아날로곤(analogon)'[94]으로 삼고 있다.

예술의 전환이나 미학적 재창조가 문제되지 않는 경우 작가는 직관을 통해 '생략'이라는 놀랄만한 언어 기술을 구사하기도 한다. 그리고

94) 유동대리물(類同代理物)을 뜻한다.(역주)

이 직관의 정확성은 저널비평에 종사하든 대학비평에 종사하든 전문 비평가의 능력을 훨씬 뛰어넘기도 한다. 특히 '은유'라고 하는 문학 기법은 그림에 대한 글쓰기의 훌륭한 예 가운데 하나이다. 가령 이와 같은 문학 기법을 바탕으로 세갈렌은 다음과 같은 주장을 펴고 있다. "잘 응시된 풍경은 인간의 거대한 얼굴 -감각에 의해 구멍이 뚫린- 의 피부 이외의 다른 것이 아니다."(『그림들』) 이처럼 은유의 사용은 종종 생략법과 합치한다. 작가가 그림 "전체"를 이루는 하나의 요소를 선택하고, 이 요소를 응축된 사색의 축으로 삼을 경우에 특히 그러하다. 예를 들어 말로는 다음과 같이 주장하고 있다. "마네가 회화에 기여한 것은 -더 나은 것이라기보다는 그 무엇과도 비교할 수 없는 차이라고 하는 편이 낫겠지만- 바로 〈발코니〉의 초록색이고, 〈올랭피아〉의 실내복의 장미 빛 얼룩이고, 〈폴리베르제르의 바〉의 딸기 빛 얼룩이다."(『상상의 박물관』)

미술비평은 해설된 그림에 위험으로 작용하기도 한다. 그것은 실제로 작가가 간접적으로나마 그림을 향해 들고 있는 하나의 거울이 될 수도 있다. 예컨대 발레리는 드가의 그림에 대해 다음과 같은 설명을 하고 있다. "(그에게 있어서) 하나의 작품은 수많은 연구의 결과였다. 그리고 '일련의 조작'의 결과이기도 했다."(『드가, 춤, 데생』) 자기 그림에서 자발성의 효과 -비록 화가가 이 효과를 정확히 계산하고 있다고 해도- 를 증가시키고자 한 화가에게 적용된 이 어휘는 직접적으로 발레리의 이른바 "포이에티크(poïétique)"[95)]라는 개념을 연상시킨다. 발레리는 이 개념을 고전적인 '영감'이라는 개념과는 반대로 언어의 수사학적 조작을 바탕으로 이루어지는 작업의 결과로 정의하고 있다.

한편, 미셸 레리스는 마네의 〈올랭피아〉에 관심을 표명하면서 이와는 반대 방향의 영향 관계를 보여주고 있다.

올랭피아의 목에 있는 리본, 내가 하얀색 종이 위에 검정색으로 써 나가

95) 아리스토텔레스의 '시학(poétique)'과는 달리 '포이에티크(poïétique)'는 '뭔가를 만드는 것에 관계된 학'이라는 의미이다. 이 단어는 '뭔가를 만들다', '뭔가를 창조하다'의 의미를 가진 라틴어 'poieien'에 그 어원을 두고 있다.(역주)

고 있는 이 글들은 매 순간 하나의 현전을 야기하게 된다. 하지만 내가 겪고 있는 어려움은 이것과는 다르다. 더 광범위한 것이기는 하지만, 문제는 -물론 이것은 표현의 문제 이외의 다른 것이 아니다- 오히려 적당한 장소에서 사물들을 나포하기 위해 던져진 올가미처럼 이 사물들을 포착하는 것이다. 그렇게 되면 이 사물들은 실제로 내가 소통하면서 충분히 그것들의 현전을 느낄 만큼 나에게 현전하게 될 것이다.

(『올랭피아 목의 리본*Le Ruban au cou d'Olympia*』)

이와 같은 농담 반 진담 반의 이야기 속에서 마네 그림의 주된 모티프는 항상 현실과의 관계 속에서 파악해야 하는 문학적 글쓰기 작업의 알레고리가 된다. 마네 그림에 나타난 '리본'의 이미지와 결합된 '올가미'의 이미지는 레리스의 문학적 시도의 불가능성을 잘 설명해주는 문장처럼 기능한다. 그렇다고 해서 레리스에 의해 이렇게 이루어진 마네 그림의 전유 작업이 그림을 변질시키는 것은 아니다. 이와 같은 전유는 오히려 장 주네에게 있어서 특별한 설명의 힘을 가지고 있다. 주네만큼 쟈코메티나 램브란트의 그림을 잘 분석하고 있는 비평가는 거의 없을 것이다. 주네는 쟈코메티에 대해 이렇게 말하고 있다. "상처 이외의 기원을 가지고 있는 아름다움은 없다."(『알베르토 쟈코메티의 아틀리에』) 그런데 이 문장은 주네의 『도둑일기』에서 빌어온 것으로 생각될 수 있다. 또한 재판과 자기 가족 때문에 파산한 램브란트의 마지막 몇 해에 대해 주네가 다음과 같이 말할 때도 여전히 주네 자신의 작품의 바탕을 드러내고 있는 것으로 보인다. 즉 "그에게 남은 것은 쓰레기장에서 유용한 것이다. 하지만 그 전에, 바로 그 전에 그는 여전히 〈탕자의 귀환〉을 그려야 했다. 그는 익살을 부리고 싶은 유혹에 빠지기 전에 죽었다." 그러니까 주네 자신이 사회적으로 조롱의 대상이었다는 느낌, 어린 시절은 행복했었다는 느낌, 실수와 용서, 어릿광대 놀이를 해야 할 필요성 등이 미술 비평 속에 고스란히 담겨 있는 것이다.

의심의 여지없이 미술비평이라는 동일한 행위를 하면서도 화가의 작품을 훼손시키지 않으면서 이 작품에 스스로를 병합시키고, 또 이 화가의 이타성을 존중하면서 그 작품을 전유할 수 있는 능력은 몇몇 위대한 작가들에게만 국한된 것이다. 디드로, 보들레르, 클로델은 각자 독특한 방식으로 창조적인 동시에 개인적인 글쓰기라는 내기에 성공한 자들이다. 또한 그들은 그림에 던진 시선을 통해 자신들의 글쓰기 작업에 물을 대는 관개 작업을 함과 동시에 자양분을 제공받기도 했던 것이다.

디드로

디드로가 프랑스에서 처음으로 미술비평을 한 인물은 아니다. 디드로 이전부터, 그러니까 17세기 말부터 그림에 대한 설명은 종종 여러 잡지에 실리기도 했다. 더 정확하게 말하자면, 디드로에 앞서 이미 라 퐁 드 생테엔느(La Font de Saint-Yenne)는 1747년에 『현재 프랑스 회화의 주제 연구』라는 저서를 출간하기도 했다. 이 책은 이른바 논쟁적인 비평의 시초가 되었다. 하지만 『살롱』의 저자인 디드로의 남다른 성공은 미술비평 장르의 토대가 되었으며, 그것은 문학비평보다도 약 70년 앞선 것이다(문학비평에서 디드로의 미술비평과 유사한 미학적 인정과 제도적 합법성을 찾기 위해서는 생트 뵈브를 기다려야 했다). 하지만 디드로에게 미술비평은 소명은 아니었다. 디드로가 미술비평을 시작한 것은 철학자 그림(Grimm)의 요청에 따른 것이었다. 그 당시 그림은 유럽의 여러 궁정에서 볼 수 있었던 잡지 『문학 통신』의 편집을 맡고 있었다. 이 잡지를 구독한 유명한 인물 가운데는 러시아의 카트리나 2세 여왕이 있었다. 디드로의 『살롱』은 2년마다 출간되었다.(루브르 박물관의 살롱 카레(Slon carré)에서 왕립아카데미의 주최로 개최되는 전시회가 열릴 때마다 말이다. 이 전시회는 매년 프랑스 예술가협회 주관으로 개최되었던 "살롱"전의 전신이다.) 『살롱』의 출간은 1759년에서 1771년까지 매 2년마다 계속 되었다. 그리고 1775년과 1781년에 나온 마지막 호에서는 일종의 비평 피로감이 확연히 묻어나기도 한다. 이와 병행해 디드로는 『회화론*Essais sur la peinture*』(1766)과 『회화에 대한 사색*Pensée sur la peinture*』(1774)을 출간하기도 한다.

『살롱』을 쓰기 시작할 무렵 디드로는 벌써 조형예술의 실기와 이론에 대한 많은 지식을 쌓은 상태였다. 레오나르도 다 빈치, 르 브룅, 드

필 등이 이미 디드로의 독서 목록에 포함되어 있었다. 디드로는 많은 화랑과 작업실을 방문했다. 샤르댕은 그에게 회화에 대해 가르쳐주기도 했다. 그 결과 디드로는 화가들의 작업에 잘 들어맞는 적절한 기술적 용어들을 구사할 수 있었다. 디드로는 상당한 감식안을 가진 전문가의 눈으로 그림의 "붓질", "터치", "부분적인 하이라이트", 그림의 표면에서 볼 수 있는 음영의 배치 등을 평가할 수 있었다. 디드로는 또한 여러 차례에 걸쳐 화가들의 '창작 행위', 즉 화가들 고유의 회화적 비전의 모든 것이라 할 수 있는 '행위'를 상기시키기도 했다. 이와 같은 정보들이 디드로 저작의 주요 노선을 이루는 미학적 성찰에 곁들여졌으며, 주로 『백과전서』의 〈천재〉 항목, 『사생아론』, 『극시론』, 『배우의 역설』 등에 포함되어 있다. 이 저작들에서 회화 작품은 여러 차례에 걸쳐 인용되고 있다. '부르주아 드라마' -빈사 상태에 있는 비극을 대체할 임무를 가진 "진지한 비극적 장르"- 라는 새로운 장르의 탄생을 가져온 연극의 변화에 관여했을 때, 디드로는 주로 회화를 염두에 두었다. 결정적인 순간에 배우들의 제스처와 태도가 낭독된 텍스트보다 더 큰 중요성을 가지게 된다는 점에서 그는 극작품의 상연이 "그림"을 포함하고 있다고 생각했던 것이다.

미학 문제에 대한 디드로의 관심사는 계몽 시대의 정신 속에서 이루어진 핵심적인 변화라고 할 수 있다. 어원적으로 '감각에 대한 학문'을 의미하는 신조어 "미학"은 곧바로 "미에 대한 학문" -감각적이면서 외부적인 모든 가치로부터 분리되어 있다는 점에서- 을 지칭하게 되었다. (칸트에게서 '미'는 정확히 "개념 없이 보편적으로 즐거움을 주는 것", 또한 '목적 없는 목적성'으로 여겨질 수 있는 모든 것이다.) 미학에 대한 성찰에서 디드로는 그의 감각적인 유물론과 마찬가지로 본질상 사회적, 정치적 가치에의 종속에서 벗어난 천재에 대한 전(前)낭만주의적 매혹을 투사했다. 디드로가 자신의 이름을 빌려준 『라모의 조카』의 인물이 이와 같은 두 가지 요소가 결합된 가장 훌륭한 예이다. 평범한 천재(왜냐하면 그는 주로 실수를 통해서 성공하기 때문이다)인 그는 열정과 감각을 가진 인간임과 동시에 판토마임에 관여할 때는 천재적인 발명가이기도 하다.

미학에 대한 디드로의 이와 같은 관심은 그 자신 회화의 역사에서 전환기에 직접 살았던 만큼 더 강한 것으로 보인다. 프랑스 예술 아카데미는 창작 행위에 대해 커다란 영향력을 행사하고 있었다. 실제로 디드로가 해설하고 비평했던 "살롱전" 역시 이 아카데미에 의해 개최되었다. 그리고 장르에 대한 고전적 위계질서 역시 공식적으로 지켜지고 있었다. 하지만 바로 이 시대에 낭만주의적인 감수성의 발효가 일어나기 시작했다. 비록 신화적인 주제들이 여전히 그림에 이용되었지만, 이 주제들의 사용은 훨씬 더 자유로워졌다.(비록 이와 같은 자유가 라르질리에르(Largillière)와 부셰에게서 볼 수 있는 것처럼 멋을 부린 퇴조의 기미를 보이긴 하지만 말이다.) 많은 주제들이 강력히 대두되었다. 서술적 구실을 떨쳐버린 풍경화, '바니타스'의 담론을 떨쳐버린 정물화 등이 그것이다. 그리고 회화의 기술도 소묘의 스타일과 가시적인 터치로 나타나는 개인적 충동에서 해방되었다. 디드로는 날카롭고 수용적인 정신을 통해 이런 변화를 대단히 민감하게 받아들였다. 또한 이와 같은 변화는 디드로에 의해 고안된 부르주아 드라마와 더불어 진행된 연극 분야의 개혁과 같은 방향으로 진행되기도 했다.

계속된 『살롱』의 출간을 통해 디드로의 미술 취향이 어떤 방향으로 나아가게 되었는지를 볼 수 있다. 디드로는 데제(Deshays), 그뢰즈, 샤르댕, 베르네, 그리고 다비드 등의 작품을 좋아했다. 디드로가 편애하는 화가 가운데는 부셰도 있다. 부셰는 디드로의 관심을 끌기도 했지만, 또한 디드로는 그의 꾸밈과 기교주의를 싫어하기도 했다. 디드로의 이와 같은 태도의 배후에는 일관성이 두드러지는 미학적 사유가 드러나고 있다. 시인과 마찬가지로 위대한 화가는 날카로운 정신, 상상력, 열광을 지녀야 한다. 비록 비평가의 평가는 그림의 구성을 통해 뚜렷이 드러나는 통일성에 대한 화가의 관심을 계속해서 고려해야 하지만 말이다. 실제로 그림은 역동적으로 배열된 하나의 총체성이다. 그런데 훌륭하지 못한 작품에서는 집중력이 그림의 세세한 구성 요소들 사이에 이리저리 분산되어 있다. 이와 같은 통일에 대한 요구는 의미가 없는 것이 아니다. 그도 그럴 것이 그림이란 항상 감각적인 표현성은 물론이고 도덕적인 면까지 겨냥해야 하기 때문이다(디드로는 그뢰즈에 대해 1763년의 『살롱』에서 "도덕적 그림"이라는 용어를 사용하기도 한다.) 디드로는 그뢰즈에게 다음과 같은 요구를 하고 있다. "나를 감동케 해라. 나를 놀라게 해라. 나를 분열시켜라. 나로 하여금 전율케 하라. 나로 하여금 울고 떨게 하라. 우선 나로 하여금 분개하게 하라."(『회화론』) 이와 같은 비장한 표현주의와의 직접적 관련 속에서 디드로는 그림이 가진 이루져니즘적인 힘을 높이 평가했다. 비록 디드로 자신 화가의 "이상적 모델"에 대한 참조의 필요성을 강조하고 있기는 하지만 말이다. 디드로는 『극시론*De la poésie dramatique*』에서 이미 이 이상적 모델이라는 생각(1763년부터 디드로에게서 지배적인 생각이 된다)과 친숙해진 모습을 보였다. 종종 진리나 혹은 "아름다운 자연"과 동의어로 사용되는 이상적 모델과 고대로부터 물려받은 모범적인 형태를 혼동해서는 안 될 것이다. 이상적 모델이란 천재 예술가의 종합 정신의 도움으로 자연을 그 불완전성을 떨쳐버리고 재구성하고 변화시킨 모습이라고 할 수 있다. 화가의 입장에서 보면 이와 같은 미학적 이상주의는 자연을 가능한 한 충실하게 표현해야 하는 필요성과 잘 어울린다.(디드로는 "자연의 전제주의"라는 용어를 사용하기도 한다.) 이 기준은 디드로의 미술비평에서 모든 회화 장르에 적용되고 있을 만큼 결정적 중요성을 가지고 있다. 우화, 풍경화, 초상화, 그리고 당연히 정물화에도 말이다. 이러한 점에서 디드로가 보기에 샤르댕은 초월 불가능하다. "그의 그림은 자연 그 자체이다. 오브제들은 화폭 외부에 있고, 눈을 속이는 진리 밖에 있다."(1763년 『살롱』)

디드로가 종종 아주 소박하게 진리와 지각의 눈속임적 표현을 혼동하고 있는 것 -비록 이런 혼돈이 피상적이라고 해도- 을 보면 놀라울 정도이다. 예술적 미메시즘에 대한 이와 같은 매혹은 디드로의 소설 속에서 잘 드러나는 -『라모의 조카』에서 "내"가 "그"의 판토마임 앞에서 보내는 찬탄에서 그 예를 볼 수 있다- 속임수에 대한 취향을 잘 보여준다. 예컨대 『운명론자 자크』에서 화자는 끊임없이 자기를 숨기고 드러내고 한다. 마치 소설적 눈속임의 메커니즘을 끊임없이 작동하고 멈추는 것처럼 말이다. 이처럼 그림은 관람객의 눈을 속이는 -비록 눈멀게 하는 것은 아니라 할지라도- 능력 때문에 더욱 더 디드로의 관심을 끌게 된다. 관람객은 스스로 그림에 빨려들도록 방치하지만, 그럼에도 그는 그 자신의 명석함을 유지한다. 예술적 응시가 가진 매력의 상당 부분은 정확히 이와 같은 쌍안(雙眼)의 비전 속에 있는 것이다. 이렇게 해서 디드로는 〈가오리〉에서 드러나는 샤르댕의 "마법" 앞에서 황홀함을 느낀다.

이 마법에서 아무것도 듣지 못한다. 이것은 겹겹이 칠해진 색들의 두꺼운 층이다. 그리고 그 효과가 여기저기에서 새어나오는 것이다. 예전 같으면 사람들은 그것이 화폭 위에 내뿜은 증기라고 했을 것이다. 또 어떤 사람들은 화폭 위에 뿌려진 거품이라고 했을 것이다. (…) 하지만 가까이 가서 보라. 그러면 모든 것이 희미해지고, 평평하게 되고, 사라지게 될 것이다. 멀리서 보라. 그러면 이번에는 모든 것이 다시 나타나게 되고, 다시 태어나게 될 것이다.

(1763년 『살롱』)

이 인용문에서 볼 수 있는 것처럼, 디드로 미술비평의 이론적 쟁점은 문학적 형식과 분리될 수 없다. 디드로는 아주 재빨리 『문학 통신』에서 자신에게 맡겨진 역할, 즉 정보 제공자의 역할에서 벗어나고 있다. 그러니까 그림은 작가 디드로의 상상력과 창의력의 동원에 따라 이루어지는 진정한 "연출"의 기회가 되는 것이다. 이때 "쓰기"와 "보기"는 계속적으로 함축의 관계 속에 있게 된다. 실제로 그가 글을 쓰는 것은 관람객의 입장에서지만, 디드로 자신이 직접 동요시켜야 하는 것은 그의 글을 읽는 독자의 비전이라는 사실을 그가 잊지 않고 있기 때문이다.

나는 여러분들에게 그림을 설명할 것이다. 나의 묘사가 있는 만큼, 여러분들은 거기에 약간의 상상력과 취향을 더해 공간 속에서 그림을 그려볼 것이다. 그리고 여러분들은 그림에서 본 것처럼 여러 오브제들을 거의 같게 거기에 배치하게 될 것이다.

(1763년 『살롱』)

이와 같은 시선의 이전(移轉)은 디드로의 비평적 글쓰기의 커다란 동기이기도 하다. 관찰자와의 관계 속에서 장면을 설명하면서, 이 장면의 구성의 중심에서부터 정면의 비전을 선택하면서, 혹은 텍스트를 읽는 것처럼 그림의 표면의 한 쪽에서 다른 쪽으로 훑어가는 시선을 통합으로써, 디드로는 미학적 지각의 현상학에 충실하고자 한다. 그림은 우선 공간에 위치한 하나의 대상이고, 이 그림에 대한 지각은 시선의 상황에 따라 달라진다. "가까이에서 보면 형상은 조금 길게 보인다. (…) 몇 발자국 뒤로 물러나 보라. 그러면 이 단점은 -이 단점이 유일하다면- 곧 사라질 것이다."(1759년 『살롱』) 디드로가 고안해낸 '시학적 비평'은 이와 같은 현상학의 결과는 아니다. 현상학은 디드로로 하여금 그림에 의해 발생된 환영에 복종하고, 이 그림이 만들어내는 감동을 느낄 수 있도록 해주는 것뿐이다. 따라서 디드로는 그림이 문학적으로 말하게 하기만 하면 된다. 마치 이 그림이 관람객에게 시각적으로 말하는 것과 같이 말이다. 이때 문체는 자연히 표현적인 색채를 띠게 된다. 하나의 연극 장면을 설명하는 것처럼 말이다. 1763년의 『살롱』에서 볼 수 있는 베르네의 〈어부들〉과 〈난파〉에 대한 설명이 그 좋은 예다.

만약 그(베르네)가 폭풍우를 일으킨다면, 당신들은 바람소리나 파도치는 소리를 들을 것이다. 당신들은 파도가 바위에 부딪치는 것을 보고, 또 바위가 하얀 거품으로 휩싸이는 것을 볼 것이다. 어부들은 소리친다. 배의 측면이 드러난다. 어떤 이들은 물속으로 급히 뛰어든다. 어떤 이들은 거의 빈사 상태가 되어 해안에 널부러져 있다. 여기에서 관람객들은 하늘을 행해 손을 들어올린다. 저기에서 한 어머니가 아이를 품에 껴안는다. 또 다른 이들은 친구들과 친지들을 구하기 위해 죽음을 마주하는 것이다.

『문학 통신』을 위해 『살롱』을 집필하고 있었던 디드로는 이 잡지에 의해 제공되고 있던 서간 문학 장르의 특징을 잘 이용했다. 디드로는 텍스트에서 자기가 직접 관여했던 일, 그리고 심지어는 종종 개인적인 비밀이야기를 이용하기도 한다. "시간이 존경 받는 자를 위해 멈추었다. 나는 얼마나 짧게 살았던가! 나의 젊은 시절은 얼마나 짧게 지속되었던가!"(1767년 『살롱』, 위베르 로베르의 그림에 대하여) 디드로는 또한 종종 비평적 장면을 활성화하기 위해 대화 장치에 호소하기도 한다. 가령 디드로는 피에르(Pierre)에게 말을 하면서 이 화가를 질책하기도 한다. "당신은 훌륭한 프랑스 작가들을 알고 있소? 당신은 라틴 시인들을 알고 있소? 그러니까 그들의 작품을 읽어보지 않았단 말이오?"(1763년 『살롱』) 디드로는 심지어 여러 사람들로 하여금 말을 직접 하도록 하기도 하고, 독자의 존재를 환기하기도 한다. 그리고 디드로는 재현된 공간 속으로 직접 들어가기 위해 주저하지 않고 조명장치를 뛰어넘기도 한다. 가령 1767년에 베르네가 전시한 7점의 풍경화 속에서 산책하는 장면을 상상하면서 그랬던 것처럼 말이다. 이와 같은 과감함의 기저에 놓여 있는 모델은 정확히 문학적 모델, 즉 소설과 연극에서 빌려온 모델이다. 더군다나 디드로는 주저하지 않고 문학적 비교를 하기도 한다. 예컨대 부셰에 대해 이렇게 말하고 있다. "시에서 아리오스트가 차지하는 위치를 부셰는 거의 회화에서 차지하고 있다."(1761년 『살롱』) 또는 비엥의 〈그림 장수〉에 대해서 "이것은 완전히 아나크레온풍의 송가(頌歌)이다"(1763년 『살롱』)라고 말할 때도 그러하다. 또한 디드로는 문학에서 그 자신의 텍스트를 장식하는 더 다양한 문채(文彩)를 빌어오고 있다. 가령 은유법, 과장법, 점층법, 활사법, 암시적 간과법(베르네의 그림에 대해시 디드로는 이렇게 지석하고 있다. "이 그림을 말로 설명하는 것은 거의 불가능하다. 그것을 보아야 한다.(1767년 『살롱』)) 등이 그것이다.

장 스타로뱅스키가 잘 지적하고 있는 것처럼, 이와 같은 풍부한 다성성은 디드로의 미술비평에서 단순히 장식적인 것이 아니라 그의 비평의 중요한 일부에 해당한다. "디드로에게 있어서 하나의 살롱전을 설명한다는 것은 가지를 치는 것이다. 즉 여러 언어를 말하면서 복수의 존재를 만들어내는 것이다."(『디드로와 부셰에서 다비드까지의 미술. 살롱전. 1759-1781』) 실제로 다양성은 비평 텍스트에 생명을 주는 수사학적 기법 이상이다. 다양성을 통해 작품이 가지고 있는 생생하고 감각적인 본성이 설명된다면, 그것은 이 작품이 어떤 점에서 관람객에게 호소하는가를 보여주기 때문이다. 디드로는 본능적으로 미학적 지각이 고전전 사유의 토대를 구성하는 주체와 대상이라고 하는 너무 편리한 분리를 해체시키고 있다는 사실을 깨달았다. 작품은 이것에 대해 질문을 하고, 또한 이 작품에 의해 질문을 받는 비평적 시선의 주체가 되는 것이다. 미술비평에서 이처럼 문학을 동원하는 것은 이와 같은 주체와 대상의 중요한 전복을 가능케 해주었다. 이런 점에서 디드로와 관련해 '그림의 글쓰기'를 말할 수 있다. 작가가 미술비평 앞에서 사라지는 것이 아니라, 이 비평을 풍부하게 하고, 또 문학을 동원함으로써 그의 비평 방식에 문제를 제기한다는 의미에서의 '그림의 글쓰기'가 그것이다.

보들레르

보들레르에게 있어서 미술비평은 중요한 위치를 점하고 있으며, 그의 미학적 사유 전체를 밝혀주고 있다. 한 마디로 미술비평은 그의 미학의 일종의 실험실이었다고 할 수 있다. 보들레르는 한 예술에서 다른 예술로의 이와 같은 '전환'의 필요성과 작가로서의 목표를 더 잘 실현하기 위해 그림과 문학 사이의 '조응 관계'의 필요성을 내적으로 더 강하게 느꼈던 것으로 보인다. 보들레르의 예술비평 텍스트는 크게 두 부류로 구분될 수 있다. 첫 번째 부류에는 당대의 관심사와 연결된 저널비평이 포함되고 있다. 1845, 1846, 1859년 살롱, 개인전에 관계된 또 다른 비평, 예컨대 〈본 누벨 바자회의 고전 박물관〉(1846), 〈외젠 들라크루아가 그린 생 쉴피스 벽화〉(1861), 〈마르티네 회랑의 전시회〉(1863), 〈외젠 들라크루아의 작품과 삶〉(1863) 등이 그것이다. 두 번째 부류에서는 미학 문제가 좀 더 직접적으로, 좀 더 전체적으로 다루어지고 있다. 〈웃음의 본질과 일반적으로 조형예술에서의 희극적인 것의 본질〉(1853), 〈근대적 삶의 회화〉(1863), 〈철학적 예술〉(보들레르의 서류에서 발견된 미간행 텍스트) 등이 그것이다.

예술에 대한 보들레르의 관심 -특히 그림에 대한 관심- 은 상황에서 기인함과 동시에 그의 삶에서 계속 확인되는 그의 소명에서도 기인한다. 아버지가 예술 애호가였고, 화가였고 또 그림 수집가였다는 사실은 장차 시인이 될 청년 보들레르에게게 커다란 영향을 미칠 수밖에 없었다. 청년 보들레르는 종종 루브르 박물관을 방문했으며, 특히 스페인 화가들의 작품을 감상했다. 또한 그는 카페와 여러 잡지들의 편집실에서 몇몇 화가들과 친구가 되기도 했다. 들라크루아도 그들 가운데 한 명이었다. 하지만 보들레르에게 항상 활기를 불어넣어 주었던 내적 충동과 결합되지 않는다면 이와 같은 상황은 그저 단순한 일화적 의미를 가질 수밖에 없었을 것이다. 보들레르는 〈나심(裸心) *Mon cœur mis à nu*〉에서 이렇게 쓰고 있다. "이미지 숭배를 찬양하자.(나의 위대한, 나의 유일한, 나의 원시적인 열정.)" 보들레르는 19세기 프랑스 시의 역사에서 '투시력'의 시인 위고와 '견자'의 시인 랭보 사이에 다리를 놓고 있다. 이들 두 시인을 "새로운 것"(이 단어는 『악의 꽃』의 마지막 단어이다)을 추구하는 시학적 근대성의 주요 대표자로 여겼던 것이다. 보들레르의 시에서 이미지는 거의 언제나 "미지의 것"의 탐색과 연관된 특권적인 벡터라고 할 수 있다. "이글거리는 석탄불에 빛나는 저녁/ 장미 빛 증기에 가려진, 발코니의 저녁"(〈발코니〉)을 상기시킬 때, 보들레르는 문학적 이미지(은유)와 시각적 이미지, 그리고 시인에게 부여된 특권적인 관찰자로서의 위치를 결합시키고 있다. 이처럼 보들레르에게 있어서 조형예술 작품에서 영감을 받은 시들이 많이 있다는 사실은 전혀 놀라운 일이 못된다. 〈등대〉, 〈여행 중인 집시들〉, 〈지옥의 돈 후안〉, 〈결투〉, 〈어떤 환상적인 판화〉, 〈사랑의 신과 해골〉, 〈가면〉, 〈죽음의 무도〉, 〈롤라 드 발랑스〉, 〈외젠 들라크루아의 〈감옥 속의 르 타스에 관하여〉〉 등이 그 좋은 예이다.

보들레르의 비평 작업은 회화 역사의 결정적 순간에 이루어졌다. 보들레르가 활동했던 시대는 두 개의 극단 사이에 위치해 있었다. 한 쪽에는 앵그르의 신고전주의, 아카데믹한 전통에로의 회귀로 특징지어지는 신고전주의, 미에 대한 이상적인 관념, 데생에 대한 강조 등에 의해 지배되는 기류가 있었다. 다른 한 쪽에는 마네와 더불어 시작된 근대성의 기류가 있었다. 마네는 보들레르의 친구였지만, 보들레르는 그를 잘 이해하지 못했다. 그 까닭은 보들레르 자신이 리얼리즘에 대한 생각이 나뉘어져 있었기 때문이었다. 보들레르는 정형화된 형태에 맞서 싸우는 점에 대해서는 마네에게 고마워했다. 하지만 보들레르는 마네에게서 물질적 세계에 대한 종속을 비난했다. 보들레르는 리얼리즘에 회화적 주제에 대한 부정의 싹, 좀 더 정확히 말해 '순수' 회화의 정립의 싹이 포함되어 있다고 보지 않았다. 아카데미즘의 거부와 예술의 정신적 소명의 재천명 사이에서 보들레르는 들라크루아를 칭찬할 수밖에 없었다. 보들레르가 보기에 들라크루아는 진정한 낭만주의를 표방하는 화가였던 것이다. "낭만주의를 말하는 자는 근대 예술을 말하는 자다. 즉 내면성, 정신성, 색채, 무한을 향한 동경을 말이다."(1846년의 『살롱』)

또한 보들레르가 활동했던 시대에 미술비평 역시 변화를 거듭했다. 아카데믹 비평은 고대 시대에 그러했던 것처럼 건축을 제1의 예술로 여기는 예술의 위계질서를 유지하고자 했고, 미술에서도 역시 장르상의 구분을 유지하려고 했다. 이와는 달리 몇몇 미술비평가들은 동시대의 회화에서 나타나는 변화에 주목했다. 귀스타브 플랑쉬(Gustave Planche), 아르센느 우세(Arsène Houssaye)(보들레르의 친구), 그리고 특히 데오필 고티에가 그들이다. 고티에는 낭만주의의 위대한 옹호자였고, 여러 예술 사이의 조응 관계에 아주 민감했으며, 보들레르가 성공적으로 수행한 예술의 전환을 직접 시도했던 장본인이기도 했다. 물론 보들레르에게 직접적으로 영향을 준 고티에 말고도 다른 매개자들도 있었다. 우선 보들레르는 디드로의 『살롱』을 자연스럽게 읽게 되었다. 가령 1846년의 『살롱』에서 보들레르는 스스로 자기 자신의 비평의 단호함을 정당화시키기 위해 디드로의 예를 참고하고 있다. "나의 경건한 분노로 충격을 받을 것이 틀림없는 자들에게 디드로의 『살롱』을 읽어볼 것을 권한다." 발자크가 조응 관계의 개념에 접근했던 『미지의 걸작』은 보들레르로 하여금 -들라크루아와 공유했던 생각이기도 하다- 다음과 같은 생각을 가지게 했다. 즉 질량과 색으로 이루어진 자연에는 선이란 것이 존재하지 않는다는 생각이 그것이다. 마지막으로 『이탈리아 회화사』의 저자인 스탕달이 있다. 스탕달은 낭만주의와 1846년의 『살롱』에 할애된 보들레르의 여러 텍스트에 결정적인 영향을 주었다.

보들레르가 쓴 많은 예술 비평 텍스트는 1857년에 간행된 『악의 꽃』보다 앞선 것이다. 후일 프루스트가 했던 것처럼 보들레르도 자신의 모든 시 작품이 그 예증이 되는 미학적 사유를 정립하고 있다. 사실주의에 대한 이의제기는 보들레르의 미학적 성찰의 단골 주제 가운데 하나이다. 보들레느는 "현미경적 진실에 집착하는" 화가들, "자연처럼 우매한" 작품을 창조해내는 화가들을 비난하고 있다. 이와 마찬가지로 보들레르는 사진을 비난하기도 한다. "적극적으로, 그리고 보편적으로 정확하다는 것은 반드시 칭찬받을 만한 것은 아니다"라고 보들레르는 1859년의 『살롱』에서 지적하고 있다. 왜냐하면 예술은 무엇보다도 정신적 기능을 가졌기 때문이다. 이와 같은 측면에서 보들레르는 반자연주의자일 수밖에 없다. 인위적인 것은 창작 행위의 불완전성에 대항하는 반항의 표지이기 때문이다. "예술가의 첫 번째 임무는 인간으로 자연을 대체하는 것, 자연에 저항하는 것이다."(1846년 『살롱』) 정확히 이와 같은 차원에서 보들레르는 예술의 자율성에 대한 근대적 사유를 예고하고 있다. 보들레르는 이렇게 주장하고 있다. "모든 예술은 그 자체로 자족적이어야 한다."(〈철학적 예술〉) 진정한 예술가는 "그 자신에게만 속한다."(〈1855년 만국박람회전〉) 하지만 이와 같은 자율성이 예술 작품을 객관적인 사실성으로 환원시키지는 못한다. 우리는 이와 같은 사실을 20세기 몇몇 미학 이론에서 볼 수 있다. 가령 예술 작품의 정신적 의미의 총체를 위해 이데올로기적, 정치적, 사회적인 모든 종속에 대한 독립성의 보장을 주장하는 이론이 그것이다.

이렇게 해서 보들레르 자신이 항상 요구했던 "초자연주의"가 드러나게 된다. 이 초자연주의는 "근대적 삶의 화가"에게 삶의 "현실적 환상"을 포착하는 의무를 지운다. 보들레르는 이 초자연주의를 통해 다양성의 미학, 가령 그 자체만으로도 인간의 찢긴 형이상학적 모순을 드러내는 '추(醜)'의 미학 등을 지적하고 있다. 그도 그럴 것이 예술가는 자기와 비슷한 사람들 이상으로 인간 조건의 '이중성'을 드러내야 하기 때문이다. "예술가는 이중적이어야 하고, 자기의 이중적 본질에 대해 그 어떤 현상도 간과하지 않는다는 조건하에서만 예술가일 뿐이다."(〈웃음의 본질에 대하여〉) 보들레르의 사유와 작품은 지속적으로 이와 같은 이중성을 통해 구조화되고 있다. 가령 『악의 꽃』의 첫 부분인 〈우울과 이상〉도 이러한 이중성을 바탕으로 구성되어 있다. 이 이중성은 "과거에 있었던 추락, 육체적이고 정신적인 쇠퇴라는 사고와 밀접하게 연결된 (…) 인간의 웃음을 특징짓는다."(같은 책) 보들레르는 들라크루아가 그린 생 쉴피스의 벽화에 대한 설명을 이 이중성에서 찾기도 한다. 이 설명에서 보들레르는 "자연적 인간과 초자연적인 인간은 각자의 본성에 따라 투쟁한다"라고 쓰고 있다. 보들레르가 '상상력'을 "인간 능력의 여왕"으로 규정하는 것은 정확히 이 상상력이 인간의 이중적 본성에 충실한 "초자연주의"에 적합한 것이기 때문이다. 예술가는 이 상상력을 통해 자기 내부에 지니고 있는 이상적인 몫을 예술 작품에 재주입한다. "상상력은 참된 것의 여왕이다. 가능한 것은 참된 것의 여러 지방 가운데 하나이다. 상상력은 적극적으로 무한과 연결되어 있다."(1859년 『살롱』)

이런 이유로 "미는 항상 기이하고", 또한 미는 "깔끔한 그림, 귀여운 것, 어리석은 것, 모호한 것"과 혼동될 수 없는 것이다.(〈화가들과 부식동판화가들〉) 이와는 달리 보들레르는 들라크루아에 대해서는 "보편적인 인간의 위대함과 타고난 정열에 대한 일종의 기억술"을 지적하고 있다.(〈외젠 들라크루아의 작품과 삶〉)

위의 문장에는 회상이라는 주제에 의해 플라톤에 대한 참조가 나타나고 있기는 하다. 그럼에도 보들레르는 조화라는 관념을 불편하게 만드는 정열적인 성향으로 인해 그런 참조로부터 멀어진다. 보들레르에 의하면, 미란 "강렬하고 슬픈 그 무엇이고, 약간은 모호하면서 추측에 상상의 날개를 달아주는 그 무엇이다."(〈불꽃〉) 따라서 보들레르는 〈근대적 삶의 화가〉에서 주장하고 있듯이 악, 추함, 심지어는 "끔찍한 것"까지를 재현의 대상으로 삼고 있다. 미는 조화에 대한 힐끗 보기이고, 인간의 비참함의 베일을 통해 비치는 순수한 세계의 반짝임에 불과한 것이다. 보들레르가 지적하고 있는 "미에 대한 사라지지 않는 욕망"(〈근대적 삶의 화가〉)은 이처럼 항상 절대에 대한 향수에 의해 관통되고 있고, "균열"에 의해 금이 나있다.(『악의 꽃』의 〈깨진 종〉을 참고할 것.) 보들레르가 결정적으로 다음과 같은 정의를 내리고 있는 '근대성'이라는 개념에 대해 관심을 갖는 것은 정확히 이와 같은 과정을 통해서이다. "근대성, 그것은 일시적인 것이며, 덧없는 것, 우연한 것으로서 예술의 절반을 이룬다. 예술의 나머지 절반은 영원한 것과 불변하는 것이다."(〈근대적 삶의 화가〉) 보들레르가 정립하고 있는 근대성의 미학은 이처럼 동시대적인 주제들과 모티프들을 자기 것으로 만드는 미학, 그것도 이 주제들과 모티프들의 덧없는 특징과 동시에 그것들에 의해 드러나는 절대에 대한 뿌리 깊은 향수를 드러내 보이는 미학인 것이다. "현재의 삶에서 이 삶의 서사시적 측면을 끌어낼 수 있는 자, 그리고 색깔과 데생을 통해 넥타이와 약칠을 한 구두 속에서 우리 자신이 얼마나 위대하고 시학적인가를 알아차리고 또 이해할 수 있게 해 주는 자, 이 자야말로 '화가', 그것도 진정한 화가일 것이다."(1845년 『살롱』)

보들레르의 비평 성향은 언제나 이와 같은 이론적 입장의 반영이었다. 보들레르가 예술 시장과 그것의 제도적인 측면을 상기시킬 때조차도, 이것은 "일종의 전제자-공무원인 '교수-심사위원'"에 의해 대표되는 살롱전의 기능을 통렬하게 비난하거나, 혹은 "때로는 멍청하고, 또 때로는 분노하지만 결코 독립적이지 못한"(1845년 『살롱』) 저널비평을 통렬하게 비난하기 위한 것이었다. 이처럼 논쟁을 유도하는 재능은, 비록 그것이 시간의 흐름에 따라 줄어들기는 하지만, 보들레르 비평의 중요한 방식이었다. 젊은 보들레르의 펜 아래에서 종종 지독한 혹평이 쏟아져 나오는 경우도 있다. 다음과 같이 복수에 찬 열기로 가득한 주장이 그 좋은 예다. "오라스 베네 씨는 그림을 그리는 군인이다. (…) 나는 이 작자를 증오한다. (…) 그는 예술가에 대한 절대적인 반-명제이다."(1846년 『살롱』) 또한 보들레르의 발언은 종종 정치적이고 이데올로기적이기도 하다. 예컨대 "모든 것을 점령하고, 모든 것을 평준화시키는 민주주의의 높아져가는 파도"를 비난할 때처럼 말이다.(〈근대적 삶의 화가〉)

"어느 편에든 일단 가담하게 되면 모든 창작자는 반드시 좋지 않은 그룹에 속하게 된다"는 사실을 확신하고 있는 보들레르는 점점 더 그 자신이 비평하는 작품들의 자율권을 보장하는 방향으로 나아가게 된다. 아카데미에 의해 부과된 예술 장르의 구분을 받아들인 후에 보들레르가 관심을 갖는 것은 예술가들, 예술 작품 그 자체였다. 그 과정에서 보들레르는 예술 작품에 고유한 미학적 특징들을 분명하게 드러내기 위해 점점 더 주제를 포기하게 된다. 보들레르의 비평 방법 역시 같은 방향으로 변화한다. 처음에 디드로의 노선을 따라 설명적이고 분석적이었던 방법은 점차 보들레르 자신이 의식하게 되는 필요성에 따라 "시학적" 방법으로 변화하게 된다.

나는 진지하게 가장 훌륭한 비평이란 재미있고 시학적인 비평이라고 생각한다. 그것은 모든 것을 설명한다는 구실 하에 사랑하는 감정이나 증오심도 품지 않고, 또한 기꺼이 모든 기질에서 벗어난 그런 냉정하고 기하학적인 비평이 아니다. 한 폭의 그림이 한 명의 예술가에 의해 반성된 자연인 이상, 훌륭한 비평은 지적이고 감수성이 예민한 한 정신에 의해 반성된 비평인 것이다. 이렇게 해서 한 폭의 그림에 대한 가장 훌륭한 비평은 한 편의 소나타나 엘레지가 될 수 있는 것이다.

(1846년 『살롱』)

보들레르는 또한 이렇게 덧붙이고 있다. 즉 위와 같은 비평이 실천 불가능할 경우에(이런 비평은 원칙적으로 시집이나 시의 독자들에게만 한정된다), 비평은 "편파적이고 격정적이고, 정치적이어야 한다. 다시 말해 하나의 배타적인 관점에서 행해진 비평이어야 한다. 다만 가장 많은 해석의 지평을 열어주는 비평이어야 한다."(1846년 『살롱』) 세상을 떠난지 얼마 안 되었던 친구 들라크루아에 대한 초상화를 통해 보들레르는 바로 위와 같은 방향과 설명 방법을 보여주고 있다.

그를 바라보면서 나에게 한 번 이상 다음과 같은 꿈을 꾸는 일이 발생했다. 멕시코의 옛 군주들, 태양의 피라밋 제단 위에서 단 하루 동안 삼천 명을 죽인 희생제의를 위한 유능한 손을 가진 몬테수마 황제[96], 혹은 가장 영

96) Montézuma(1502-1520): 아즈텍을 통치한 제9대 황제.(역주)

광스럽고 화려한 축제에서 두 눈 깊은 곳에 뭔가 설명되지 않는 향수, 알려지지 않은 것들에 대한 기억과 후회와 같은 무엇인가를 지니고 있는 힌두교의 왕들 가운데 누군가를 꿈꾸는 일이 말이다.

(〈외젠 들라크루아의 작품과 삶〉)

들라크루아에 대한 이와 같은 상상적인 초상화에서 이 화가의 영감을 설명해주는 몇몇 특징이 드러나고 있다. 가령 역사에 대한 취향, 오리엔탈리즘, 빛, 잔인함, 고통, "세기말 증세", 무한에 대한 고통스러운 향수 등이 그것이다. 이와 같은 기법은 단순한 예술의 전환을 넘어서는 것이다. 왜냐하면 이 특징들 전체가 들라크루아의 잠재적인 그림을 구성하고 있으며, 그것은 언어의 암시적인 힘에 의해 문학적으로 지탱되고 있기 때문이다. 이처럼 보들레르가 그 자신의 가장 훌륭한 미술비평 텍스트를 쓴 것은 실제로 영감을 받은 시인으로서이다. 〈근대적 삶의 화가〉에는 『산문시집*Petits poèmes en prose*』에서 발췌한 것으로 생각할 수 있는 여러 문장들이 들어있다. 통속적인 서술과 서정적 환희를 섞어놓은 듯한 특징이 나타나고 있는 것이다.

잠에서 깨어나 눈을 뜨고 창문틀에 강하게 내리쬐는 태양을 보았을 때 M.G.(콩스탕텡 기)는 후회와 회한의 감정을 가지고 이렇게 생각했다. "이 얼마나 강한 질서인가! 이 얼마나 눈부신 빛의 팡파르인가! 벌써 몇 시간 전부터 빛이 모든 곳에 있다니! 내가 잠을 자면서 잃어버린 그 빛이! 나는 빛에 의해 '밝혀진' 그 얼마나 많은 것들을 볼 수 있었을까! 하지만 나는 그것들을 보지 못했다!" 그리고 나서 그는 출발했다. 그는 그처럼 장엄하고 그처럼 찬란하게 빛나는 생명의 강이 흐르는 것을 보았다. 그는 도시의 삶의 이 영원한 아름다움과 이 영원한 조화를 찬양해마지 않았다. 인간의 자유의 소용돌이 속에서 그처럼 기적적으로 유지된 조화를 말이다. (…)

이제 저녁이 되었다. 하늘의 커튼이 닫히고, 도시의 불빛이 밝혀지는 기이하고도 의심스러운 시간이다. 가스 불빛에 의해 석양의 홍조에 얼룩이 지고 있다.

보들레르의 비평 방식 -특히 그가 높이 평가하는 예술가들에 대한-

은 이처럼 점점 더 작품에 의해 생성되는 감동을 서정적으로 재창조하는 그런 시학적 발명으로 흐르고 있다. 다음과 같이 선언할 때 보들레르는 이와 같은 사실을 완전히 의식하고 있는 것으로 보인다. "한 폭의 그림이 나의 정신에 가져다주는 생각이나 몽상의 총합에 의해서만 내가 이 그림을 평가하는 경우가 종종 있다."(〈1855년 만국박람회전〉) 이와 같은 평가 태도에서 귀결되는 결과는 회화 주제의 사멸, 아주 드문 기술적 분석, 항상 주체적이지만 역설적인 관점 등이다. 보들레르는 〈대중들〉에서 이렇게 쓰고 있다. "시인은 자기 마음대로 자기이자 타인이 될 수 있는 이 비교할 수 없는 특권을 향유한다."(『산문시집』) 보들레르의 미술비평은 정확히 이와 같은 변증법을 통해 전개되고 있다. 디드로가 즉각적으로 소통이 가능한 감동의 수사학을 통해 작품을 연극화하려고 했던 바로 그 지점에서 보들레르는 작품을 자기 것으로 -하지만 그 자신 보편적으로 만들고자 하는 공명을 제공해주고 있기도 하다- 만들고 있다.

클로델

클로델은 사망하기 9년 전인 1946년에 예술에 관한 자신의 주요 텍스트들을 『눈이 듣는다*L'Œil écoute*』라는 제목으로 묶어 놓았다. 디드로와 보들레르와는 달리 클로델의 예술비평은 그의 작품 세계에서도 매우 적은 부분만을 -게다가 매우 때늦은 감이 있는- 차지하고 있을 뿐이었다. 게다가 그가 예술비평에 참여한 것은 외교부에서 퇴임하기 직전인 66세가 된 1934년의 일이었다. 그는 주로 그림에 대해 숙고하고 있지만 성당 건축, 음악, 스테인드글라스, 타피스리 기법, 보석 등도 다루고 있다. 이러한 다양한 관심사를 통해 드물기는 하지만 그는 예술을 분류하거나 등급을 매기는 시도를 하고 있다. 한편 그와 같은 맥락의 사유 속에서도 그는 예술을 신앙생활과 종교의 측면과 결합시키고 있다. 그런 성향의 변화는 점점 더 두드러져 갔다. 비록 『네덜란드 미술 입문』(1935)이라는 글은 신학적 영향력에서 벗어나 있는 것으로 보이지만, 신학적 영향력은 다음과 같은 이후의 글 속에서 두드러지게 나타나게 되는데, 〈보석의 신비주의 신학〉(1938), 〈스트라스부르그 대성당〉(같은 해), 〈시편과 사진〉(1943) 등이 그 예를 보여준다.

클로델의 미학적 성찰은 근대 예술이 이미 대규모로 동요하고 있던 시대에 자리잡고 있다. 그는 동시대 예술에 대해 극도로 엄격한 판단을 견지하고 있다. 다시 말해 그는 "오늘날 회화가 빠져버린 음울한 퇴폐주의"를 규탄하고 있으며, 그런 회화의 전시회들은 "비열함에나 쓸모있는 외설과 무지와 미숙함의 맥빠진 광경"(〈스페인 회화〉)을 보여준다. 작품을 자신의 청년기를 지배했던 실증주의에 대항하는 하나의 영적인 반응으로 여기는 그로서는 근대예술의 내적인 논리를 이해할 수 없었던 것이다. 그는 근대예술에서 단지 "지저분한 장광설", "꺼칠꺼칠한 석회질의 회반죽칠"만을 보게 된다.(〈스페인 회화〉) 사실상 그는 디드로와 보들레르와는 달리 자신과 동시대를 살아가는 예술가들에게는 관심을 두지 않았다. 음악 분야에 있어서도 그는 12음악 기법에 대해서가 아니라 아르튀르 오네게르(Arthur Honegger)[97]에 대해 말하고 있다. 회화에 있어서는 렘브란트를 확고부동한 거장으로 여겼으며, 반면에 마티스에 대해서는 일언반구 언급조차 없었다. 피카소의 작품은 "하나님의 작품에 대한 모독"으로 간주했다.(〈입체파 회화에 관한 몇몇 성찰들〉) 물론 본서에서 추상예술에 관한 체계적인 성찰을 추적하는 것은 쓸모없는 일이 될 것이다. 하지만 어찌되었든 간에 네덜란드 회화에 관한 분석들은 추상예술에 관한 매우 깊이 있는 직관을 보여주고 있는 것은 사실이다.("네덜란드 예술의 기도는 현실 세계에 대한 하나의 결산과도 같은 것이다." 『네덜란드 미술 입문』) 이처럼 현대예술에 관한 전적으로 이데올로기적인 그의 몰이해에도 불구하고, 그는 예술사와 미학적인 작업들에서 성취된 최신 성과들을 적절하게 이용하고 있다. 비록 그의 형이상학적인 시각이 본성상 인과론의 원칙을 반박하고 있기는 하지만, 그의 글들에는 역사적인 사유, 예술사회학의 영향과 더불어 미학적 분석을 담은 적극적인 의견들이 스며

97) Arthur Honegger(1892-1955) : 파리에서의 활동을 선택했지만 평생 스위스 국적을 간직한 스위스의 작곡가. '프랑스 6인조'의 한 사람으로 현대 음악을 작곡했으며, 대위법과 불협화음을 사용한 많은 작품을 발표했다.(역주)

들어 있다. 미학적 분석과 관련된 그의 견해들은 종종 그림의 구성에 대해 완전히 기하학적이고 추상적인 방식으로 언급하는 방식으로 드러나고 있다. 〈야간 순찰〉이라는 그림의 "전체 구성은 4개의 구도로 이루어져 있고, 앞부분의 첫 번째 구도는 문장학자가 사용하는 용어로 말하자면 다른 3개의 구도 위에 '격자 구조'로 제시되어 있다."(『네덜란드 미술 입문』)

보들레르와 마찬가지로 클로델은 하나의 형이상학을 반영하고 있는 총체적인 미학적 사유를 소개하고 있다. 예술비평에 관한 그의 글들은 철학, 종교 및 미학과 혼합된 성찰을 담고 있는 그의 또 다른 여러 텍스트들과 불가분의 관계에 있다. 그중 주요한 텍스트들에는 『시학*Art poétique*』(1907년에 출간되었으며, 『시간에 대한 인식*Connaissance du temps*』과 『세계 속에서의 공동-탄생과 자기 자신에 관한 개론*Traité de la co-naissance au monde et de soi-même*』이 포함되어 있다)과 『입장과 주장*Positions et propositions*』(1928년과 1934년에 출간되었으며, 특히 『프랑스 시에 관한 성찰과 주장*Réflexions et propositons sur le vers français*』이 포함되어 있다)이 있다. 그의 미학적 사유의 기반은 그 근간이 되는 세 가지 경험에 의해 이루어져 있는데, 랭보에 대한 매혹, 1886년에 있었던 가톨릭으로의 개종, 그리고 극동아시아의 발견(그는 외교관으로 중국과 일본에서 근무했었다)이 그것이다. 『일뤼미나시옹』을 쓴 시인 랭보로부터 그는 절대의 추구, 떠남의 도취감, "전대미문의" 창작 활동이 갖는 의미를 받아들인다. 가톨릭 신앙에서 그는 절대를 명명할 수 있게 되며, 예술 속에서 그 절대를 표현하는 가장 높은 수단들 중의 하나를 보게 된다. 마지막으로 "동양에 대한 인식"(1900년에 발간된 선집의 제목이기도 하다)으로 인해 그는 여행이 갖는 중요성에 대해, 그리고 내적 성찰 및 비움(vide)의 의미에 눈을 뜨게 되고, 이런 것들이 미학적인 경험 속에서 하나로 결집된다.

클로델에게 있어서 예술은 지배가 아니라 관여이다. 네덜란드에서 "예술은 자연을 변화시키는 것이라기보다는 일종의 은밀한 배어들기를 통해 그 자연을 흡수하는 것이다."(『네덜란드 미술 입문』) 그렇기 때문에 비평가는 "자신의 발을 신비스러운 방식으로 화폭 내부에 담글 수 있다."(〈아에그리 솜니아*Aegri somnia*〉, 1937) 다시 말해 "우리는 (그림의) 구조 속으로 이끌려 들어갔다. 오히려 들이마셨다라고 말할 수도 있을 것이다. 그러면 (그림에 대한) 응시는 매혹으로 탈바꿈 한다."(『네덜란드 미술 입문』) 이는 보들레르식의 "초자연주의"와 대비시켜 보는 경우에 더 강렬하게 드러난다. 만일 보들레르에게 있어서 자연이라는 것이 **악**에 의해 드러나는 것이며 그와 동시에 그 악이 인간에게 극복할 수 없는 이중성을 부여하는 것이라고 한다면, 클로델이 인식하는 자연이란 **신**의 발현이며 그 신의 통일성에 대한 보증이다. 자연이라는 "위대한 책"에 대해 성서적이고 중세적인 이해를 부활시킴으로써, 클로델은 예술가를 존재하는 모든 것 속에 각인된 신비로운 신성함에 대한 폭로자이자 탁월한 판독자로 삼고 있는 것이다. 다시 말해 "그것은 우리들 자신에 앞서는 하나의 텍스트이며, 우리는 스스로를 그 텍스트에 통합시켜야 할 것이다."(〈시편과 사진〉) 따라서 클로델에게 있어서 예술 작품이란 신의 현현의 예증적인 드러남이며, 그리스도교의 신비로운 핵심들 중의 하나가 되는 것이다. 그러한 이유로 인하여 전시회가 있었던 장소들이나 그림의 주제와 관련될 경우에는, 그의 글에 구체적으로 참고한 작품들의 목록이 그토록 빈번하게 등장하고 있는 것이다. 그렇다고 해서 그가 정신적인 것과 맞섰다고 생각하면 오산이다. 그렇게 구체적으로 참고한 작품의 목록으로 인하여 오히려 그 정신적인 것이 실체적으로 구현되고 있는 것이다. 이러한 점에서 클로델은 스페인 회화에 관해 언급하면서 "영적인 살(la chair spirituelle)"이라고 말하고 있다. 그는 피에터 데 호흐[98]와 베르메르가 그린 네덜란드 가정의 모습들이 담긴 그림들에서 "우리의 존재론적인 비밀에 대한 부드러운 손길"을 간파했다.(〈예술 속의 길〉) 게다가 네덜란드 전통의 초상화들에 대한 남다른 호감을 피력하는 경우에는, 그 작품들이 다음과 같은 점을 드러내 보인다고 언급하고 있다. 즉 "촉촉

98) Pieter de Hooch(1629-1684) : 로테르담에서 태어난 네덜란드의 화가. 17세기의 네덜란드는 청교도적 생활이 생활 전반에 뿌리내린 엄격하면서도 규범이 철저한 사회였다고 하는데, 그런 가정 내에서의 다양한 일상의 모습을 그린 이가 바로 피에터 데 호흐다.(역주)

한 입술 뒤로는 피로 인해 생기발랄해 보이는 뺨들이 있고 (…), 영혼의 충만함은 우리의 영혼에 말을 건네며, 우리의 영혼으로 하여금 대화를 나누고 싶게끔 자극한다."(『네덜란드 미술 입문』)

이와 같은 영적인 확신을 갖고 있던 클로델의 비평적 방식의 향배는 놀라우리만치 지속적인 모습을 보인다. 다섯 명의 화가들에 할애된 전체 연구를 소개하고 있는 〈몇몇 주해들*Quelques exégèses*〉이라는 제목은 그러한 방식이 지향하는 궁극적 목적을 잘 보여주고 있다. 다시 말해 (글로 쓰여진) 하나의 텍스트를 위해 그렇게 했던 것과 마찬가지로, 비평가는 우선 불투명한 두께 속에서 심오하고 비유적인 의미를 드러내는 의무를 담당하는 하나의 "독서"를 제시한다는 것이다. 이렇게 해서 클로델은 렘브란트의 〈야간 순찰〉에 대한 첫 번째 기술을 마친 이후에 다음과 같은 질문을 제시하고, 그 질문은 바로 그에 대한 해석을 진척시키게 된다. 즉 "이 모든 것이 의미하는 것은 무엇인가?"(『네덜란드 미술 입문』) 이에 대한 대답은 몇 페이지 뒤에서 다음과 같이 제시되고 있다. "**해체되어가고 있는 배열**, 하지만 정확히 바로 그 지점에 〈야간 순찰〉에 대한 온전한 설명이 자리하고 있다."(같은 책) 따라서 비평가는 -"펼치다(déplier)"라는 단어의 어원적인 의미에서- "설명을 한다." 마치 우리가 문학 텍스트의 의미작용에 대하여 그렇게 하듯이 말이다.

예술이란 현실 세계에 대한 폭로이자 영적인 변환이기 때문에, 비평가는 예술의 움직임을 따를 수밖에 없으며, 문학적인 치환을 통해서 그 흐름을 연장할 수밖에 없는 것이다. "눈이 듣는다"라는 표현은 시각과 청각 사이의 암시적인 공감각적 이미지를 통해서 그러한 계획을 탁월하게 부각시키고 있다. 이러한 (문학적인) 치환은 구체적이고 실체적인 모티프에 기댈 수도 있지만, 보다 직접적으로는 영적인 현현으로서 기능할 수도 있다. 다시 말해 네덜란드 정물화 속에 드러나는 유리는 "응고된 숨결"(『네덜란드 미술 입문』)이며, 그와 동시에 델프트의 빛은 "시각적인 영혼"인 것이다.(같은 책) 하지만 대부분의 경우 치환은 무한에 대한 호소와 마찬가지로 어떤 긴장감을 암시하는 짝을 이루고 있는 용어들에 호소하고 있다. 다시 말하자면 부동 상태와 움직임 사이에서 "근심이 좀먹은 균형 상태가" 만들어지는 것이다.(〈몇몇 주해들〉) 내부와 외부 사이에는, 관객까지도 사로잡는 갈망이 존재한다. 즉 "관심의 대상이 된 것은 단순히 우리의 시선만이 아니다. 우리 안에 있는 모든 것이 우리 감각의 피부이다."(〈스페인 회화〉) 가득 참과 비움 사이에서는, "반투명한 보석들"과 마찬가지로, 일종의 "단단한 비어있음"이 있다.(〈보석의 신비주의 신학〉) 이와 같은 모든 긴장들은 중간(entre-deux)이라는 모티프와 불확실한 한계라는 모티프 속에서 일정하게 구현되고 있다. 중국의 한 전설 속에서 언급된 "두 세계의 한계"(『네덜란드 미술 입문』)와 관련된 것이든, "조화롭게 매듭을 맞대고 있는 나란히 놓인 두 개의 대나무"(〈아에그리 솜니아〉)의 이미지와 관련된 것이든 간에, 문제가 되고 있는 것은 항상 유한 속의 무한, 즉 "현상을 통하여 심오한 존재"를 인식하는 것과 관련된 것이다.(〈스페인 회화〉)

이러한 비평 방식은 평가와는 큰 관련이 없다. 무척이나 엄격한 판단들을 제시하는 것에 주저함이 없었던 디드로와 보들레르와는 달리, 클로델은 거의 그가 좋아하는 작품들에 대해서만 언급할 뿐이다. 게다가 그는 논쟁에 휩싸이지 않기 위해서 오래된 작품들만을 다루고 있다. 동시대 예술을 제외하고 그가 다루고 있는 대상들 역시 -매우 드문 경우이긴 하지만- 동일한 틀 속에서, 즉 과장법(미학적인 과장)을 통해 다루어졌다. 마치 "이탈리아풍 혹은 프랑스풍의 수많은 [식사] 장면들"속에서처럼, 사람들은 "자신의 상투적인 잠재적 능력을 과시하는 화가의 허풍과 허영심을" 느끼게 된다.(『네덜란드 미술 입문』) 클로델은 생트-뵈브의 전통 속에서 일종의 "공감의 비평"을 실행한다. 그는 사상의 계보에 대한 취향을 이어나감과 동시에 그 방향을 "영적인 지리학" 쪽으로 경도시키고 있다.(엠마뉘엘 카에스(Emmanuelle Kaës), 『침묵하고 움직이지 않는 이 뮤즈… 클로델과 유럽 회화』) 이러한 이유 때문에 그는 네덜란드 예술과 스페인 예술에 대해 서로 다른 텍스트들을 제시하고 있다. 그 두 나라의 예술 자체도 "큰 폭의 구성들이 (…) 오페라들처럼 울림을 주는"(『네덜란드 미술 입문』) 이탈리아 예술과 구분되어 있다. 이러한 공감은 자연스럽게 독자에게도 전달되며 클로델은 이러한 감정을 풍부하게 하는 데 있어 특별한 장점을 가지고 있었다. 비록 그의 텍스트들이 디드로에게서처럼 선별된 대중을 대상으로 발표된 것이 아니며, 보들레르에게서처럼 신문지상의 비평에 속하는 것이 아닐지라도, 그의 텍스트들은 그가 손수 안내자 역할을 담당하는 일종의 입문이자 발견인 것이다. 그가 자신이 해설하고 있는 작품들의 공간적 상황을 거의 언제나 고려하고 있는 것과 마찬가지로, 다음과 같은 글을 보면 클로델이 끊임없이 자신의 독자를 초대하고 있음을 알 수 있다. "저와 함께 장 스틴의 이 그림을 살펴봅시다."(〈몇몇 주해들〉), "좀 더 알아봅시다."(『네덜란드 미술 입문』) 등등… 이러한 대화체 문장을 통해 일종의 울림 효과가 만들어지도록 하는 것이다. 다시 말해 독자의 인식은 일종의 공명이 발생하는 방과 같이 되고, 비평가는 작품의 의미를 이해시키기 위해서 그 방을 필요로 한다. 이와 같이 독자라는 분신과 동행함으로써 비평가는 자신의 성찰의 양태들을 자기 방식대로 변화시킨다. 다시 말해 그의 성찰은 때로는 논증적인 담론으로 변화되기도 하고, 때로는 여담의 형태를 취할 수도 있는 자유로운 몽상으로 변화되기도 하며, 또 때로는 은유를 만들어내는 능력에 기댄 시학적 재창조로 변화되기도 하는 것이다. 최고조에 달한 영감이 담긴 몇 페이지의 글 속에서 우리는 이와 같은 세 가지 항목들이 혼재되어 있음을 볼 수 있다. 예를 들어 네덜란드 회화에 관한 작가 클로델의 성찰이 배어들어 있는 암스테르담에 관한 추억담이 그것이다.

나는 여기 홀로 꾸불꾸불 흐르는 오래된 센트룸 강에 떠 있는 작은 배 위에 있고, 내 정신의 노는 귀머거리 같은 물속에 잠겨있다. 나는 공허함으로 가득 찬 이와 같은 유혹에, 인간이 세운 도시의 가장 깊은 곳에 이르기까지 무한한 바다의 이와 같은 다중적인 스며들기에, 색채에 대한 예민함에 다름 아닌 이와 같이 탄력적이고 부드럽고 떨림이 있는 물질에, 모든 사물들을 그 표면으로부터 떼어내는 속성에, 뒤집어진 이와 같은 시선에, 항구성과 우연성 사이의 이와 같은 지속적인 불명확함에, 존재하는 모든 것이 존재하는 것에 관한 사유가 되어버리는 이와 같은 세밀한 메아리에 참여한다.

(『네덜란드 미술 입문』)

이와 같은 텍스트들은 클로델이 이미 희곡 및 시와 관련된 자신의 주요 문학작품들 -『황금 머리*Tête d'or*』, 『정오의 분할*Partage de midi*』, 『비단 신*Le Soulier de satin*』, 『동양에 대한 인식*Connaissance de l'Est*』, 『다섯 편의 긴 오드*Cinq grandes Odes*』, 『세 가지 소리의 칸타타*La Cantate à trois voix*』 등- 을 발표한 뒤에 구상되었다.

클로델은 60대에 들어서서야 예술 비평을 쓰기 시작했다. 따라서 우리는 이전의 문학적 경험들로부터 체득된 엄청난 두께를 그 텍스트들 속에서 발견할 수 있는 것이다. 디드로는 새로운 글쓰기 장르의 고안자가 갖는 정열적인 에너지를 갖고 있고, 보들레르는 논쟁적이고 시학적인 비평을 발전시키고 있다면, 클로델의 텍스트들은 특히나 응집된 글쓰기 속에서 포착된 성찰과 감정들의 침전물이다. 그는 프란스 할스의 『하를럼 양로원의 이사(理事)들*Régentes*』에 대한 언급에서 다음과 같이 쓰고 있다.

계산을 모두 치렀기에, 이제 테이블에서는 돈을 찾아 볼 수 없고, 표지가 완전히 닫혀진 책 한 권만이 있을 뿐이다. 그 책의 표지는 금빛으로 반짝이고, 단면은 숯처럼 붉은 빛이 난다. (…) 그리고 장갑과 부채를 부자연스럽게 손에 들고 중앙에 서 있는 이사장의 감화된 형상은 새 부리와도 같이 끔찍한 미소를 띠고 있고, 그 모습은 우리가 정의보다도 더 냉혹한 무(無)와도 같은 어떤 것과 관련되어 있음을 지적하고 있다. (…) 하지만 이와 같은 인광을 발하는 감정을 어떻게 기술할 수 있을 것인가? 그 흡혈귀 같은 '후광'을 말이다. 그 후광은 다섯 명의 인물들에게서 발산된다. 마치 살에서 발산되듯이 말이다. 만일 이런 표현이 가능하다면, 나는 마치 썩어가는 영혼이라고 말하고 싶을 지경이었다.

(『네덜란드 미술 입문』)

클로델은 극작가로서의 기질과 시인으로서의 영감을 결합하여 이 묘사를 매우 암시적인 장면으로 만들어내고 있다. 이미지들 속에서 다듬어진 그와 같은 해석의 작업은 거역할 수 없는 운율을 보여준다. 만일 "눈이 듣는" 것이라면, 그것은 글쓰기가 그림의 가시적인 것을 시적인 리듬으로 변환시키기 때문이다. 하지만 이러한 글쓰기는 또한 주저하는 모습을 보이기도 하며, 유보적인 태도를 견지하기도 한다. "(…) 어떻게 기술할 수 있을까?"라는 표현에서 볼 수 있듯 클로델식의 "독서"는 작품의 신비로움을 소멸시키는 것이 아니라, 침묵도 제 몫을 가지고 있는 텍스트의 시적인 양상 속에서 그 신비로움을 찬양하고 있다.

§ 역자 후기 §

오늘날 우리는 이미지의 시대에 살고 있다. 상상도 할 수 없을 만큼 빠른 속도로 진행되는 기술의 발달 속에서 실로 우리 일상 자체가 이미지들에 포위되어 있다고 해도 과언이 아니다. 우리는 도처에서 범람하는 이미지의 홍수를 대할 수 있다. TV, 영화를 비롯한 영상 매체는 물론이거니와 우리 손안의 마법사라고 불리는 스마트폰, 심지어는 자주 가는 식당 벽에서 우리를 향해 미소 짓고 있는 연예인의 사진에 이르기까지……. 더 나아가 오늘날의 이미지는 1차원의 한계를 가뿐히 뛰어넘어 보는 이의 눈앞에 3차원 혹은 4차원의 현실로 나타나기도 한다.

하지만 이 모든 이미지들은 단순한 이미지 이상의 무엇인가를 담고 있다. 즉 '보여주기'를 넘어서는 '의미작용'을 포함하고 있는 것이다. 이미지의 의미작용이란 곧 그것이 담고 있는 메시지의 전달을 뜻한다. 가령 식당 벽에서 미소 짓고 있는 연예인의 얼굴에는 보는 이들의 마음을 자극하여 특별한 구매행위를 유도하는 강력한 메시지가 담겨 있다. 이렇듯 우리의 일상을 둘러싸고 있는 거의 모든 이미지들은 우리에게 '이야기를 하고' 있다. 다시 말해 우리의 시각을 통해 텍스트적 담론을 전달하고 있는 것이다. 이미지의 영혼을 문학이 채우고 있다고 할까?

그 반대의 경우도 마찬가지다. 기본적으로 문자를 통해 담론을 전달하는 각종 텍스트들은 이미지와의 만남과 결합을 서슴없이 받아들인다. 갈수록 정교해지는 사진 기술에 힘입어 거의 모든 지면(소설, 역사책, 개론서 및 신문에 이르기까지)에서 이미지를 쉽게 찾아볼 수 있다. 이러한 이미지들은 텍스트와 결합하여 우리의 상상력을 자극하고 텍스트를 더욱 더 풍부하게 구성한다. 이미지가 텍스트의 눈이 된다고 할까?

결국 우리는 수없이 많은 텍스트와 이미지들의 결합을 끊임없이 체험하고 있다. 오늘날 이미지는 각종 기술의 발달로 첨단화되었지만 그 원류가 미술이라는 것은 그 누구도 부정할 수 없을 것이다. 무엇인가를 형상화하여 보여준다는 것, 그것이 곧 미술의 본질이기 때문이다. 마찬가지로 오늘날 사적·공적 공간을 가득 채우고 있는 여러 가지 형식의 텍스트들의 뿌리는 문학에서 찾을 수 있을 것이다. 어떤 담론을 생산하여 그것에 이야기의 옷을 입혀 말로 전달하는 것, 그것이 바로 문학의 본질일 것이기 때문이다.

오늘날의 이미지와 텍스트의 관계는 그리스 로마 시대에서부터 이어져 온 문학과 미술 사이의 상호적인 관계의 연장에 다름 아니다. 이 두 장르는 어느 시대를 막론하고 언제나 밀접한 관계를 맺고 있다. 우리의 눈을 현혹시키는 다양한 현상들을 넘어 이 현상들을 불러일으킨 본질을 간파하기 위해서는 결국 문학과 미술이라는 두 가지 고전적 장르 사이의 대화를 탐색해야 할 것이다.

이 책에서 저자는 고대에서부터 현대에 이르기까지 이 두 장르 사이의 상호적 영향 관계를 정치하게 보여주고 있다. 저자가 비록 논의의 폭을 좁히기 위해 프랑스 문학과 미술에 집중하겠다고 밝히고는 있지만, 글이 진행됨에 따라 저자의 이런 호언은 온전히 지켜지지 못하고 있는 모습이다. 덕분에 이 책 속에서 우리는 유럽인들의 문화와 삶을 관통하는 이야기와 이미지 사이의 거의 모든 변증법적 상호작용을 일별해볼 수 있다. 저자는 시대적 흐름을 따라 문학과 미술 간의 상호작용을 추적한다. 그 과정에서 각 장르가 지니는 형식과 내용상의 충돌과 흡수의 다양한 면모를 보여주고 있다. 특히 저자는 문학과 미술이라는 두 영역을 공유했던 예술가들의 예를 빌어 두 장르 간 대화의 본질을 탐색하고자 한다. 유럽의 예술사 전반을 포괄하고 있는 이 책의 구성과 내용을 여기에서 몇 줄로 요약한다는 것은 사실상 불가능하다. 다만 이 책에서 저자가 추구하는 바를 함축적으로 보여주는 본문의 내용을 잠시 소개하고자 한다.

실제로 문학과 그림의 관계는 매우 다양한 양상을 띤다. 또한 이 두 분야는 서로에게 많은 자양분을 제공하고 있기 때문에, 예술 장르상의 구분에도 불구하고 이 두 영역 가운데 하나를 고려하지 않고 다른 하나를 고찰한다는 것은 불가능해 보인다. 고전주의 이론가들조차 그림은 '말 없는 시'이고, 시는 '말을 하는 그림'이라는 생각을 받아들일 정도였다. 하지만 이런 직접적인 비교는 자칫 잘못하면 지나친 단순화로 흐르기 쉽다. (…) 요컨대 각각의 예술 분야가 다른 예술 분야에 대해 심오하면서도 자극적인 창조적 동인으로 작용하는 것은 정확히 이와 같은 말과 침묵, 가시적인 것과 비가시적인 것 사이의 변증법을 통해서이다.

언제나 그렇지만 이 책의 번역은 의미 있으면서도 고단한 여정이었다. 우리가 공동으로 이 책을 번역하기 시작한 것은 작년 겨울로 거슬러 올라간다. 문학과 미술이라는 두 거대 장르를 끊임없이 오가는 글의 특성뿐만 아니라, 저자의 현란한(다소 현학적이기도 한) 문체로 인해 번역에만 1년 반 가까운 시간이 소요되었다. 글의 주제와 관련된 기존의 연구 결과와 자료들을 참고하며 정확성과 가독성을 높이기 위해 노력하는 과정에서 시간이 더 많이 소요되었던 것이다. 특히 프랑스 문학을 전공한 우리에게 있어서 미술에 관련된 담론 및 용어들(작품 제목에서부터 화가의 이름, 나아가 미술 기법 및 도구의 명칭에 이르기까지……)은 끊임없이 나타나는 장애물과도 같았다. 이 장애물과의 싸움에서 우리를 도와주신 선생님들(임장순 선생님을 필두로……)과 각종 연구서의 저자 선생님들 나아가 인터넷 포털 사이트의 각종 자료 게시자분들께 심심한 감사의 말씀을 전하는 바이다.

번역 시작 이후 꽤 오랜 시간이 흘렀다. 어려운 책의 번역과 출간을 결정해주셨고 또 긴 시간을 기다려주신 '시와 진실'의 최두환 선생님과 관계자 분들께 감사의 말씀을 드린다. 또한 번역 과정에서 많은 도움을 주신 변광배 선생님, 김용석 선생님, 그리고 우리의 친구 권서원에게 특별한 감사의 말씀을 전한다. 이분들의 도움이 없었다면 이 책의 번역은 불가능했을 것이다. 아울러 프랑스 인문학 연구 모임 시지프의 모든 가족들에게도 고마움을 전한다. 마지막으로 오랜 시간 번역의 짐을 함께 나누었던 우리 각자에게, 그리고 우리의 사랑하는 J.C.께 감사하며 이 글을 맺는다.

2011년 6월 14일 시지프 연구실에서

김모세, 임민지

[참고문헌]

■ 문학과 미술의 관계에 대한 저서들

- CABANNE Pierre, *La Main et l'Esprit. Artistes et écrivains du XVIIIe siècel à nos jours*, L'Amateur, 2002.
- CARAMASCHI Enzo, *Arts visuels et littérature. De Stendhal à l'impressionnisme*, Nizet, 1985.
- DAGOGNET François, *Écriture et iconographie*, Vrin, 1973.
- *Description de l'œuvre d'art (La)*, colloque de Rome, 2001 ; éd. Somogy, 2004.
- *Des mots et des couleurs*, publications de l'université de Lille-III, 1979.
- *Des mots et des couleurs*, 2, Presses universitaires de Lille, 1986.
- *Dialogue des arts (Le), 1 : Littérature et peinture du Moyen Âge Au XVIIe siècle*, Lyon, CEDIC, 2001.
- *Dialogue des arts (Le), 2 : Littérature et peinture du Moyen Âge Au XIXe et XXe siècles*, Lyon, CEDIC, 2002.
- *Écrire la peinture*, colloque de Londres, 1987 ; Éditions universitaires, 1991.
- *Écrire la peinture - entre XVIIIe et XIXe siècle*, colloque de Clermont-Ferrand, 2001 ; Presses universitaires Blaise Pascal, Clermont-Ferrand, 2003.
- *Écrit et l'art (L'), I*, colloque de Lyon, 1992 ; Le nouveau musée d'art contemporain, 1993.
- *Écrit et l'art (L'), II*, colloque de Lyon, 1993 ; Institut d'art contemporain, 1997.
- *Écritures II*, Le Sycomore, 1985.
- *Faire image*, Presses universitaires de Vincennes, 1989.
- FOSCA François, *De Diderot à Valéry. Les écrivains et les arts visuels*, A. Michel, 1960.
- FUMAROLI Marc, *L'École du silence. Le sentiment des images au XVIIe siècle*, Flammarion, 1994.
- GANDELMAN Claude, *Le Regard dans le texte. Image et écriture du Quattrocento au XXe siècle*, Méridiens-Klincksieck, 1986.

• HAUTECŒUR Louis, *Littérature et peinture en France du XVIIe au XXe siècle*, A. Colin, 1942.

• *Iconographie et littérature : d'un art à l'autre*, PUF, 1983.

• *Iconotextes*, colloque de Clermont-Ferrand, 1988 ; Ophrys, 1990.

• LABARTHE-POSTEL Judith, *Littérature et peinture dans le roman moderne. Une rhétorique de la vision*, L'Harmattan, 2002.

• LE RIDER Jacques, *Les Couleurs et les Mots*, PUF, 1997.

• LEE R. W., *Ut pictura poesis. Humanisme et Théorie de la Peinture. XVe-XVIIe siècles*, Macula, 1991.

• LESSING, *Laocoon*, Hermann, 1990.

• LOUVEL Liliane, *L'Œil du texte. Texte et image dans la littérature de langue anglaise*, Presses universitaires du Mirail, 1998.

• *Peinture et écriture*, La Différence-Unesco, 1996.

• *Peinture et écriture, 2 : Le livre d'artiste*, La Différence-Unesco, 1997.

• *Peinture et écriture, 3 : Frontières éclatées*, La Différence-Unesco, 2000.

• *Pensée de l'Image (La). Signification et figuration dans le texte et la peinture*, Presses universitaires de Vincennes, 1994.

• PEYRÉ Yves, *Peinture et poésie. La dialogue par le livre*, Gallimard, 2001.

• PRAZ Mario, *Mnémosyne. Parallèle entre littérature et arts plastiques*, G. J. Salvy, 1986.

• *Récits-tableaux*, Presses universitaires de Lille, 1994.

• *Regards d'écrivains au musée d'Orsay*, éd. de la RMN, 1992.

• *〈Revue d'histoire littéraire de la France〉*, A. Colin, 1985 : 〈Littérature et peinture en France(1830-1900)〉, colloque, 1979.

• REY Jean-Michel, *Le Tableau et la page*, L'Harmattan, 1997.

• *Rhétorique et image*, Rodopi, 1995.

• *〈Romantisme〉*, n° 118, 2002 : 〈Images en texte〉.

• ROUDAUT Jean, *Une ombre au tableau*, éd. Ubacs, 1988.

• SCHAPIRO Meyer, *Les Mots et les Images. Sémiotique du langage visuel*, Macula, 2000.

• SPICA Anne-Élisabeth, *Savoir peindre en littérature. La description dans le roman au XVIIe siècle : Georges et Madeleine de Scudéry*, H.

Champion, 2002.

- *Texte et image*, colloque de Chantilly, 1982 ; Les Belles Lettres, 1984.
- 〈*TEXTUEL*〉, n° 38, 2000 : 〈Peinture et littérature〉, colloque, 1998.
- 〈*TEXTUEL*〉, n° 40, 2001 : 〈Écriture et typographie en Occident et en Extrême-Orient〉.
- THÉVOZ Michel, *Détournement d'écriture*, éd. de Minuit, 1989.
- *Traversées de l'image, art et littérature (Les)*, colloque du Mans, 1998 ; Beaux-Arts, École supérieure du Mans, 1999.
- VOUILLOUX Bernard, *La Peinture dans le texte. XVIIIe-XXe siècles*, éd. du CNRS, 1995.

■ 기타 저서들

- ALBERTI, *De pictura*, éd. Macula, Dédale, 1992.
- ALECHINSKY Pierre, *Roue libre*, Skira, 1971.
- ARASSE Daniel, *Le Détail*, Flammarion, 1992.
- AUERBACH Erich, *Mimésis. La représentation de la réalité dans la littérature occidentale*, Gallimard, 1977 ; *Figura*, Belin, 1993.
- BARTHES Roland, *Essais critiques*, Le Seuil, 1964 ; *L'Obvie et l'Obtus*, Le Seuil, 1982 ; Préface à *La Civilisation de l'écriture*, Dessain et Tolra, 1976.
- BAZAINE Jean, 〈Notes sur la Peinture d'aujourd'hui〉, *Le Temps de la peinture*, Aubier, 1990.
- BENJAMIN Walter, 〈L'œuvre d'art à l'ère de sa reproductibilité technique〉, *Œuvres III*, Gallimard, 〈Folio〉, 2000.
- BESANÇON Alain, *L'Image interdite. Une histoire intellectuelle de l'iconoclasme*, Fayard, 1994.
- BLANCHOT Maurice, *Le Livre à venir*, Gallimard, 1959 ; 〈Le Musée, l'Art et le Temps〉, *L'Amitié*, Gallimard, 1971.
- BLOEDÉ James, *Paolo Uccello et la représentation du mouvement. Regards sur la bataille de San Romano*, énsb-a, 1996.
- BONNEFOY Yves, *La Vie errante*, éd. Maeght, 1992 ; *Dessin, Couleur et Lumière*, Mercure de France, 1995.
- BOSREDON Bernard, *Les Titres de tableaux. Une pragmatique de l'identification*, PUF, 1997.
- BOUILLIER Henri, *Portraits et miroirs*, SEDES, 1979.

• CAHN Isabelle, *Cadres de peintres*, Flammarion, 1989.

• CHENG François, *Vide et plein. Le langage pictural chinois*, Le Seuil, 1979.

• COLLOT Michel, *L'Horizon fabuleux*, I et II, José Corti, 1988.

• *Conférences de l'Académie royale de peinture et de sculpture au XVIIe siècle (Les)*, énsb-a, 1996.

• *Corps à la Renaissance (Le)*, colloque de Tours, 1987 ; 〈Aux Amateurs de Livres〉, 1990.

• CROUZET Michel, Préface à l'édition de *Manette Salomon* des Goncourt, Gallimard, 〈Folio〉, 1996.

• DAGEN Philippe, *Le Silence des peintres. Les artistes face à la Grande Guerre*, Fayard, 1996.

• DAGOGNET François, *Pour l'art d'aujourd'hui. De l'objet et l'art à l'art de l'objet*, éd. Dis voir, 1992.

• DEBRAY Régis, *Vie et mort de l'image. Une histoire du regard en Occident*, Gallimard, 1992 ; *L'Ancien Testament à travers 100 chefs-d'œuvre de la peinture*, Presses de la Renaissance, 2003.

• DELACROIX Eugène, *Journal*, Plon, 1980.

• DELEUZE Gilles, *Francis Bacon, Logique de la sensation*, éd. de la Différence, 1994.

• DENIS Maurice, *Théories, 1890-1910. Du symbolisme et de Gauguin vers un vouvel ordre classique*, Bibliothèque de 〈l'Occident〉, 1912.

• *Diderot et l'art de Boucher à David. Les Salons, 1759-1781*, RMN, 1984.

• DU BOS Jean-Baptiste, *Réflexions critiques sur la poésie et sur la peinture*, 1719, énsb-a, 1993 ; des extraits en sont donnés dans *La Querelle des Anciens et des Modernes*, anthologie présentée par Marc Fumaroli, Gallimard, 〈Folio〉, 2001.

• DUFRÊNE Thierry, *Giacometti. Portrait de Jean Genet, le scribe captif*, A. Biro, 1991.

• ÉLUARD Paul, *L'Évidence poétique*, dans *La Vie immédiate*, Gallimard, 〈Poésie〉, 1981 ; *Donner à voir*, Gallimard, 〈Poésie〉, 1978.

• *Éluard et ses amis peintres*, Centre Georges Pompidou, 1982.

• *Enjeux du paysage (Les)*, Ousia, 1997.

• *Apothéose du geste (L'). L'esquisse peinte au siècle de Boucher et de Fragonard*, Les Musées de Strasbourg et Musées des Beaux-Arts de

Tours, 2003.

- FERRIER Jean-Louis, *Courbet. Un enterrement à Ornans. Anatomie d'un chef-d'œuvre*, Denoël-Gonthier, 1980.
- *Figures du corps dans la littérature et la peinture anglaises et américaines de la Renaissance à nos jours (Les)*, Publications de la Sorbonne, 1991.
- FOUCAULT Michel, *Les Mots et les Choses*, Gallimard, 1966.
- FRAENKEL Béatrice, *La Signature. Genèse d'un signe*, Gallimard, 1992.
- FRAISSE Luc, *L'Esthétique de Marcel Proust*, SEDES, 1995.
- FRANCASTEL Pierre, *Études de sociologie de l'art*, Denoël/Gonthier, 1970.
- GENET Jean, 〈Le secret de Rembrandt〉, et 〈L'atelier d'Alberto Giacometti〉, *Œuvres complètes*, IV, Gallimard, 1979.
- GLEIZES Albert, METZINGER Jean, *Du 〈cubisme〉*, Eugène Figuière, 1912 ; rééd. Présence, 1980.
- GOULEMOT Jean-Marie, *La Littérature des Lumières*, Nathan, 〈Lettres Sup〉, 2002.
- *Histoire de l'écriture. De l'idéogramme au multimédia*, Flammarion, 2001.
- JAUSS Hans-Robert, *Pour une esthétique de la réception*, Gallimard, 1978.
- KAËS Emmanuelle, *Cette muse silencieuse et immobile... Claudel et la peinture européenne*, H. Champion, 1999.
- KANDINSKY, *Du Spirituel dans l'art, et dans la peinture en particulier*, Denoël, 1989 ; *Point et ligne sur plan*, Denoël, 1970.
- KANTOROWICZ Ernst, *Les deux corps du roi. Essai sur la théologie politique au Moyen Âge*, Gallimard, 1989.
- LANEYRIE-DAGEN Nadeije, *Lire la peinture. Dans l'intimité des œuvres*, Larousse, 2002.
- LEIRIS Michel, *Un génie sans piédestal*, Fourbis, 1992.
- LÉVI-STRAUSS Claude, *Regarder Écouter Lire*, Plon, 1993.
- LICHTENSTEIN Jacqueline, *La Couleur éloquente*, Flammarion, 1989.
- LUKÀCS Georg, *La Théorie du roman*, Denoël, 1968.
- MALDINEY Henri, *L'Espace du livre*, La Cétérée, 1990.

- MALRAUX André, *Le Musée imaginaire*, Gallimard, <Folio>, 1996.
- MASSIN, *La Lettre et l'image. La figuration dans l'alphabet latin du VIIe siècle à nos jours*, Gallimard, 1981.
- MATISSE Henri, *Écrits et propos sur l'art*, Hermann, 1972.
- *Mise en page et mise en texte du livre manuscrit*, éd. du Cercle de la librairie Promodis, 1990.
- *Mort du paysage ? Philosophie et esthétique du paysage*, Champ Vallon, 1982.
- PANOFSKY Erwin, *L'Œuvre d'art et ses significations*, Gallimard, 1969 ; *Idea*, Gallimard, 1983.
- PARA Jean-Baptiste, *Le Jeûne des yeux et autres exercices du regard*, éd. du Rocher, 2000.
- *Paragone (Le). Le Parallèle des arts*, présentation et traduction par Lauriane Fallay d'Este, Klincksieck, 1992.
- PASTOUREAU Michel, *Bleu, histoire d'une couleur*, Le Seuil, 2000.
- POMMIER Édouard, *Théories du portrait. De la Renaissance aux Lumières*, Gallimard, 1998.
- *Portrait (Le)*, Université de Rouen, 1988.
- *Portrait littéraire (Le)*, Presses universitaires de Lyon, 1988.
- POUSSIN Nicolas, *Lettres et propos sur l'art*, Hermann, 1989.
- *Marcel Proust, l'écriture et les arts*, Gallimard, BNF, RMN, 1999.
- *Proust et ses peintres*, Rodopi, 2000.
- *La Représentation dans la culture et les arts*, Presses universitaires du Mirail, 1999.
- *Revue des sciences humaines*, n° 179, 1980-3 : <La lettre, la figure, le rébus dans la poétique de la Renaissance>.
- RICHARD Jean-Pierre, *Littérature et sensation*, Le Seuil, 1954 ; *Proust et le monde sensible*, Le Seuil, 1974 ; *Essais de critique buissonnière*, Gallimard, 1999.
- RISSET Jacqueline, présentation et traduction de *La Divine Comédie* de Dante, éd. Diane de Selliers, 1996.
- ROUKHOMOVSKY Bernard, *L'Esthétique de La Bruyère*, SEDES, 1997 ; *Lire les formes brèves*, Nathan-Université, 2001.
- ROUSSET Jacques, *La Littérature de l'âge baroque en France. Circé et le paon*, José Corti, 1953.

- SARTRE Jean-Paul, *Qu'est-ce que la littérature ?*, Gallimard, 1948.
- SCHMIDT Albert-Marie, *L'Amour noir, poèmes baroques*, éd. du Rocher, 1959.
- SCHMITT Jean-Claude, *Le Corps des images. Essai sur la culture visuelle au Moyen Âge*, Gallimard, 2002.
- SÉGINGER Gisèle, *Naissance et métamorphoses d'un écrivain. Flaubert et les tentations de saint Antoine*, H. Champion, 1997.
- STEINER George, *Passions impunies*, Gallimard, 1997.
- TÀPIES Antoni, *L'Art contre l'esthétique*, Galilée, 1978.
- TOOKE Adrianne, *Flaubert and the Pictorial Arts. From image to text*, Oxford University Press, 2000.
- VALÉRY Paul, *Degas Danse Dessin*, Gallimard, 1938 ; *Variété*, I et II, Gallimard, 〈Folio〉, 1998.
- VASARI Giorgio, *Les Vies des meilleurs peintres, sculpteurs et architectes*, traduction sous la direction d'André Chastel, Berger-Levrault, 1985.
- VINCI Léonard de, *Traité de la peinture*, traduit et présenté par André Chastel, Berger-Levrault, 1987.

Crédits photographiques du cahier couleur :

- Illustration n° I, Bibliothèque nationale de France, Paris, Ph.. © Archives Larbor.
- Illustration n° II, Musée du Louvre, Paris, Ph. © Archives Nathan.
- Illustration n° III, Musée du Louvre, Paris, Ph. Hubert Josse © Archives Larbor.
- Illustration n° IV, Musée du Louvre, Paris, Ph. Hubert Josse © Archives Larbor.
- Illustration n° V, Musée du Louvre, Paris, Ph. © Archives Nathan.
- Illustration n° VI, Musée du Louvre, Paris, Ph. H. Josse © Archives Larbor.
- Illustration n° VII, Musée du Louvre, Paris, Ph. H. Josse © Archives Larbor.
- Illustration n° VIII, Musée du Prodo, Madrid, Ph. Oronoz © Archives Larbor.
- Illustration n° IX, Musée du Louvre, Paris, Ph. H. Josse © Archives Larbor.
- Illustration n° X, Musée du Louvre, Paris, Ph. Hubert Josse © Archives Larbor.
- Illustration n° XI, Musée d'Orsay, Paris Ph. H. Josse © Archives Larbor.
- Illustration n° XII, Musée Gustave Moreau, Paris, Ph. Leonard de Selva © Archives Larbor.
- Illustration n° XIII, Ph. Luc Joubert © Archives Larbor © Succession Picasso, Paris, 2004.
- Illustration n° XIV, Yale University Art Gallery, New Haven, Ph. Coll. Archives Larbor © Adagp, Paris, 2004.
- Illustration n° XV, Coll. particulière, Ph. Coll. Archives Larbor © The estate of Francis Bacon-Adagp, Paris, 2004.
- Illustration n° XVI, Ph. Jean-Louis Losi © Archives Nathan © Adagp, Paris, 2004.

[찾아보기]

ㄱ

ㄴ

ㄷ

ㄹ

ㅁ

ㅂ

ㅅ

ㅇ

ㅈ

ㅋ

ㅌ

ㅍ

ㅎ

문학과 미술

초판 인쇄일 2011년 8월 29일
초판 발행일 2011년 9월 5일

지 은 이 Daniel BERGEZ
옮 긴 이 김모세 / 임민지
펴 낸 이 최두환
펴 낸 곳 도서출판 **시와 진실**
출판등록 1997. 6. 11. 제2-2389호
주　　소 서울시 동작구 상도1동 557
Tel. 02) 813-8371
Fax. 02) 813-8377
E-mail : ambros@hanafos.com

정가 23,000원
ISBN 978-89-90890-36-8 93650